TRUST LAW

신탁법

2판 오영걸

홍문사

머리말

제2판의 기본취지도 초판과 같다. 즉 신탁의 기본원리를 쉽게 전달하는 것이다. 그러나 다음 사항을 보완하였다: (i) 초판의 오탈자와 잘못된 내용 등을 바로잡았다; (ii) 새로 출간된 교재나 논문을 반영하였다; (iii) 관련 판례를 추가하였다; (iv) 곳곳에 중요한 설명을 보충하였다; (v) '구. 신탁세제'의 장이 새로 추가되었다.

초판이 출간된 후 많은 독자로부터 감사의 메시지를 받았다. 매우 송구하고 감사한 마음뿐이다. 사실 신탁에 대해 필자가 보고 듣고 배운 모든 것은 신탁재산이다. 수탁자로서 충실의무를 다해 이를 관리 · 운용할 것을 약속드린다 – 수익자인 독자 여러분을 위해서.

서울법대 17.406에서

오영걸(*DPhil., Oxon*)

▌감사▐

우선 매우 바쁘신 와중에도 이 책을 꼼꼼히 읽고 상세한 코멘트를 해주신 지원림 교수님(고려대), 이정수 교수님(서울대), 성원제 변호사님(김앤장), 강윤구 재판연구원님(서울고법), 엄정현 변호사님(아시아 신탁)께 가슴 깊이 감사드린다. 이분들 덕분에 제2판의 근육이 더욱 탄탄해졌다. 그다음 윤진수 교수님(서울대 명예교수), 임채웅 변호사님(태평양), 김상훈 변호사님(트리니티), 고철웅 교수님(한남대), 허준석 변호사님께도 진심으로 감사드린다. SNS에서 언급해 주신 덕분에 초판의 출간 소식이 헤르메스의 신발을 신고 달릴 수 있었다. 그리고 정순섭 교수님, 노혁준 교수님, 이계정 교수님(이상 서울대)께도 심심한 감사의 마음을 전하고 싶다. 이런저런 신탁 관련 모임에서 항상 지적 격체전공을 해주시어 배움의 짜릿함과 송구함이 교차하였다. 나아가 홍문사 식구들, 특히 이경희 주간님의 노고와 배려에 고마운 마음을 전하고 싶다. 덕분에 브띠끄 핸드메이드 숍 장인의 손길을 맛볼 수 있었다. 무엇보다 나의 베르길리우스, William Swadling 지도교수님(옥스퍼드대)께 머리 숙여 감사드린다. 16년 동안 멘토로서 주신 가르침은 모두 마법이었다. 선생님 덕분에 신탁을 3D, 아니 4D로 감상하게 되었다. 끝으로 내 삶의 가이아, 사랑하는 아내 정아와 딸 윤진이, 그리고 이 책의 표지모델 쭈쭈(필자의 반려견)와 쭈쭈의 여동생 먼지(필자의 반려묘)에게 ∞로 고마울 뿐이다. 이 책의 모든 페이지에 이들의 희생이 녹아들어 있다. 사실 5인 공저인 셈이다.

대목차

소목차

일. 들어가며

이. 신탁실무

삼. 설정효력

사. 재산처분

오. 재산독립

칠. 이익귀속

구. 신탁세제

십. 마치면서

부록

일. 들어가며

조감도를 펼치다

이 책의 구성

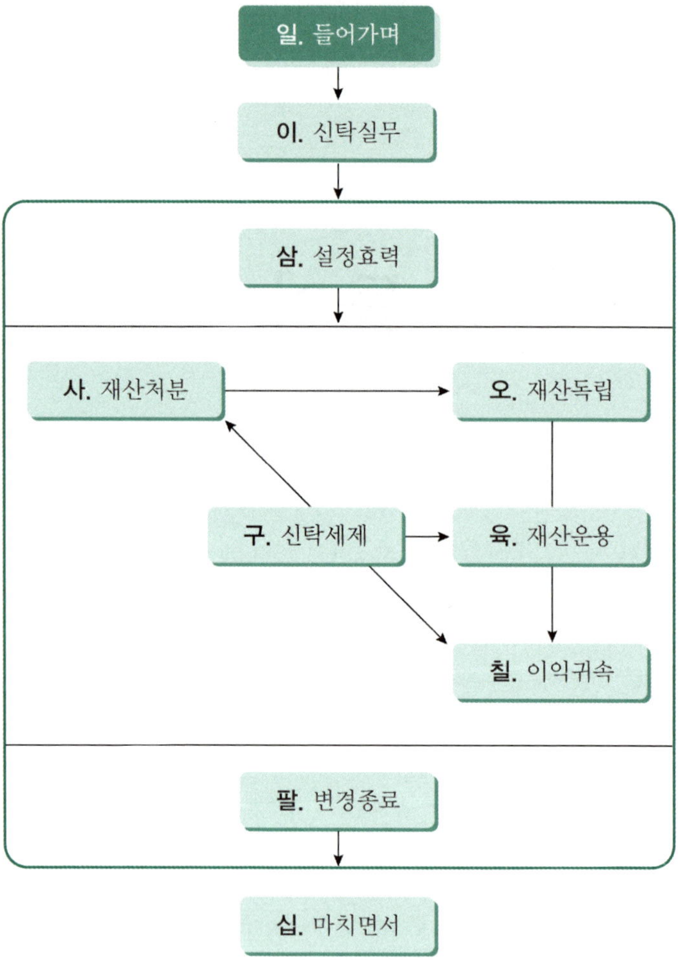
일. 들어가며
이. 신탁실무
삼. 설정효력
사. 재산처분
오. 재산독립
구. 신탁세제
육. 재산운용
칠. 이익귀속
팔. 변경종료
십. 마치면서

가. 신탁의 개념

이 책은 신탁법을 다루고 있다. 우리 신탁법은 1961년에 제정되고[1] 2011년에 전부개정 되었다.[2] 지금까지 전부개정 전후로 일부개정이 여러 차례 있었다. 이 중 2014년의 일부개정이 특히 중요하다.[3] 왜냐하면 이때 공익신탁을 규율하던 기존 신탁법 제10장 전체가 삭제되었기 때문이다.[4] 공익신탁은 현재 별도의 「공익신탁법」에서 규율하고 있다.[5] 그럼 **신탁법은 무엇을 다루는 법**인가? 신탁법 제1조에서는 '이 법은 **신탁에 관한 사법적 법률관계를 규정**함을 목적으로 한다'라고 규정하고 있다. 그렇다면 결국 신탁이 무엇인가라는 질문으로 귀결된다. 이는 신탁의 개념에서 찾을 수 있다. 신탁의 개념은 신탁법 제2조에서 규정하고 있다. 이에 관한 자세한 것은 다음 장에서 살피기로 한다. 여기서는 일단 신탁법 제2조를 토대로 신탁의 개념을 간략하게 다음과 같이 정의해 보도록 한다. **신탁이란 신탁을 설정하는 자(즉 위탁자)와 신탁을 인수하는 자(즉 수탁자) 간의 신임관계에 기하여 위탁자가 수탁자에게 특정의 재산을 이전하는 등의 처분을 하고 수탁자로 하여금 일정한 자(즉 수익자)의 이익 또는 일정한 목적(즉 공익 또는 비공익)을 위하여 신탁재산을 운**

---

1 신탁법은 1961년 12월 30일에 제정(법률 제900호) 및 시행되었다.

2 신탁법은 7월 25일에 전부개정 되었고(법률제10924호), 2012년 7월 26일에 시행되었다.

3 이 일부개정은 3월 18일에(법률 제12420호) 이루어졌고, 2015년 3월 19일에 시행되었다.

4 당시 신탁법 제10장은 제106조에서 제113조까지로 구성되어 있었다.

5 공익신탁법은 2014년 3월 18일에 제정되었고(법률 제12420호), 2015년 3월 19일에 시행되었다.

[그림 1-1] 신탁의 구조

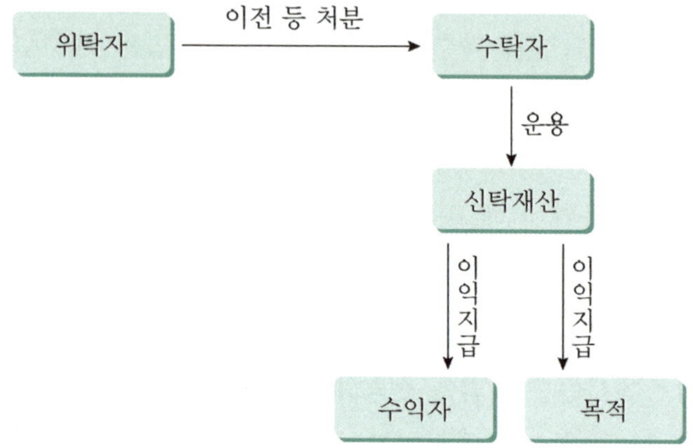

용하도록 하는 법률관계이다. 이 개념에 기초하여 신탁의 구조를 살펴보면 [그림 1-1]과 같다.

나. 신탁법의 체계

이것이 신탁이라는 사법적 법률관계의 구조이다. 여기서 우리는 신탁의 구조 내지 법률관계의 핵심을 이루는 요소들을 발견할 수 있다. 즉 위탁자, 수탁자, 신탁재산, 수익자 그리고 (공익 또는 비공익) 목적이다. 한편 신탁관계가 존재하기 위해서는 신탁이 설정되고 그 효력을 발생해야 한다. 나아가 신탁관계는 존속 중에 그 내용이 변경되거나 일정한 사유로 인하여 종료될 수 있다. 따라서 신탁의 설정과 효력 그리고 신탁의 변경과 종료 또한 신탁이라는 사법적 법률관계의 내용 속 일부에 속한다. 요컨대 신탁법

제1조에서 신탁법은 신탁에 관한 사법적 법률관계를 규율한다고 할 때, 이는 곧 **(i) 신탁의 설정 및 효력, (ii) 위탁자, (iii) 수탁자, (iv) 신탁재산, (v) 수익자 내지 (공익 또는 비공익) 목적, 그리고 (vi) 신탁의 변경 및 종료**에 관한 내용을 규율하는 법이라는 것을 의미한다. 여기 (i)부터 (vi)까지의 요소가 바로 신탁법 이야기의 각본 속 주인공들이다. 따라서 신탁법은 이 요소들을 중심으로 규율하고 있다. 신탁법의 편제체계에 따라서 정리하면 다음과 같다. 즉 (i) 신탁의 설정 및 효력(신탁법 제1장), (ii) 위탁자(신탁법 제1장 및 제2장 일부분), (iii) 신탁재산(신탁법 제3장), (iv) 수탁자(신탁법 제2장 일부분 및 제4장), (v) 수익자(신탁법 제5장), 그리고 (vi) 신탁의 변경 및 종료(신탁법 제7장 및 제8장).[6]

신탁법 편제체계에 따라 여기서 언급된 (i)에서 (vi)까지의 내용은 이 책 제3장부터 제8장까지의 테마를 구성하고 있다. 한편 신탁법을 한층 입체적으로 이해하기 위해서는, 신탁의 구조가 실무에서 어떻게 사용되며 어떤 기능을 발휘하고 있는지 미리 훑어볼 필요가 있다. 왜냐하면 이는 신탁법이 우리 현실에서 의미를 갖는 이유를 말해주기 때문이다. 어느 법제도이든 실용적인 도구로서 철저히 우리의 필요를 충족시켜 주기 위해서 존재한다. 신탁법도 예외가 아니다. 그러므로 우선 이 책 제2장에서는 신탁구조

---

6 그밖에 신탁사채를 규정하는 제6장, 신탁감독을 규정하는 제9장, 유한책임신탁을 규정하는 제11장, 그리고 벌칙을 규정한 제12장이 있다. 이 중 신탁사채와 유한책임신탁에 관하여는 이 책 제6장 '육. 재산운용'에서 다루고 있다. 신탁감독에 관한 제9장은 제105조 한 개의 조문으로 구성되어 있는데 이에 관하여는 제2장 '이. 신탁실무'의 다.(ㄱ)에서 간단히 언급하고 있다. 제10장은 공익신탁을 규율하였으나 「공익신탁법」의 제정으로 2014년에 삭제되어 이 책에서 상세히 다루지는 않고 제2장 '이. 신탁실무'의 나.(ㅇ)에서 그 핵심내용만을 정리하기로 한다. 한편 제12장 벌칙에 대해서는 다루지 않을 예정이다.

가 실무에서 활용되는 모습과 그 기능에 대해서 먼저 살펴볼 것이다. 나아가 신탁법상의 규율 내용은 아니지만 실무에서 중요한 신탁과세에 관한 문제가 있다. 신탁은 그 설정, 운용, 그리고 이익 분배까지 모두 재산과 관련된 행위로 이루어져 있다. 따라서 위탁자, 수탁자 그리고 수익자 중 누가, 언제, 어떠한 세금을 부담하는지는 신탁을 이용하려는 당사자에게 매우 중요한 문제이다. 이 책 제9장('구. 신탁세제')에서는 신탁세제의 문제를 다룰 예정이다.

다. 이 책의 조감도

우선 **제2장 '이. 신탁실무'**에서는 신탁구조의 이해, 활용 그리고 기능을 다룬다. 특히 다음 3가지 내용을 포함한다: (i) 신탁의 구조; (ii) 다양한 목적을 위한 신탁구조의 이용; (iii) 신탁이 활용되는 공통적 이유 및 신탁분야의 모법. **제3장 '삼. 설정효력'**에서는 신탁의 설정방법과 효력발생을 다룬다. 특히 다음 4가지 내용을 포함한다: (i) 계약신탁의 설정과 효력발생; (ii) 유언신탁의 설정과 효력발생; (iii) 자기신탁의 설정과 효력발생; (iv) 신탁의 무효와 취소 사유. **제4장 '사. 재산처분'**에서는 재산을 처분하는 위탁자를 다룬다. 특히 다음 3가지 내용을 포함한다: (i) 신탁의 당사자로서의 위탁자; (ii) 위탁자의 권리; (iii) 위탁자 권리의 제한, 이전 및 승계. **제5장 '오. 재산독립'**에서는 독립적인 신탁재산을 다룬다. 특히 다음 3가지 내용을 포함한다: (i) 신탁재산이 되기 위한 요건; (ii) 신탁재산의 공시; (iii) 신탁재산의 독립성원칙. **제6장 '육. 재산운용'**에서는 신탁재산의 운용을 담당하는 수탁자를 다룬다. 특히

[그림 1-2] 이 책의 구성

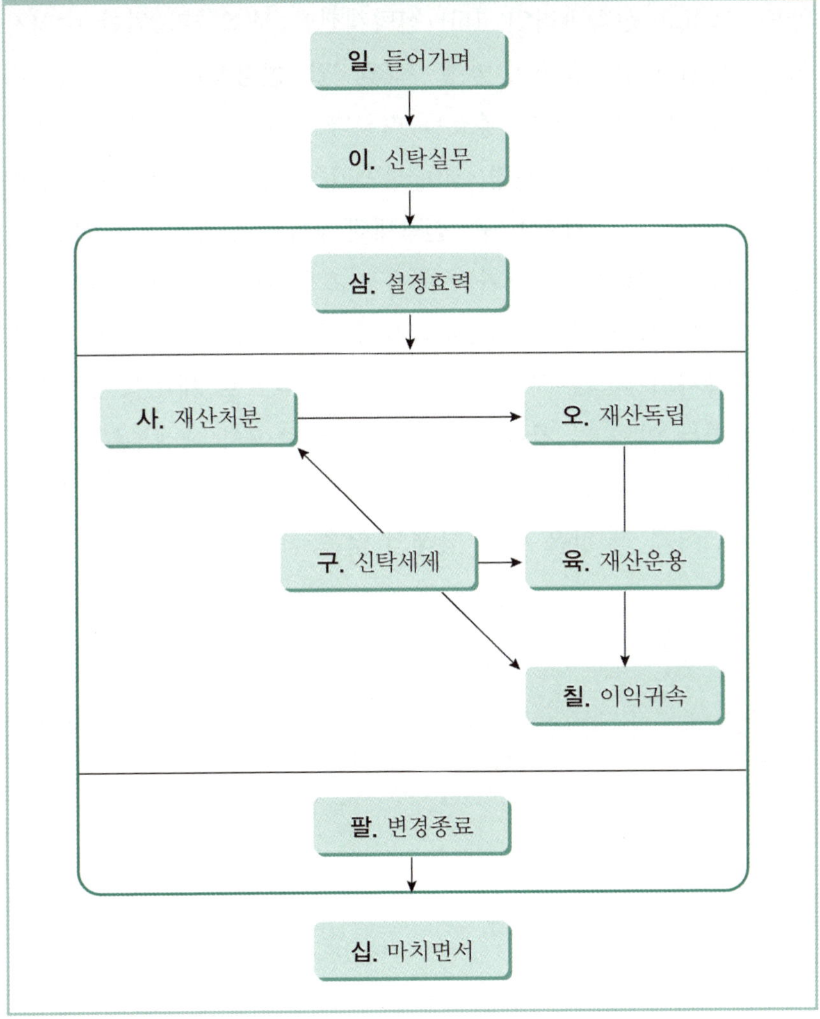

다음 3가지 내용을 포함한다: (i) 수탁자의 능력과 선임; (ii) 수탁자의 의무와 책임; (iii) 수탁자의 권리. **제7장 '칠. 이익귀속'**에서는 신탁재산의 이익이 귀속되는 수익자를 다룬다. 특히 다음 4가지

내용을 포함한다: (i) 수익권의 취득과 포기; (ii) 수익권의 행사, 양도, 그리고 신탁관리인; (iii) 신탁재산을 보호하기 위한 수익자의 권리; (iv) 수익증권의 발행. **제8장 '팔. 변경종료'**에서는 신탁내용의 변경과 신탁관계의 종료를 다룬다. 특히 다음 3가지 내용을 포함한다: (i) 신탁의 변경; (ii) 신탁의 합병 및 분할 · 분할합병; (iii) 신탁의 종료. **제9장 '구. 신탁세제'**에서는 신탁세제에 관한 문제를 다룬다. 특히 다음 3가지 내용을 포함한다: (i) 위탁자의 재산이전 단계에서의 과세; (ii) 수탁자의 재산운용 단계에서의 과세; (iii) 수탁자의 이익분배 단계에서의 과세. 끝으로 **제10장 '십. 마치면서'**에서는 앞의 각 장에서 논의한 내용 중에서 핵심부분을 확인하며 결론을 맺도록 한다. 이 책의 조감도를 그려보면 [그림 1-2]와 같다. 이제 각 장을 향한 항해의 닻을 힘차게 올려보도록 한다.

01. 신탁실무

신탁: 재산을 가공하는 공장,
그리고 그 제품들

본 장의 체계적 위치

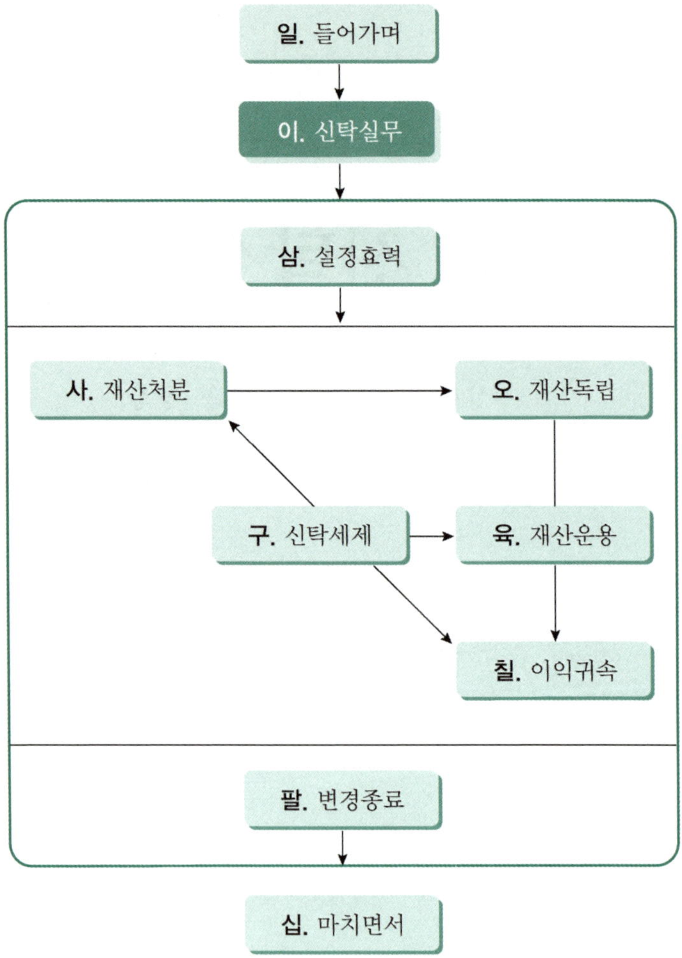
일. 들어가며
이. 신탁실무
삼. 설정효력
사. 재산처분
오. 재산독립
구. 신탁세제
육. 재산운용
칠. 이익귀속
팔. 변경종료
십. 마치면서

【개 요】 이 장에서는 신탁구조를 중심으로 다음 3가지 내용을 다룬다: (i) 신탁의 구조; (ii) 다양한 목적을 위한 신탁구조의 이용; (iii) 신탁이 활용되는 공통적 이유 및 신탁분야의 모법. 첫째, 신탁의 구조를 파악하는 것은 신탁법 학습의 출발점을 이룬다. 왜냐하면 이 책에서 앞으로 전개될 내용은 모두 이 신탁구조 내에 존재하는 각각의 요소들을 중심으로 설명하고 있기 때문이다. 둘째로, 신탁의 구조만 익혀서는 입체적 학습이 되지 않는다. 이 구조 안에 생명력을 불어넣기 위해서는 신탁의 구조가 어떠한 목적으로 실무에서 다양하게 이용되고 있는지 간단히 살펴볼 필요가 있다. 셋째, 신탁의 구조가 이처럼 여러 목적을 위해서 이용되고 있는데 이는 신탁만이 갖는 장점 또는 이점이 있기 때문이다. 환언하자면, 신탁제도에는 그 특유의 기능이 있는데 그것이 우리의 다양한 요구를 충족해 줄 수 있다는 것이다. 따라서 신탁제도가 제공하는 그 기능이 무엇인지 살펴볼 필요가 있다. 요컨대 이 장의 학습효과로서 다음 3가지 질문에 대한 답을 얻게 된다. 즉 (i) 신탁제도는 어떠한 구조로 이루어지고 관련 당사자는 누가 있는가? (ii) 신탁제도는 실무에서 어떠한 목적으로 활용될 수 있는가? (iii) 신탁제도가 실무에서 우리에게 제공하는 기능은 무엇인가?

가. 신탁의 구조

(ㄱ) 신탁법 제2조

신탁법 제2조에서는 신탁을 다음과 같이 정의하고 있다. 즉 "이 법에서 '**신탁**'이란 신탁을 설정하는 자(이하 '**위탁자**'라 한다)와 신탁을 인수하는 자(이하 '**수탁자**'라 한다) 간의 신임관계에 기하여 위탁자가 수탁자에게 **특정의 재산**(영업이나 저작재산권의 일부를 포함)을 이전하거나 담보권의 설정 또는 그밖의 **처분을 하고** 수탁자로 하여금 **일정한 자**(이하 '**수익자**'라 한다)**의 이익** 또는 **특정의 목적**을 위하여 그 재산의 관리, 처분, **운용**, 개발, 그밖에 신탁목적의 달성을 위하여 필요한 행위를 하게 하는 법률관계를 말한다." 예컨대 갑이 자신의 부동산을 을에게 이전하고 을로 하여금 갑 자신 또는 그의 자녀의 이익을 위해서 그 부동산을 관리 또는 운용하도

[그림 2-1] 신탁의 구조

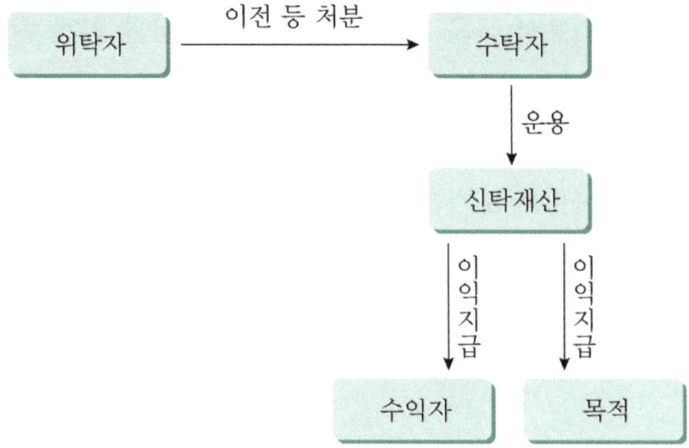

록 하는 경우를 들 수 있다. 여기서 갑은 신탁을 설정한 **위탁자**(settlor)이고, 을은 신탁을 인수한 **수탁자**(trustee)이며, 부동산은 **신탁재산**(trust property)을 이루고,[1] 갑 자신 또는 자녀는 신탁으로부터 이익을 받는 **수익자**(beneficiary)이다. 만일 수익자가 없고 장학금을 지급하는 데 또는 선조의 묘지를 관리하는 데 사용하도록 설정하였다면 **특정의 목적**(**공익 목적**(charitable purpose)) 또는 **비공익 목적**(non-charitable purpose))을 위한 것이 된다. 제1장에서도 이미 살펴보았지만 신탁의 개념에서 도출되는 구조를 다시 한 번 확인하면 [그림 2-1]과 같다.

(ㄴ) 자익신탁과 타익신탁

신탁의 구조에서 알 수 있듯이, 위탁자는 수탁자에게 재산이전 등 처분을 하고 수탁자가 이를 보유하면서 관리 · 운용한다. 비록 수탁자가 이전받은 재산권을 신탁재산으로서 보유하고 있지만 신탁재산을 운용함으로써 발생하는 이익은 수익자가 취득한다. 즉 재산권을 보유하는 것은 수탁자이나 그 재산권에 관한 이익을 취득하는 것은 수익자라는 것이다. 이처럼 신탁에서는 **신탁재산이 귀속되는 주체와 신탁재산의 이익을 취득하는 주체가 분리되는 현상이 발생**한다. 이것이 바로 신탁의 구조에서 가장 두드러진 특징이다.

1 신탁법 제2조 법문에서는 '특정의 재산'이라고 표현하고 있지만 엄격히 말해서 특정의 재산에 관한 권리, 즉 '재산권'을 의미한다. 우리의 예에서 단순히 부동산이라고 표현하였으나 법적으로 수탁자에게 이전되는 것은 부동산의 소유권인 것이다. 신탁재산은 부동산 소유권 이외에, 동산 소유권, 지적재산권, 담보권, 금전 소유권, 채권 등 다양한 재산권일 수 있다. 신탁재산에 관하여 자세한 것은, 이 책의 제5장인 '오. 재산독립' 부분을 참조하기 바란다.

[그림 2-2] 자익신탁과 타익신탁

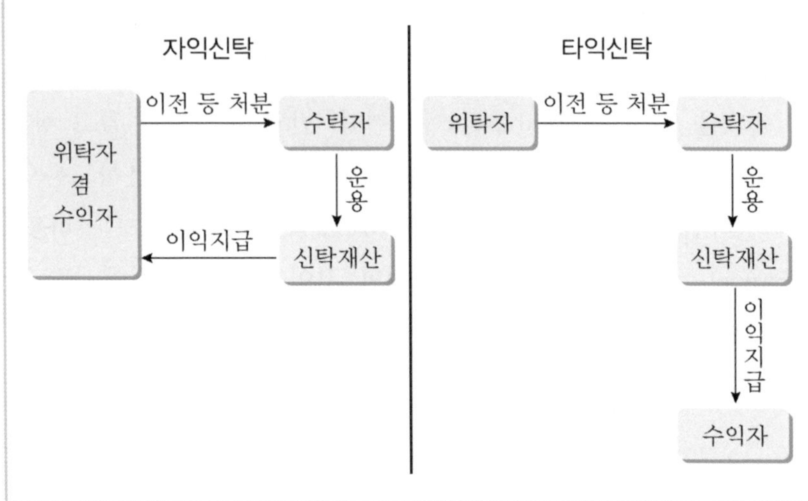

우리의 예에서 갑의 부동산 소유권은 수탁자인 을에게 이전되었기 때문에 법적으로 부동산 소유권자는 이제 수탁자 을이 된다. 그러나 당해 부동산과 관련된 이익은 갑 또는 갑의 자녀가 누린다. 여기서 위탁자 갑은 동시에 수익자이기도 하다. 이처럼 **위탁자가 동시에 수익자인 경우를 자익신탁**(自益信託)이라고 한다. 그리고 갑의 자녀처럼 **위탁자 자신이 아니라 다른 제3자가 수익자인 경우를 타익신탁**(他益信託)이라고 한다. 자익신탁과 타익신탁의 구조는 [그림 2-2]와 같다.

(ㄷ) 자익신탁과 타익신탁의 공존, 원본수익권과 수익수익권

자익신탁과 타익신탁은 공존할 수도 있다. 예컨대 수탁자가 신탁재산의 운용으로부터 발생한 이익(예컨대 부동산 임대수입)을

[그림 2-3] 자익신탁과 타익신탁의 공존

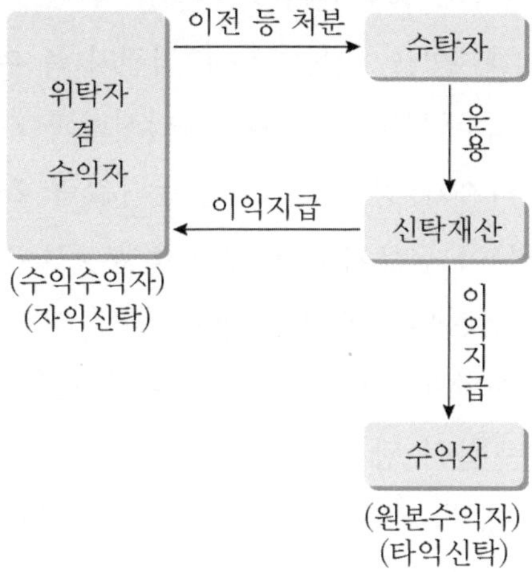

갑과 갑의 자녀에게 일정비율로 각각 지급하는 경우를 들 수 있다. 나아가 위탁자 갑은 수탁자로 하여금 신탁재산으로부터 발생한 이익(즉 부동산 임대수입)을 자신의 생전 동안에는 갑 자신에게 지급하고, 자신이 사망하게 되면 그때 신탁재산의 원본(즉 부동산 자체)을 갑의 자녀에게 넘기는 방식으로 설정할 수도 있다. 이 경우에 있어서도 수익자는 위탁자 갑과 그의 자녀이며 자익신탁과 타익신탁이 공존한다. 이처럼 원본의 이익과 원본에 기초하는 기타 이익을 받을 수익권을 각각 **원본수익권**(元本受益權)과 **수익수익권**(收益受益權)[2]이라고 한다. 그리고 신탁재산의 원본(즉 부동산 자

2 수익수익권(收益受益權)에서 앞의 수익(收益)과 뒤의 수익(受益)의 한자가 다름을 유의할 필요가 있다. 한편 원본수익권이라는 표현에 대해서는 이견이 없으나 수익수익권에 대해서는 다른 표현들, 예컨대 수입수익권 또는 이익수익권 등이 사용되고 있다. 이 책 초판에서도 이익수익권이라는 표현을 사용하였다. 그러나 원본도 이익이기 때문에 이익수익권이라는 표현은 너무 포괄적이며 혼동을 야기할 우려가

체)을 취득하는 수익권자(즉 갑의 자녀)를 **원본수익권자 또는 원본수익자**라고 하고, 신탁재산의 원본(즉 부동산 자체)으로부터 발생하는 수익(즉 부동산 임대수익을 취득하는 수익권자(즉 위탁자 갑)를 **수익수익권자 또는 수익수익자**라고 한다. 자익신탁과 타익신탁 및 원본수익자와 수익수익자가 공존하는 구조는 [그림 2-3]과 같다.

한편 신탁재산이 점유가능한 재산(즉 부동산 또는 동산)일 경우에는 그 수익수익권자의 수익의 내용이 당해 재산의 점유가 될 수도 있다. 예컨대 신탁재산이 부동산 또는 동산인 신탁에서, 위탁자 갑의 생존 중에는 갑이 당해 부동산 또는 동산을 점유 · 사용하기로 하고 갑이 사망한 후에는 정해진 시기에 갑의 자녀에게 신탁재산인 동산 또는 부동산의 원본을 넘기는 경우이다. 이 경우에도 수익자는 갑과 갑의 자녀이다. 그러나 갑이 수익자로서 갖는 수익권은 더 이상 신탁재산에서 발생한 일정한 수입(예컨대 부동산 또는 동산의 임대수입)을 분배받는 것이 아니다. 여기서 갑이 갖는 수익수익권의 내용은 신탁재산인 부동산 또는 동산을 점유 · 사용하는 것이다. 이러한 수익자도 수익수익권자이나 단지 수익의 내용이 **점유의 형태**를 가질 뿐이다. 실무에서 점유를 내용으로 하는 수익수익권은 후술하는 성년후견신탁과 담보신탁에서 많이 이용된다. 이때의 수익수익권의 객체(즉 신탁재산)는 실무상 대부분 부동산이다.

요컨대 신탁의 수익자로서 이익을 받는다고 할 때 그 유형은 다음 2가지로 정리된다: (i) 신탁재산의 원본 그 자체를 받게 되는

있다. 그리고 수입수익권의 경우에는 후술하는 점유이익을 내용으로 하는 수익권을 포괄하기 어렵다. 그에 반하여 수익수익권은 원본수익권과 대비되고 점유이익 또한 포괄하는 데 무리가 없다. 따라서 이 책에서는 수익수익권을 사용한다.

원본수익자; (ii) 신탁재산에서 발생한 이익을 수령하거나 신탁재산을 점유하는 수익수익자.

(ㄹ) 신탁의 전환기능과 영국역사의 산물

이상에서 살펴본 바와 같이, 원래 위탁자에게 속해 있던 재산은 신탁의 설정으로 수탁자에게 귀속되고 그 재산 자체 또는 그로부터 발생하는 이익은 수익자에게 귀속된다. 다시 말해서 신탁의 설정을 통해서 원래 위탁자에게 속하고 그가 향유하였던 재산은 이제 (i) 수익권이라는 형태로(즉 권리성질의 전환) (ii) 위탁자가 설계한 시기에(즉 이익향유시점의 전환) (iii) 자신 또는 제3자가(즉 이익향유주체 수의 전환) (iv) 수익자로서(즉 이익향유주체 속성의 전환) 누리는 모습으로 전환된다. 신탁의 이러한 메커니즘을 이른바 **신탁의 전환기능**이라고 한다.[3] 그렇다면 자신의 재산권을 신탁의 수익권으로 전환하여 이용 내지 향유하겠다는 사고는 도대체 어떻게 탄생한 것인가? 간략히 설명하면 다음과 같다.[4]

신탁제도는 사실 영국 중세시대(약 13–14세기경) 봉건주의제

3 신탁의 전환기능에 관하여 보다 상세한 내용은, 안성포, "신탁제도의 발전을 위한 입법과제 — 집단신탁을 중심으로", 비교사법 제14권 제3호 (2007) 1025–1028면 참조.

4 이하는 오영걸, "같은 레스토랑, 두 셰프의 두 메뉴 — 코먼로(common law) · 형평법(equity) 동거의 딜레마 —" (윤진수 · 안성조 · 한상훈 편저), 법의 딜레마, 법문사 (2020), 550면 이하의 내용을 약간 수정한 것임을 밝힌다. 영국 신탁법의 역사에 대해서는, Theodore F. T. Plucknett, A Concise History of the Common Law (5th edn. Little, Brown and Company, 1956) 575–587면; 한편 신탁의 기원에 관하여는 기타 다양한 주장이 제기되고 있다. 자세한 것은 Gilbert Paul Verbit, The Origins of the Trust (Xlibris Corporation, 20002) 참조.

도의 불합리한 규율을 회피하고자 이용되었던 것이 법에서 정식 제도로서 승인된 특이한 역사를 가지고 있다. 중세시대 영국은 십자군 전쟁을 비롯하여 수많은 전쟁을 치렀다. 대부분의 남성은 참전하였어야 했다. 그리고 살아서 돌아올 가능성은 아무도 장담하지 못했다. 문제는 당시 봉건주의의 장자상속제도 하에서 아들 없이 전쟁에서 사망할 경우 자신이 보유하던 토지(즉 봉토)는 자신의 사망과 함께 그의 영주에게 귀속되었다. 그리고 자신의 가족은 영주가 돌봐주게 되는데 문제는 남은 가족이 부인과 딸만 있을 때이다. 영주가 돌봐주는 것을 달가워할 사람이 있을 리 만무하다. 따라서 전쟁에 나가기 전에 자신의 토지를 친한 친구 또는 지인에게 이전하면서 다음과 같이 부탁한다. 즉 해당 부동산을 자신의 가족을 위하여 보유해 줄 것, 그리고 자신의 가족이 점유사용 할 수 있도록 할 것, 마지막으로 자신이 살아서 돌아올 경우 다시 자신에게 토지를 이전해 줄 것.

한편 시일이 지나 참전하였던 자신은 운 좋게 살아 돌아왔으나 믿었던 친구는 이미 자신의 가족을 쫓아내고 부동산을 차지하고 있다. 배신당한 친구는 법원에 찾아가 호소하였으나 보호를 받지 못한다. 이유인즉, 일단 봉건제도의 규율을 회피할 목적이 있었던 데다가 대가를 지급하지 않고 이전된 재산은 증여로 간주되어 일단 양도절차가 완료되면 상대방에게 확정적으로 귀속되었기 때문이다. 결국 배신한 친구는 부동산을 증여받은 것으로 인정되어 전쟁에서 돌아온 친구에게 이를 다시 이전하지 않아도 되었다. 배신을 당한 친구는 자신의 가족과 함께 집 없는 부랑자가 된 셈이다. 문제는 이러한 사례가 너무 많았다는 것이다. 결국 이들은 국왕에 청원하기로 하고 국왕은 국가를 위해 전쟁에 참여하여 헌신한 이들을 보호하기로 한다.

이러한 국왕의 뜻을 좇아 그 후 법원은 배신한 친구의 행위가 형평의 원칙에 어긋난다고 판단하고 국가를 위해 헌신한 배신당한 친구를 구제하기로 결정한다. 그래서 다음과 같이 인정한다. 즉 당해 토지를 이전받은 친구는 참전한 친구 및 그의 가족인 부인과 딸을 수익자로 하여 이들을 위해서 이전 받은 재산(즉 토지)을 보유해야 한다는 것이다. 이러한 이유로 비록 토지는 친구인 수탁자가 보유하지만 수익자인 가족을 위하여 **사용**하여야 한다는 뜻에서 **유스**(use)라고 불렸다. 그러나 훗날 수탁자를 **믿고 재산을 맡긴다**는 의미가 부각되어 **신탁**(trust)이라는 이름으로 변경 · 발전하게 된다.

신탁이란 이처럼 위탁자가 자신의 재산을 수탁자에게 이전하고 수탁자는 수익자를 위하여 재산(즉 신탁재산)을 보유, 관리, 그리고 운영하는 법률관계이다. 영국의 역사적 사례에서 알 수 있듯이 영국의 판례를 통해 제도로서 정착한 신탁은 처음에 가장이 가족의 이익을 위해서 설정한 것이었다. 일종의 가족의 생계를 위한 가족신탁이었던 것이다. 그런데 신탁의 구조는 이후 영국과 미국 법률가들의 탁월한 상상력 덕분에 재산승계, 금융투자, 자금조달(즉 자산유동화), 토지개발 등 기타 매우 다양한 목적에도 사용되기에 이른다. 그리고 영국과 미국에서 신탁이 사용되는 여러 예들은 신탁제도를 도입한 많은 나라들에게 큰 영향을 미치게 된다. 이하에서는 신탁의 기본 구조가 우리 실무에서 활용되는 중요한 경우 몇 가지를 중심으로 하여 간단히 살펴보도록 한다.

나. 다양한 목적을 위한 신탁구조의 이용

(ㄱ) 재산승계를 목적으로 하는 신탁[5]

(1) 전통적 재산승계 방법: 증여와 유증

사후에 재산을 자녀에게 남기고 싶은 부모의 입장에서 가장 먼저 생각해 볼 수 있는 방법은 증여이다. 즉 생전에 미리 증여를 통하여 자신의 재산을 자녀에게 모두 분배하는 것이다. 재산을 모두 분배한 부모는 이제 여생을 자녀의 부양에 의존해야 한다. 그러나 **현실적으로 부양이 제대로 이루어지지 못하는 경우**를 우리는 주변에서 자주 목격한다. 따라서 증여는 부모 입장에서 보았을 때 유용한 재산승계 방법이라고 하기 어렵다. 한편 부모에게는 생전에는 자신이 보유하고 있다가 자신이 사망한 후에 비로소 자식들에게 나누어 주는 방법도 있다. 우리 민법은 자신이 사망하더라도 그 후에 자신의 재산을 어떻게 분배할 것인가에 대해서 결정할 수 있는 자유를 주고 있다. 즉 유언을 통하여 상속재산을 누구에게 얼마만큼 귀속시킬 것인지를 정할 수 있다는 것이다.[6] 이를 유증(遺贈)이라고 하는데(민법 제1074–1090조) 유언으로 증여를 한다는 뜻이다. 유증을 받는 자를 수유자(受遺者)라고 한다. 그런데 부모로서 **유증에 의해서 재산을 자녀 또는 손주에게 남기고 싶다 하더라도 다음과 같은 사정 때문에 걱정**이 앞설 수 있다.

---

5 여기서 재산승계는 부모가 자녀 등 후손에게 재산을 상속하는 경우를 상정하고 사용된 표현임을 밝힌다.

6 예컨대 사후에 부동산을 큰 딸에게 준다거나 혹은 통장의 1억 중 5천만 원을 막내 아들에게 준다는 뜻을 유언에 남기는 경우를 말한다.

(i) 자녀가 **미성년자**이거나 **지적 장애**가 있는 경우
(ii) 자녀가 재산을 **관리할 능력이 없거나 낭비벽**이 있는 경우
(iii) 자녀의 **대학학비 또는 유학비용의 지급**을 위해서만 재산이 사용되길 원하는 경우
(iv) **미래의 손주**에게 사전에 재산을 조금 남겨주고 싶은데 아직 포태조차 안 된 경우
(v) 자녀가 **이혼**할 수도 있는 경우
(vi) 혹시라도 이혼한 자녀가 미성년 손주를 남기고 먼저 **사망**할 수도 있는 경우
(vii) 자녀가 장차 혹시라도 개인사업의 부도 등으로 **파산**할 것이 우려되는 경우

만일 위와 같은 사정이 있다면 부모로서는 유증제도를 이용한다 하더라도 다음과 같은 어려움에 부딪힐 수 있다. **(i)의 경우**에는 수유자인 자녀가 아직 미성년자이거나 지적 장애가 있기 때문에 유증 받은 재산을 제대로 관리할 능력이 부족할 수 있다. 나아가 법정대리인[7]은 미성년 또는 지적 장애가 있는 자녀의 재산을 착복하거나 자신의 이익을 위해 유용할 위험이 있다. **(ii)의 경우** 수유자인 자녀가 재산을 제대로 관리할 능력이 없어 보이거나 낭비벽이 있는 경우에는 재산을 잃거나 조기에 탕진할 위험이 있다. **(iii)의 경우** 유증은 유언자인 부모의 사망으로 그 효력이 발생

7 자신이 사망한 이후에 친권을 행사하는 생존의 배우자(즉 부 또는 모)가 미성년자의 법정대리인이 된다(민법 제911조). 부모 모두 사망한 경우에는 후견인이 미성년자의 법정대리인이 된다(민법 제928조 및 제938조 참조).

하는데[8] 이때 유증한 재산은 수유자인 자녀에게 전부 귀속된다. 현행 유증제도 하에서는 자녀로 하여금 장차 대학 또는 유학에 필요한 학비를 지급하는 데에만 정기적으로 사용할 수 있도록 통제할 방법은 없다. **(iv)의 경우** 포태 또는 출생하지도 않은 손주를 수유자로 하여 유증을 한다는 것은 현행법상 가능하지 않다. 왜냐하면 유증을 받기 위해서는 최소한 태아이어야 하기 때문이다(민법 제1064조, 제1000조 제3항). **(v)의 경우** 자식에게 유증한 재산은 이혼 후 재산분할의 대상이 될 수도 있기 때문에[9] 자녀에게 유증한 재산의 일정부분이 이혼한 타방 배우자에게 분배될 위험이 있다.[10] **(vi)의 경우** 손주에게 상속된 재산은 이혼한 타방 배우자가 법정대리인이 되어 관리하게 될 가능성이 큰데[11] 이 경우 손주의 재산을 착복하거나 자신의 이익을 위해 유용할 위험이 있다. 심지어 이혼한 타방 배우자가 재혼할 경우에는 새로운 배우자와 당해 재산을

8 민법 제1073조 [유언의 효력발생시기] ① 유언은 유언자가 사망한 때로부터 그 효력이 생긴다.

9 민법 제839조의2 [재산분할청구권] ① 협의상 이혼한 자의 일방은 다른 일방에 대하여 재산분할을 청구할 수 있다. ② 제1항의 재산분할에 관하여 협의가 되지 아니하거나 협의할 수 없는 때에는 가정법원은 당사자의 청구에 의하여 당사자 쌍방의 협력으로 이룩한 재산의 액수 기타 사정을 참작하여 분할의 액수와 방법을 정한다.
원래 부부 일방의 고유재산이거나 혼인 중 취득한 재산이라 하더라도 그 취득에 다른 일방의 협력이 없었다면 재산분할의 대상이 되지 않는다. 그러나 우리 판례에 따르면 그 재산을 유지하는 데 다른 일방이 협력했으면 예외적으로 재산분할의 대상이 될 수 있다(대판 2002.8.28. 선고 2002스36).

10 물론 자녀가 혼인 전에 미리 부부재산계약을 통해서 자신이 부모로부터 받은 재산은 이혼 시 재산분할대상에서 제외하겠다는 약정을 할 수 있다. 그러나 우리 결혼문화에서 이러한 부부재산계약이 체결된 예는 아직 많지 않다(윤진수, 친족상속법 강의(제4판), 박영사(2022), 77면 참조).

11 민법 제916조 [자의 특유재산과 그 관리] 자가 자기의 명의로 취득한 재산은 그 특유재산으로 하고 법정대리인인 친권자가 이를 관리한다.

사용할 수 있는 위험에 노출된다. 마지막으로 **(vii)의 경우** 자녀가 현실적으로 파산하게 되면 채권자들은 자녀의 재산에 대하여 강제집행을 할 것이므로 아버지가 유증을 통하여 남긴 가산을 전부 잃어버릴 위험이 있다. 부모로서는 이러한 **위험과 우려를 해소**하고 싶을 것이다. 이때 유용하게 사용할 수 있는 것이 바로 **신탁제도**이다.

(2) 진화된 재산승계 방법: 유언신탁[12]

신탁은 위탁자가 수탁자에게 일정한 재산이전 등 처분을 하고 수탁자로 하여금 수익자를 위하여 운용하고 그로부터 발생하는 이익을 **위탁자가 정한 바에 따라** 수익자에게 분배해 줄 것을 내용으로 한다. 이러한 신탁의 법률관계는 유언에 의해서도 설정할 수 있다.[13] 즉 부모가 위탁자가 되어 유언에 의하여 다음과 같은 내용을 남기는 것이다. 부모가 사망하게 되면 그 후에 재산을 수탁자에게 남기고 수탁자로 하여금 자녀를 위하여 관리 · 운용하고 그로부터 발생하는 이익을 부모가 정한 바에 따라 자식에게 배분하도록 정하는 것이다. 이것을 유언신탁이라고 한다. 유언신탁에서 신탁은 부모인 위탁자의 사망으로 그 효력을 발생하는데, 그 후에는 수탁자가 자신에게 신탁된 재산을 수익자인 자녀 또는 손주를 위하여 **위탁자가 정한 내용에 따라 관리, 운용 그리고 분배**하게 된다. 따라서 **유언신탁은 항상 타익신탁**의 성질을 갖는다. 그렇다면 유언신탁의 설정을 통하여 위의 7가지 경우에 발생할 수도

12 유언신탁의 설정 및 효력발생 등에 관하여 보다 자세한 것은, 이 책의 제3장인 '삼. 설정효력' 부분 참조.

13 신탁법 제3조 제1항 제2호.

있는 위험 내지 우려는 어떻게 해소될 수 있는지 살펴본다.

우선 **(i) 자녀가 미성년자이거나 지적 장애가 있는 경우** 부모는 수탁자로 하여금 자녀가 미성년자인 동안에는 신탁된 재산을 자녀에게 이전하지 말고 그가 성년이 된 후에 비로소 이전하도록 정할 수 있다. 여기서 신탁재산이 만약 부동산, 금전, 또는 주식일 경우에는 각각 임대수익, 이자수익, 또는 배당수익이 발생할 수 있다. 이 또한 위탁자인 부모의 뜻에 따라 자녀가 성년이 된 후에 그에게 일괄 지급하거나 아니면 자녀가 미성년자인 동안에 용돈의 명목으로 정기적으로 지급하도록 정할 수 있다. 다시 말해서 원본은 자녀가 성년이 된 후에, 그리고 운용수익은 미성년자인 동안에는 정기적으로 혹은 성년이 된 후에 일괄적으로 지급하도록 설정할 수 있다는 것이다. 어느 경우에나 미성년자인 자녀의 관리능력 문제 또는 타방 배우자에 의한 착복 내지 유용의 문제는 전혀 발생하지 않는다. 왜냐하면 부모인 위탁자의 뜻에 따라서 수탁자는 자녀가 성년이 될 때까지 당해 재산을 시종일관 신탁재산으로서 보유·관리하고 있기 때문이다. 한편 자녀에게 지적 장애가 있는 경우에는 자녀가 살아 있는 동안 신탁재산의 원본과 운용수익을 정기적으로 지급하도록 하고 그 후에 남는 재산이 있을 경우에는 이를 다른 수익자에게 지급하도록 정하는 방식을 취하면 된다.

(ii) 자녀가 재산을 관리할 능력이 없거나 낭비벽이 있는 경우에도 마찬가지이다. 자녀에게 낭비벽이 있는 경우에는 유증을 통해 재산을 곧바로 자식에게 귀속시키기보다, 유언신탁을 설정하여 수탁자로 하여금 신탁된 재산을 보유하면서 신탁재산 원본의 일부[14]

14 예컨대 신탁재산 원본이 금전 10억 원인데 이 중 5억의 금액.

또는 원본으로부터 발생하는 수익을[15] 정기적으로 일정액만 자녀에게 지급하도록 설정할 수 있다. 그리고 자녀가 45세 또는 50세가 될 때 비로소 신탁재산의 원본을 자녀에게 넘겨주는 방식으로 정하는 것이다. 이 경우에 아버지가 사망한 후에 남겨진 재산이 자녀의 낭비벽으로 인하여 하루아침에 탕진되는 위험과 우려는 사라진다.

(iii) **자녀의 대학학비 또는 유학비용의 지급을 위해서만 재산이 사용되길 원하는 경우**에 있어서도, 유언신탁을 통하여 수탁자로 하여금 신탁재산의 원본 또는 원본으로부터 발생하는 운용수익을 수익자인 자녀가 대학생 또는 유학생인 동안에는 정기적으로 학비로 사용하는 데 지급하도록 하고 대학과 유학을 마치면 신탁재산 원본의 잔여부분을 전부 자녀에게 지급하는 방식으로 설정할 수 있다.

(iv) **미래의 손주에게 사전에 재산을 조금 남겨주고 싶은데 아직 포태조차 안 된 경우** 유증과 달리 유언신탁은 아직 포태되지 않은 미래의 손주를 위해서도 설정할 수 있다. 따라서 조부모로서는 수탁자로 하여금 자신의 손주가 태어날 때 신탁재산의 원본 및 그로부터 발생하는 수익을 손주에게 지급하거나, 아니면 손주가 성년이 되거나 대학을 마치는 시기에 지급하도록 정할 수 있다. 심지어 손주의 교육비로 신탁재산의 원본 또는 그로부터 발생하는 일정수익을 사용하도록 하고 교육을 마치면 잔여 신탁재산을 모두 손주에게 지급하는 방식으로도 설정할 수 있다. 이 부분은 조부모가 유언신탁설정 시에 원하는 방향으로 정하기 나름이다. 이처럼

15 예컨대 임대수익, 이자, 또는 배당수익 등.

신탁의 설정을 통해서 조부모는 신탁재산의 가치를 어떠한 방식으로 분배할 것인가에 대해 다양한 설계를 할 수 있는 것이다.

(v) **자녀가 이혼할 수도 있는 경우** 유언신탁을 통하여 수탁자로 하여금 신탁재산의 원본으로부터 발생하는 수익만을[16] 정기적으로 자녀에게 지급하도록 정함으로써 신탁재산의 원본이 자식의 이혼 시 재산분할의 대상이 되지 않도록 할 수 있다. 왜냐하면 부모가 남긴 재산은 신탁재산의 원본으로서 수탁자가 보유하고 있지 자녀에게 속해 있는 것은 아니기 때문이다. 나아가 수탁자가 신탁재산의 원본을 관리 · 유지하기 때문에 타방 배우자가 그 유지에 기여하였다고 주장할 수도 없다. 따라서 자녀의 이혼 시 타방 배우자가 재산분할을 청구할 수 있는 대상재산이 되지 않는다. 여기서 두 가지 의문이 들 수 있다. 바로 신탁재산에 관한 원본수익권(예컨대 부동산 자체를 받을 권리) 그리고 이혼하는 자녀가 가지고 있는 수익수익권(예컨대 임대수익을 받을 권리)은 어떻게 처리되는가 하는 것이다. 원본수익권과 관련하여서는 부모가 유언신탁을 설정할 당시에 자유롭게 결정할 수 있다. 따라서 이를 자녀가 이혼할 가능성이 적어지는 60세에 이르렀을 때 이전하도록 설정할 수도 있고 아니면 수익자연속신탁을[17] 통해 그다음 세대인 손주에게 남길 수도 있다. 한편 자식의 수익수익권은 그에게 귀속되어 있는 권리이므로 이혼 시 재산분할의 대상이 된다. 하지만 이에 관하여도 부모는 유언신탁을 설정할 때 이를 미리 차단할 수 있다. 즉 부모로

16 예컨대 부동산일 경우에는 임대수입, 금전일 경우에는 이자수입, 그리고 주식일 경우에는 주식배당금.

17 신탁법 제60조. 이에 관하여는 본 장의 '(4) 영구적 재산승계방법' 부분 참조.

서는 자신의 생존배우자(즉 살아 있는 부 또는 모), 수탁자, 또는 기타 제3자에게 수익자변경권을[18] 부여할 수 있다. 만일 수익자변경권을 수탁자에게 부여하였다면 수탁자는 자녀의 이혼 시(또는 그러한 가능성이 있는 때에) 수익자를 타인으로 변경할 수 있다. 누구로 변경할지에 대해서도 위탁자인 부모가 유언신탁에서 미리 정해놓을 수 있다. 한편 부모로서는 그렇게 미리 정하지 않고 수탁자로 하여금 당시의 사정을 참작하여 재량으로 결정하도록 하는 재량적 수익자변경권을 부여할 수도 있다.[19] 결론적으로 유언신탁을 통해 부모가 남긴 재산은 온전히 지켜진다 — 부모의 뜻대로.

(vi) 혹시라도 이혼한 자녀가 미성년 손주를 남기고 먼저 사망할 수도 있는 경우 조부모는 유언신탁을 통하여 재산을 신탁하고 수탁자로 하여금 손주가 성년이 될 때까지 신탁재산 원본으로부터 발생하는 수익만을[20] 이혼한 자녀에게 지급하도록 하고 신탁재산의 원본은[21] 손주가 성년이 될 때 비로소 (이혼한 자녀가 아직 사망하지 않은 경우에는) 이혼한 자녀에게 또는 (이혼한 자녀가 사망한 경우에는) 성년이 된 손주에게 이전하는 것으로 정할 수 있다. 이러한 내

18 신탁법 제58조 ① 신탁행위로 수익자를 지정하거나 변경할 수 있는 권한을 갖는 자를 정할 수 있다.

19 수탁자가 이처럼 재량권을 가지는 신탁을 재량신탁이라고 한다. **재량신탁**(discretionary trust)은 다음 3가지 경우를 포함한다: 수탁자에게 (i) 수익자를 정하거나 변경할 권한이 있는 경우; (ii) 정해진 수익자에게 지급할 이익의 내용을 정하거나 변경할 권한이 있는 경우; 또는 (iii) 심지어 수익자 및 수익의 내용 양자 모두를 정하거나 변경할 권한이 있는 경우. 이와 반대로 위탁자가 수익자 및 수익의 내용을 모두 정해놓고 수탁자에게는 이를 정하거나 변경할 권한을 부여하지 않는 경우도 있는데 이를 **확정신탁**(fixed trust)이라고 한다.

20 예컨대 부동산일 경우에는 임대수익, 금전일 경우에는 이자수익, 그리고 주식일 경우에는 주식배당금.

21 예컨대 부모가 수탁자로 하여금 보유하도록 한 부동산, 금전, 또는 주식 등.

용으로 유언신탁을 설정한다면 자녀와 이혼한 전 배우자가 손주의 법정대리인이 되어 자신이 이전한 가산을 손주가 미성년자인 시기에 대신하여 관리할 가능성은 완전히 배제된다.

(vii) **자녀가 장차 혹시라도 개인사업의 부도 등으로 파산할 것이 우려되는 경우** 유언신탁을 설정하여 수탁자로 하여금 신탁재산의 원본[22]으로부터 발생하는 수익만을[23] 정기적으로 자녀에게 지급하도록 정함으로써 신탁재산의 원본이 자녀의 파산 시에 강제집행의 대상이 되지 않도록 할 수 있다. 왜냐하면 부모가 남긴 재산은 신탁재산의 원본으로서 수탁자가 보유하고 있지 자녀에게 속해 있는 것은 아니기 때문에 파산 시 채권자들이 강제집행할 수 있는 자녀의 재산이 아니다. 여기서 두 가지 의문이 들 수 있다. 바로 신탁재산에 관한 원본수익권(예컨대 부동산 자체를 받을 권리) 그리고 파산하는 자녀가 가지고 있는 수익수익권(예컨대 임대수익을 받을 권리)은 어떻게 처리되는가 하는 것이다. 원본수익권에 대해서는 부모가 유언신탁을 설정할 당시에 자유롭게 결정할 수 있다. 이를 자녀가 45세, 50세 또는 60세에 이른 때에 이전하도록 설정할 수도 있고, 아니면 수익자연속신탁의 설정을[24] 통해 그다음 세대인 손주에게 남길 수도 있다. 한편 자녀의 수익수익권은 그에게 귀속되어 있는 권리이므로 파산 시 채권자들의 강제집행 대상이 된다. 하지만 이에 관하여도 부모는 유언신탁을 설정할 때 미리 차단할 수 있다. 부모로서는 자신의 생존배우자(즉 살아 있는 부 또는 모),

22 예컨대 부모가 수탁자로 하여금 보유하도록 한 부동산, 금전, 또는 주식 등.

23 예컨대 부동산일 경우에는 임대수입, 금전일 경우에는 이자수입, 그리고 주식일 경우에는 주식배당금.

24 신탁법 제60조. 이에 관하여는 본 장 아래 '(4) 영구적 재산승계방법' 부분 참조.

수탁자, 또는 기타 제3자에게 수익자변경권을 부여할 수 있다.[25] 만일 수익자변경권을 수탁자에게 부여하였다면 수탁자는 자식의 파산 시 수익자를 타인으로 변경할 수 있다. 누구로 변경할지에 대해서도 위탁자인 부모가 유언신탁에서 미리 정해놓을 수 있는데 그렇게 하지 않고 수탁자로 하여금 당시의 사정을 참작하여 재량으로 다른 수익자를 결정하도록 하는 재량적 수익자변경권을 부여할 수도 있다. 요컨대 유언신탁을 이용함으로써 자녀의 파산으로부터 부모는 자신이 남겨놓은 재산을 지킬 수 있게 된다.

이상으로 증여 또는 유증을 통하여 재산을 자녀에게 승계할 경우에 발생할 수 있는 문제점과 위험성이 유언신탁의 설정을 통하여 어떻게 해소될 수 있는가에 대하여 사례와 함께 살펴보았다. 유언신탁은 이처럼 가산을 보호하는 데 매우 유용한 도구라고 할 수 있다. 그러나 **유언신탁**에 대해서도 다음과 같은 **단점 내지 문제점**이 제기될 수 있다.[26] 즉 (i) 유언신탁은 유언으로 신탁을 설정하는 것이므로 그 출발점은 유언을 남기는 데 있다. 그런데 유언은 일정한 방식에 따를 것을 요하는 요식행위[27]이기 때문에 법에서 정한 방식에 의하지 않은 유언은 무효이다.[28] 따라서 유언신탁을 설정하였다 하더라도 이러한 방식을 미처 준수하지 못한 실수를

---

25 신탁법 제58조 ① 신탁행위로 수익자를 지정하거나 변경할 수 있는 권한을 갖는 자를 정할 수 있다.

26 유언의 각 방식에 따른 단점에 관하여 자세한 것은, 윤진수, 친족상속법강의(제4판), 박영사(2022), 544면 이하 참조.

27 민법 제1065조 [유언의 보통방식] **유언의 방식은 자필증서, 녹음, 공정증서, 비밀증서와 구수증서의 5종**으로 한다.

28 민법 제1060조 [유언의 요식성] 유언은 본법의 정한 방식에 의하지 아니하면 효력이 생하지 아니한다.

범하여 유언 자체의 효력이 발생하지 않을 위험성이 있다. (ii) 유언방식 중에서 어느 방식에 의하든지 간에 작성된 유언서가 유실되거나 그 존부가 명확하지 않을 수 있다. (iii) 자필증서에 의한 유언(민법 제1066조)과 녹음에 의한 유언(민법 제1067조)은 위조나 변조가 되기 쉽고 자녀의 사기 또는 강박에 의하여 작성될 우려가 있다. (iv) 비밀증서에 의한 유언은(민법 제1069조) 내용에 관하여 자식들 사이에 다툼이 발생한 소지가 크다. (v) 구수증서에 의한 유언은 검인절차를 밟아야 하는 번거로움이 있다(민법 제1070조 제2항). 그밖에 (vi) 녹음에 의한 유언, 공정증서에 의한 유언(민법 제1068조), 비밀증서에 의한 유언 그리고 구수증서에 의한 유언 모두 신뢰할 만한 증인을 구해야 하는 어려움과 번거로움이 따른다. 무엇보다 재산내용이 외부인에게 공개된다는 단점이 있다. 이처럼 유언신탁은 어디까지나 유언에 의한 신탁설정이기 때문에 **유언의 단점이 유언신탁의 경우에도 고스란히 존재**한다. 유언에 의한 신탁설정의 이와 같은 단점(및 후술하는 몇 가지 문제점)이 있기 때문에 이를 극복하기 위해서는 **유언을 통하지 않고서도 유언신탁을 설정하였을 때와 동일한 목적이 달성될 수 있는 방법이 필요**하다. 이것을 가능하게 해주는 제도가 바로 **유언대용신탁**제도이다.

(3) 선진적 재산승계 방법: 유언대용신탁

앞서 언급된 유언신탁의 단점을 보완하여 고안된 제도가 바로 **유언대용신탁**이다. 대용이라는 표현에서 알 수 있듯이 이는 유언에 의하여 설정된 신탁은 아니다. 그러나 앞서 살펴본 7가지 예에서 부모가(또는 조부모로서) 달성하고 싶은 결과 또는 효과를 유언이 아닌 다른 방식을 통하여 이루는 것이다. 그 방식은 바로 **계약을**

통하여 신탁을 설정하는 것이다. 부모는 위탁자로서 자신이 살아 있을 때 수탁자와 신탁계약[29]을 체결하면서 수익자인 자녀에게 남겨주고 싶은 재산을 수탁자에게 이전하고, 우선 부모가 생존하는 동안에는 부모 자신이 수익수익자가 되고, 부모가 사망한 때부터는 자녀가 신탁재산의 원본수익권 및/또는 수익수익권을 취득할 수 있도록 하는 것이다. 이는 부모가 생존 중에 고령으로 인하여 스스로 재산(예컨대 부동산, 금전, 또는 주식 등)을 운용할 능력이 부족하거나 아니면 장기 해외체류로 인하여 국내의 재산을 스스로 관리하기 다소 어려운 경우에 특히 유용하다. 이처럼 **유언대용신탁은 수익자로 지정된 자(즉 자녀 또는 손주)가 위탁자(즉 부모)의 사망 시에 수익권을 취득하는 내용의 신탁인 것이다**(신탁법 제59조 제1항 제1호). 부모 사후에 수탁자가 자녀(또는 손주)에게 어떠한 방식으로 수익권의 내용을 구성할 것인가에 대해서는 앞의 유언신탁에 관하여 (i)부터 (vii)까지에서 다뤘던 설계방법이 그대로 적용된다. 요컨대 **유언대용신탁은 위탁자인 부모가 생존 중일 때 그 효력이 발생하지만 자녀(또는 손주)가 수익자가 되어 이익을 취득하는 시기는 부모가 사망한 때이므로 사실상 유언신탁과 동일한 효과를 달성할 수 있다. 유언신탁의 장점은 취하면서 그 단점을 극복할 수 있는 제도가 바로 유언대용신탁인** 것이다. 유언대용신탁의 구조는 [그림 2-4]와 같다.

한편 유언대용신탁은 부모 자신이 사망할 때까지 수익수익권을 가지지 않는 방식으로 설정할 수도 있다. 다시 말해서 부모가

---

29 유언대용신탁계약서의 예시에 관하여는, 오영표, 가족신탁: 이론과 실무, 조세통람, 98-152면 참조.

[그림 2-4] 유언대용신탁(1)

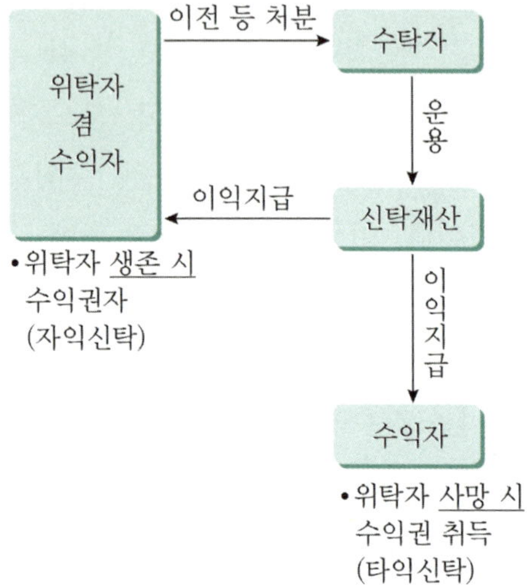

수탁자와 생전에 계약을 통해 유언대용신탁을 설정하고, **수익자인 자녀(또는 손주)가 유언대용신탁계약의 효력발생과 동시에 신탁재산에 관한 수익권을 취득하도록 하면서 그 행사만은 오로지 부모가 사망할 때부터 가능하도록 정하는 것**이다. 이 경우에 부모 자신이 사망할 때까지 신탁재산의 원본으로부터 발생하는 수익은 모두 신탁재산의 원본에 편입시켜 신탁재산의 규모를 늘리고, 자신이 사망할 때 비로소 자녀(또는 손주)는 보유하고 있었던 수익권을 행사할 수 있게 된다. 다시 말해서 부모가 사망한 후에는 물론이고 심지어 그가 생존하고 있는 동안에도 시종일관 자녀(또는 손주)가 수익권자가 되지만, 실제로 자녀(또는 손주)가 수익권을 행사하여 수익할 수 있는 시기만큼은 위탁자인 부모가 사망한 이후의 일정한 시기로 미룬다는 것이다. **이처럼 수익자가 위탁자의 사망 이후에 신탁재산**

[그림 2-5] 유언대용신탁(2)

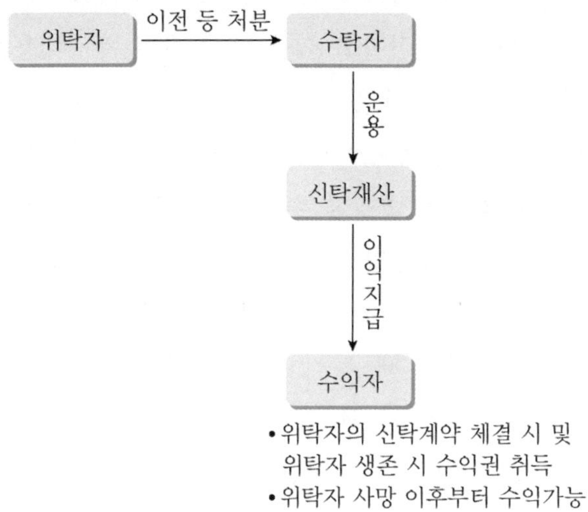

에 기한 급부를 받는 경우도 유언대용신탁(신탁법 제59조 제1항 제2호)에 해당하는데 그 구조는 [그림 2-5]와 같다. 따라서 이러한 내용의 유언대용신탁에서는 위탁자(즉 부모)가 신탁계약에서 달리 정하지 않는 한, 수익자(즉 자녀 또는 손주)는 위탁자가 사망할 때까지 수익자로서의 권리를 행사할 수 없다(신탁법 제59조 제2항). 부모 사후에 자녀 또는 손주가 신탁재산에 대한 원본과 그에 기한 수익을 어떠한 비율로 어느 시기에 수령할 수 있을 것인가에 대해서는 앞의 유언신탁에 관한 (i)부터 (vii)까지에서 소개한 각 설계방법을 참고하면 된다.

지금까지 유언대용신탁이 설정될 수 있는 두 가지 경우를 살펴보았다. 여기서 우리는 다음과 같은 2가지 의문을 가질 수 있다. (i) 첫 번째 의문은, 유언대용신탁은 계약이기 때문에 구속력을 갖는데, 혹시라도 위탁자(즉 부모)가 자신이 사망하기 전에 생각에 변화가 생겨 수익자(즉 자녀 또는 손주)에게 부여한 원본수익권과 수익수익권의 내용을 조정하고 싶을 때[30] 과연 계약내용을 임의로 변경할 수 있는가 하는 것이다. 이는 결국 신탁의 내용을 변경하는 것인데 우리 **신탁법(제88조 제1항 단서)에서는 신탁계약에 특약을 넣으면 위탁자가 임의로 변경할 수 있도록 규정**하고 있다. 따라서 위탁자는 신탁계약을 체결할 때 이러한 변경권한을 사전에 신탁계약에 유보하여 자신이 언제든지 행사할 수 있도록 정하면 된다. 이는 자녀가 여럿 있을 때 특히 유용하다. 왜냐하면 신탁재산에 대한 원본과 그에 기한 수익을 자녀들이 각각 어느 비율로 어떻게 수령할 것인가에 관하여 부모가 생존 중에 언제든지 그 내용을 재조정 내지 변경할 수 있기 때문이다.

(ii) 두 번째 의문은, 위탁자인 부모는 수익수익권자 또는 원본수익권자로서 정해놓은 자녀를 언제든지 수익자 중에서 제외하거나 추가할 수 있는가 하는 것이다. 일단 수익자를 변경하는 것도 신탁의 내용을 변경하는 경우에 해당하는 것이기 때문에 변경권의 유보를 통하여 수익자를 변경할 수 있을 것이다. 그런데 위탁자(즉 부모)가 기존의 수익자(즉 자녀 또는 손주)를 다른 수익자로 변경하고 싶은 경우에, 즉 **그 변경의 대상이 수익자인 때에는, 신탁계약에서 그 변경권한조차 미리 유보할 필요가 없다. 왜냐하면 신탁법은 신탁변경에 대한 특칙으로서 유언대용신탁일 경우에 위탁자(즉 부모)에게 수익자를 변경할 권리를 주고 있기 때문이다(신탁법 제59조 제1**

30 예컨대 수탁자로 하여금 신탁재산의 원본을 자녀가 35세 때 그에게 이전하기로 정한 내용을 45세로 변경하고 싶은 경우.

항).[31] 요컨대 유언대용신탁에서 위탁자인 부모는 자녀들이 받을 원본수익권과 수익수익권의 내용을 언제든지 변경할 수 있을 뿐만 아니라 심지어 신탁계약에서 정해놓은 수익자까지도 임의로 교체[32]할 권리를 가지고 있다.

유언대용신탁에서 위탁자가 이러한 변경권을 가지게 됨으로써 얻게 되는 현실적·부수적 효과로 다음 2가지를 들 수 있다. 첫째, 자신들에게 불리하게 수익권의 내용이 변경될 것을 우려하는 자녀들로 하여금 부모가 생존하는 동안에는 **정성껏 자식으로서의 도리를 다하도록 유인**할 수 있다.[33] 그리고 둘째, 부모가 사망한 후에는 제3자인 수탁자가 신탁에서 명확하게 정해진 바에 따라서 집행하기 때문에 **자녀들 간의 유산분쟁을 원천봉쇄**할 수 있다.

마지막으로 유언대용신탁과 유류분제도의 충돌이 문제된다. 우리 민법은 상속인에게 유류분을 인정하고 있다(민법 제1112조 참조). 따라서 상속인이 받은 재산이 자신의 유류분에 미치지 못하는 경우에는 그 부족분에 대하여 증여 또는 유증을 받은 다른 당사자에게 그가 받은 가액에 비례하여 반환을 청구할 수 있다(민법 제1115조). 문제는 **유언대용신탁에서 원본수익권자와 수익수익권자가 받는 이익이 다른 상속인의 유류분에 대한 권리와 충돌이 발생할 경**

---

31 민법상 유언은 언제든지 변경하거나 철회할 수 있다. 유언대용신탁도 비록 일정한 내용으로 확정된 신탁계약으로 성립되지만 위탁자에게 자신이 사망하기 전까지 언제든지 그 계약내용을 일방적으로 변경할 수 있도록 함으로써 유언법리와 균형을 맞추고 있다. 유언대용신탁은 그야말로 유언이 가지는 장점을 모두 흡수하면서 유언을 대신하여 사용할 수 있는 매우 유용한 도구이다.

32 예컨대 원래 수익자이던 큰 아들이 자식으로서의 도리를 충분히 하지 않아서 부모를 정성껏 모시는 둘째 아들로 수익자를 변경하는 경우.

33 유언대용신탁을 흔히 **효도를 촉진하는 수단**이라고 하는 이유도 바로 여기에 있다.

우 과연 이를 두고 다른 상속인의 유류분을 침해하였다고 볼 수 있는가 하는 것이다. 왜냐하면 유류분의 부족을 야기하는 원인으로서 민법은 증여와 유증만을 언급하고 있기 때문이다(수증자 또는 수유자가 상속인인 경우(민법 제1118조와 제1008조 참조) 그리고 제3자인 경우(민법 제1115조 참조)).

이에 관하여 민법과 신탁법은 아무런 규정을 두고 있지 않아 다양한 해석이 이루어지고 있다. (i) 우선 근본적인 문제로 우리 법제 하에서 유류분제도를 인정할 필요가 있는가 하는 것이다. 만일 유류분제도가 폐지된다면 신탁과의 충돌문제는 발생하지 않을 것이다. (ii) 만일 유류분제도를 존속시킨다면 과연 신탁이 설정된 경우를 증여 또는 유증된 것으로 취급할 것인지가 문제된다. (iii) 만일 이를 긍정한다면 그다음 문제로 유류분이 침해된 상속인이 유류분의 부족분의 반환을 청구할 수 있는 상대방이 수탁자인지 수익자인지 그리고 (iv) 반환대상이 원물인지 가액인지라는 복잡한 문제가 발생한다. 이는 상속법과 신탁법이 법리적으로 교차되는 영역이자 법문화와 유류분에 대한 법사회적 분석이 병행되어야 하는 문제이다.[34]

이와 관련하여 최근 하급심 법원에서 주목할 만한 판결이 선

34 더욱 자세한 것은 김상훈, “유언대용신탁을 활용한 가업승계”, 기업법연구 제29권 제4호(2015), 15면 이하; 정소민, “신탁을 통한 재산승계와 유류분반환청구권”, 한양법학 제28권 제2집(2017), 218면 이하; 이계정, 신탁의 기본 법리에 관한 연구 — 본질과 독립재산성, 경인문화사(2017), 320면 이하; 임채웅, “유언신탁 및 유언대용신탁의 연구”, 인권과 정의 제397호(2009), 140면 이하; 최수정, “개정신탁법상의 재산승계제도 — 유언대용신탁과 수익자연속신탁을 중심으로 —”, 법학논총 제31집 제2호(2011), 65면 이하; 최준규, “유류분과 신탁”, 민사판례연구회, 민사판례연구 XXXVIII, 박영사(2016), 1131면; 김형석, “유류분과 신탁: 비교법적 개관과 평가”, 비교사법 제36권 제1호(2022), 243면 이하 참조.

고되었다.[35] 이 판결은 유언대용신탁과 유류분반환청구의 관계에 관한 최초의 판결인데 그 핵심만 추려보면 다음과 같다. 즉 (i) 유언대용신탁에 있어서 피상속인이 수탁자에게 이전한 신탁재산도 증여재산으로 보아야 한다. 왜냐하면 수탁자는 신탁재산에 대한 대가를 지급하지 않은 자이기 때문이다. (ii) 따라서 신탁재산은 유류분산정의 기초가 되는 재산을 구성한다. (iii) 그런데 이는 수탁자에 대한 재산이전이 피상속인 사망 1년 내에 이루어졌거나, 혹은 피상속인 사망 1년 전에 이루어진 것이라 하더라도 수탁자가 유류분의 침해사실에 대하여 악의인 경우에 한한다(민법 제1114조). 이 사건에서 신탁재산은 피상속인 사망 1년 전에 수탁자에게 이전되었고 나아가 법원은 위탁자의 신탁설정이 원고의 유류분을 침해하였음을 수탁자가 알지 못하였다고 판단하였다. (iv) 따라서 원고의 유류분반환청구의 소를 기각하였다.[36] 한편 이 사건에서 원고의 소송대리인은 당해 신탁의 수익자가 취득한 수익권이 과연 원고의 유류분을 침해하는 증여에 해당하는지 여부에 대해서는 아무런 주장도 하지 않았다.[37] 따라서 법원도 이에 관한 판단을 하지 않았다.

35 수원지판 2020.1.10. 선고 2017가합408489.

36 원고는 이에 대하여 항소를 제기하였으나 수원고등법원은 이를 기각하였다(수원고판 2020.10.15. 선고 2020나11380). 원고들의 유류분에 부족액이 발생하지 않았다는 것이 그 이유다. 결국 유언대용신탁과 유류분의 충돌문제에 대해서는 판단을 하지 않았다.

37 만일 신탁상 수익권을 상속인 중 1인에게 부여한 것을 가지고 이를 증여한 것으로 본다면 민법 제1114조에서 정한 기간의 적용은 배제된다(대판 1996.2.9. 선고 95다17885). 즉 수익권의 부여가 피상속인의 사망 전에 이루어졌든 그 후에 이루어졌든 상관없이 증여재산으로 인정된다. 따라서 타 상속인은 언제든지 이를 특별수익으로 보아 유류분의 침해를 주장할 수 있게 된다.

(4) 영구적 재산승계 방법: 수익자연속신탁

지금까지 유언신탁과 유언대용신탁을 살펴보았다. 그리고 우리의 예에서는 위탁자(즉 부모)의 자녀 또는 손주 중 한 쪽이 수익자가 되었다. 그러나 경우에 따라서는 부모로서는 자신이 가진 **재산을 자녀뿐만 아니라 손주에게 순차적으로** 남겨주고 싶을 수도 있다. 예를 들어서 유언신탁이든 유언대용신탁이든 이를 설정하면서 위탁자(즉 부모)는 수탁자로 하여금 신탁재산의 원본(예컨대 부동산, 금전, 또는 주식)을 보유하도록 하면서 신탁재산으로부터 발생하는 수익(즉 임대료, 이자, 또는 배당금)을 자녀가 살아 있는 동안에는 자녀에게 지급하고, 자녀가 사망할 경우에는 손주에게 지급하도록 정하는 것이다. **수익수익권자가 자식이었던 것이 자식의 사망을 조건으로 손주에게 넘어가게 하는 것**이다. 과연 이러한 방식으로 신탁을 설정하는 것이 가능한가?

신탁법 제60조에서는 이를 허용하고 있다. 즉 유언신탁 또는 유언대용신탁을 통해서 최초의 수익자가 사망한 경우 그 수익자가 갖는 수익권이 소멸하고 타인이 새로운 수익자로서 수익권을 취득하도록 하는 뜻을 정할 수 있다(신탁법 제60조 제1문). 신탁법은 더욱 나아가 **손주가 사망할 경우에는 증손주에게, 증손주가 사망할 경우에는 그다음 세대에게까지도 수익수익권이 순차적으로 이전될 수 있도록 허용**하고 있다. 그리고 위탁자(즉 부모)가 미리 원하는 시기에(예컨대 30년 또는 50년 후) 존재하는 후손에게 원본수익권을 부여할 수 있다.[38] 요컨대 **수익자의 사망에 의하여 계속해서 차례로**

38 현행법상 수익자연속신탁이 존속할 수 있는 기간을 제한하는 규정은 없다. 참고로 영국의 경우에는 일정한 재산을 신탁 내에 영구적으로 구속해 두지 못하도록 한다.

[그림 2-6] 수익자연속신탁

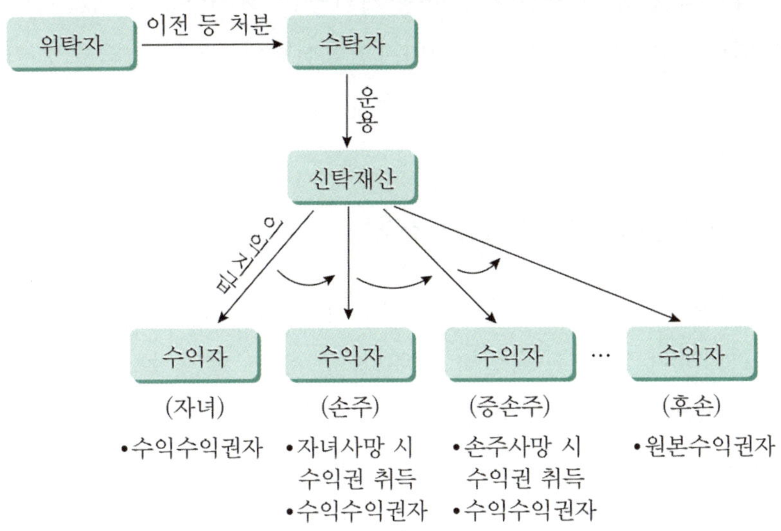

타인이 수익권을 취득하는 방식으로 신탁이 설정될 수 있다는 것이다(신탁법 제60조 제2문). 이처럼 수익자가 연속적으로 이어지는 신

이는 죽은 자(즉 위탁자)가 재산의 이용과 처분의 방식을 영원히 지배(Dead hand Control)하는 것이고 나아가 신탁재산에 속하는 부동산의 시장유통을 영구히 막는 것이기 때문에 바람직하지 않다는 사고에 기초한다. 이와 같은 이유로 이른바 영구구속금지원칙(the Rules Against Perpetuities)을 두어 공익신탁 등 몇 가지 예외에 해당하지 않는 한 그 존속기간을 원칙적으로 125년으로 제한하고 있다(Perpetuities and Accumulations Act 2009 제5조). 영구구속금지원칙에 대한 보다 자세한 것은, 오영걸, "수익자연속신탁의 영속성 제한에 관하여 — 영국법상 영구구속금지원칙의 역사, 개혁, 그리고 시사점 —", 비교사법 제28권 제2호(2021) 211면 이하 참조. 일본 신탁법 제91조 또한 수익자연속신탁일 경우에는 그 기간을 30년으로 하고 있다. 한편 영국이든 일본이든 해당 기간이 종료한 시점에 수익권을 보유하고 있는 수익자가 생존하는 기간 동안까지는 신탁이 존속할 수 있다. 따라서 125년과 30년의 경과로 신탁이 곧바로 종료하는 것은 아님을 유의할 필요가 있다. 단지 해당 수익자가 마지막 수익자가 된다는 것이다. 한편 프랑스의 경우에 민법 제2018조 제2호에서 신탁의 존속기간을 신탁계약체결시로부터 99년으로 정하고 있다.

탁을 **수익자연속신탁**이라고 한다. 수익자연속신탁을 통하여 위탁자는 가문의 재산을 자신이 원하는 기간만큼 지속시킬 수 있는 기회가 열렸다고 할 수 있다.[39] 수익자연속신탁의 구조는 [그림 2-6]과 같다.

(ㄴ) 피성년후견인을 위한 신탁

재산을 보유한 부모로서는 자신이 치매에 걸리거나 변별능력이 쇠퇴하여 재산을 적절히 관리할 수 없는 날이 올까봐 마음을 졸이며 노년을 보낼 가능성이 크다. 따라서 자신의 변별능력이 감퇴하여 정신적 제약이 따르더라도 어떻게 하면 평생 모은 재산만큼은 온전히 보전하고 이를 관리 및 운용할 수 있을지 고민하게 될 것이다. 우리 민법에서는 질병, 장애, 노령, 그밖의 사유로 인한 정신적 제약으로 사무를 처리할 능력이 지속적으로 결여된 사람에 대하여 본인, 배우자, 4촌 이내의 친족 등의 청구에 의하여 가정법원이 성년후견개시의 심판을 하도록 규정하고 있다(민법 제9조 제1항). 그리고 성년후견개시의 심판이 있을 경우 법원은 피성년후견인을 위한 성년후견인을 선임하고(민법 제929조) 성년후견인은 피

---

39 수익자연속신탁을 설정할 경우에 상속세의 문제가 발생할 수 있음을 유의할 필요가 있다. 상속목적으로 신탁을 설정하는 경우에 세금문제를 어떻게 해결할 것인가에 대해서 우리 세법은 확고하고 명확한 답을 반드시 항상 제시해 주고 있다고 보기는 어렵다. 이 때문에 신탁을 통해서 재산승계를 하고자 하는 의욕이 저해될 수 있다. 신탁법과 세법이 아직 조화를 이루지 못한 상태라고 할 수 있다. 신탁과 세금에 대한 최근의 논의에 대해서는, 백제흠, "신탁법상 신탁의 납세의무자", 조세법연구 제26집 제1호(2020) 한국세법학회, 85면 이하, 손영철 · 이한우, "신탁이익의 증여세 및 상속세 과세문제", 조세와 법 제12권 제2호(2019), 1면 이하, 김성균, "신탁세제 개정 관련 신탁과세이론의 재검토", 중앙법학 제19권 제2호(2017) 211면 이하 참조.

성년후견인의 법정대리인이 된다(민법 제938조). 이렇게 선임된 성년후견인은 피성년후견인의 재산관리와 신상보호를 함에 있어서 여러 사정을 고려하여 그의 복리에 부합하는 방법으로 사무를 처리하여야 한다(민법 제947조). 심지어 후견인은 피후견인의 재산을 관리하고 그 재산에 관한 법률행위(즉 계약체결행위 등)에 대하여 피후견인을 대리한다(민법 제949조). 따라서 부모로서는 성년후견제도를 통하여 자신의 정신능력에 제약이 따르더라도 재산관리는 성년후견인이 있으므로 그에게 맡기면 된다고 생각할 수도 있다. 하지만 문제는 우리 문화 및 현재 실무에서 성년후견인은 통상적으로 가족, 즉 친족 중에서 선임되는데[40] 이것이 **피성년후견인 재산의 착복 내지 유용 그리고 자식들 간의 불화의 원인**이 되고 기타 각종 다툼의 씨앗이 되는 등 그 부작용이 적지 않음은 주지의 사실이다. 이를 해결해 줄 수 있는 제도가 바로 신탁이다.

피후견인의 재산관리의 관점에서 보았을 때 신탁제도와 성년후견제도는 상호 보완적일 수 있다.[41] 예컨대 부모는 장차 자신의 정신능력이 제약되어 지속적으로 사무를 처리할 능력이 결여됨으로써 재산을 스스로 관리 내지 운용할 수 없게 될 우려가 있을 때 수탁자와 미리 신탁계약을 체결하면 된다. 즉 부모는 위탁자로서 자신의 재산(예컨대 부동산)을 수탁자에게 이전하여 신탁재산으로 전환하고 수탁자로 하여금 위탁자(즉 부모)에게 성년후견심판이 개시되었는지를 불문하고 부모의 이익을 위하여 계속해서 관리 내지

40 김은효, 성년후견제도의 이론과 실무, 진원사(2018), 38면 참조.

41 성년후견제도와 신탁의 활용에 대해서는, 최수정, "고령사회에서 성년후견제도와 신탁 — 신탁의 기능과 활용을 중심으로 —", 법조 제702호(2015), 39면 이하 참조.

운용하도록 하는 것이다. 이 경우 부모는 위탁자인 동시에 수익수익권(예컨대 점유 · 사용 또는 임대수익의 수령)을 가질 수 있다. 위탁자가 고령인 점을 감안하면 비록 생전에는 자신이 수익수익권자이지만, 자신의 사후에는 재산을 승계할 목적으로 보통 원본수익권과 수익수익권을 자식들에게 남기는 방식으로 신탁을 설계하게 될 것이다. 이러한 방식을 통해 재산을 승계하는 것이 바로 우리가 이미 살펴본 유언대용신탁이다.[42] 따라서 **피성년후견인을 위한 신탁은 유언대용신탁과 밀접한 관계**를 갖는 것이다. 그리고 피성년후견인을 위한 신탁이 설정되면 성년후견심판의 전후를 불문하고 피성년후견인의 재산은 수탁자가 보존, 관리 또는 운용하기 때문에 성년후견인에 의한 착복, 유용 그리고 자녀들 간의 분쟁은 억제될 수 있다.[43]

이처럼 피성년후견인을 위한 **신탁에서는 수탁자가 부모의 재산을 돌보는 후견사무를 수행**하고 있는 셈이다. 그리고 성년후견인은 오로지 신상에 관한 사항만 돌보면 되는 것이다. 수탁자는 위탁자인 부모가 정한 바에 따라서 성년후견인에게 필요한 경비를 지급하면 된다. 피성년후견을 위한 신탁은 특히 (i) 정신적 제약이 따

---

42 자녀들에게 어떻게 분배할 것인가에 대해서는 앞의 유언신탁과 유언대용신탁에서 소개한 내용이 그대로 적용된다.

43 피성년후견인을 위한 신탁은 현재 신탁계약에 의해서만 설정할 수 있다. 그러나 여기서 살펴본 것처럼 피성년후견인을 위한 신탁은 여러 순기능을 가지고 있다. 이를 고려할 때, 비록 신탁계약이 없다고 하더라도, 법원에서는 성년후견을 심판함과 동시에 필요하다고 판단되는 경우 피성년후견인의 재산 전부 또는 일부가 신탁될 수 있도록 지원하는 제도적 장치가 마련될 필요가 있다. **일본에서는 후견제도지원신탁(後見制度支援信託)**을 실시하고 있는데 이에 따라서 가정재판소(家庭裁判所)는 **성년후견심판** 시 피성년후견인을 위하여 신탁이 설정될 수 있도록 지원하고 있다. 일본의 후견지원신탁에 관하여 보다 상세한 내용은, 홍승옥, “일본의 ‘후견제도지원신탁’의 동향과 시사점”, 한양법학 제27권 제3집(2016), 167면 이하 참조.

르는 부모의 재산을 자산관리전문가인 수탁자가 그 관리 내지 운용을 맡아준다는 장점이 있다. 이는 성년후견인이 친족일 경우에는 통상적으로 찾아볼 수 없는 능력이다. 나아가 (ii) 보통 후견인이 되고 싶은 강한 유인 중 하나가 바로 피후견인의 재산을 관리할 수 있다는 것인데 신탁이 개입하면 그 유인은 사라진다. 그럼에도 불구하고 후견인을 맡고자 하는 친족은 그만큼 진정성과 신뢰성이 강한 후견인이라고 볼 수 있다.

요컨대 신탁은 피성년후견인(즉 부모)을 진정으로 돌봐줄 수 있는 성년후견인을 선별해 주는 기능을 갖는다. 사실 성년후견심판인 경우뿐만 아니라 미성년후견심판(민법 제928조), 한정후견심판(민법 제12조) 또는 임의후견계약의 경우(민법 제959조의14)에 있어서도 미리 신탁계약을 체결하여 재산의 관리 내지 운용만을 떼어내어 수탁자에게 맡길 수 있다. 심지어 자신의 재산을 적절하게 관리할 능력이 부족한 미성년자 또는 장애인 자녀를 둔 부모가 자신의 사망을 대비하여 미리 신탁계약을 설정해 놓을 수 있음은 물론이다. 보호가 필요한 피성년후견인, 장애인, 또는 부모 잃은 미성년자의 생활보장을 위해서라도 후견인의 재산착복 내지 유용으로부터 이들의 재산을 안전하게 관리 내지 보호하는 것은 매우 중요하다. 이들은 가족의 생활보장을 위한 신탁이라고 할 수 있다. 신탁제도는 이처럼 사법상의 다른 제도와 결합하여 이용할 수 있는 유용한 법률적 도구이다.

(ㄷ) 투자를 목적으로 하는 신탁

(1) 특정금전신탁

금전을 보유한 자산가는 자금을 은행에 예치하여 이자수익을 얻을 수 있다. 그러나 저금리시대에 보다 수익성이 좋은 방향으로 자금을 운용하고 싶을 것이다. 그러나 당사자가 직접 운용할 경우 다음과 같은 여러 가지 문제에 부딪힐 수 있다. 예컨대 (i) 투자시장에 대한 이해부족, (ii) 투자상품에 대한 정보부족, (iii) 설령 투자시장과 투자상품에 대한 지식이 있다 하더라도 직접 투자할 경우 실제 주식, 사채, 어음 또는 부동산 등의 거래가 수반하는 복잡한 절차와 사무를 스스로 처리해야 하는 번거로움, 그리고 (iv) 투자운용상황에 관한 정리의 어려움 등이 문제될 수 있다. 결국 스스로 관련 재산을 개별적으로 투자할 경우에는 많은 시간과 노력이 요구된다. 그리고 전문투자가가 아닌 일반인이 본업과 병행하기란 현실적으로 매우 힘들다. 이를 해결해 줄 수 있는 것이 바로 신탁제도이다. 이른바 특정금전신탁이 그것이다.

특정금전신탁이란 위탁자가 신탁재산인 금전의 운용방법을 지정하는 금전신탁이라고 정의된다(자본시장 및 금융투자업에 관한 법률 시행령[44] 제103조 제1호).[45] 다시 말해서 금전의 소유자가 위탁자

44 이하에서는 "자본시장법 시행령"이라고 한다.

45 한편 위탁자가 신탁재산인 금전의 운용방법을 지정하지 아니하는 경우를 불특정금전신탁이라고 하는데(자본시장법 시행령 제103조 제2호) 현재 기존의 일부 연금신탁상품을 제외하고는 실무에서 새로이 판매되는 불특정금전신탁상품은 없다. 구 간접투자자산운용업법의 제정으로 2004년 7월부터 원칙적으로 신탁업자가 불특정금전신탁을 추가로 설정하지 못하도록 금지하였기 때문이다(구 간접투자자산운용업법 부칙 제14조 제2항, 법률 제6987호 2003.10.4.).

가 되어 수탁자와 신탁계약을 체결하고 수탁자로 하여금 신탁재산인 금전을 위탁자가 지정한 대상에 투자 · 운용한 후 그 수익을 다시 위탁자 또는 위탁자가 지정한 제3자에게 이전하도록 하는 것이다. **위탁자가 수탁자에게 이전한 신탁재산이 금전이라는 점 그리고 투자대상을[46] 위탁자가 특정한다는 점에서 특정금전신탁이라고 한다.** 그리고 특정금전신탁에서 위탁자가 수익자일 경우에는 자익신탁의 구조를 띠고 제3자(예컨대 위탁자의 배우자 또는 자녀)일 경우에는 타익신탁의 구조를 갖는다.[47] 위탁자가 수탁자에게 이전한 금전은 수탁자가 보유한 기타 신탁재산과는 구분되어 개별적으로 투자가 이루어진다는 점에서 **개별단독운용방식**을 취한다.[48] 즉 위탁자의 금전은 다른 사람의 금전과 합동운용 되지 않는다.[49] 특정금전신탁에서 위탁자는 전문가인 수탁자로부터 투자시장 및 투자상품에 관한 정보를 얻을 수 있다는 점에서 앞의 (i)과 (ii)의 문제가

---

46 실무에서 거래되는 투자대상의 대부분은 유가증권이다. 예컨대 (i) 기업어음증권 Commercial Paper(CP), (ii) 주가연계파생결합증권Equity－Linked Securities(ELS) (이러한 증권에 투자하는 특정금전신탁을 시장에서 Equity－Linked Trust(ELT)라고 한다), 그리고 (iii) 단기금융시장Money Market에서 거래되는 단기금융상품 등이 있다. 특히 마지막 단기금융상품 군에는 콜론call loan, 양도성예금증서Certificate of Deposit(CD), 수시입출식 계좌Cash Management Account(CMA), 환매조건부 채권 Repurchase Agreement(RP), 시장금리부 수시입출식 예금계좌Money Market Deposit Account(MMDA)와 같은 다양한 단기금융채권short－term financial instruments 등이 포함된다. 유의할 것은 자본시장 및 금융투자업에 관한 법률(이하 "자본시장법"이라고 한다) 제105조 제1항에 의하면 신탁된 금전으로 투자할 수 있는 대상은 증권에 한하지 않고 실물자산, 무체재산권, 부동산 등도 포함될 수 있다.

47 그러나 실무에서 특정금전신탁은 대부분 자익신탁이다.

48 이는 후술하는 신탁형 집합투자기구(즉 펀드)가 합동운용방식을 취하는 것과 대비된다.

49 이처럼 특정금전신탁에서는 위탁자의 금전을 타인의 금전과 혼합하여 합동운용하는 것이 원칙적으로 금지된다(지본시장법 제108조 제9호 및 동법 시행령 제109조 제3항 제5호 본문).

[그림 2-7] 특정금전신탁

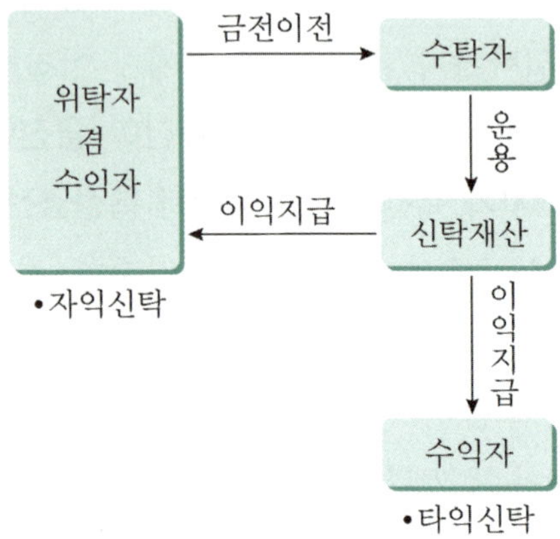

해결된다. 나아가 신탁재산인 금전을 투자하여 취득한 증권, 어음, 사채 등은 모두 다시 신탁재산으로 귀속될[50] 뿐만 아니라 이들 재산의 취득과 관리에 관한 제반 사무처리 또한 모두 수탁자가 처리하고 이를 위탁자에게 보고하기 때문에 앞의 (iii)과 (iv)의 문제도 해결된다. 이처럼 신탁의 구조는 재산승계의 목적을 위해서 뿐만 아니라 투자결정 및 투자자산의 효율적 관리를 위한 도구로도 이용될 수 있다. 특정금전신탁의 구조는 [그림 2-7]과 같다.

(2) 투자신탁: 신탁형 집합투자기구

이미 살펴본 바와 같이 투자결정 및 투자자산의 효율적 관리를 위하여 신탁은 유익한 수단으로 활용될 수 있다. 하지만 **특정금**

50 신탁재산의 관리, 처분, 운용, 개발, 멸실, 훼손, 그밖의 사유로 수탁자가 얻은 재산은 신탁재산에 속한다(신탁법 제27조). 이에 관한 보다 자세한 것은 제5장인 '오. 재산독립'의 다.(ㄴ) 참조.

전신탁에 한계가 없는 것은 아니다. 특히 투자규모와 투자능력 측면에서 그러하다. 우선 (i) **투자규모의 측면**에서 살펴보면 특정금전신탁은 거액의 부동산의 매수 또는 대규모 프로젝트 개발사업에 투자하기에 어려움이 있다. 왜냐하면 위탁자 1인만 있고 개별적인 단독운용방식을 취하는 특정금전신탁의 자금규모로는 당해 부동산을 매수하거나 프로젝트를 추진하기에 턱없이 부족할 수 있기 때문이다. 설령 그것이 가능하다고 하더라도 투자실패로부터 발생하는 리스크는 감당하기 버거운 수준에 이른다. 다른 한편, 위탁자인 투자자는 투자대상(예컨대 각종 증권)을 보다 광범위하게 설정하면서 수탁자로 하여금 신탁재산을 분산하여 투자하게 함으로써 위험을 줄이고 싶을 수도 있지만 특정금전신탁의 자금규모로는 광범위한 대규모 분산투자가 어려울 수 있다. 결국 특정금전신탁은 투자대상의 규모에서 오는 제약이 따른다.

그다음 (ii) **투자능력의 측면**에서 살펴보면, 비록 투자시장과 투자상품의 정보를 수탁자가 위탁자인 투자자에게 제공한다고 하더라도 특정금전신탁의 위탁자(즉 투자자)가 복잡한 금융상품의 구조와 위험을 반드시 충분히 이해하면서 수탁자에게 투자지시를 내린다고 보기 어려운 것이 현실이다.[51] 이처럼 투자의 대상과 운용방법을 지시해야 하는 위탁자의 투자능력 차원에서도 제약이 따른다. 이러한 투자규모와 투자능력에서 발생하는 제약은 다음 2가지 요소를 갖춤으로써 해소될 수 있다. 첫 번째는 바로 위탁자 1인의

51 특히 현실에서 특정금전신탁에 가입할 경우 위탁자는 특정금전신탁의 운용방법을 지정하게 되어 있는데 그 첫 단계로 다양한 사채, 어음, 선물, 또는 옵션 상품 등에서 선택하여야 한다. 그러나 일반인의 입장에서 그 의미를 충분히 이해하고 선택하기란 대단히 어려운 것이다.

자금만으로는 대규모 투자 또는 광범위한 위험분산투자를 하기에 한계가 있으니 대규모의 자금을 모을 수 있는 법적 장치를 마련하는 것이다. 두 번째는 금융투자상품에 정통한 전문가가 대신 운용을 맡아서 하는 것이다. 이 2가지를 충족하는 것이 바로 **금융공학의 꽃**이라고 할 수 있는 **신탁형 집합투자기구**, 즉 **투자신탁**이다.

신탁형 집합투자기구에서는 투자전문가가 대규모자금을 다수의 투자자로부터 모은 후 이를 수탁자에게 신탁하여 신탁재산으로 구성한 다음 투자전문가의 지시로 수탁자가 대규모 투자대상에 투자하고 그로부터 발생하는 수익을 투자자 각자의 투자액의 비율에 따라서 분배하는 구조를 띤다. 쉽게 말해서, 투자전문가가 많은 사람들로부터 돈을 끌어 모아 이른바 펀드(즉 기금)라는 것을 조성하고 이를 수탁자 밑에 두고 대규모투자를 행하여 발생하는 수익을 다시 투자자 각자의 투자비율에 따라 지급한다는 것이다. 금융시장에서 투자신탁은 다른 말로 펀드(fund)라고 부른다. 여기서 투자전문가집단이 바로 시중에서 흔히 볼 수 있는 자산운용사들이며 이들 자산운용사들이 대규모투자대상(즉 대규모부동산의 매매나 개발 또는 증권의 대규모거래 등)을 선정하고 거액의 펀드를 만드는 주체가 된다.

한편 펀드규모는 일반적으로 거액이므로 자산운용사로부터 분리하여 보관하는 것이 투자자에게 안전하다. 따라서 자산운용사는 위탁자가 되어 다수의 투자자로부터 받은 투자금액을 수탁자에게 이전하여야 한다(자본시장법 제184조 제3항). 그리고 자산운용사는 수익자인 투자자에게 수익증권이라는 것을 발행한다(자본시장법 제189조 제3항). 요컨대 **위탁자인 자산운용사**는 펀드를 조성한 후 투자를 지시하는 역할을 맡고, **수탁은행은 수탁자로서** 그 지시에 따라 신탁재산을 관리, 투자, 운용하며 그로부터 발생하는 수익은 수익증권을 보유한 **수익자인 투자자들**에게 투자액에 비례하여 배분하게 된다. 이처럼 신탁형 집합투자기구인 투자신탁에서는 특정금전신탁의 경우처럼 투자자 자신이 직접 투자지시를 내리는 것이 아니라 **투자전문가인 자산운용사를 통해서 간접적으로** 하는 것이므로 이를 **간접투자**라고도 한다.[52] 나아가 특정금전신탁과 달리 신탁형 집합투자기구인 투자신탁에서 위탁자는 자산운용사이고 수익자는 투자자이므로 성질상 일종의 **타익신탁**이다.[53] 그리고 신탁재산의 운용도 개별단독운용방식이 아닌 다수 투자자의 투자금을 모아서 공동으로 운용하는 것이므로 **합동운용방식**을 취한다.

위의 내용을 알고 투자신탁을 규율하는 자본시장법상의 내용을 보면 이해가 쉽다. 자본시장법에 의하면 **투자신탁**이란 집합투자업자인 위탁자가 신탁업자에게 신탁한 재산을 신탁업자로 하여금 그 집합투자업자의 지시에 따라 투자 및 운용하게 하는 신탁형태의 집합투자기구라고 정의하고 있다(자본시장법 제9조 제18항 제1호). 여기서 **집합투자**란 2인 이상의 투자자로부터 모은 금전 등을 투자자로부터 일상적인 운용지시를 받지 아니하면서 재산적 가치가 있는 대상자산에 투자 · 운용하고 그 결과를 투자자에게 배분하는 것을 말한다(자본시장법 제6조 제5항). 그리고 집합투자를 하기 위해서 신탁이라는 기구(즉 수단)를 사용하는 경우를 신탁형 집합

52 따라서 자본시장법이 제정되기 전에 투자신탁을 규율한 법률의 명칭이 간접투자자산운용업법인 것도 이 때문이다. 간접투자자산운용업법은 자본시장법의 제정으로 2009년에 폐지되었다.

53 특정금전신탁과는 달리 **투자신탁에서 위탁자는 투자자가 아님**을 유의할 필요가 있다. 이는 필자의 경험에 비춰보면 많은 분들이 혼동하는 부분이다.

투자기구, 즉 투자신탁이라고 한다.[54] 여기서 집합투자를 업으로 하는 자가 바로 **집합투자업자**인데(자본시장법 제6조 제4항) 투자신탁에서 자산운용사가 바로 집합투자업자인 것이다. 실무에서 투자신탁의 수탁자(즉 신탁업자)는 위탁자인 집합투자업자(즉 자산운용사)의 지시에 따르는 수동적 위치에 있지만 동시에 수익자인 투자자를 위하여 위탁자의 운용지시가 부당한지 여부를 감독하기도 한다.[55] 그리고 위탁자인 집합투자업자(즉 자산운용사)가 판매회사를 통하여 투자자로부터 지급받은 금전을 신탁업자인 수탁자에게 신탁한 것이 신탁재산, 즉 펀드를 이루는데 이를 **집합투자재산**이라고 한다(자본시장법 제9조 제20항).[56] 그리고 투자신탁에서 집합투자업자(즉 자산운용사)가 발행하고(자본시장법 제189조 제3항) 수익자가 취득한 수익증권은 **집합투자증권**이라고 한다(자본시장법 제9조 제21항).[57] 한편 집합투자업자(즉 자산운용사)가 수익증권(즉 집합투자증권)을 금융상품으로서 판매하고자 할 경우에는 투자매매업자와 판매계약을 체결하거나 투자중개업자와 위탁판매계약을 체결한 후 이들 **판매회사**(예컨대 은행, 증권사 또는 보험사)를 통해서 하여야 한다(자본시장법 제184조 제5항 본문). 이는 다수의 투자자를

---

54 그밖에 실무에서 자주 접하는 형태로 회사형 집합투자기구가 있다. 이 경우 투자회사라고 부른다(자본시장법 제9조 제18항 제2호).

55 자본시장법 제247조 제1항에 의하면 집합투자재산을 보관·관리하는 신탁업자는 그 집합투자재산을 운용하는 집합투자업자의 운용지시 또는 운용행위가 법령, 집합투자규약 또는 투자설명서 등을 위반하는지 확인하고 위반사항이 있을 경우에는 그 집합투자업자에 대하여 그 운용지시 또는 운용행위의 철회·변경 또는 시정을 요구하여야 한다.

56 회사형 집합투자기구인 투자회사일 경우에는 당해 투자회사의 재산이 집합투자재산이 된다(자본시장법 제9조 제20항).

57 회사형 집합투자기구인 투자회사일 경우에는 당해 투자회사가 발행한 주식이 집합투자증권이 된다(자본시장법 제9조 제21항).

[그림 2-8] 투자신탁(펀드)

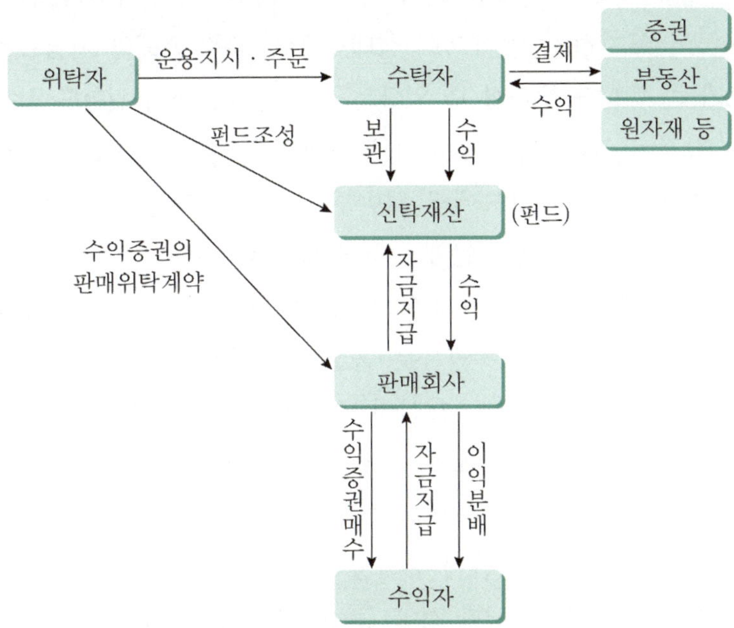

모집하기 위해서 보다 많은 창구를 통해 투자신탁의 금융상품을 판매하기 위한 것이다. 따라서 투자신탁에 투자(즉 펀드에 가입)하고 싶은 투자자는 자산운용사가 아닌 판매회사인 은행, 증권사, 또는 보험사에서 펀드에 가입하여야 한다. 신탁형 집합투자기구인 투자신탁(즉 펀드)의 구조는 [그림 2-8]과 같다.

투자자는 투자신탁을 이용함으로써 자산운용사라는 전문투자자의 투자능력을 빌려 자산운용사가 만든 펀드에 투자할 수 있게 된다. 시중에 펀드가 투자하는 대상의 종류에는 증권, 부동산, 증권 · 부동산을 제외한 자산, 그리고 단기금융상품 등이 포함될 수 있다(자본시장법 제229조). 투자신탁에 있어서 비록 투자대상의 규모가 매우 크다고 하지만 시장의 다수 투자자가 투자신탁 펀드에 참여하여 투자하는 것이므로 **상대적으로 작은 규모의 자금으로도 규모가 큰 대상에 투자할 수 있다**는 점과 **투자손실의 위험도 감소된다**는 장점이 있다. 다시 말해서 투자신탁은 신탁의 구조를 이용하여 투자능력과 투자규모에서 일반투자자 또는 특정금전신탁의 투자자가 부딪힐 수 있는 문제를 해결해 준다.

마지막으로 일반투자자가 투자신탁의 수익증권에 투자함으로써 펀드에 가입할 수 있음은 물론인데 특정금전신탁의 위탁자 겸 투자자도 마찬가지로 자신의 수탁자에게 투자신탁의 수익증권에 투자하도록 지시함으로써 펀드에 가입할 수 있다. 이 경우에는 특정금전신탁을 이용하여 투자신탁에 가입한 것이므로 두 개의 신탁이 관여되어 있음에 유의할 필요가 있다. 금융시장에서 판매되고 있는 특정금전신탁 상품 중 (i) 주식과 펀드의 장점을 결합한 **상장지수펀드**(Exchange-Traded Fund(ETF))의 수익증권에 투자하는 특정금전신탁 그리고 (ii) 단기금융상품으로 구성된 **단기금융펀드**(Money Market Fund (MMF))의 수익증권에 투자하는 특정금전신탁(Money-Market Trust (MMT))이 바로 이러한 예들이라고 할 수 있다.

(ㄹ) 채무의 담보를 목적으로 하는 신탁

(1) 담보권신탁

담보권에는 존속상의 부종성이라는 성질이 있다. 쉽게 말해서 담보권은 그것이 담보하는 채권(즉 피담보채권)에 붙어서 함께 존재할 것이 요구된다. 저당권을 예로 들자면, 저당권은 그것이 담보하는 채권과 분리하여 타인에게 양도하거나 다른 채권의 담보로 하지 못한다(민법 제361조). 즉 채권과 이 채권을 담보하는 저당권을 보유한 채권자는 이 중 채권은 갑에게 그리고 저당권은 을에게 분리하여 따로 이전할 수 없다. 이러한 전통적 법리는 현실에서 많은 불편함을 야기한다. 예컨대 채무자의 사업규모가 커서 다수의 채권자로부터 대출을 받고 이들 채권자들에게 저당권을 설정해 주었다고 가정하자. 저당권은 등기하여야 효력이 생기기 때문에(민법 제186조) 채권자 전원에게 저당권의 공유등기를 경료해 주어야 한다. 문제는 채권자 중 1인이 시장에서 자신의 채권을 타인에게 이전하고 싶다면 그 채권을 새로 취득하는 사람 앞으로 저당권의 공유등기의 변경등기절차도 밟아야 한다. 빠르게 진행되는 금융실무에서 이는 여간 번거로운 일이 아닐 수 없다. 그러나 신탁을 이용하여 채무를 담보하면 저당권의 부종성에서 오는 이러한 불편함과 비효율을 극복할 수 있다. 채무의 담보를 목적으로 하는 신탁 중 대표적인 것이 바로 담보권신탁과 담보신탁이다.

우선 **담보권신탁**을 살펴보자. 우리 신탁법 제2조에서는 신탁을 다음과 같이 정의하고 있다. 즉 "신탁을 설정하는 자…와 신탁을 인수하는 자…간의 신임관계에 기하여 위탁자가 수탁자에게 특정의 재산을 이전하거나 **담보권의 설정**…하고 수탁자로 하여금 일정한 자…를 위하여 그 재산의 관리, 처분…행위를 하게 하는 법률관계를 말한다." 우리 **신탁법은 이처럼 담보권의 설정만을 수탁자에게 할 수 있도록 허용함으로써 담보물권의 부종성에 대해서 예외를 인정**해 주고 있는 것이다. 다시 말해서 채무자가 다수의 채권자로부터 대출을 받지만 저당권은 다수의 채권자들에게 설정하지 않고

[그림 2-9] 담보권신탁

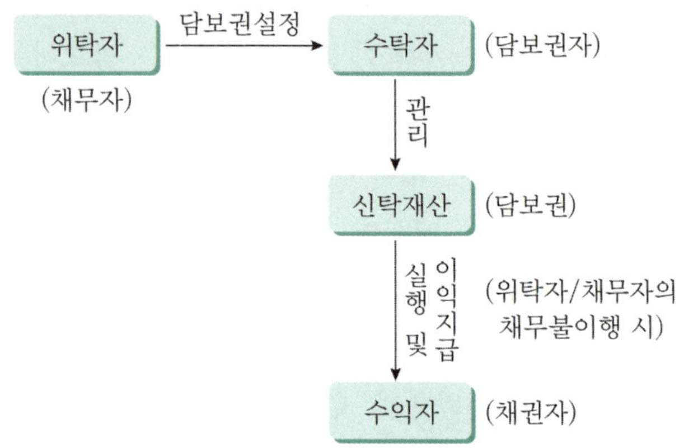

오로지 수탁자 1인에게만 설정할 수 있다는 것이다. 그리고 만일 채무자가 채무를 이행하지 않을 경우에 수탁자는 저당권을 실행하여 얻은 경매대금으로 채권자들의 채권을 우선변제하게 된다.

여기서 **채무자는 위탁자이고, 신탁재산은 담보권 그 자체이며, 수익자는 채권자들이다. 따라서 '담보권'신탁이라고 불린다.** 이로써 설사 채권자 중 1인이 채무의 변제기 이전에 자신의 채권과 이 채권을 담보하는 신탁상의 수익권을 타인에게 이전한다 하더라도 저당권의 변경등기절차와 같은 것은 더 이상 필요하지 않다. 단지 담보권신탁의 수익자 중 1인이었던 양도채권자는 자신의 채권을 타인에게 이전한 사실을 수탁자에게 통지만 하면 된다.[58] 수탁자로서는 새로운 수익자가 누구인지 알아야 하기 때문이다. 요컨대

58 신탁법 제64조와 제65조 참조. 수익권의 양도에 관하여는 제7장인 '칠. 이익귀속'의 나.(ㄹ) 참조.

담보권신탁을 이용하면 담보권을 수익권으로 전환할 수 있고 이를 통해서 채권양도 및 이에 관한 담보이전의 방법을 간소화할 수 있다는 장점이 있다.[59] 담보권신탁의 구조는 [그림 2-9]와 같다.

담보권신탁에서는 담보권 자체(예컨대 저당권)를 수탁자에게 직접 설정해 놓는 구조를 취하였다. 이는 담보된 부동산의 소유권은 여전히 채무자에게 속해 있음을 뜻한다. 만일 채무자가 채무불이행에 빠지거나 **파산을 하면** 수탁자는 담보권자로서 자신이 보유한 담보권을 실행하여[60] 수익자인 채권자들에게 분배하고 이를 통해 채권자는 자신의 채권의 만족을 얻는다. 하지만 만일 채무자에게 **회생절차개시의 결정이 내려지면** 담보권자에게 별제권이 인정되지 않는다. 즉 채무자회생 및 파산에 관한 법률 제58조 제1항 제1호에서는 회생절차개시결정이 있는 때에는 회생담보권에 기한 강제집행 등을 할 수 없도록 규정하고 있다. 여기서 회생담보권이란

59 담보권신탁은 기업이 금융시장에서 사채(社債)를 발행하면서 기업재산을 담보로 제공하는 경우에도 사용할 수 있다. 특히 금융시장에서 사채에 대한 투자자가 다수인 점을 감안하면 담보권을 수탁자 1인에게 신탁을 통해 집중시켜 놓고 수익자를 투자자로 설정하는 것은 매우 효율적일 수 있다. 이처럼 회사가 사채를 발행하면서 신탁을 이용하여 담보를 제공하는 것을 담보부사채신탁이라고 하는데 이에 관하여는 「**담보부사채신탁법**」이라는 특별법을 마련하여 몇 가지 특칙을 정하고 있다. 하지만 기업의 부동산 위에는 보통 이미 선순위 담보권자가 있고, 동산일 경우에는 사업운용을 위하여 이용해야 하므로 점유를 수탁자에게 이전해야 하는 질권을 설정하기란 사실상 매우 어려운 것이 현실이다. 따라서 실무에서 담보부사채신탁법은 거의 활용되고 있지 않다. 이에 관하여 보다 자세한 것은, 이미현, "담보부사채의 활성화", BFL 제31호(2008), 68면 이하 참조.

60 채무자가 파산할 경우 채무자의 재산 위에 담보권을 가진 자는 별제권을 갖는다. 별제권이 있을 경우 채무자의 파산의 영향을 받지 않고 자신의 담보권을 실행할 수 있다. 채무자 회생 및 파산에 관한 법률에서 이를 규정하고 있다. 동법 제411조(별제권자)에 의하면 "파산재단에 속하는 재산상에 존재하는 유치권, 질권, 저당권, 「동산·채권 등의 담보에 관한 법률」에 따른 담보권 또는 전세권을 가진 자는 그 목적인 재산에 관하여 별제권을 가진다." 그리고 동법 제412조(별제권의 행사)에 의하면 "별제권은 파산절차에 의하지 아니하고 행사한다."

"…회생절차개시 당시 채무자의 재산상에 존재하는 유치권, 질권, 저당권, 양도담보권, 가등기담보권, 「동산 · 채권 등의 담보에 관한 법률」에 따른 담보권, 전세권, 또는 우선특권으로 담보된 범위의 것…"을 말한다(채무자회생법 제141조 제1항). 이처럼 저당권이든 질권이든 담보권신탁에서 수탁자에게 설정된 담보권은 채무자의 재산 위에 존재하는 것으로서 회생담보권이 된다. 따라서 채무자가 회생결정을 받을 경우 수탁자에게는 별제권이 인정되지 않는다. 이는 다시 말해서 담보권신탁의 수익자인 채권자의 입장에서 보면 담보권이 실행될 수 없게 되는 것이나 다름없다. 이를 극복할 수 있는 것이 바로 이른바 담보신탁이다.

(2) 담보신탁

담보신탁이라 함은 채무자가 채권자에게 담보를 제공할 목적으로 자신의 **부동산소유권**을 수탁자에게 이전하고 만일 채무자가 채무불이행에 빠질 경우 이를 처분하여 그 대금을 채권자에게 분배하도록 하는 신탁이다. **여기서 위탁자는 채무자, 신탁재산은 부동산소유권, 그리고 수익자는 채권자이다.** 앞서 담보권신탁처럼 수익권을 이전함으로써 담보이익을 이전할 수 있으므로 효율적이고 편리하다. 나아가 저당권과 같은 기존의 담보권은 경매를 통해 이를 실현해야 하나 담보신탁은 수탁자의 임의처분에 의한 실현이 가능하므로 실무에서 대단히 편리하다. 한편 양자는 구조에 있어서 큰 차이가 있다. 항을 바꾸어 설명한다.

담보권신탁에서 신탁재산은 담보권이었던 반면에 **담보신탁에서 신탁재산은 부동산소유권**이다. **바로 이 점 때문에 양자는 채무자에게 회생절차가 개시되는 경우에 있어서 법적으로 완전히 다른 취급을 받**

는다.[61] 왜냐하면 담보신탁은 신탁이라는 제도를 빌려 담보의 기능을 달성하려는 것이지 그 자체 법에서 인정하는 담보권의 한 종류는 아니기 때문이다. 즉 채무자회생 및 파산에 관한 법률 제141조 제1항에서는 채무자회생절차에 포함되는 회생담보권을 "…회생절차개시 당시 채무자의 재산상에 존재하는 유치권, 질권, 저당권, 양도담보권, 가등기담보권, 「동산 · 채권 등의 담보에 관한 법률」에 따른 담보권, 전세권, 또는 우선특권으로 담보된 범위의 것…" 이라고 규정하고 있는데 여기 열거된 담보권의 종류에 담보신탁은 포함되어 있지 않다. 따라서 채무자에게 회생절차가 개시될 경우 담보권신탁의 수탁자는 수익자인 채권자들을 위하여 담보권을 실행할 수 없는 반면에 담보신탁의 수탁자는 수익자인 채권자를 위해서 신탁재산으로서 보유하고 있는 부동산소유권을 처분하여 그 대금으로 채권자에게 변제할 수 있게 된다.[62] 이러한 이유로 담보

61 채무자가 파산할 경우에 담보권신탁과 담보신탁 사이에 결과적인 차이는 없다. 단지 담보신탁에서 수탁자는 담보권을 보유하는 것이 아니라 부동산소유권을 보유하고 있기 때문에 환취권을 가질 뿐이다. 환취권이라 함은 채무자가 파산할 경우에 채무자에게 속하지 않는 재산을 환취하는(즉 되찾아오는) 권리이다(채무자 회생 및 파산에 관한 법률 제407조). 담보신탁에서 채무자가 담보의 목적으로 제공한 부동산의 소유자는 법적으로 수탁자이므로 수탁자가 환취권의 행사권자가 된다. 수탁자는 신탁재산인 부동산을 환취한 후 이를 처분하여 그 대금으로 담보신탁의 수익자인 채권자들에게 지급하게 된다.

62 이는 현재 우리 학계의 **다수설**(최근 학설의 논의에 대해서는, 이계정, 신탁의 기본 법리에 관한 연구 — 본질과 독립재산성, 경인문화사(2017), 303–316면 참조) 및 **판례**(대판 2001.7.13. 선고 2001다9267; 대판 2002.12.26. 선고 2002다49484; 대판 2017.6.22. 선고 2014다225809)의 입장이기도 하다. 그러나 이러한 차이는 타당하지 않으며 담보신탁은 채무자의 회생절차개시에 영향을 받아야 한다는 주장도 매우 유력하게 제기되고 있다. 자세한 것은, 윤진수, "담보신탁의 도산절연론 비판", 비교사법 제25권 제2호(2018), 697면 이하 참조; 한편 담보신탁에 대한 새로운 접근으로는, 오영걸, "리부트 — 대법원 2001.7.13. 선고 2001다9267 판결 —", 법조 제71권 제2호(2022), 317 이하 참조.

[그림 2-10] 담보신탁

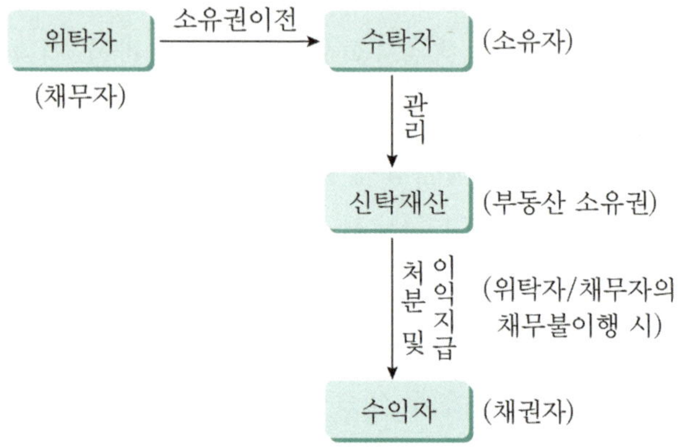

신탁은 실무에서 매우 활발하게 이용되고 있다. 담보신탁의 구조는 [그림 2-10]과 같다.

(ㅁ) 부동산관리신탁 및 부동산처분신탁

부동산 소유자는 일정한 경우에 자신의 부동산을 적절하게 관리할 수 없는 상황에 놓일 수 있다. 예컨대 외국에 장기 거주하는 경우, 장기 해외출장을 해야 하는 경우, 임차인이 다수 존재하는 경우, 수채의 건물을 보유하는 경우, 고령 등으로 인하여 부동산을 스스로 관리할 능력이 없는 경우, 부동산소유자가 미성년자인 관계로 관리가 필요한 경우, 유언대용신탁을 설정하고 생전에 부동산관리가 필요한 경우 또는 부동산소유자가 장차 성년후견의 심판을 받을 우려가 있는 경우 등을 들 수 있다.

이 경우에 부동산의 소유자는 지인에게 관리를 맡길 수도 있

[그림 2-11] 부동산관리신탁

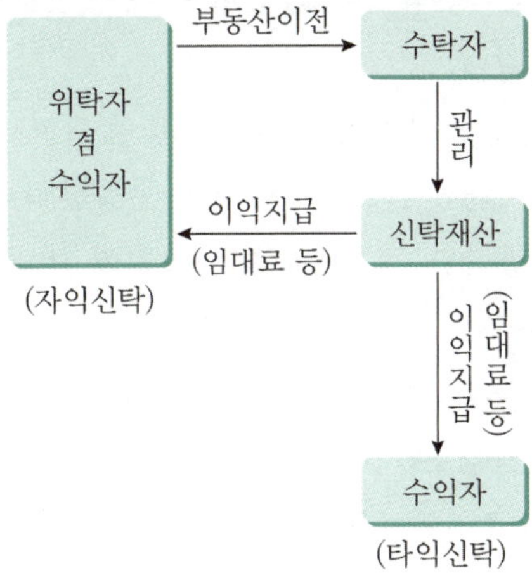

다. 하지만 현실적으로 여러 가지 위험요소가 잠재할 수 있다. 이에 대한 우려를 해소해 줄 수 있는 것이 바로 신탁제도이다. 즉 부동산소유자는 위탁자가 되어 신탁계약을 통해 부동산소유권을 수탁자에게 이전하고 수탁자로 하여금 위탁자 자신 또는 위탁자가 지정하는 제3자(예컨대 위탁자의 배우자 또는 자녀)를 수익자로 하여 당해 부동산의 관리를 위탁하는 것이다. 이를 **부동산관리신탁**이라고 한다. 이 경우에 수탁자는 제세공과금의 납입, 보험가입, 임차인 모집, 전세금 또는 임대보증금의 관리, 건물의 유지 및 보수, 회계 및 법률문제의 처리 등 부동산을 보유함으로써 수반되는 관리업무 전반을 종합적으로 관리해 줄 수 있다. 특히 임대료 또는 전세금이자 등 수익이 있을 경우 위탁자 자신에게 지급하도록 하는 자익신탁 또는 위탁자의 배우자 또는 자녀처럼 제3자에게 지급하도록 하는 타익신탁 등의 유형으로 자유롭게 설계할 수 있다. 이러한 전문적이고도 효율적인 관리가 가능한 부동산종합관리형신탁을 실무에서는 **갑종부동산관리신탁**이라고 한다.[63] 부동산관리신탁의 구조는 [그림 2-11]과 같다.

부동산 소유자가 부동산을 매도하고 싶다고 하더라도 일정한 경우에 순조롭지 않을 수 있다. 예컨대 부동산의 권리관계가 복잡한 경우, 대형부동산일 경우, 매수인 발견에 어려움이 있는 경우, 부동산의 특성 내지 구체적 사정으로 인하여 처분에 장기간이 소요될 수 있는 경우 또는 일정한 사유로 부동산소유자가 매도인의 위치에서 처분하기를 꺼려하는 경우 등. 이러한 사유가 있다면 부동산의 처분은 순조롭지 않을 수 있다. 이때 사용할 수 있는 법적 장치도 신탁이다. 즉 **부동산 소유자는 위탁자로서 수탁자와의 신탁계약을 통해 당해 부동산의 처분사무를 수탁자에게 위탁하고 처분 후의 대금을 자신 또는 제3자에게 이전하도록 하는 것**이다. 이를 **부동산처분신탁**이라고 한다. 여기서 부동산을 이전하고 추후 매각대금을 받을 자가 수익자가 되고, 처분대상인 부동산이 신탁재산을 구성한다. 수탁자는 부동산전문가로서 매각플랜을 설계하고 나아가 최적의 매수인을 발굴하는 데 다양한 노하우를 보유하고 있으므로 부동산처분신탁을 통해서 매우 전문적이고 효율적인 부동산매각을 이룰 수 있다. 한편 수탁자로부터 신탁상의 이익(즉 처분대금)을 자신이 받으면 자익신탁이 되고, 위탁자의 배우자 또는 자녀처럼 제3자가 수령할 경우에는 타익신탁이 된다. 부동산처분신탁의 구조는 [그림 2-12]와 같다.

---

63 한편 일정한 목적을 위해서 부동산의 **소유권만을 안전하게 별도로 보전할 필요**가 있는 경우(예컨대 담보신탁)에 수탁자에게 이전하여 관리할 수도 있는데 이 경우의 신탁을 **을종부동산관리신탁**이라고 한다.

[그림 2-12] 부동산처분신탁

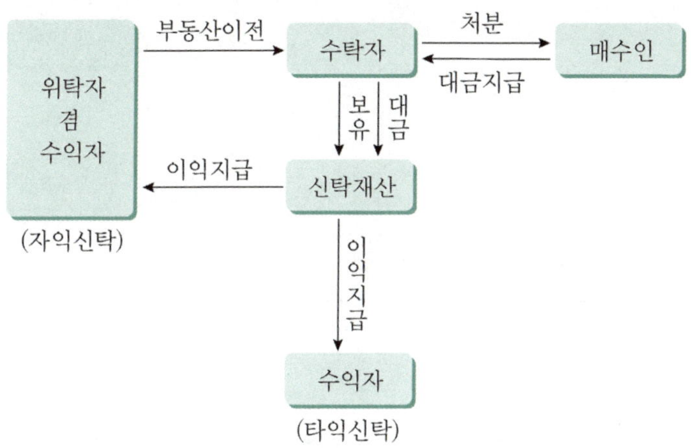

(ㅂ) 토지신탁

토지소유자 중 그 위에 건물(예컨대 빌라, 상가 또는 아파트)을 지어 개발하고 이로부터 **임대수익을 얻거나 이를 분양하고 싶은 경우**가 있다. 하지만 이러한 개발사업을 추진하기 위해서는 여러 복잡한 절차가 얽혀 있다. 예컨대 사업타당성 및 수익성 검토, 관계법령조사, 시장조사, 그리고 건물의 시공사선정 등 전반적인 개발계획을 수립할 것을 요한다. 그뿐만 아니라 향후 임대 또는 분양에 관한 사무(예컨대 임대 또는 분양 광고 혹은 임대계약 또는 분양계약 체결 등)를 처리할 필요가 있다. 그런데 이들 사무의 처리는 사실상 일반인들이 할 수 없는 것이다. 이를 도울 수 있는 제도가 바로 신탁이다.

토지소유자는 토지를 수탁자에게 이전하여 이들 사무 전체를

[그림 2-13] 토지신탁

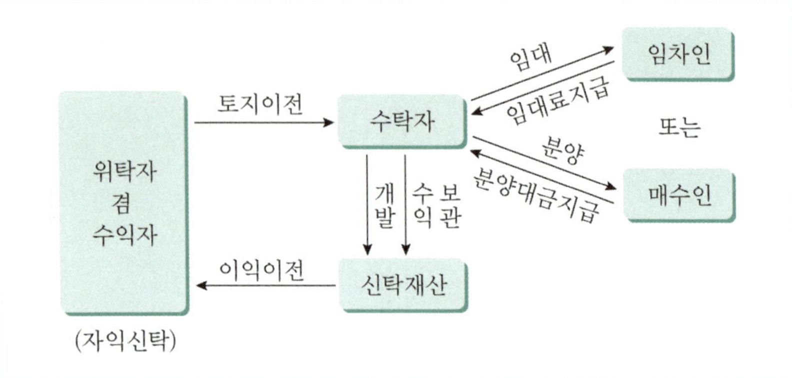

신탁할 수 있다. **토지소유자는 수탁자와 신탁계약을 통하여 토지소유권을 수탁자에게 이전하고 개발사업에 관한 개발계획, 시공업무,**[64] **임대사무 등 개발업무 일체를 수탁자에게 위탁하는 것**이다. 여기서 토지소유자는 위탁자이자 수익자가 되고, 토지 및 그 위의 건물은 신탁재산이 된다. 향후 수탁자가 건물의 임차인으로부터 임대료를 받게 되면 이를 관리한 후 최종적으로 위탁자이자 수익자인 원래의 토지 소유자에게 지급하는 것이다. 이를 **임대형 토지신탁**이라고 한다. 나아가 재건축사업에서 재건축조합 대신에 수탁자가 재건축사업의 시행자로서 지정될 수 있는데[65] 이때 신탁업자가 토지소유자로부터 소유권을 이전받아 재건축사업을 시행하고 신축된 건물을 분양하는 등 업무 전반을 처리하는 경우에는 일종의 **분양형 토지신탁**이 성립한다. 임대형이건 분양형이건 여기서 건물시공 등 개발에 소요되는 자금을 수탁자가 조달하면 **차입형 토지신탁**이 되

64 물론 실제 부동산의 건설은 별개의 시공사를 선정하여 이를 진행한다.

65 도시 및 주거환경정비법 제27조 제1항 제3호 참조.

고 그렇지 않고 위탁자가 직접 조달하면 **관리형 토지신탁**이라고 불린다.[66] 그리고 양자를 합쳐서 **토지신탁 또는 토지개발신탁**이라고 한다. 토지신탁의 구조는 [그림 2-13]과 같다.

한편 분양형 토지신탁 중에는 부동산시행사가 수익성 있는 개발사업을 진행하기 위하여 건물을 지을 적합한 토지를 물색하고 그 소유권을 매입 및 취득한 후 개발사업을 진행하는 경우도 있다.[67] 이 경우에 부동산시행사는 수탁자와의 신탁계약을 통하여 토지소유권을 이전하고 건물의 분양계약과 납입한 대금의 관리업무 등을 수탁자에게 위탁한다. 실무에서 분양계약은 분양대행사를 통해서 이루어진다. 그 후 분양이 완료되면 수탁자는 분양대금을 수익자인 부동산시행사에게 이전하는 것이다. 부동산시행사가 토지개발사업을 진행하는 이유도 바로 이러한 수익을 통한 개발이익을 얻기 위한 것이다. 여기서 **부동산시행사는 위탁자이자 수익자가 되고 토지와 그 위의 건물은 신탁재산이 된다**. 실무에서 **부동산시행사가 진행하는 분양형 토지신탁은 대부분 관리형토지신탁**에 속한다. 즉 위탁자인 부동산시행사가 개발자금을 조달한다는 것이다.

(ㅅ) 자산의 유동화를 목적으로 하는 신탁

어느 법인이 신용카드채권(또는 할부채권이나 자동차리스채권)을

66 차입형 토지신탁인 경우에 수탁자는 자금조달이라는 사무까지 맡아서 처리해야 하므로 더 높은 수수료나 보수를 받게 된다.

67 이러한 분양형 토지신탁에서 원래의 토지소유자는 단순한 매도인으로서 대금을 수령하고 소유권을 이전한 후에는 원칙적으로 앞으로 추진되는 토지개발사업과 무관하다. 가끔 원래의 토지소유자를 위탁자 그리고 부동산시행사를 수탁자로 오해하는 경우가 있는데 그렇지 않음을 유의할 필요가 있다.

[그림 2-14] 자산유동화신탁

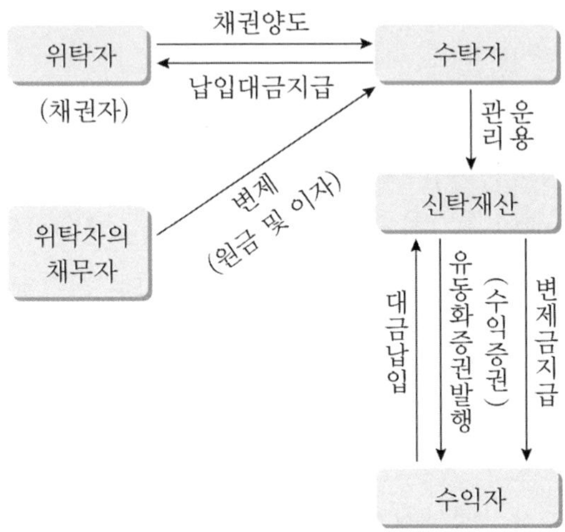

보유하고 있다고 가정하자. 채권의 변제기는 아직 좀 남아 있어 당장 채무자에게 청구할 수가 없다. 그러나 이 법인은 지금 현금이 필요하다. 따라서 자신이 보유하고 있는 채권을 현금화할 방법은 없을까 고민한다. 이때 사용할 수 있는 제도가 바로 **신탁형 자산유동화제도**이다. 그 구조는 다음과 같다. 즉 (i) 이 법인은 자신이 보유한 자산인 신용카드채권을 수탁자에게 이전한다. (ii) 수탁자에게 귀속된 신용카드채권은 신탁재산이 된다. (iii) 수탁자는 이 신탁재산을 기초자산으로 하여 수익증권을 투자자에게 발행한다. (iv) 수탁자는 투자자로부터 받은 투자금을 법인에게 이전한다. (v) 변제기에 수탁자가 신용카드채권의 원금과 이자를 채무자로부터 변제받는다. (vi) 수탁자는 변제받은 이익을 수익증권을 보유한 투자자에게 각자 투자한 비율에 따라서 분배하게 된다. 여기서 **자**

산보유자(즉 신용카드채권의 보유자)였던 법인은 위탁자이고, 신탁재산(즉 신용카드채권)을 이전받아서 관리 · 운용하면서 수익증권을 발행하는 신탁업자는[68] 수탁자이며, 그리고 수익증권에 투자하고 신탁재산(즉 신용카드채권)으로부터 수익을 얻는 투자자가 수익자이다. 이를 신탁형 자산유동화라고 하는데[69] 그 구조는 [그림 2-14]와 같다.

이처럼 신탁형 자산유동화는 일종의 타익신탁이다. 여기서 핵심은 신탁이라는 특수목적기구(Special Purpose Vehicle(SPV))를 이용하여 신용카드채권이라는 자산을 증권화하였다는 데 있다. 그리고 신탁을 통해 자산의 증권화가 가능하였기 때문에 고여 있었던 신용카드채권을 수익증권으로 전환하여 시장에 유통시킬 수 있었던 것이다. 여기서 **신용카드채권은 유동화자산**이라 하고[70] **수익증권은 유동화증권**이라고 한다.[71] 이것이 바로 신탁형 자산유동화의 전

68 자본시장법 제110조 제1항에 따르면 신탁업자는 금전신탁인 경우에만 수익증권을 발행할 수 있다. 그러나 자산유동화에 관한 법률 제32조에서는 이에 대한 특칙을 두어 신탁업자는 자산유동화의 목적을 위해서 수익증권을 발행할 수 있도록 하고 있다.

69 자산유동화에 관한 법률 제2조 제1호 나목에 따르면 신탁형 자산유동화라 함은 자본시장법에 따른 신탁업자가 자산보유자로부터 유동화자산을 신탁 받아 이를 기초로 유동화증권을 발행하고, 당해 유동화자산의 관리 · 운용 · 처분에 의한 수익이나 차입금 등으로 유동화증권의 수익금을 지급하는 일련의 행위를 말한다.

70 자산유동화에 관한 법률 제2조 제3호: 유동화자산이라 함은 자산유동화의 대상이 되는 채권 · 부동산 기타의 재산권을 말한다. 따라서 신용카드채권뿐만이 아니라 다양한 재산이 그 대상이 될 수 있다.
한편 자산유동화에 관한 법률 제2조 제3호는 자본시장법 제110조의 예외, 즉 특칙이라고 할 수 있다. 왜냐하면, 자본시장법 제110조에 의하면 신탁업자인 수탁자는 신탁재산이 금전일 경우에만 수익증권을 발행할 수 있다고 규정하고 있기 때문이다.

71 자산유동화에 관한 법률 제2조 제4호: 유동화증권이라 함은 유동화자산을 기초로 하여 제3조의 규정에 의한 자산유동계획에 따라 발행되는 출자증권 · 사채 · 수익증권 기타의 증권 또는 증서를 말한다.

형적인 모습이다.[72] 이를 이용함으로써 법인은 고여 있는 신용카드채권을 미리 현금화할 수 있는 길이 열리게 된다. 한편 자산유동화는 자산의 현금화뿐만 아니라 자기자본비율(BIS ratio)을[73] 높이기 위해서도 이용되는 금융기법이다.

한편 아직까지 실무에서 신탁형 자산유동화는 별로 사용되지 않고 있다.[74] 그보다는 신탁형 자산유동화를 통해서 발행된 수익증권을 또 다른 특수목적기구인 유동화전문회사(Special Purpose Company(SPC))(즉 페이퍼 컴퍼니)에게 이전하고 유동화전문회사는 이 수익증권을 기초자산으로 하여 출자증권, 사채, 어음 등 다른 종류의 유동화증권을 투자자에게 발행하는 형태가 보다 많이 이용되고 있다.[75] 이 경우에는 자산의 유동화를 위해서 신탁과 회사가 결합된 구조를 이용하고 있는 것이다.[76] 이렇게 2단계 구조를 이용

---

72 자산유동화를 이용하고자 할 경우 자산보유자는 자산유동화에 관한 계획을 금융위원회에 등록할 수도 있고 하지 않을 수도 있다(자산유동화에 관한 법률 제3조 제1항). 전자를 등록유동화, 후자를 비등록유동화라고 한다. 양자의 차이는 자산유동화에 관한 법률의 규율을 받는지 여부에 있다. 등록유동화의 경우에는 자산유동화에 관한 법률에 따른 특례가 적용된다(예컨대 자산유동화에 관한 법률 제7조, 제8조 그리고 제16조 참조).

73 즉 채권이 아닌 재산이 총 자산에서 차지하는 비율을 말한다. 채권은 변제가 되지 않을 수도 있기 때문에 기업자산평가 시 채권에 대한 평가는 실물자산에 비하여 그 가치가 떨어진다. 따라서 자기자본비율을 높이는 방법 중 하나가 바로 채권을 자산에서 제외하여 이를 현금화하는 것이다. 이때 유용하게 사용할 수 있는 전환수단이 바로 자산유동화 금융기법이라는 것이다.

74 그 이유로는 신탁의 수익증권이 아직 시장에서 여타 금융상품에 비하여 표준화되지 못한 측면이 있고 나아가 수익증권으로부터 발행한 소득에 대한 조세 취급이 유동화전문회사에 비하여 불확실한 면이 있기 때문이라는 견해가 있다. 이에 관하여 자세한 것은, 한민, "신탁제도 개혁과 자산유동화"(정순섭 · 노혁준 편), 신탁법의 쟁점(제2권), 소화(2014), 237－238면 참조.

75 박준 · 한민, 금융거래와 법, 박영사(2022), 535면.

76 자산유동화에 관한 법률 제2조 제1호 라목: 유동화전문회사…가 신탁업자로부터 유동화자산…을 기초로 발행된 유동화증권을 양도…받아 이를 기초로 하여 유동화

하는 이유는 출자증권, 사채, 또는 어음이 우리 금융시장에서 신탁의 수익증권보다는 아직 더욱 익숙한 투자대상이고 그러므로 더 많은 투자자를 유인할 수 있기 때문이다.

(ㅇ) 공익과 비공익의 목적을 위한 신탁

(1) 서 론

지금까지 우리가 검토한 신탁유형은 모두 특정 수익자가 있는 경우였다. 이번에 검토할 신탁은 특정 수익자가 없는 유형이다. 다시 말해서, 신탁법 제2조에서 말하는 특정의 목적을 위한 신탁을 다룰 예정이다. 특정의 목적을 위한 신탁에는 2가지가 있다. 공익목적을 위한 신탁과 공익 아닌 목적을 위한 신탁이 그것이다. 두 경우 모두 일정한 목적을 위한 신탁이라는 점에서는 동일하지만 일반적으로 전자를 **공익신탁**이라고 부르고 후자를 **비공익 목적신탁 또는 단순히 목적신탁**이라고 한다. 공익신탁은 과거 신탁법에서 규율하였다(제10장 제106-113조). 그러나 공익신탁의 관리 및 감독체계를 개선하기 위하여 2014년 3월 18일에 공익신탁법이라는 특별법을 제정하여 2015년 3월 19일부터 시행하고 있다.[77] 반면에 비공익

증권을 발행하고 당초에 양도…받은 유동화증권의 관리 · 운용 · 처분에 의한 수익이나 차입금 등으로 자기가 발행한 유동화증권의 원리금 · 배당금 또는 수익금을 지급하는 일련의 행위.

77 공익신탁법 시행령 부칙 제1조. 한편 공익신탁법에서 규정한 사항을 제외하면 공익신탁의 성질에 반하지 않는 한 신탁법의 규정이 공익신탁에도 준용된다(공익신탁법 제29조). 공익신탁에 관한 자세한 설명으로는, 이중기, 공익신탁과 공익재단의 특징과 규제, 삼우사(2014) 참조; 공익신탁법에 대한 평가 및 개선점에 관하여는, 이연갑, "공익신탁법에 관한 약간의 검토", 법조 제60권 제64권 제5호(2015), 5면 이하, 그리고 임채웅, "공익신탁에 관한 연구", 민사법학 제70호(2015), 139면

[그림 2-15] 공익 · 비공익 목적신탁

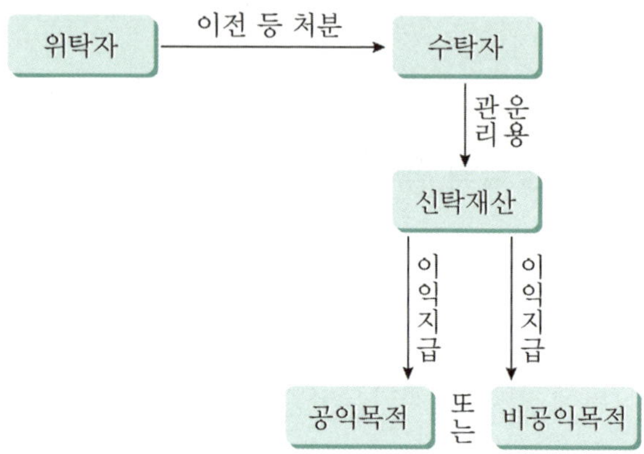

목적신탁에 대해서는 신탁법이 적용된다. 공익 · 비공익 목적신탁의 구조는 [그림 2-15]와 같다. 양자를 살펴보면 다음과 같다.

(2) 공익신탁

우선 공익신탁을 살펴본다. 신탁법에 따라 위탁자가 일정한 재산을 수탁자에게 이전하고 이의 관리 또는 운용으로부터 발생하는 수익을 공익사업을 위해서 운용하도록 하는 것이 공익신탁이다.[78] 지금까지 다뤘던 신탁의 사례에서 **수익자의 지위를 공익사업을 위한 목적으로 대체**하면 된다. 따라서 공익신탁에서는 특정의 수익자가 없고 공익사업을 위한 목적만이 존재할 뿐이다.[79] 그렇

이하 참조. 공익신탁의 활성화에 관하여는, 이계정, "고령사회에서 기부문화 활성화를 위한 법적 제언-공익신탁을 중심으로-", 민사법학 제100호(2022), 191면 이하 참조.

78 공익신탁은 **법무부장관의 인가**를 받아야 한다(공익신탁법 제2조 및 제3조).

79 그러나 이는 어디까지나 특정수익자가 없다는 뜻이지 결과적으로 이익을 얻는 자

다면 공익사업은 무엇을 말하는가? 공익신탁법은 제2조 제1호에서 공익사업의 범위를 넓게 규정하고 있다. 예컨대 학문, 과학기술, 예술의 증진, 복지의 증진, 사고 또는 재해의 예방 또는 피해자의 지원, 남북통일의 증진, 근로자의 고용 촉진 등 그 범위가 대단히 포괄적이다.[80]

공익신탁법상의 주요한 내용은 다음과 같다. 즉 (i) 수탁자는 신탁재산의 운용소득 중 100분의 70 이상을 공익사업에 사용하여야 한다(공익신탁법 제12조). (ii) 수탁자는 신탁재산을 공익사업 및

가 없다는 것을 의미하지 않는다. 예컨대 장학금지급을 위한 공익신탁을 설정한 경우에 특정 수익자는 없지만 결과적으로 선발된 장학생에게 장학금의 혜택이 돌아간다. 이처럼 공익신탁에서 특정수익자는 없지만 간접적으로 이익을 수령하는 수혜자는 얼마든지 있을 수 있다.

80 공익신탁법 제2조(정의) 이 법에서 사용하는 용어의 뜻은 다음과 같다.
1. "**공익사업**"이란 다음 각 목의 사업을 말한다.
가. 학문 · 과학기술 · 문화 · 예술의 증진을 목적으로 하는 사업
나. 장애인 · 노인, 재정이나 건강 문제로 생활이 어려운 사람의 지원 또는 복지 증진을 목적으로 하는 사업
다. 아동 · 청소년의 건전한 육성을 목적으로 하는 사업
라. 근로자의 고용 촉진 및 생활 향상을 목적으로 하는 사업
마. 사고 · 재해 또는 범죄 예방을 목적으로 하거나 이로 인한 피해자 지원을 목적으로 하는 사업
바. 수용자 교육과 교화(敎化)를 목적으로 하는 사업
사. 교육 · 스포츠 등을 통한 심신의 건전한 발달 및 풍부한 인성 함양을 목적으로 하는 사업
아. 인종 · 성별, 그밖의 사유로 인한 부당한 차별 및 편견 예방과 평등사회의 증진을 목적으로 하는 사업
자. 사상 · 양심 · 종교 · 표현의 자유 증진 및 옹호를 목적으로 하는 사업
차. 남북통일, 평화구축, 국제 상호이해 증진 또는 개발도상국에 대한 경제협력을 목적으로 하는 사업
카. 환경 보호와 정비를 목적으로 하거나 공중 위생 또는 안전의 증진을 목적으로 하는 사업
타. 지역사회의 건전한 발전을 목적으로 하는 사업
파. 공정하고 자유로운 경제활동이나 소비자의 이익 증진을 목적으로 하는 사업
하. 그밖에 공익 증진을 목적으로 하는 사업으로서 대통령령으로 정하는 사업

수익사업 외의 용도로 사용해서는 아니 된다(공익신탁법 제11조 제4항). (iii) 수탁자는 직전 사업연도 말의 신탁재산의 자산총액이 100억 원 이상인 경우에는 「주식회사 등의 외부감사에 관한 법률」에 따른 감사를 받아야 한다(공익신탁법 제17조 및 동법 시행령 제12조). (iv) 예외적으로 법원에 속하는 경우가 아니면[81] 공익신탁은 법무장관이 이를 감독한다(공익신탁법 제25−26조). 마지막으로 (v) 공익신탁이 종료될 때 잔여재산이 있을 경우에는 신탁에서 정한 바에 따라 다른 공익신탁이나 국가 또는 지방자치단체가 수령권자가 된다(공익신탁법 제24조 제1항). 만일 잔여재산을 수령할 공익신탁이 없는 경우 법무부장관은 기타 유사한 목적의 공익신탁에 증여하거나 무상 대부하여야 한다(공익신탁법 제24조 제2항). 그러나 신탁에서 정한 잔여재산수령권자가 국가나 지방자치단체일 경우 국가 또는 지방자치단체는 그 잔여재산을 공익사업에 사용하거나

---

81 공익신탁법 제27조(「신탁법」상의 권한) ① 「신탁법」에 따른 법원의 권한은 다음 각 호의 권한을 제외하고는 법무부장관에게 속한다.

1. 「신탁법」 제3조제3항 또는 제100조에 따라 신탁을 종료할 권한
2. 「신탁법」 제18조제1항제1호 또는 제2호에 따라 신탁재산관리인을 선임할 권한
3. 「신탁법」 제18조제1항제1호 또는 제2호에 따라 선임한 신탁재산관리인에 대한 권한 중 다음 각 목의 어느 하나에 해당하는 권한
   가. 「신탁법」 제19조제2항에 따라 신탁재산관리인의 사임을 허가할 권한
   나. 「신탁법」 제19조제3항에 따라 신탁재산관리인을 해임할 권한
   다. 「신탁법」 제19조제4항에 따라 새로운 신탁재산관리인을 선임할 권한
   라. 「신탁법」 제20조제1항 및 제2항에 따라 신탁재산관리인의 선임 등에 대하여 공고하거나 등기 · 등록 또는 그 등기 · 등록의 말소를 촉탁할 권한
4. 「신탁법」 제28조 단서에 따라 가공으로 인하여 생긴 물건의 귀속을 결정할 권한
5. 「신탁법」 제135조제2항에 따라 변제를 허가할 권한
6. 「신탁법」 제136조제4항에 따라 감정인을 선임할 권한

② 법무부장관은 다음 각 호의 권한을 직권으로도 행사할 수 있다.

1. 수탁자가 그 임무에 위배되는 행위를 하거나 그밖의 중요한 사유가 있는 경우 수탁자를 해임할 권한
2. 수탁자의 임무가 종료된 경우 신수탁자를 선임할 권한.

유사한 목적을 가진 공익신탁에 증여 또는 무상 대부하여야 한다(공익신탁법 제24조 제4항). 일단 공익사업에 제공된 신탁재산은 지속적으로 공익을 위해서 사용되어야 한다는 것이다. 한편 재산승계수단으로서 사용되는 수익자연속신탁의 경우와는 달리, **공익신탁에 대하여는 존속기간의 제한이 없어야 한다는 데 이견이 없다.**

우리 법제에 공익신탁이 존재함으로써 공익재단과 함께[82] 일정한 재산체가 공공의 이익을 위해 제공될 수 있는 메커니즘의 다양화를 이루게 되었다. 비록 공익신탁이 그동안 공익재단에 비하여 폭넓게 이용되지 못하였으나 이는 공익신탁에 대한 교육과 인식의 부족에서 비롯된 것이다. 앞으로 공익신탁의 활성화를 기대해볼 수 있는데 그 이유는 **공익신탁은 공익재단에 비하여 많은 장점을 가지고 있기 때문**이다. 몇 가지만 예를 들면 다음과 같다. **첫째,** 공익신탁은 공익재단보다 설립하기 쉽다. 즉 공익재단은 주무관청의 허가를 요하나(민법 제32조) 공익신탁은 법무부장관의 인가만 있으면 된다(공익신탁법 제3-4조). **둘째,** 공익신탁은 출연재산액수가 공익재단만큼 거액을 요구하지 않는다. 실무상 공익재단의 설립은 최소 수억에서 수십억을 요한다. 그러나 공익신탁은 백 만원 단위로도 설립이 가능하다. **셋째,** 공익신탁은 공익재단에 비하여 관리자 등에 대한 지출 측면에서 훨씬 경제적이다. 예컨대 공익신탁에는 수탁자와 신탁관리인만을 요하지만 공익재단에서는 5명 이상 15명 이하의 이사와 2명의 감사를 두어야 한다.[83] 이들에게

82 공익신탁과 공익재단의 비교에 관하여는, 이중기, "법인과 비교한 신탁의 특징 — 공익신탁에의 활용을 중심으로 —", 서울대학교 법학 제55권 제2호(2014), 511면 이하 참조.

83 공익법인법 제5조 제1항.

지출되는 보수를 고려할 경우 공익재단은 상대적으로 비경제적이다. 넷째, 기본재산의 이용 측면에서 공익신탁이 공익재단에 비하여 더욱 탄력적이다. 공익재단법인의 경우에 출연된 재산인 기본재산은 주무관청의 허가가 없는 한 이를 사용할 수 없다(공익신탁법 제11조 제3항). 이에 반하여 공익신탁의 경우에는 그러한 제한이 없다.

(3) 비공익 목적신탁

이제 비공익 목적신탁을 살펴본다. 비공익 목적신탁은 특정한 수익자가 없다는 점에서 공익신탁과 같다. 그러나 그 목적에 공익성이 결여되어 있다는 점에서 공익신탁과 다르다. 다시 말해서 비공익 목적신탁은 특정 수익자의 부재와 목적의 비공익성을 요한다. 비공익 목적신탁은 2011년 신탁법이 개정되면서 도입되었다.[84] 따라서 우리에게는 아직 생소한 제도이다. 그만큼 우리 실무에서는 아직 활발하게 이용되지 않고 있다. 그러나 비공익 목적신탁은 비영리 · 비공익 재단법인과 유사하다고 볼 수 있다. 여하튼 비공익 목적신탁이 제공하는 장점과 매력으로 인하여 앞으로 그 이용이 활성화될 가능성은 얼마든지 있다.

그렇다면 비공익 목적신탁은 어떠한 목적을 위해서 사용될 수 있는가? (i) 우선 반려동물을 위한 신탁을 생각해 볼 수 있다.[85] 예

84 신탁법 제3조 참조.

85 해외토픽에서 종종 자신의 재산을 반려동물에게 상속했다는 기사가 소개되는데 이 때 사용된 방법이 바로 반려동물을 위한 비공익 목적신탁이다. 이러한 신탁이 유효하다는 입장은 일찍이 영국에서부터 시작되었다. 이에 관한 리딩 케이스로 *Re Dean*((1889) 41 Ch.D. 552)이 있다(참고로 이 사건에서 문제된 것은 말과 사냥견을 위해서 설정된 신탁이었다).

컨대 반려동물의 주인이 자신의 사후에 반려동물을 돌봐줄 적당한 자를 찾지 못한 경우에, 자신의 재산(예컨대 금전 등)을 수탁자에게 이전하여 신탁재산으로 전환하고, 자신의 사후에 자신의 반려동물을 보살피는 데에 관리 · 운용하여 줄 것을 내용으로 하는 신탁을 설정할 수 있다.[86] 이때 반려동물은 사람이 아니므로, 법적으로 수익자가 될 수 없다. 그렇다고 특정인의 반려동물을 보호하는 목적을 공익사업이라고 볼 수도 없다. 따라서 성질상 비공익 목적신탁으로 분류되는 것이다. (ii) 비공익 목적신탁은 자신의 분묘설치 및 선조의 분묘를 관리할 목적으로도 사용될 수 있다. 즉 자신에게 자녀가 없지만 자신의 사후에 지속적으로 자신 및 선조의 묘소를 관리할 필요가 있을 때 **분묘의 설치 및 관리를 목적으로 하는 신탁**은 특히 유용할 수 있다.[87] 비공익 목적신탁에서 특정수익자의 부재라는 요건은 반려동물신탁 또는 분묘의 관리신탁의 경우처럼 이익을 수령할 특정한 수익자가 없을 것을 요한다. 한편 (iii) 특정수익자의 부재라는 요건에는 이러한 경우만이 포함되는 것이 아니라 특정의 수익자를 신탁에서 지정을 하지 않는 경우도 포함될 수 있다. 예컨대 위탁자가 재산의 효율적 관리운용을 위해서 이익을 받는 주체에게 수익권을 부여하지 않는 방식으로 신탁을 설정하는 경우에도 비공익 목적신탁이 될 수 있다. 따라서 **종중재산의 관리와 운용**을 위한 수단으로서 목적신탁은 유용하게 사용될 수 있

86 물론 우리 실무에서 수탁자는 전부 금융 또는 부동산 신탁업자이기 때문에 수탁자가 반려동물을 직접 돌보기는 어렵다. 따라서 애완견 호텔 또는 유사 시설의 돌봄이 서비스를 이용하고 그 비용을 지급하는 것이 신탁사무의 내용이 될 것이다.

87 영국의 경우 오래 전부터 이러한 용도로 신탁이 사용되어 왔다. 이에 관한 판례로는 *Trimmer v Danby* (1856) 25 LJ Ch 424; *Mussett v Bingle* [1876] WN 170 등이 있다.

다.[88] 즉 종중재산에 대하여 목적신탁을 설정할 경우, 종원은 신탁재산에 관한 수익권을 가지지 않으면서 종중재산은 수탁자가 종원을 위하여 보유, 관리, 그리고 운용하기 때문에 종중재산에 관한 분쟁을 방지할 수 있다는 장점이 있다. 나아가 (iv) 비공익 목적신탁은 아파트 등 **집합건물의 관리비**를 효율적으로 관리하고 분쟁을 방지하고자 하는 경우에도 충분히 활용될 수 있다. 요컨대 비공익 목적신탁은, 비록 일정한 제한이 따르기는 하지만,[89] 위탁자의 설계에 따라서 매우 다양한 용도로 활용될 수 있는 무궁무진한 탄력성을 가지고 있다.[90]

---

88 우리의 경우에 대법원 2005.7.21. 선고 2002다1178 전원합의체 판결의 별개의견에서 처음으로 신탁법리를 종중관계에도 유추적용해야 한다는 의견이 제시되었다. 종중을 위한 목적신탁이 문제된 영미권의 리딩 케이스로는 *Choa Choon Nelph v. Spottiswoode* (1869) 1 Kyshe 216(Sing.)이 있다. 이는 싱가포르의 판례인데 종중과 유사한 풍습과 영국의 신탁제도가 공존하기에 문제될 수 있었던 사안이다. 이 사건에서 중화권 출신의 싱가포르인이 선조의 제사에 사용할 목적으로 비공익 목적신탁을 설정하였는데 그 존속기간을 정하지 않아서 문제가 되었던 사건이다. 이 사건에서 Sir Peter Benson Maxwell 판사는 우선 선조의 제사를 위하여 설정한 신탁은 공익신탁이 아니므로 존속기간의 제한이 따른다고 하였다. 그러나 이 사건 비공익 목적신탁의 경우에는 존속기간을 정하지 않았으므로 무효라고 판단하였다.

89 예컨대 (i) 성립방법상의 제한(신탁법 제3조 제1항), (ii) 위탁자권리의 제한 불가(신탁법 제9조 제2항), (iii) 신탁관리인 장기부재시의 불이익(신탁법 제98조 제5호) 그리고 (iv) 신탁변경에 대한 제한(신탁법 제88조 제4항).

90 나아가 우리 신탁법은 비공익 목적신탁의 존속기간을 정하고 있지 않다. 반면에 영국의 경우에는 21년 동안만 존속할 수 있다(The Perpetuities and Accumulations Act 1964 s.15(4) 및 The Perpetuities and Accumulations Act 2009 s.18 참조) 그리고 일본에서는 비공익 목적신탁의 존속기간을 20년으로 제한하고 있다(일본 신탁법 제259조 참조).

다. 신탁이 활용되는 공통적 이유 및 신탁분야의 모법

(ㄱ) 신탁이 활용되는 공통적 이유

(1) 서 론

지금까지 우리는 신탁의 구조가 실무에서 사용되거나 사용될 수 있는 다양한 모습을 살펴보았다. 이 중 (i) 재산승계를 위한 신탁, 피성년후견인 등을 위한 신탁, 투자목적을 위한 신탁, 부동산 처분을 위한 신탁, 토지개발을 위한 신탁, 공익 · 비공익 목적을 위한 신탁은 **자산운용형 신탁**이고, (ii) 채무의 담보 또는 부동산의 관리를 위한 신탁은 **자산관리형 신탁**이며, 그리고 (iii) 자금의 조달을 위한 신탁은 **자산유동화형 신탁**에 속한다. 어느 유형에 속하는지를 불문하고 각 신탁마다 그 나름의 확실한 구체적 목적을 가지고 있었다. 즉 (i) 재산승계를 위한 신탁의 경우에는 가산을 타인의 간섭 없이 자신의 뜻대로 유지 및 분배할 목적, (ii) 피성년후견인 등을 위한 신탁에서는 후견인에 의한 재산권 착복 내지 유용을 방지할 목적, (iii) 투자를 위한 신탁에서는 금전을 효율적으로 운용 · 투자할 목적 그리고 특히 신탁형 집합투자기구인 펀드의 경우에는 소규모 자본금으로 대규모 대상에 투자할 목적, (iv) 자산유동화를 위한 신탁에서는 고여 있는 재산의 가치를 현금화할 목적, (v) 담보의 제공을 위해서 신탁을 이용하는 경우에는 담보의 보유와 이전의 편의성을 제고할 목적 그리고 특히 담보신탁의 경우에 한하여는 채무자의 회생절차개시로부터 영향을 받지 않을 목적, (vi) 부동산에 관한 신탁에서는 부동산을 효율적으로 관리하고 개발할 목적, (vii) 공익신탁의 경우에는 공익재단에 비해서 상대적으로 간소한 절차를 통해 공익을 달성할 수 있는 기금을 조성할 목적 그리고 비공익 목적신탁에서는 특정 수익자가 없는 경우 또는 특정 수익자를 두고 싶지 않은 방식으로 재산을 운용할 목적 등.

이처럼 각 유형에 속하는 신탁마다 그 나름의 개별적인 설정 목적이 있다. 한편 우리는 우리가 가지고 있는 제도 중 왜 하필이면 신탁제도가 이들 목적의 달성을 위해서 이용되고 있는 것인지 묻지 않을 수 없다. 그것은 곧 **신탁제도를 사용할 경우 다른 제도가 제공하지 못하는 장점**이 있기 때문일 것이다. 다시 말해서 이용되는 신탁의 유형이 어떠하든지 간에, 신탁제도가 수행하는 일정한 기능이 있는데 그 기능이 신탁을 매력적인 도구로 만든다는 것이다. 그렇다면 신탁제도의 그와 같은 매력적인 기능은 무엇인가? 다음 3가지를 들 수 있을 것이다. 즉 **(i) 자산운용전문가인 신탁업자에 의한 안전한 관리 및 운용 기능, (ii) 자신의 재산을 재단법인에 가깝게 독립시키는 기능,** 그리고 **(iii) 재산가치의 창조적이고 지능적인 분배 및 활용 기능**이 그것이다.

(2) 신탁업자에 의한 안전한 관리 및 운용 기능

신탁의 첫 번째 기능으로서 신탁업자에 의한 관리 및 운용 기능을 들 수 있다. 사실 우리 신탁법에서는 전문가인 신탁업자만이 수탁자가 될 수 있다고 강제하지 않는다. 따라서 누구나 수탁자가 될 수 있다. 그렇다면 여기서 들고 있는 기능, 즉 전문가인 신탁업자에 의한 안전한 관리 및 운용 기능은 사실 신탁제도가 가지고 있는 고유의 속성에서 비롯된 기능이라고 하기는 어렵다. 그러나 우리 실무에서 신탁업자가 아닌 자가 수탁자로서 신탁을 인수하는 예는 거의 없다고 해도 과언이 아니다. 다시 말해서 우리 실무에서 수탁자는 대부분 신탁업을 전문으로 하는 신탁업자이다(예컨대 증권사, 은행, 보험사 또는 부동산신탁사).[91] 사정이 이러하다면 전문가인 신탁업자에 의한 안전한 관리 및 운용 기능은 오히려 **우리의 신탁실무의 관행이 낳은 기능**이라고 할 수 있다. 그렇다면 여기서 우리는 한 가지 의문을 품지 않을 수 없다. 즉 신탁업자가 아니라도 일반인 중에는 자산을 운용하고 관리할 능력이 있는 자는 얼마든지 있을 수 있는데 유독 신탁업자만이 선호되고 안정적이라고 여겨지는 이유가 무엇인가 하는 것이다.

신탁의 종류를 불문하고 위탁자가 신탁을 설정할 때 신탁업자를 수탁자로서 선호하는 이유는 여러 가지가 있겠지만, 그 중에서도 **(i) 모든 신탁업자는 금융감독위원회의 감독을 받는다는 점** 그리고 **(ii) 신탁업자가 되기 위한 요건이 까다롭고 각종 규제가 따른다는 점** 2가지를 들 수 있다. 이러한 이유 때문에 위탁자의 입장에서는 신탁업자를 매우 안정적인 수탁기관으로 여긴다는 것이다. 이 두 가지 사항에 관한 규율은 우리 자본시장법에서 다루고 있다. 우선 첫 번째 이유와 관련하여, 모든 신탁업자는 금융위원회의 감독을 받는다는 것이다. 금융위원회는 투자자를 보호하고 건전한 거래질

91 2021년 말을 기준으로 우리 시장에는 **총 60개의 신탁업자**가 있다. 이 중 (i) **은행이 18개**(KEB하나, SC제일, 경남, 광주, 국민, 기업, 농협, 대구, 부산, 산업, 수협, 신한, 씨티, 우리, 전북, 도이치, 홍콩상하이), (ii) **증권사가 21개**(DB금융투자, IBK투자, KB, NH투자, SK, 교보, 대신, 메리츠종금, 미래에셋대우, 삼성, 신영, 신한금융투자, 유안타, 유진투자, 키움, 하나금융투자, 한국투자, 한화투자, 현대차, 하이투자, 한국포스), (iii) **보험사가 7개**(미래에셋생명, 삼성생명, 한화생명, 흥국생명, 교보생명, 삼성화재, KB손해보험), 그리고 (iv) **부동산신탁사가 14개**(KB부동산, 교보자산, 대신자산, 대한토지, 무궁화, 신영부동산, 아시아, 우리자산, 코람코자산, 코리아, 하나자산, 한국자산, 한국토지, 한국투자부동산)이다.

서를 유지하기 위하여 금융투자업자가 자본시장법 또는 자본시장법 시행령에 따른 명령이나 처분을 적절히 준수하는지 여부를 감독하고(자본시장법 제415조) 필요한 조치를 명할 수 있다(자본시장법 제416조). 금융위원회의 이러한 감독 및 조치명령권은 금융투자업자에게 행하는 것인데 신탁의 인수를 업으로 하는 신탁업이 바로 금융투자업 중의 하나이다. 사실 신탁의 감독사무는 원래 법원이 맡는다. 신탁법에 따르면 신탁사무는 원칙적으로 법원이 감독하지만 신탁의 인수를 업으로 하는 경우, 즉 신탁업에 대한 감독에 대해서는 그렇지 않다고 규정하고 있기 때문에(신탁법 제105조 제1항)[92] 자본시장법이 적용되는 것이다. 한편 신탁업을 영위하기 위한 요건은 매우 엄격하고 각종 규제를 받게 되는데, 이는 두 번째 이유의 내용을 이룬다. 항을 바꾸어 살펴본다.

신탁업이란 신탁을 영업으로 하는 것을 말한다(자본시장법 제6조 제9항). 즉 신탁업은 이익을 얻을 목적으로 계속적이거나 반복적인 방법으로 신탁에 관한 사업을 행하는 것으로서 자본시장법에서는 이를 금융투자업의 하나로 규정하고 있다(자본시장법 제6조 제1항 제6호). 금융투자업을 영위하기 위해서는 자본시장법에 따른 금융투자업의 인가(즉 변경인가)를 받을 것이 요구되기 때문에(자본시장법 제11조) 신탁업도 반드시 인가를 받아야 한다. 신탁업이 인가를 받기 위해서는 다음 요건을 모두 갖추어야 한다(자본시장법 제12조 제2항 제1호부터 제7호까지): (i) 상법에 따른 주식회사이거나 대통령령으로 정하는 금융기관일 것(제1호);[93] (ii) 5억 원 이

92 나아가 신탁법 제105조 제2항에서는 법원은 이해관계인의 청구에 의하여 또는 직권으로 신탁사무 처리의 검사, 검사인의 선임, 그밖에 필요한 처분을 명할 수 있다고 규정하고 있다.

상으로서 대통령령으로 정하는 금액 이상의 자기자본을 갖출 것(제2호);[94] (iii) 사업계획이 타당하고 건전할 것(제3호); (iv) 투자자의 보호가 가능하고 그 영위하고자 하는 금융투자업을 수행하기에 충분한 인력과 전산설비, 그밖의 물적 설비를 갖출 것(제4호); (v) 임원이 「금융회사의 지배구조에 관한 법률」 제5조에 적합할 것(제5호);[95] (vi) 대통령령으로 정하는 건전한 재무상태와 사회적 신용

---

93 "**대통령령으로 정하는 금융기관**"이란 다음과 같은 금융기관을 말한다: 1. 한국산업은행 2. 중소기업은행 3. 한국수출입은행 4. 농업협동조합중앙회 및 농협은행 5. 수산업협동조합법에 의한 수협은행 6. 은행법에 따른 외국은행의 국내지점 7. 보험업법에 따른 외국보험회사의 국내지점 8. 그밖에 금융위원회가 정하여 고시하는 금융기관(자본시장법 시행령 제16조 제1항).

94 "**대통령령으로 정하는 금액 이상의 자기자본**"이란 신탁업의 경우 수탁하는 재산의 종류 및 일반투자자인지 전문투자자인지에 따라서 50억에서 250억까지 요구하고 있다(자본시장법 시행령 제16조 제3항 및 별표 1 참조).

95 「금융회사의 지배구조에 관한 법률」 제5조 (임원의 자격요건) ① 다음 각 호의 어느 하나에 해당하는 사람은 금융회사의 임원이 되지 못한다.

1. 미성년자 · 피성년후견인 또는 피한정후견인
2. 파산선고를 받고 복권(復權)되지 아니한 사람
3. 금고 이상의 실형을 선고받고 그 집행이 끝나거나(집행이 끝난 것으로 보는 경우를 포함한다) 집행이 면제된 날부터 5년이 지나지 아니한 사람
4. 금고 이상의 형의 집행유예를 선고받고 그 유예기간 중에 있는 사람
5. 이 법 또는 금융관계법령에 따라 벌금 이상의 형을 선고받고 그 집행이 끝나거나(집행이 끝난 것으로 보는 경우를 포함한다) 집행이 면제된 날부터 5년이 지나지 아니한 사람
6. 다음 각 목의 어느 하나에 해당하는 조치를 받은 금융회사의 임직원 또는 임직원이었던 사람(그 조치를 받게 된 원인에 대하여 직접 또는 이에 상응하는 책임이 있는 사람으로서 대통령령으로 정하는 사람으로 한정한다)으로서 해당 조치가 있었던 날부터 5년이 지나지 아니한 사람
   가. 금융관계법령에 따른 영업의 허가 · 인가 · 등록 등의 취소
   나. 「금융산업의 구조개선에 관한 법률」 제10조제1항에 따른 적기시정조치
   다. 「금융산업의 구조개선에 관한 법률」 제14조제2항에 따른 행정처분
7. 이 법 또는 금융관계법령에 따라 임직원 제재조치(퇴임 또는 퇴직한 임직원의 경우 해당 조치에 상응하는 통보를 포함한다)를 받은 사람으로서 조치의 종류별로 5년을 초과하지 아니하는 범위에서 대통령령으로 정하는 기간이 지나지 아니한 사람
8. 해당 금융회사의 공익성 및 건전경영과 신용질서를 해칠 우려가 있는 경우로서

을 갖출 것(제6호의2);[96] (vii) 금융투자업자와 투자자 간, 특정 투자자와 다른 투자자 간의 이해상충을 방지하기 위한 체계를 갖출 것(제7호) 등.

이처럼 신탁업자가 되기 위해서는 그 요건이 매우 까다롭고 진입장벽 또한 높은 편이다. 다시 말해서 안정적인 금융투자업자만 허용하겠다는 입법자의 의사로서 일종의 진입규제를 가한 것이다. 사실 신탁업자에 대해서는 **진입규제 이외에도 지배구조에 관한 규제,[97] 재무와 경영의 건전성에 관한 규제[98] 그리고 신탁업자의 영**

대통령령으로 정하는 사람

96 "**대통령령으로 정하는 건전한 재무상태와 사회적 신용**"이란 다음 각 호의 구분에 따른 사항을 말한다(자본시장법 시행령 제16조 제8항).

1. **건전한 재무상태**: 법 제31조에 따른 경영건전성기준(겸영금융투자업자인 경우에는 해당 법령에서 정하는 경영건전성기준을 말한다)을 충족할 수 있는 상태
2. **사회적 신용**: 다음 각 목의 모든 요건에 적합한 것. 다만, 그 위반 등의 정도가 경미하다고 인정되는 경우는 제외한다.
   가. 최근 3년간 「금융회사의 지배구조에 관한 법률 시행령」 제5조에 따른 법령(이하 "금융관련법령"이라 한다), 「독점규제 및 공정거래에 관한 법률」 및 「조세범 처벌법」을 위반하여 벌금형 이상에 상당하는 형사처벌을 받은 사실이 없을 것. 다만, 법 제448조, 그밖에 해당 법률의 양벌 규정에 따라 처벌을 받은 경우는 제외한다.
   나. 최근 3년간 채무불이행 등으로 건전한 신용질서를 해친 사실이 없을 것
   다. 최근 5년간 「금융산업의 구조개선에 관한 법률」에 따라 부실금융기관으로 지정되었거나 금융관련법령에 따라 영업의 허가 · 인가 · 등록 등이 취소된 자가 아닐 것
   라. 금융관련법령이나 외국 금융관련법령(금융관련법령에 상당하는 외국 금융관련 법령을 말한다)에 따라 금융위원회, 외국 금융감독기관 등으로부터 지점, 그밖의 영업소의 폐쇄 또는 그 업무의 전부나 일부의 정지 이상의 조치(이에 상당하는 행정처분을 포함한다. 이하 이 목에서 같다)를 받은 후 다음 구분에 따른 기간이 지났을 것
      1) 업무의 전부정지: 업무정지가 끝난 날부터 3년
      2) 업무의 일부정지: 업무정지가 끝난 날부터 2년
      3) 지점, 그밖의 영업소의 폐쇄 또는 그 업무의 전부나 일부의 정지: 해당 조치를 받은 날부터 1년

97 금융회사의 지배구조에 관한 법률(법률 제13453호, 2015.7.31.제정) 참조.

업행위에 관한 규제[99]가 가해진다.[100] 더 나아가 신탁업자는 존속하는 동안 금융위원회의 감독을 지속적으로 받게 된다. 이러한 사실은 현재 인가받고 영업 중인 신탁업자는 그만큼 인력, 조직, 전문성 그리고 재정 등의 측면에서 튼실하고 신뢰할 수 있다는 것을 말해준다. **우리 실무에서 신탁업의 인가를 받고 활동하고 있는 신탁업자가 은행, 증권사, 보험사 그리고 부동산신탁사**뿐인 이유도 여기에 있다.[101] 이러한 이유로 인하여 실무에서 개인수탁자를 찾는 경우는 거의 없고 대부분 신탁업자를 수탁자로 선임하고 있다.[102] 신탁관계에서 위탁자는 자신의 재산권을 수탁자에게 이전하거나 기

98 자본시장법 제30－36조 참조.

99 자본시장법 제102－117조의2 참조.

100 이들 규제에 관한 자세한 내용은 이 책의 범위를 넘는 것이므로 금융회사의 지배구조에 관한 법률 및 자본시장법에 관한 다른 문헌으로 미루겠다. 단지 신탁업자의 영업행위에 관한 규제는 수탁자의 의무와 밀접한 관련이 있으므로 이에 대해서는 수탁자의 의무를 다루는 제6장 '육. 재산운용'에서 살펴볼 예정이다.

101 한편 현재 **토지신탁 실무에서는 부동산신탁사가 이를 전담**하고 있다. 그리고 **보험사의 경우에는 부동산관리신탁만을 수탁할 수 있다**(보험업법 제105조 및 보험업법 제49조 제1항 참조). 하지만 보험회사가 비록 부동산관리신탁을 수탁할 수는 있다고 하더라도 은행 및 증권사에 비하여는 그 비중이 상당히 낮은 편이다. 이에 관하여는 금융감독원에서 발표한 2022년 1분기 신탁관련통계의 금융권역 및 신탁재산별 수탁고 추이를 참조하기 바란다.

102 이에 대한 예외로 **저작권신탁의 수탁자**를 들 수 있다. 저작권신탁이라 함은 위탁자(즉 저작권자)가 저작권을 수탁자에게 이전하여 관리 · 운용을 위탁한 후 그로부터 발생하는 수익을 다시 저작권자(즉 수익자)에게 이전하도록 하는 법률관계이다. 이에 관하여는 신탁법의 특별법인 저작권법에서 다루고 있다(제105조에서 제111조까지 참조). 저작권신탁의 수탁자는 **문화체육관광부장관의 허가**를 받아야 한다(저작권법 제105조 제1항). 현재 가장 활발하게 수탁자로서 저작권에 관한 신탁을 인수하고 있는 단체가 바로 한국음악저작권협회와 한국문예학술저작권협회이다. **저작권신탁에서의 수탁자는 자본시장법상의 신탁업자로 보지 않기 때문에(자본시장법 제7조 제5항)** 기본적으로 저작권법과 신탁법이 적용된다. 자본시장법의 규율을 받지 않는다 하더라도 여전히 저작권법의 엄격한 규제를 받기 때문에 그 안정성과 신뢰성은 보장되고 있다. 저작권신탁에 관하여 보다 자세한 것은, 정상조 · 박준석, 지식재산권법(제5판), 홍문사(2020), 457－460면 참조.

타 처분을 하고 그에게 운용을 맡겨야 한다는 점을 생각하면 신뢰할 수 있고 안전성이 상대적으로 보장된 이러한 신탁업자를 수탁자로 선임하는 것은 사실상 필수이다. 이러한 안정성은 자산의 보관 및 운용에 아무리 재간이 넘치더라도 개인수탁자의 입장에서는 제공해 줄 수 없는 기능이다. 그렇기 때문에 우리 실무에서도 수탁자는 거의 전부 신탁업자인 것이다. 요컨대 우리 실무에서 수탁자가 신탁업자이기 때문에 나름 안정적이고 안전한 자산의 관리 및 운용 기능이 제공되는 것이다.[103]

(3) 일정한 재산을 재단법인에 가깝게 독립시키는 기능[104]

신탁에서 위탁자는 자신의 재산을 수탁자에게 이전 등 처분을 하고 수탁자는 그것을 신탁재산으로서 보유, 관리 그리고 운용하게 된다. 그러나 수탁자가 아무리 금융위원회의 감독을 받고 안정적인 신탁업자라 하더라도 위탁자로서는 재산(예컨대 부동산 또는 금전) 자체를 타인에게 처분해야 한다는 사실로부터 거부감이 들

---

103 한편 신탁업의 인가요건에서도 알 수 있듯이, 신탁업은 사실상 거대자본을 보유한 금융사가 아니면 인가를 받을 수 없는 실정이다. 자본시장법의 태도는 과거 투자신탁 등의 경우처럼 일반 투자자가 많은 경우를 상정하고 만든 것이다. 하지만 신탁의 유형 중에는 재산승계신탁, 성년후견신탁, 담보신탁, 부동산관리 · 처분신탁 등의 경우처럼 애당초 많은 투자자를 전제하지 않는 경우도 많다. 이러한 신탁은 굳이 금융사가 인수할 필요는 없고 법률전문가인 법무법인에서도 충분히 인수할 수 있는 것이다. 사실 이러한 종류의 신탁은 영국, 미국 등 신탁의 선진국에서는 보다 전문성을 갖춘 변호사나 로펌이 인수하여 설계하는 것이 더욱 일반적이다. 요컨대 신탁업의 인가요건과 관련하여 **신탁의 유형에 따라서 법무법인 등도 신탁업을 영위할 수 있도록 자본시장법이 개정될 필요**가 있다. 이는 과거와 달리 보다 다양한 목적으로 신탁이 이용되고 있는 현재 실무의 니즈를 더 잘 충족시켜 줄 수 있는 길이다.

104 이하의 내용은 오영걸, “신탁의 변용적 계수 및 그 법리적 과제들”, 서울대학교 법학 제60권 제4호(2019), 113－115면을 수정 및 보완한 것이다.

수 있다. 당장 수탁자의 재산이 되어버리기 때문에 이제는 타인의 재산이 된다는 것 자체가 아직 우리의 문화에서는 즉시 받아들이기 어려울 수도 있기 때문이다. 하지만 우리 신탁법은 신탁재산의 독립성이라는 원칙을 두고 있다. 즉 비록 신탁재산이 수탁자에게 귀속되어 있다 하더라도, **신탁재산은 수탁자의 고유재산과는 구분되는 별개의 재산체**로서 인정되고 있다는 것이다.[105] 다시 말해서 신탁재산은 수탁자에게 귀속되어 있지만 사실상은 수탁자 개인의 고유재산에 속하지 않고 신탁의 목적을 위해 존재하는 **독립적인 재산체, 즉 기능차원에서 볼 때 재단법인에 가깝게 다루어지고 있다.**[106] 이를 신탁재산의 독립성이라고 한다.

신탁재산은 법인격이 없다. 하지만 신탁재산의 독립성에 관한 우리 신탁법 제3장의 규율을 살펴보면 신탁재산은 거의 재단법인에 버금가는 독립성을 향유하고 있다.[107] 우선 (i) 수탁자의 개인채권자가 신탁재산에 대하여 강제집행을 할 수 없다(신탁법 제22조). 즉 신탁재산이 비록 수탁자에게 귀속되어 있다고 하지만 수탁자의 개인채권자가 신탁재산에 대해서 강제집행 등을 할 경우에는 마치 그것이 별개의 주체의 재산이듯이 이를 금지한다는 것

105 신탁재산의 독립성 원칙에 대해서는 제5장 '오. 재산독립'에서 자세히 다룬다.

106 그렇다고 하여 신탁이 바로 법인이라고 간주하는 것은 아니다.

107 한편 신탁재산에 대하여 법인격을 부여할지 여부는 입법정책의 문제고 미국에서는 인정되는 경우도 있다. 이에 관하여 자세한 것은, 이중기, "제정법상 신탁에 관한 미국의 새로운 통일법과 유한책임신탁의 비교", 선진상사법률연구 제59호(법무부, 2012) 참조; 아울러 신탁법에 관한 프랑스의 선구적 연구자였던 Pierre Lepaulle도 신탁에 법인격을 인정하는 것이 여러 법리적 문제를 가장 깔끔하게 해결할 수 있어 이를 선호하는 주장을 펼치기도 하였다, 이에 관하여는 Bibliographie: Roberto Molina Pasquel, *La propriété dans le trust. Essai de droit comparé*(Grafica Panamericana, Mexico, 1951), *Revue internationale de droit comparé*(1952), 377–378면 참조.

이다. 그리고 (ii) 수탁자가 파산할 경우 신탁재산은 그의 파산재단에 속하지 않는다(신탁법 제24조). 즉 수탁자에게 귀속되어 있지만 그가 파산하면 별개의 주체에 속한 재산처럼 취급하여 수탁자의 파산재단에 속하지 않도록 한다는 것이다. 이를 신탁제도의 **도산격리기능**이라고도 한다. 이처럼 신탁재산은 비록 수탁자에게 귀속되어 있으나 그 독립성 정도에 있어서 사실상 재단법인에 가깝다고 할 수 있다. 혹자는 재단법인은 등기하여야 하므로[108] 그 독립적 성격이 더욱 명확하다고 생각할 수도 있다. 하지만 신탁재산이 등기등록가능재산일 경우 이를 신탁재산으로 등기하여야 한다는 점[109] 그리고 동산의 경우 재단법인이든 신탁이든 그 공시방법이 불완전하다는 점은 같다. 예컨대 재단이사 책상 위에 재단귀속 팬한 자루와 이사의 개인소유 팬 한 자루가 놓여 있을 때 사실상 어느 팬이 재단의 것이고 어느 것이 재단이사 개인의 것인지 불명확할 것이다. 이는 수탁자가 신탁사무를 처리하는 사무실 책상 위에 신탁재산인 팬 한 자루와 수탁자 개인의 팬 한 자루가 놓여 있는 경우에도 다르지 않다. **결국 재산의 대외적 공시차원에서 보면 재단법인과 신탁재산은 크게 다를 바 없다.** 그밖에 (iii) 재단법인의 이사와 신탁의 수탁자는 모두 각각 재단사무과 신탁사무를 집행하는

108 민법 제33조 참조.

109 제4조(신탁의 공시와 대항) ① 등기 또는 등록할 수 있는 재산권에 관하여는 신탁의 등기 또는 등록을 함으로써 그 재산이 신탁재산에 속한 것임을 제3자에게 대항할 수 있다.
② 등기 또는 등록할 수 없는 재산권에 관하여는 다른 재산과 분별하여 관리하는 등의 방법으로 신탁재산임을 표시함으로써 그 재산이 신탁재산에 속한 것임을 제3자에게 대항할 수 있다.
③ 제1항의 재산권에 대한 등기부 또는 등록부가 아직 없을 때에는 그 재산권은 등기 또는 등록할 수 없는 재산권으로 본다.

기관적 성질을 갖는다는 점에서도 동일하다. 무엇보다 (iv) 현행신탁법이 유한책임신탁을 도입함으로써 수탁자는 고유재산으로 신탁채무를 책임지지 않아도 된다는 점에서[110] 법인의 이사와 한층 더 가까워졌다고 볼 수 있다. 요컨대 독립성 측면에서 보았을 때 신탁은 재단법인과 거의 같아진다. 신탁은 이처럼 일정한 재산을 재단법인에 가깝게 독립시키는 기능을 갖는다. 이는 위탁자로 하여금 재산권을 수탁자에게 이전하더라도 당해 신탁재산을 안전하게 유지할 수 있도록 해준다. 무엇보다 **재단법인에 유사한 독립성을 가지면서 다양한 사익목적에 활용할 수 있다는 점**은 이를 포착한 실무가들에 의해서 신탁이 적극 사용되고 있는 핵심 이유이기도 하다.

(4) 재산가치의 창조적이고 지능적인 관리 및 분배 기능

신탁을 설정하기 전에 위탁자가 보유하는 재산은 부동산, 동산, 금전, 채권 또는 주식 등 다양한 형태로 존재할 수 있다. 이들 재산 자체의 가치(예컨대 부동산의 가액)와 그로부터 발생하는 수익의 가치(예컨대 부동산의 임대료)는 당해 재산에 대한 권리(예컨대 부동산의 소유권) 또는 그로부터 발생하는 수익에 대한 권리(예컨대 부동산의 임료청구권)와[111] 그 운명을 함께 한다. 이는 현행 제도 하에서 일정한 재산에 대한 권리 및 그로부터 발생하는 수익에 대한

110 제114조(유한책임신탁의 설정) ① 신탁행위로 수탁자가 신탁재산에 속하는 채무에 대하여 신탁재산만으로 책임지는 신탁(이하 "유한책임신탁"이라 한다)을 설정할 수 있다. 이 경우 제126조에 따라 유한책임신탁의 등기를 하여야 그 효력이 발생한다.

111 부동산의 임대료청구권은 보통 부동산의 소유권과 함께 하지만 부동산 임대료청구권만을 타인에게 양도할 수 있음은 물론이다.

권리를 보유하지 않으면 그 속에 내재 되어 있는 가치를 누릴 수 없다는 것을 의미한다. 다시 말해서 **재산의 형태가 어떠하든지 간에, 그 속의 가치만을 추출하여 보유하거나 시장에서 유통시킨다**는 것은 지금까지 대륙법체계에서는 알지 못한 것이었다. 이를 가능하게 한 것이 바로 영국에서 탄생하고 지난 수 세기 동안 발전해 온 신탁제도이다.[112]

신탁제도는 위탁자의 재산을 수탁자에게 귀속시킨 후에 그 재산 자체의 가치와 그에 기한 수익의 가치를 원본수익권과 수익수익권이라는 형태로 추출할 수 있도록 해준다.[113] 이는 **마치 원재료(즉 위탁자의 재산)를 공장(즉 수탁자)에 보낸 후 가공을 통해서 원재료의 가치만을 담아놓은 제품(즉 원본수익권과 수익수익권)을 생산해 내는 것**과 비유될 수 있다. 신탁제도의 창조성이 발휘되는 순간이다. 이러한 가공과정을 통해서 위탁자는 자기 재산의 내재적 가치를 탄력적으로 지배하고 운용할 수 있게 된다. 다시 말해서 **위탁자는 가**

112 신탁제도의 창설과 발전에 대한 영국인의 자부심은 영국신탁법 및 법제사의 대가인 고 프레드릭 윌리엄 메이트랜드(Frederick William Maitland) 교수의 다음 발언에서 짐작할 수 있다. 즉 "영국형평법의 기여 중 가장 크고 중요한 것은 바로 신탁의 발명과 발전에 있다…그것은 대단한 탄력성과 보편성을 지닌 제도이다…신탁제도는 아마도 영국법률가가 이룬 가장 위대한 업적일 것이다…그리고 신탁제도와 비견될 수 있을 만한 것을 우리는 외국법에서 찾아볼 수 없다(Of all the exploits of Equity the largest and the most important is the invention and development of the Trust… it is an 'institute' of great elasticity and generality… This perhaps forms the most distinctive achievement of English lawyers… and there is nothing quite like it in foreign law)." Frederick William Maitland, *Equity also The Forms of Action at Common Law*, Cambridge University Press (1909), 23면.

113 영미법률가들은 재산 그 자체뿐만 아니라 그 속에 내재하는 가치를 파악하고 별도의 권리로 승화시키는 기술에 매우 능하다. 이에 관한 탁월한 소개로는 다음 논문을 참조, Bernard Rudden, "Things as Thing and Things as Wealth", *Oxford Journal of Legal Studies Vol.14. No.1*(1994), 81면 이하 참조.

치만을 담아 놓은 가공제품인 원본수익권과 수익수익권을 (i) 언제, (ii) 누구에게, (ii) 어떠한 비율로 부여할 것인지를, 신탁을 설정하는 목적과 세금을 고려하면서, 당사자들에게 가장 유리한 방향으로 자유롭게 설계할 수 있다는 것이다.

앞에서 다루었던 예들, 즉 자녀에게 승계할 가산을 지키기 위해 설계된 신탁, 피성년후견인 등의 재산에 관한 후견사무를 위해 설계된 신탁, 특정금전신탁과 신탁형 집합투자기구에서 투자자를 위해 설계된 신탁, 담보권신탁과 담보신탁에서 채권자를 위해 설계된 신탁, 부동산의 효율적 관리 및 처분을 위해 설계된 신탁, 토지의 개발을 위해 설계된 신탁, 그리고 고여 있는 자산을 당장 현금화하기 위해 설계된 신탁 등 모든 경우에 있어서 신탁재산은 수탁자에게 귀속되어 있는 채로 그 가치만이 원본수익권 및 수익수익권의 형태로 위탁자가 원하는 내용에 따라서 설계되어 있음을 알 수 있다.[114] 신탁제도가 갖는 이러한 창조적이고 지능적인 재산가치의 관리, 지배, 그리고 활용 기능은 다른 제도에서는 찾아볼 수 없는 신탁 특유의 장점이자 실무에서 신탁제도가 다양한 영역에서 유용한 도구로서 활용되고 있는 이유이기도 하다.

114 공익신탁과 비공익신탁에서는 특정 수익자가 없기 때문에 원본수익권과 수익수익권이라는 개념을 상정할 수 없지만, 수탁자는 신탁재산의 원본과 그에 기한 수익을 특정의 수익자가 아닌 특정의 공익목적 또는 비공익목적을 위해 사용하여야 한다. 이런 측면에서 본다면 이 역시 위탁자가 설계한 내용대로 신탁재산의 원본과 그로부터 발생하는 수익이 사용되어야 한다는 것이다. 결국 신탁재산을 탄력적으로 설계할 수 있다는 점에서는 수익자가 있는 경우와 본질적으로 다르지 않다.

(ㄴ) 신탁분야의 모법: 신탁법

이상으로 신탁제도가 실무에서 활용되는 사례와 함께 신탁제도가 가지는 특유의 기능에 대해서 살펴보았다. 이처럼 신탁은 그 특유의 기능을 가지고 여러 목적을 위해서 사용되고 있다. 그런데 신탁이 어떠한 목적에 사용되든지 간에 신탁관계의 당사자를 규율하는 법률은 바로 신탁의 기본법인 신탁법인 것이다. 물론 신탁업자에 관하여는 자본시장법이, 자산의 유동화를 목적으로 하는 신탁에 대해서는 자산유동화에 관한 법률이, 담보권신탁 중에서 담보가 제공된 사채에 대해서는 담보부사채신탁법이, 공익신탁의 경우에는 공익신탁법이 동시에 적용된다. 그러나 이들 법률은 신탁에 관한 모든 내용을 규율하고 있지 않다. 다시 말해서 각 신탁에서 설정한 목적을 달성하기 위하여 그 신탁에서만 특별히 요구되는 특칙을 규정한 특별법들이다. 이들 특별법이 규율하지 않는 부분에 관하여는 여전히 신탁법이 적용된다. **특히 신탁의 기본개념, 규범체계 그리고 작동원리는 신탁법에서 다루고 있다.**[115] 특별법상의 신탁을 깊이 이해하기 위해서는 신탁법에 대한 이해가 선행되어야 한다. 따라서 특정한 목적을 위해서 설정한 신탁에 대하여 특별법이 적용된다 하더라도 그 바탕을 이루는 신탁법에 대한 이해는 그 전제를 이룬다고 할 수 있다. 요컨대 **신탁법은 신탁분야의 어머니**

---

115 나아가 신탁법은 어느 규정이 반드시 준수되어야 하는 강행규정이고 어느 규정이 당사자 특약으로 배제할 수 있는 **임의규정**인지 알려준다. **이는 실무에서 위탁자에게 대단히 중요한데** 그 이유는 신탁행위로 달리 정할 수 있는 곳에서 위탁자는 자유롭게 신탁의 내용을 설계할 수 있기 때문이다. 즉 신탁법상의 임의규정은 **위탁자가 최적의 신탁설계를 위해서 (신탁업자의 조력을 받아) 상상의 날개를 자유롭게 펼칠 수 있는 공간**이라고 할 수 있다.

요, 신탁제도의 모법인 것이다. 다시 말해서 신탁분야의 '민법'과 같은 존재이다.[116]

116 한편 신탁법은 민법의 특별법으로서 신탁법을 이해하기 위해서는 민법의 지식이 요구됨은 물론이다.

【소 결】 이상 신탁제도의 구조, 실무에서 활용되는 경우, 그리고 무엇보다 신탁제도의 기능을 살펴보았다. **신탁은 마치 위탁자의 재산을 수탁자에게 위탁한 후 위탁자의 필요에 따라 수익권이라는 제품을 설계 · 생산하는 공장과 같다.** 재산승계신탁, 투자신탁, 그리고 담보신탁 등에서 설계된 수익권의 향유 방식과 내용은 모두 신탁공장의 제품들이다. 어느 경우이건 우선 공장이 세워져야 제품이 만들어진다. 즉 신탁관계가 설정되고 그 효력이 발생되어야 신탁공장이 가동될 수 있다는 것이다. 그럼 신탁은 어떤 방법으로 설정될 수 있고 그 효력은 언제 발생하는가? 다음 장에서 그 답을 찾아보도록 한다.

삼. 설정효력

신탁, 그 효력을 발생할 것인가 말 것인가, 그것이 문제로다

본 장의 체계적 위치

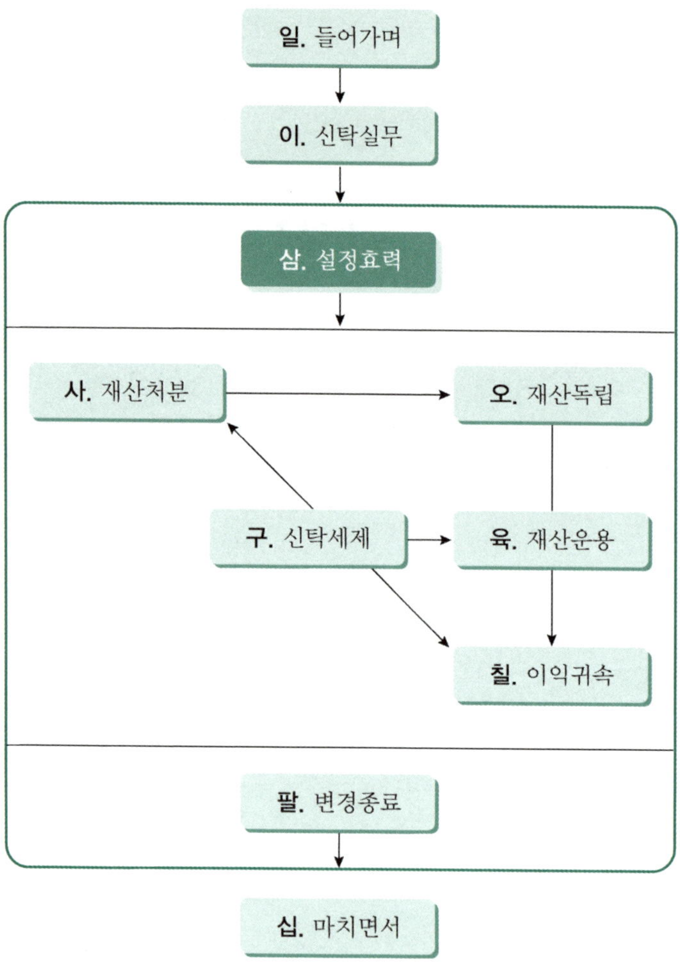
일. 들어가며
이. 신탁실무
삼. 설정효력
사. 재산처분
오. 재산독립
구. 신탁세제
육. 재산운용
칠. 이익귀속
팔. 변경종료
십. 마치면서

【개 요】 이 장에서는 신탁의 설정방법과 효력발생을 중심으로 다음 4가지 내용을 다룬다: (i) 계약신탁의 설정과 효력발생; (ii) 유언신탁의 설정과 효력발생; (iii) 자기신탁의 설정과 효력발생; (iv) 신탁의 무효와 취소 사유. 우선 신탁을 설정하는 방법에는 3가지가 있다: 계약, 유언, 그리고 자기선언. 이 세 가지 방법을 포괄하여 '신탁행위'라고 한다. 즉 신탁을 창설하는 행위라는 것이다. 그렇다면 각각의 방법에 의하여 이루어진 신탁행위는 언제 성립되고 그 효력을 발생하는가? 우선 신탁이 유언과 자기선언에 의하여 설정된 경우에는 상대적으로 명확한 편이다. 그러나 신탁이 계약에 의하여 설정된 경우에는 그렇지 않다. 우리 학계와 실무에서는 이에 대하여 아직 확립된 입장을 내놓았다고 보기 어렵다. 이 장의 전반부에서는 신탁의 성립과 효력발생을 둘러싼 문제를 다룰 예정이다. 마지막으로 신탁은 일정한 사유가 있을 경우에 취소되거나 애당초 무효가 될 수도 있다. 이에 관하여는 본 장 후반부에서 살펴본다. **요컨대 이 장의 학습효과로서 다음 4가지 질문에 대한 답을 얻게 된다. 즉 (i) 신탁은 어떻게 설정하는가? (ii) 신탁은 언제 효력을 발생하는가? (iii) 신탁은 언제 취소될 수 있는가? (iv) 신탁은 언제 무효가 되는가?**

가. 신탁의 설정방법과 효력발생 – 계약

(ㄱ) 계약신탁

(1) 서 론

신탁은 계약으로 설정할 수 있다. **신탁법 제3조 제1항 제1호에서는 위탁자와 수탁자 간의 계약으로 신탁을 설정할 수 있다**고 규정하고 있다. 신탁이 계약에 의하여 설정될 경우에 그 진행과정은 다음과 같다: (i) 신탁설정에 관한 위탁자의 의사표시(즉 청약); (ii) 신탁인수에 관한 수탁자의 의사표시(즉 승낙); (iii) 위탁자로부터 수탁자로의 재산권이전; (iv) 수탁자에 의한 신탁재산의 운용. 일단 계약 또는 법률에서 달리 정함이 없으면 우리 법은 일반적으로 낙성계약원칙을 취한다. 따라서 신탁법 제3조 제1항 제1호상의 계약도 낙성계약인 것처럼 보인다. 하지만 신탁은 재산운용을 전제로 한다. 이는 위탁자의 재산이 수탁자에게 귀속되어야 가능하다. 그렇다면 위탁자와 수탁자 간의 단순한 합의로는 부족하다는 의문이 들 수 있다. 즉 위탁자의 재산까지 수탁자에게 이전되어야 한다고 생각할 수 있다는 것이다. 판례는 이에 대해 침묵하고 있다. 학설은 양쪽으로 갈린다 — 낙성계약설과 요물계약설로.

(2) 낙성계약설

우선 **낙성계약설**을 살펴본다. 낙성계약설은 다시 두 갈래로 나뉜다. 편의상 1번 낙성계약설과 2번 낙성계약설로 부른다. **1번 낙성계약설[1]에 따르면 신탁은 위탁자와 수탁자 간의 신탁설정에 관한 합의에 의해 성립되고 효력을 발생**한다(즉 앞서 언급된 계약신탁의 진행과정 중에서 (i)과 (ii)만 요구한다). 이 경우에 신탁의 성립시기와 효력발생시기가 일치한다. 그리고 이렇게 성립되고 효력이 발생한 신탁에 기초하여 수탁자가 위탁자에게 갖는 재산이전청구권을 최초의 신탁재산으로 본다. 예컨대 위탁자 갑과 수탁자 을이 수익자 병을 위하여 갑의 X부동산을 신탁재산으로 하는 신탁계약을 체결하였다고 하자. 신탁계약은 갑과 을의 합의에 의해 성립되고 효력을 발생한다. 당해 신탁계약은 효력을 발생하였으므로 수탁자 을은 위탁자 갑에 대하여 X부동산에 관한 소유권을 자신에게 이전할 것을 청구할 수 있게 된다. **수탁자가 위탁자에게 갖는 X부동산에 관한 소유권이전청구권을 바로 최초의 신탁재산이라고 보는 것**[2]이다.

그다음으로 **2번 낙성계약설**을 살펴본다.[3] 이 설은 **위탁자와 수탁자 간의 합의로 신탁은 성립되고 효력을 발생**한다고 본다. 이 점에서 1번 낙성계약설과 같다. 그러나 여전히 신탁재산을 운용하기 위해서는 위탁자의 재산이 수탁자에게 이전되어야 한다고 생각한다. 따라서 비록 신탁은 위탁자와 수탁자의 합의시점에 성립되고 그 효력을 발생하지만 **위탁자로부터 수탁자에게 재산이 이전되었는지를 기준으로 하여 그 재산이 이전되기 전에 발생된 권리의무는 신탁계약의 비고유적 채권채무이고 그 후에 발생되는 것만이 신탁계약**

---

1 최수정, 신탁법(개정판), 박영사(2019), 176면; 이중기 · 이영경, 신탁법(개정판), 삼우사(2022), 59면.

2 수탁자가 위탁자에 대하여 갖는 재산이전청구권을 최초의 신탁재산으로 보는 견해는 영국 스코틀랜드 지방의 신탁법이 취하는 입장이다. 나아가 민사법공통참조안(Draft Common Frame of Reference) 제10장에서 규정하는 신탁법에서도 같은 태도를 취하고 있다. 이에 관한 자세한 것은, 오영걸, "신탁의 변용적 계수 및 그 법리적 과제들", 서울대학교 법학 제60권 제4호(2019), 106면 이하 참조; 국내에도 이 입장을 취하는 견해가 있다, 최수정, 신탁법(개정판), 박영사(2019), 176면.

3 임채웅, "신탁행위의 연구", 신탁법 연구, 박영사(2009), 16면.

의 고유적 채권채무라고 본다. 예컨대 앞의 예에서 수탁자인 을이 위탁자인 갑에 대하여 갖는 X부동산의 이전청구권은 당해 신탁의 비고유적 채권채무관계에서 발생하는 것이고 X부동산이 수탁자에게 귀속된 후에만 당해 신탁계약의 고유한 채권채무관계가 비로소 발생한다고 보는 것이다. 요컨대 이 설은 수탁자가 위탁자에게 가지는 X부동산에 관한 소유권이전청구권의 구속력을 인정하기 위해 비고유적 채권채무관계라는 개념을 창설한 것이다.

(3) 요물계약설

이제 요물계약설[4]을 살펴본다. 요물계약에서는 당사자 사이에서 합의뿐만 아니라 물건의 인도 기타 급부까지 이루어져야 계약이 성립되고 그 효력을 발생한다.[5] 따라서 신탁계약을 요물계약으로 파악할 경우 신탁계약은 위탁자의 재산이 수탁자에게 이전된 때 성립하고 동시에 효력을 발생한다(즉 앞서 언급된 계약신탁의 진행과정 중에서 (i), (ii), 그리고 (iii)까지 요구한다). 이 학설에 의하더라도 신탁의 성립시기가 효력발생시기와 일치하기는 한다. 단지 앞의 두 종류의 낙성계약설과 다른 점은 그 일치가 재산이전시점이라는 것이다. 요물계약설은 위탁자의 재산이 수탁자에게 이전되어야 한다는 주장의 근거로서 다음 3가지 이유를 들고 있다. 즉 (i) 수탁자는 재산이 있어야 이를 운용할 수 있다. 따라서 수탁자에게 아무런 재산권이 귀속되지 않은 상황에서 신탁의 효력을 발생시킬 순 없다. (ii) 서면에 의하지 않은 증여계약은 당사자가 언제든지 이를

4 홍유석, 신탁법(전정판), 법문사(1999), 83면.

5 지원림, 민법강의(19판), 홍문사(2022), 1347면.

해제할 수 있다(민법 제555조). 즉 문서로 약속한 증여가 아닐 경우 증여자가 재산을 수증자에게 이전하기 전이라면 당해 증여계약을 언제든지 해제하여 이행의무를 면할 수 있다(민법 제558조 반대해석). 신탁에서 수탁자는 반대급부를 이행할 필요가 없기 때문에 수증자와 유사하다. 한편 위탁자와 수탁자 사이의 합의만으로 신탁이 성립되고 효력을 발생하게 되면 위탁자에게는 신탁재산을 수탁자에게 이전하여야 할 의무가 발생하게 된다. 신탁법은 민법 제555조와 제558조 같은 규정을 두고 있지 않기 때문에 비록 위탁자가 재산을 수탁자에게 이전하기 전이라 하더라도 당해 신탁계약에 구속되는 결과가 된다. 하지만 증여계약과의 균형을 고려할 때 이는 부당하다. 따라서 합의만 있고 아직 재산을 이전하기 전이라면 위탁자에게 신탁에서 벗어날 수 있는 기회를 부여하는 것이 타당하다. 그런데 신탁법은 민법 제555조와 제558조 같은 규정을 두고 있지 않기 때문에 그 대안으로 신탁의 성립과 발효시기를 위탁자가 수탁자에게 재산권을 이전한 때로 봐야 한다는 것이다. 이 경우 위탁자가 재산을 수탁자에게 이전하기 전까지 신탁의 법적 구속력이 결여되기 때문에 위탁자는 언제든지 신탁을 설정하겠다는 자신의 의사표시를 철회할 수 있게 된다. 마지막으로 (iii) 신탁법 제2조 정의규정에서는 "…위탁자가 수탁자에게 특정의 재산…을 이전하거나…"라고 정하고 있어 신탁을 사실상 요물계약으로 전제하고 있다. 요컨대 이 3가지 근거에 기하여 요물계약설의 입장에서는 신탁은 위탁자의 재산이 수탁자에게 이전되어야 성립되고 그 효력을 발생한다고 주장한다.

(ㄴ) 학설의 평가

(1) 낙성계약설에 대한 평가

1번과 2번 낙성계약설에 따르면 신탁계약은 위탁자와 수탁자의 합의에 의하여 성립되고 이 단계에서 효력까지 함께 발생한다. 따라서 특별한 사정[6]이 없는 한 당사자는 신탁관계에서 임의로 이탈할 수가 없다. 그리고 수탁자가 위탁자에게 갖는 재산이전청구의 기초는 신탁계약이다. 그러나 2번 낙성계약설에 의하면 수탁자의 이전청구에 따른 위탁자의 재산이전채무는 당해 신탁의 비고유적 채권채무라고 보아야 하고, 신탁 고유의 채권채무는 위탁자로부터 수탁자에게 재산이 이전된 때 비로소 발생한다고 한다. 그러나 다음 3가지 이유에서 2번 낙성계약설은 설득력이 약하다. 즉 (i) 수탁자의 재산이전청구권은 수익자의 이익을 위하여 신탁사무의 일환으로 행사하는 것이다. 따라서 여전히 신탁계약에서 발생한 고유의 채무로 보아야 한다. (ii) 우리법체계 내에서 계약의 효력으로서 고유 채권채무관계와 비고유 채권채무관계가 발생하는 예는 없다. 계약이 온전히 효력을 발생하였는데 '비'고유적 채권채무관계가 발생한다는 것 또한 모순이다. 신탁이 합의를 통하여 효력을 발생한 이상 그 후에 부담하는 의무는 모두 고유채무로 보아야 한다. (iii) 신탁재산과 수익자의 보호를 위하여 신탁이 효력을 발생하면 수탁자에게 신임의무[7]가 적용된다. 그러나 2번 낙성계약설에 따르면 수탁자에게 신임의무가 적용될 여지가 없다. 이는 신

---

6 예컨대 신탁법 제99조 제2항 또는 제4항 참조.

7 수탁자가 부담하는 신임의무에 관하여는 제6장인 '육. 재산운용' 부분 참조.

탁관계에서 매우 핵심적인 고유채무이기 때문이다. 그 결과 신탁재산과 수익자의 보호가 미흡해질 우려가 있다. 요컨대 '비고유 채권채무관계'라는 개념을 별도로 상정할 필요와 실익은 없다.

(2) 요물계약설에 대한 평가

그다음 요물계약설을 살펴본다. 이 설에 의할 경우 위탁자의 재산이 수탁자에게 귀속되기 전에 신탁은 성립하지 않는다. 나아가 그 효력도 발생하지 않는다. 그리고 증여와의 유사성을 근거로 신탁이 서면으로 작성되지 않고 위탁자가 수탁자에게 재산을 이전하기 전이라면 이를 언제든지 철회[8]할 수 있어야 한다고 본다. 이 견해는 다음 5가지 이유에서 수용하기 어렵다. 즉 (i) 위탁자가 신탁설정의사를 철회하지 않았다고 하자. 이 경우 수탁자가 위탁자의 재산을 청구할 수 있는 법적 근거가 무엇인지 불분명하다. 다시 말해서 요물계약설에 따르면 신탁은 아직 성립되지도 않고 그 효력도 발생하지 않은 상태이다. 따라서 법적으로 수탁자가 위탁자에게 재산을 청구할 수 있는 기초를 결하게 된다. (ii) 원칙적으로 계약은 합의에 의해 법적 구속력이 발생한다. 다만 증여계약처럼 반대급부가 없는 경우에 당사자는 (비록 그 효력은 발생하였으나) 언제든 당해 증여계약을 해제할 수 있다. 하지만 이는 계약법 원칙에 대한 예외이므로 우리 민법은 제555조 및 제558조라는 특별규정을 두고 있는 것이다. 따라서 특별규정이 없는 한 신탁계약의 합의가 있는 단계에서 위탁자로 하여금 그것에 구속받지 않도록

---

8 요물계약설에 의하면 이 단계에서 아직 신탁은 성립되지 않았으므로 '철회'라는 용어를 사용한다.

하기 위하여 신탁의 효력발생 시점을 일부러 수탁자에게 재산을 이전한 시점까지 늦추는 것은 계약법리에 어긋난다. (iii) 요물계약설은 실무현실과도 상치된다. 왜냐하면 실무에서 수탁자는 전부 신탁업자이다. 신탁업자는 신탁사무처리에 대하여 예외 없이 보수를 받는다. 그러므로 수탁자는 보수를 받는다는 이익이 있다. 따라서 위탁자가 당해 신탁계약으로부터 임의로 이탈할 수 있도록 하는 것은 부당하다. 이는 위탁자만을 고려한 불합리한 입장이다. 당사자 또한 신탁계약서에 서명하는 순간 계약이 성립되고 발효하였다고 인식한다. 따라서 법률 또는 계약에 특별한 규정이 없다면 이를 허용할 것은 아니다.[9] (iv) 요물계약설은 증여계약과 신탁계약을 동일하게 취급한 잘못이 있다. 전자의 경우에는 증여자가 상대방에게 종국적으로 이익을 귀속할 의사가 있다. 그러나 후자의 경우에는 위탁자에게 그러한 의사가 없다. 신탁은 수탁자에게 이익을 귀속시키기 위해 설정하지 않는다. 증여와 신탁은 같지 않다. (v) 요물계약설의 주장처럼 제2조를 요물계약을 전제한 규정이라고 볼 경우, 후술하는 유언신탁과 자기신탁은 이 정의규범에 포섭될 수 없게 되는 문제점이 있다. 왜냐하면 유언신탁과 자기신탁은 계약을 통해 발생하지 않기 때문이다. 나아가 본 조는 후반에 "수탁자로 하여금…신탁 목적의 달성을 위하여 필요한 행위를 하게 하는 법률관계를 말한다"라고 규정하고 있다. 요물계약설처럼 법문에 '이전'이 명시되어 있기 때문에 신탁이 효력을 발생하기 위해서는 이전이 필요하다고 한다면, 같은 논리로 수탁자가 신탁 목적의 달성을 위하여 필요한 행위를 한 때 비로소 효력이 발생한다고

9 물론 위약금을 물고 해지하는 경우는 별론으로 한다.

볼 수도 있는 것이다. 왜냐하면 법문에 그 부분도 명확하게 서술되어 있기 때문이다. 하지만 우리는 그렇게 해석하는 경우를 보지 못했다. 따라서 '이전'이 명시되어 있기 때문에 제2조를 가지고 입법자가 요물계약을 상정하고 만든 규정이라고 볼 수는 없을 것이다. 요컨대 요물계약설은 계약법리 및 실무현실과 배치되고 증여와 신탁을 같게 취급한 잘못이 있으며 제2조를 아전인수 격으로 해석하였다.

(3) 낙성계약원칙

결론적으로 원칙에 충실한 1번 낙성계약설이 가장 무난하다.[10] 요컨대 계약신탁의 성립과 효력발생 시기에 대해서는 다음과 같이 정리할 수 있다: (i) **신탁은 위탁자와 수탁자 간의 합의로 성립되고 효력을 발생한다;**[11] (ii) 수탁자가 위탁자에 대하여 당해

---

10 한편 신탁이 계약에 의하여 설정된다 하더라도 신탁관계는 단순히 계약관계가 아닌 조직법적 내용도 함께 갖는 법률관계라고 보는 견해 (정순섭, 신탁법, 지원사(2021), 105-6면)가 있다. 이 견해는 신탁이 계약으로 설정된 이후의 법률관계 내지 문제는 위탁자, 수탁자, 수익자 등 다수의 신탁관계인을 둘러싸고 이루어진다는 점을 고려한 것으로 파악된다.

11 당사자가 신탁이라는 표현을 사용하지 않더라도 약정내용을 종합적으로 고려했을 때 신탁계약을 체결한 것으로 볼 수 있다는 대법원 판결이 있었다(대법원 2002.7.26. 선고 2000다17070). 그러나 **이제 수탁자가 신탁업자인 경우에는 자본시장법 제109조에서 서면에 의한 계약서의 작성을 요구하고 있다는 점을 유의할 필요가 있다.** 즉, 동조에 의하면 신탁업자는 위탁자와 신탁계약을 체결하는 경우 금융소비자보호에 관한 법률 제23조 제1항에 따라 위탁자에게 계약서류를 교부하여야 하며, 그 계약서에는 다음 각 호의 사항을 기재하여야 한다. 1. 위탁자, 수익자 및 신탁업자의 성명 또는 명칭 2. 수익자의 지정 및 변경에 관한 사항 3. 신탁재산의 종류·수량과 가격 4. 신탁의 목적 5. 계약기간 6. 신탁재산의 운용에 의하여 취득할 재산을 특정한 경우에는 그 내용 7. 손실의 보전 또는 이익의 보장을 하는 경우 그 보전·보장 비율 등에 관한 사항 8. 신탁업자가 받을 보수에 관한 사항 9. 신탁계약의 해지에 관한 사항 10. 그밖에 수익자 보호 또는 건전한 거래질서를 위하여 필요한 사항으로서 대통령령으로 정하는 사항. 이 규정은 2020.3.24.에 개정된 것으로서

재산을 청구할 수 있는 근거는 신탁계약이다; (iii) 수탁자가 위탁자에 대하여 가지는 재산이전청구권은 신탁계약으로부터 발생한 재산권으로서 최초의 신탁재산을 이룬다; (iv) 계약신탁이 합의로 성립되고 효력을 발생한 후에 수탁자가 부담하는 의무는 모두 신탁의 고유의무로 봐야 한다; (v) 마지막으로 법률 또는 계약에서 달리 정함이 없다면 합의를 통해 성립되고 효력을 발생한 신탁계약을 위탁자가 임의로 해지할 수 없다.

나. 신탁의 설정방법과 효력발생 – 유언

(ㄱ) 유언신탁

신탁은 유언[12]으로도 설정할 수 있다. 신탁법 제3조 제1항 제2호에서는 **위탁자의 유언으로 신탁을 설정할 수 있다**고 규정하고 있다. 이는 유언을 작성하면서 본인 사후에 남은 재산 중 일부 또는 전부에 대하여 신탁을 설정하겠다는 내용을 유언에 포함하는 경우를 말한다. 유언신탁의 진행과정은 다음과 같다: (i) 유언[13]을 통한 신탁의 설정; (ii) 위탁자의 사망; (iii) 상속인(또는 따로 지정되거나

2021.3.25일에 시행되었다. **우리 실무에서 수탁자가 대부분 신탁업자라는 점을 감안하면 실무상 신탁계약의 합의는 반드시 문서의 방식으로 이루어져야 한다. 그리고 '신탁'계약서에 양 당사자가 서명할 때 성립되고 그 효력을 발생한다. 그 결과 신탁계약이라는 표현을 사용하지 않고 신탁이 성립될 가능성은 이제 없어 보인다.**

12 유언은 유언자의 사망과 동시에 일정한 법률효과를 발생시킬 목적으로 법정방식에 따라 행하는 상대방 없는 단독행위이다.

13 유언은 자필증서, 녹음, 공정증서, 비밀증서 그리고 구수증서의 방식으로 할 수 있다(민법 제1065–1070조 참조).

선임된 유언집행자)이 유언에서 지정한 수탁자에게 통지; (iv) 신탁인수에 관한 수탁자의 의사표시; (v) 수탁자에 대한 상속인(또는 유언집행자)의 재산 이전;[14] (vi) 수탁자에 의한 재산 운용. 유언은 상대방 없는 단독행위이다. 따라서 **원칙적으로 유언자가 유언할 때 성립되고 그가 사망할 때 효력을 발생한다**. 유언으로 설정한 신탁도 기본적으로 이 원칙에 따른다. 다시 말해서 유언신탁은 위탁자인 유언자가 유언을 한 시점에서(즉 유언신탁의 진행과정 중에서 (i)의 부분) 성립하고 그가 사망하는 시점에서(즉 유언신탁의 진행과정 중에서 (ii)의 부분) 그 효력을 발생한다. 위탁자는 사망하기 전에 언제든지 유언신탁을 철회할 수 있다. 아직 유언신탁이 그 효력을 발생하지 않았기 때문이다. 만일 신탁이 효력을 발생하였다면 이는 위탁자가 이미 사망하였음을 의미하기 때문에 위탁자 자신이 신탁을 종료[15]한다는 것은 불가능하다.

(ㄴ) 수탁자의 신탁인수

이처럼 유언신탁의 효력은 유언자의 사망과 함께 발생한다. 이는 신탁인수에 관한 수탁자의 승낙의 의사표시(즉 유언신탁의 진행과정 중에서 (iv)의 부분))가 신탁의 효력발생에 아무런 영향도 없

---

14 유언자 사망 시(상속개시 시)에 신탁재산으로 설정된 특정재산은 유언의 효력발생에 따라서 일단 상속인에게 귀속되고 신탁인수를 거절하지 않은 수탁자는 상속인에 대하여 당해 재산의 이전청구권인 채권을 취득한다. 그리고 이러한 채권의 행사를 통하여 신탁재산을 상속인으로부터 이전받는 것이다. 한편 포괄적으로 신탁재산을 정한 경우에는 어떠한가? 이에 관하여는 제5장인 '오. 재산독립' 부분 참조.

15 유언신탁의 효력이 발생했기 때문에 철회라고 할 수 없다. 그리고 계약법적 용어인 해지도 사용할 수 없다. 따라서 이 경우에는 '종료'라는 표현이 가장 적합하다.

다는 것을 의미한다. 이는 곧 위탁자가 유언에서 선임한 자는 자동으로 수탁자적 지위를 취득한다는 것을 뜻한다. 이 점에서 계약신탁과 다르다. 그러나 유언신탁에서 수탁자로 선임된 자에게 신탁사무의 수행을 강요할 수는 없다. 따라서 그는 언제든지 신탁의 인수를 거절할 수 있다(신탁법 제21조 제3항). 이는 위탁자가 사망하기 전에 장차 수탁자로 선임할 자로부터 미리 동의를 구한 경우에도 같다(즉 유언자 사망 이후에 언제든지 거절할 수 있다).[16] 이 경우 수익자가 단독으로 새로운 수탁자를 선임할 수 있다(신탁법 제21조 제3항에 의한 동조 제1항의 준용). 그러나 만일 유언신탁에서 선임된 수탁자가 이를 거절하였는데 수익자가 새로운 수탁자를 선임하는 것이 적절하지 않을 경우에는 어떻게 처리되는가?[17] 신탁법은 이에 대해 직접 규정하고 있지 않다. 생각건대 신탁법 제21조 제3항과 이에 의하여 준용되는 제2항을 유추 적용할 수밖에 없다. 원래 유언신탁에서 선임한 수탁자가 신탁을 인수하지 않거나 인수할 수 없는 경우에 위탁자와 수익자는 합의를 통해 새로운 수탁자를 선임해야 한다(신탁법 제21조 제1항 전단). 만일 그러한 합의가 이루어지지 않는다면, 합의가 없는 것이고 이해관계인은 신수탁자 선

16 위탁자가 사망하기 전에 수탁자로 선임할 자와 미리 신탁인수에 관한 합의를 하였다 하더라도 이는 계약신탁이 아니다. 왜냐하면 유언신탁은 유언자가 사망하기 전에는 그 효력을 발생하지 않기 때문이다. 그렇다고 위탁자가 사망한 후에 유언집행자를 상대로 신탁인수의 의사표시를 하였다 하더라도 계약신탁이라 볼 수 없다. 왜냐하면 계약상대방인 위탁자는 이미 존재하지 않기 때문이다. 결국 유언신탁에서 수탁자로 선임된 자는 유언신탁이 효력을 발생한 후 언제든 신탁의 인수를 거절할 수 있다.

17 예컨대 수익자가 미성년자 등 요보호자인 경우를 들 수 있다. 이 경우 법정대리인이 수탁자를 선임할 수 있지 않은가라는 의문이 들 수 있다. 그러나 남용의 위험이 도사리고 있기 때문에 새로운 수탁자의 선임권한을 법정대리인에게 부여하는 것은 적절하지 않다.

임을 법원에 청구할 수 있도록 하고 있다(신탁법 제21조 제2항). 유언신탁에서 수익자는 위탁자와 합의할 수 있는 기회가 없다. 왜냐하면 위탁자는 이미 사망한 상태이기 때문이다. 그리고 수익자마저 합의할 수 없거나 합의하기에 적절하지 않다면 이는 위탁자와 수익자의 합의가 이루어지지 않은 상태에 준한다고 볼 수 있다. 따라서 신탁법 제21조 제3항과 이에 의하여 준용되는 제2항을 유추 적용할 수밖에 없다. 다음 신탁법 개정 시 이에 관한 명문의 규정이 마련될 필요가 있다.

다. 신탁의 설정방법과 효력발생 – 자기선언

(ㄱ) 자기신탁

마지막으로 신탁은 자기선언이라는 방법에 의하여 설정할 수 있다. 즉 **위탁자는** 신탁의 목적, 신탁재산, 수익자 등을 특정하고 **자신을 수탁자로 선언하는 방법으로 신탁을 설정할 수 있다**는 것이다(신탁법 제3조 제1항 제3호). 이는 위탁자가 자신의 재산 중에서 특정한 재산을 분리하여 스스로 수탁자로서 보유하면서 특정 수익자를 위하여 관리 및 처분한다는 뜻을 선언함으로써 설정되는 신탁이다. **위탁자 스스로가 수탁자가 되므로 자기신탁**이라고도 부른다.[18] 자기신탁의 진행과정은 다음과 같다: (i) 신탁설정에 관한 위탁자의 선언서 작성; (ii) 신탁선언서의 공증; (iii) 수탁자에 의한

18 자기신탁은 자익신탁과 구별된다. 자기신탁은 **위탁자가 동시에 '수탁자'인 경우이고** 자익신탁은 **위탁자가 동시에 '수익자'인 경우**이다.

당해 재산의 운용. 위탁자가 동시에 수탁자이므로 수탁자에 대한 별도의 재산이전은 요구되지 않는다. 이 점에서 계약신탁 및 유언신탁과 다르다. 그러나 자기신탁이라고 하더라도 자신의 고유재산 일부를 신탁재산으로 전환하는 처분은 있다는 점에서 여전히 일종의 재산처분은 존재한다. **자기신탁은 위탁자에 의한 선언서 작성 시에**(즉 자기신탁의 진행과정 중에서 (i)의 부분) **성립되고 그 선언서를 공증함으로써**(즉 자기신탁의 진행과정 중에서 (ii)의 부분) **효력을 발생한다.** 자기선언이 공증을 받기 전이라면 그 효력이 아직 발생하지 않은 것이므로 위탁자는 언제든 자기신탁을 철회할 수 있다. 공증을 받은 후라면 자기신탁이 효력을 발생한 것이므로 위탁자가 이를 임의로 종료할 수 없다.[19]

한편 위탁자 자신이 수탁자가 되어 신탁을 설정하면 외부에서 전혀 알 수가 없다. 이는 위탁자 겸 수탁자가 자기신탁의 성립과 효력발생 시기를 임의로 조정할 빌미를 제공한다. 신탁재산은 후술하듯이[20] 위탁자와 수탁자의 고유채권자로부터 보호를 받는다. 따라서 위탁자 겸 수탁자가 자기신탁의 성립과 효력발생 시기를 임의로 조정할 수 있으면 그의 채권자들은 잠재적 위험에 빠질 수 있다. 다시 말해서 자기신탁은 채권자의 집행을 면탈할 수단으로 남용될 가능성이 크다는 것이다.[21] 따라서 우리 신탁법은 위탁자

19 계약신탁과 달리 자기신탁의 경우에 위탁자는 신탁을 종료할 권한을 유보할 수 없다. 이에 관하여는 아래 (ㄴ) 남용방지조치의 (4) 부분 참조.

20 제5장 '오. 재산독립' 참조.

21 이와 같은 이유 등으로 인하여 구신탁법 하에서는 자기신탁의 도입을 부정하는 입장이 많았다. 그러나 자기신탁이 수탁자의 선임비용 절감 등 나름 유용한 면이 있기 때문에 개정 신탁법에서는 이를 도입하였다. 그 대신에 자기신탁의 남용방지조치를 두었다. 구신탁법 하에서의 학설대립 등에 관한 보다 자세한 것은, 최은순,

겸 수탁자가 자기신탁을 남용하지 못하도록 신탁법 제3조 제1항 단서, 동조 제2항, 그리고 동조 제3항에서 일정한 방지조치를 마련하고 있다.

(ㄴ) 남용방지조치

(1) 목적신탁의 설정금지

일정한 목적만을 위하여 설정하는 신탁 중에는 공익신탁과 비공익 목적신탁(이하 목적신탁이라고 한다)이 있음은 이미 살펴보았다. 신탁의 설정에서 이 둘의 차이점은, 목적신탁은 자기선언의 방법으로 설정할 수 없다는 것이다. 즉 신탁법에서는 수익자가 없고 특정한 목적만을 위한 신탁의 경우에는 공익신탁을 제외하고는 자기선언에 의한 방법에 의하여 설정할 수 없다고 규정하고 있다(신탁법 제3조 제1항 단서). 이는 채무자에 의하여 자기신탁이 악용될 우려가 있기 때문이다. 즉 채무자는 채권자의 집행을 면탈할 목적으로 미리 자신의 재산 일부에 관하여 목적신탁을 설정하여 신탁의 명목 하에 보전할 수 있다는 것이다.

이에 대해서는 다음과 같은 비판이 제기될 수 있다. 이러한 집행면탈의 위험은 수탁자를 따로 두는 경우에도 발생할 수 있다는 것이다. 따라서 수탁자가 타인인지 자신인지는 문제가 되지 않는다. 목적신탁을 설정하는 경우에 위탁자에게 사해성이 있는지 여부가 관건이다. 환언하자면 수탁자를 따로 두는 경우에는 집행면

"자기신탁에 관한 고찰 — 신탁법 개정안을 중심으로", 안암법학 제32권(2010), 201면 이하 참조.

탈의 위험이 없고 자기신탁의 경우에만 무조건 집행면탈의 위험이 있다고 볼 수는 없다는 것이다. 자기신탁을 설정할 당시에 위탁자에게 채권자의 집행을 면탈할 의도가 없는 경우의 목적신탁까지 굳이 일률적으로 금지할 것은 아니다. 이는 자기신탁의 도입 및 활성화 취지에 어긋난다. 입법론적으로 재고의 여지가 있다.

(2) 공정증서의 작성

자기선언에 의하여 신탁을 설정하는 경우에는 공증인법 또는 변호사법에 따른 공정증서를 작성하는 방법으로 하여야 한다(신탁법 제3조 제2항 전단). 단순히 자신에 대한 선언으로 설정된 신탁은 아무런 의미가 없다. 신탁의 존재를 외부에서 인식할 수 없기 때문이다. 신탁이 자기선언만을 통해 설정된다면 그 성립과 효력발생 시기는 물론 신탁의 내용마저 임의로 조작할 수 있게 된다. 따라서 신탁의 성립, 효력발생 시기, 그리고 그 내용 등을 제3자가 명확히 인식할 있는 제도적 장치가 필요하다. 이러한 이유로 자기선언신탁에서는 공정증서를 요구하는 것이다. 이는 신탁관계에 관한 법률분쟁이 발생할 경우에 매우 유용한 증거자료로 사용될 수 있다.

(3) 해지권(종료권)유보의 금지

신탁선언에 의하여 성립된 자기신탁의 수탁자는 신탁을 '해지' 할 수 있는 권한을 유보할 수 없다(신탁법 제3조 제2항 후단).[22] 자

22 법문은 해지로 되어 있으나 이는 계약법적 용어이다. 따라서 '해지할 수 있는 권한'을 '**종료권**'으로 표현하는 것이 옳다. 입법론적으로 제3조 제2항 후단은 수정할 필요가 있다.

기선언은 단독행위이므로 그 효력이 일단 발생하면 번복할 수 없는 것이 원칙이다. 따라서 자기신탁이 효력을 발생한 후에 이를 종료하고 싶을 경우 신탁선언에서 이를 유보하여야 한다. 그러나 신탁법은 이러한 유보를 금지하고 있는 것이다. 왜냐하면 위탁자 겸 수탁자가 이를 악용할 우려가 있기 때문이다. 예컨대 새로운 개인사업을 시작하려는 갑이 혹시라도 부도가 날 수 있는 위험을 대비하여[23] 미리 일정재산을 자기신탁을 통하여 신탁재산으로 전환하였다고 하자. 갑이 사업을 수행하는 과정에서 어느 날 부도가 발생한 경우 갑은 일단 신탁재산을 온전히 보전할 수 있게 된다. 그리고 추후 적절한 시기에 신탁을 종료하여 재산을 다시 자신의 고유재산으로 회복할 수 있게 되는데 이것이 갑의 채권자를 해할 위험이 있다는 것이다.

하지만 이러한 입법태도는 다소 수긍하기 어렵다. 왜냐하면 그러한 위험은 수탁자가 따로 있는 신탁에서도 충분히 발생할 수 있기 때문이다. 예컨대 수탁자가 타인인 경우에도 위탁자는 종료권을 유보하여 언제든 자기 재산으로 회복할 수 있는 것이다. 따라서 자기신탁의 위탁자가 종료권을 유보할 수 없다는 논거로서 채권자를 해할 위험성을 들 수는 없는 것이다. 생각건대 (i) 위탁자에게 종료권의 유보를 허용하되 채권자의 집행에 대항하지 못한다고 하거나,[24] 또는 (ii) 채권자대위권제도(민법 제405조)를 통하여 위탁자의 채권자가 위탁자에게 유보된 종료권을 대위하여 행사할

23 채권자를 해할 목적이 아직 뚜렷한 것이 아니므로 사해신탁이 될 수 없다. 사해신탁과 관련하여서는 본장 라.(ㄹ) 참조.

24 이는 미국표준신탁법전(Uniform Trust Code) 제505조 (a)(1)의 입장이기도 하다.

수 있도록 하는 것이 타당하다.

(4) 부정한 목적과 종료청구

위탁자가 집행의 면탈이나 탈세 그밖의 부정한 목적으로 자기선언에 의하여 신탁을 설정한 경우에 이해관계인은 법원에 신탁의 종료를 청구할 수 있다(신탁법 제3조 제3항). 그러나 다음 2가지 이유에서 이 조문은 의미가 없다. 즉 (i) 위탁자가 집행면탈의 목적으로 자기신탁을 설정한 경우에는 사해신탁취소(신탁법 제8조)로 해결할 수 있고, 탈세 그밖의 부정한 목적으로 설정한 경우에 당해 신탁은 위법하거나 사회질서를 위반한 것이므로 신탁법 제5조 제1항 또는 제2항에 따라서 무효가 될 수 있다. 그리고 (ii) 신탁법 제3조 제3항의 법문에 따라서 자기신탁이 종료된다면, 그 효과는 장래에 대해서만 발생하기 때문에 소급효가 없다. 그렇다면 그 사이에 부정한 목적으로 설정된 신탁을 통해 수익자가 이익을 취득한 경우에는 그의 선의 또는 악의를 불문하고 당해 이익을 보유할 수 있게 되는 부작용이 있다. 결국 위탁자의 채권자는 당해 자기신탁의 무효를 주장하거나 사해신탁취소권을 원용하게 될 것이다. 왜냐하면 이 경우 수익자가 이미 취득한 이익도 회복할 수 있는 가능성이 열리기 때문이다. 요컨대 신탁법 제3조 제3항은 사족이다.

(ㄷ) 자기신탁의 활용

(1) 가족의 생계보장

미성년 자녀, 고령의 부모, 또는 기타 정신능력의 제약으로 보호가 필요한 가족이 있는 경우에 자기신탁을 사용할 수 있다. 즉 위탁자는 스스로 수탁자가 되는 자기신탁을 설정하여 자녀 또는 부모를 위한 신탁을 설정하는 것이다. 혹시라도 본인이 개인적으로 파산하거나 사망하더라도 신탁재산은 보호된다. 왜냐하면 신탁재산은 위탁자와 수탁자의 파산 또는 사망으로부터 보호되기 때문이다.[25] 나아가 위탁자 겸 수탁자가 신탁행위에서 미리 신수탁자가 될 자를 정한 경우에는[26] 그 신수탁자가 가족의 생계를 위하여 가장 적절한 방법으로 재산관리를 하게 된다. 일단 신탁법 제3조 제2항에 따라서 해지권(즉 종료권)을 유보할 수 없기 때문에, 당해 **신탁은 가족의 생계를 위한 신탁으로 존속**하게 된다. 그 결과 남겨진 가족의 생계도 영향을 받지 않게 된다. 이는 영미에서 자기신탁이 사용되는 전형적인 예 중의 하나이다. 한편 아직까지 우리 실무에서 자기신탁이 이러한 목적을 위하여 이용되고 있지는 않다. 이는 가족의 생계보장을 위한 목적으로 신탁을 이용할 수 있다는 인식과 이해가 우리사회에서 아직 부족하기 때문이다. 장차 그러한 인식의 변화가 있을 것으로 본다.

(2) 자산유동화

자기신탁은 자산을 유동화하기 위한 목적을 위해서도 이용될 수 있다. 예컨대 변제기가 도래하지 않은 채권(예컨대 신용카드채권 또는 자동차리스채권)을 다량 보유하고 있는 갑회사가 급히 현금이 필요하여 이를 유동화할 필요가 생겼다고 하자. 이 경우 갑회사가 만일 자기신탁을 이용하면 따로 수탁자를 선임하거나 특수목적법

25 신탁재산의 보호에 관하여는 제5장인 '오. 재산독립' 부분 참조.

26 신탁법 제21조 제1항 단서에서는 신수탁자의 선임에 관하여 신탁행위에서 정할 수 있도록 허용하고 있다.

인(SPC)을 설립할 필요가 없어진다. 다시 말해서, 갑회사는 자기선언을 통해 자신이 보유하고 있는 채권을 신탁재산으로 하는 자기신탁을 설정하면 된다. 그리고 투자자인 수익자들에게 수익증권을 발행하고 그들로부터 받은 투자금으로 자신이 보유하는 채권을 현금화할 수 있게 된다. 물론 갑회사는 추후 변제기에 채무자로부터 채무의 상환을 받게 되면, 이를 수익증권을 제시한 투자자인 수익자에게 분배해야 함은 물론이다. 자기신탁을 자산유동화 목적으로 이용함으로써 발생하는 최대 장점은 바로 **별개의 수탁자를 선임함으로써 발생하는 비용을 절약할 수 있다**는 데 있다.

라. 신탁법상 신탁의 무효 및 취소사유

(ㄱ) 선량한 풍속 또는 법률 위반 등의 목적

(1) 민법원칙의 재확인

계약, 유언, 자기선언(즉 신탁행위)은 법률행위이다. 법률행위는 민사법의 일반원칙에 따라 그 목적이 확정될 수 있고 가능해야 한다.[27] 법률행위는 나아가 적법하고(민법 제105조의 반대해석) 선량한 풍속 기타 사회질서에도 반하면 안 된다(민법 제103조). 따라서 신탁행위도 확정, 가능, 적법 그리고 사회적 타당성이라는 4가지 요소를 갖추어야 한다. 이는 민법의 일반원칙이 적용된 당연한 결과이다. 그러므로 신탁법에서는 굳이 동일한 내용을 따로 규정할

27 지원림, 민법강의(제19판), 홍문사(2022), 181면 이하 참조.

필요가 없다. 그러나 우리 신탁법 제5조 제1항에서는 선량한 풍속이나 그밖의 사회질서에 위반하는 사항을 목적으로 하는 신탁은 무효라고 정하고 있고, 동조 제2항에서는 목적이 위법하거나 불능인 신탁은 무효로 한다고 규정하고 있다. 이는 민법의 원칙을 재확인한 것이다.

(2) 일부무효, 잔부유효 원칙

만일 신탁에서 설정한 목적의 일부가 신탁법 제5조 제1항 내지 제2항에 해당하는 경우에 당해 신탁은 그 일부만 무효가 되고 나머지 부분은 여전히 유효하다. 즉 그 신탁은 제1항 또는 제2항에 해당하지 아니한 나머지 목적을 위하여 유효하게 성립한다는 것이다(신탁법 제5조 제3항 본문). 이처럼 신탁법에서는 일부무효, 잔부유효 원칙을 취하고 있다. 이는 민법 제137조에서 규정하는 법률행위의 일부무효, 잔부무효 원칙에 대한 예외라고 할 수 있다. 다만 신탁법 제5조의 제1항 또는 제2항에 해당하는 목적과 그렇지 아니한 목적을 분리하는 것이 불가능하거나 분리할 수 있더라도 제1항 또는 제2항에 해당하지 아니한 나머지 목적만을 위하여 신탁을 유지하는 것이 위탁자의 의사에 명백히 반하는 경우[28]에는 그 전부를 무효로 한다(신탁법 제5조 제3항 단서).

28 유언신탁과 자기신탁은 단독행위로 성립되기 때문에 위탁자의 의사만을 고려하는 것은 맞다. 하지만 계약신탁의 경우 수탁자의 의사도 고려해야 하지 않을까? 참고로 영미에서는 계약신탁은 없다. 신탁은 위탁자의 단독적 의사표시로 성립된다. 따라서 위탁자의 의사만이 해석의 대상이 된다. 단독행위를 취하는 영미의 사고를, 전제가 다른(즉 계약신탁이 존재하는) 우리 법체계에 심어놓은 결과이다.

(ㄴ) 소송목적

(1) 소송신탁 금지원칙

수탁자로 하여금 소송행위를 하게 하는 것을 주된 목적으로 하는 신탁은 무효로 한다(신탁법 제6조). 신탁법은 이처럼 소송신탁 금지원칙을 취하고 있다. 예컨대 나의 이웃, 지인 내지 친구가 내게 빚을 지고 있다고 하자. 우리는 보통 사회생활에서의 인간관계 때문에 직접 이들에 대해 소를 제기하기가 불편할 수 있다. 이 경우에 수탁자를 내세워 그에게 권리를 이전하고 수탁자의 권리인 양 소제기를 신탁사무로서 위탁하고 싶을 수도 있다. 하지만 신탁법은 이를 금지하고 있다. 소송목적신탁을 금지하는 취지는 다음과 같다: (i) 타인 간의 법적분쟁에 임의의 제3자가 국가소송절차에 개입하여 부당한 이익을 취하는 것은 방지해야 한다는 점;[29] (ii) 국가의 재판작용의 효력이 실체관계와 부합하지 않게 되는 것을 방지해야 한다는 점;[30] (iii) 우리 소송법은 변호사강제주의를 채택하고 있지는 않지만 타인에게 소송을 맡기고자 한다면 원칙적으로 변호사를 선임해야 한다는 점(민사소송법 제87조); (iv) 변호사가 아닌 자는 원칙적으로 법률사무를 취급할 수 없다는 점(변호사법 제109-110조).

29 윤경, "소송신탁의 판단기준 및 임의적 소송담당의 허용한계", JURIST 제389권 (2003), 56면.

30 따라서 수탁자가 직접 소송을 수행하는 경우는 물론 수탁자가 변호사를 선임하는 경우도 소송신탁이다(대판 2006.6.27. 선고 2006다463). 왜냐하면 수탁자가 소송의 효과를 받는 것 자체가 문제이기 때문이다.

(2) 실효성

그러나 만일 실무에서 소송신탁이 이루어져 수탁자가 피고로부터 배상금이건 차용금이건 상환을 받았다고 가정하자. 이 경우 당해 신탁을 무효로 할 경우 실제로 수탁자 수중에 있는 이익은 어떻게 되는가? 소송신탁을 맡긴 위탁자 겸 수익자에게 반환해야 하는가? 이것을 허용하면 소송신탁의 금지취지는 몰각되고, 반환을 금지할 경우 악덕 수탁자에 의한 악용이 문제된다. 생각건대 수탁자의 반환을 금지시켜 소송신탁을 사용할 경우의 위험성에 경종을 울려야 한다. 이를 통하여 소송을 위탁하는 자가 결국에는 손해를 입을 것이라는 인식을 심어 넣어 이를 자제하는 법문화 내지 법의식을 제고할 필요가 있다. 즉 소송신탁의 이용의욕을 감소시키는 방향으로 유도하는 것이 장기적으로 바람직하다. 한편 수탁자에 의한 소송신탁이 약정대로 이루어진 경우에는 어떻게 처리해야 할 것인지가 문제된다. 현실적으로 이를 제재할 수 있는 민사법적 메커니즘은 없어 보인다. 장차 위탁자와 수탁자 양자 모두에게 과태료를 부과하는 등의 조치가 입법적으로 마련될 필요가 있다.

(ㄷ) 탈법목적

(1) 수익자의 자격제한

탈법행위란 강행규정인 법령을 정면으로 위반하지는 않았으나 이를 우회적으로 회피하여 강행규정이 금지하는 바를 실질적으로 실현하는 경우를 말한다.[31] 탈법행위는 여러 가지 모습을 가질

31 지원림, 민법강의(제19판), 홍문사(2022), 187면.

수 있다. 그 중 신탁법은 다음 목적을 위하여 설정된 신탁을 탈법행위로 보아 이를 금지하고 있다. 즉 신탁법 제7조에서는 법령에 따라서 일정한 재산권을 향유할 수 없는 자를 신탁의 수익자로 설정하는 것을 금지함으로써 그 권리를 가지는 경우와 동일한 이익을 누릴 수 없도록 규정하고 있다. 다시 말해서 법에서 이익취득을 허용하지 않는 자를 수익자로 하여 신탁을 설정할 수 없음을 말한다. 이는 신탁을 이용한 잠탈행위가 되기 때문이다. 탈법행위에 해당하면 그 행위는 사법상 무효이다. 따라서 탈법목적으로 신탁을 설정한 경우에도 그 결과는 무효이다.

(2) 탈법목적에 해당하는 경우

탈법목적신탁으로서 흔히 드는 예는 다음과 같다. 예컨대 상법상 주식회사가 자기주식에 대한 신탁을 설정한 후 자신을 수익자로 정함으로써 상법상 자기주식의 취득을 제한하는 규정(상법 제341조)을 우회적으로 위반하는 경우를 들 수 있다.[32] 또한 농지법 제6조 제1항은 "농지는 자기의 농업경영에 이용하거나 이용할 자가 아니면 소유하지 못한다"라고 규정하고 있다. 즉 비농업경영자의 농지소유를 제한하고 있는 것이다. 그런데 위탁자가 이를 회피하기 위하여 농업경영자를 수탁자로 내세워 농업경영자가 아닌 자를 수익자로 하여 신탁을 설정하는 경우에는 어떠한가? 이 경우도 신탁을 통하여 탈법목적을 달성하려는 사례 중의 하나라고 할 수 있다.[33] 이들 신탁에서 발생하는 이익은 결국 법에서 금지하는 자

32 정순섭, 신탁법, 지원사(2021), 168면.

33 한편 이는 강학상 이해의 편의를 위해서 사용되는 예시일 뿐이다. 왜냐하면 실무에서 수탁자는 주로 신탁업자인데, 신탁업자는 농업경영자가 아니다. 따라서 신탁업

가 수익자가 되어 그에게 귀속한다. 이는 각각 상법 제341조와 농지법 제6조 제1항의 강행규정이 방지하려는 결과를 신탁을 통해 실질적으로 실현하고 있는 셈이다. 따라서 신탁법 제7조에 의해서 허용될 수 없다.

(ㄹ) 사해목적

(1) 서 론

사해신탁이란 채무자가 채권자를 해함을 알면서 자신의 일반재산을 감소시킬 목적으로 신탁을 설정하는 행위를 말한다(신탁법 제8조 제1항). 이 경우 채권자는 채무자(즉 위탁자)가 설정한 신탁을 취소할 수 있다. 신탁법 제8조가 사해신탁에 관하여 규정하고 있는데 이는 신탁법상의 채권자취소권이라고 할 수 있다. 한편 신탁법상의 채권자취소권의 행사 및 그 효과와 관련하여 신탁법 제8조 제1항에서는 민법상의 채권자취소권(민법 제406조)에 의한다고 규정하고 있다. 따라서 채권자취소권에 관한 민법의 내용은 사해신탁의 경우에도 대부분 적용된다. 이는 신탁법 제8조를 이해하기 위해서는 민법 제406조상의 채권자취소권에 대한 지식이 어느 정도 전제되어야 한다는 것을 의미한다. 사해신탁에 관한 신탁법 제8조는 신탁의 구조적 특성을 고려하여 민법상의 채권자취소권에 대하여 몇 가지 특칙을 가한 규범이라고 할 수 있다. 이러한 이해를 바탕으로 사해신탁의 요건과 효과를 살펴보도록 한다.

자에게 농지를 이전하는 것은 애당초 불가능하다.

(2) 위탁자에 관한 요건

위탁자에 관한 요건에는 객관적 요건과 주관적 요건이 있다. (i) **객관적 요건**에서는 다음 2가지 내용이 있다. 첫째, **위탁자가 채무자일 것**, 즉 피보전금전채권의 존재 또는 존재가능성이 있어야 한다. 피보전채권의 산정 시기는 사해신탁을 설정한 때를 기준으로 한다. 그러나 지연이자는 사실심변론 종결 시까지 계산된다. 둘째, **위탁자(채무자)의 소극재산이 적극재산보다 많아지거나 심화될 것**, 즉 책임재산이 감소되어야 한다. (ii) **주관적 요건**에서는 **위탁자의 사해의사**의 존재가 요구된다. 즉 당해 신탁설정으로 인하여 채권자의 채권을 완전하게 만족할 수 없게 된다는 사실에 대한 인식을 요한다. 사해성의 유무는 개별적으로 판단한다. 보통 채무자가 유일한 재산을 처분한 경우에는 사해의사가 추정된다.[34] 그러나 반드시 항상 그런 것은 아니다. 유일한 부동산을 신탁하여 운용수익을 내는 것이 재산증식에 유익하다는 판단 하에 신탁을 설정한 사안에서 판례는 사해신탁에 해당하지 않는다고 판시한 적이 있다.[35] 결국 사해성 유무에 대한 판단은 각각의 사안에서 전체적 사정을 종합적으로 살피어 판단할 필요가 있다.

(3) 수탁자에 관한 요건

수탁자는 신탁재산을 이전 받은 자다. 그러나 수탁자는 신탁재산으로부터 수익하지 못한다. 그는 오로지 관리자적 지위에 있기 때문이다. 그렇다면 수탁자의 선의 또는 악의는 위탁자의 채권

---

34 대판 2000.9.29. 선고 2000다3262.

35 대판 2003.12.12. 선고 2001다57884.

자의 취소권 행사로부터 아무런 영향도 받지 않는다고 볼 수 있다. 왜냐하면 위탁자의 채권자가 신탁을 취소하고 신탁재산을 회복하더라도 수탁자가 손해를 보는 것은 아니기 때문이다.[36] 나아가 만일 취소권을 부정할 경우 채무자인 위탁자는 선의수탁자를 이용하여 사해신탁을 남용할 위험이 있다. 이 경우에 수탁자를 보호함으로써 오는 이익보다 위탁자의 채권자에게 가해지는 손해가 더욱 크다. 따라서 신탁법은 제8조에서 수탁자가 선의이더라도 채권자는 신탁을 취소할 수 있도록 규정하고 있는 것이다. 요컨대 **수탁자가 선의이든 악의이든지 간에 위탁자의 채권자는 당해 사해신탁을 취소할 수 있다.**[37] 그러나 후술하듯이, **수탁자의 선의 여부에 따라서 그의 수중에 남은 신탁재산의 반환범위에는 차이**가 있다.

(4) 수익자에 관한 요건

수익자는 수익권을 취득할 당시에[38] 위탁자의 사해의사에 대하여 알고 있어야 한다. 즉 수익자는 사해신탁에 대하여 악의일 것이 요구된다. 이처럼 위탁자의 사해행위에 대하여 수익자가 악

36 이중기 · 이영경, 신탁법(개정판), 삼우사(2022), 101면.

37 그러나 아래 (4) 수익자에 관한 요건에서 보듯이, 수익자가 선의라면 수탁자가 악의라도 위탁자는 신탁을 취소할 수 없다. 결국은 수탁자가 위탁자의 사해의사를 아는지 여부는 전혀 중요하지 않다. 위탁자가 사해신탁을 취소할 수 있는지 여부는 위탁자의 사해의사에 대한 수익자의 선의 또는 악의에 달려 있다.

38 신탁이 효력을 발생하면 수익자로 지정된 자는 자동으로 수익권을 취득한다(신탁법 제56조 제1항 본문). 그러나 신탁이 효력을 발생하고 수익자가 수익권을 당연히 취득한다고 하더라도 이에 관한 통지를 받지 않으면 자신이 수익자인지 모르는 경우가 있다. 하물며 위탁자의 사해의사는 더 더욱 알 수 없다. 따라서 채권자를 해함을 알았는지 여부에 대한 판단기준은 비록 신탁법 제8조 제1항 단서가 '수익권을 취득할 당시'라고 규정하고 있지만, 입법론적으로 수익자가 신탁의 존재를 알게 된 시기, 즉 본인이 수익자라는 것을 안 때로 수정해야 한다는 견해가 있다(최수정, 신탁법(제2판), 박영사(2019), 220면). 타당한 견해이다.

의인 경우에만 위탁자(채무자)의 채권자는 신탁을 취소할 수 있다. 결국 **수익자가 위탁자의 사해목적을 알지 못한 선의라면 위탁자(채무자)의 채권자는 신탁을 취소할 수 없다**(신탁법 제8조 제1항 단서). 이는 선의의 수익자를 보호하기 위한 것이다. 한편 앞에서 우리는 수탁자의 선의와 악의는 위탁자의 채권자가 채권자취소권을 행사하는 데 영향이 없다고 하였다. 그렇다면 위탁자의 사해목적에 대해 수탁자는 악의이지만 수익자가 이에 대하여 선의인 경우에는 어떠한가? 이 경우에 위탁자의 채권자가 수탁자에 대하여 신탁을 취소할 수 있다고 한다면 수익자는 비록 선의더라도 그의 수익권을 잃게 된다. 왜냐하면 수익자의 수익권은 신탁에 기초하고 있기 때문이다. 이는 제8조 제1항 단서가 선의수익자를 보호하고자 하는 취지에 어긋난다. 따라서 다음과 같이 해석함이 옳다. 즉 (i) 수익자가 위탁자의 사해의사에 대하여 악의인 경우에는 수탁자의 선의·악의를 불문하고 위탁자의 채권자는 수탁자와 수익자 중 1인 또는 양자 모두를 상대로 취소권을 행사할 수 있다. (ii) 수익자가 선의일 경우에는 수탁자의 선의·악의를 불문하고 위탁자의 채권자는 신탁을 취소할 수 없다.[39] 한편 (iii) 수익자가 여러 명일 때 그 중 일부만이 위탁자의 사해의사에 대해 악의라면 위탁자의 채권자는 이들 악의의 수익자만을 상대로 취소권을 행사할 수 있다

39 입법론 차원에서 다음과 같이 생각해 볼 수 있다. 선의 수익자라 하더라도 그 수익자가 수익권 취득과 관련하여 위탁자와의 일정한 원인관계에서 아무런 대가를 지급한 경우가 아니라면(즉 무상수익자라면) 위탁자의 채권자에게 취소권을 부여하는 것이다. **현행법 하에서 위탁자는 선의의 무상수익자를 내세워 집행면탈의 목적을 쉽게 달성할 수 있다.** 이는 분명 방지되어야 한다. 무상수익자로서는 그가 받은 이익이 현존하는 범위 내에서 원상회복의무를 부담하도록 하면 그만이다. 무상으로 받은 것이므로 이를 반환한다고 하여 수익자에게 손해가 발생하는 것도 아니다.

(신탁법 제8조 제2항). 이 경우에는 선의의 수익자와 악의의 수익자가 공존한다. 이때에도 선의의 수익자를 보호하기 위하여 당해 신탁은 여전히 존속시킬 실익이 있다. 따라서 위탁자의 채권자는 선의의 수익자 및 수탁자(선의와 악의 불문)를 상대로는 취소할 수 없다. 이는 당해 법문에서 '악의의 수익자만을 상대로'라고 규정한 이유이기도 하다.

(5) 취소권의 행사와 효과

신탁법 제8조 제1항은 민법 제406조 제1항을 준용하고 있다. 즉 위탁자의 취소권은 재판(즉 소송)을 통해서만 행사할 수 있다. 민법상 채권자취소권의 행사는 **상대적 효력**만 갖는다.[40] 앞에서 수익자에 관한 요건 마지막 부분에서 우리는 수익자가 위탁자의 사해의사에 대하여 악의인 경우에는 수탁자의 선의 · 악의를 불문하고 위탁자의 채권자는 수탁자와 수익자 중 1인 또는 양자 모두를 상대로 취소권을 행사할 수 있다고 하였다. 이처럼 위탁자의 채권자는 수탁자와 수익자 중 1인에 대해서만 혹은 양자 모두에 대해서 취소권을 행사할 수 있다. 채권자취소권의 상대적 효력에 따라서 그 결과 또한 위탁자가 취소권을 행사한 상대방과의 관계에서 개별적으로 발생한다. 쉽게 말해서 수탁자에 대한 취소권의 행사는 수탁자와의 관계에서만 발생하며, 수익자에 대한 취소권의 행사는 수익자와의 관계에서만 발생한다. 한편 채권자취소소송의 법적 성격은 형성의 소이다. 그러므로 확정판결이 있어야 비로소 취소의 효과가 발생한다. 채권자취소소송 판결의 효력은 신탁을 취

40 대판 2014.6.12. 선고 2012다47548, 47555; 대판 2015.11.17. 선고 2012다2743.

소하는 것에 한정된다. 따라서 수탁자와 (또는) 수익자에 대하여 원상회복까지 요구하고 싶은 경우에는 **취소와 함께 원상회복**도 구하거나 별도로 원상회복의 소를 제기하여야 한다. 끝으로 위탁자의 채권자는 제척기간(민법 제406조 제2항)[41] 내에 채권자취소소송을 제기해야 한다. 즉 위탁자의 채권자는 사해신탁이 있은 날(효력이 발생한 날)로부터 5년, 사해신탁을 안 때로부터 1년 내에 사해신탁에 대한 취소소송을 제기해야 한다.

(6) 수탁자의 원상회복범위

한편 수탁자의 선의와 악의를 불문하고 위탁자의 채권자는 사해신탁을 취소하고 원상회복을 구할 수 있다. 하지만 수탁자가 선의인 경우에 자신이 애당초 받았던 신탁재산(또는 그 대체물) 전체를 반환하도록 하는 것은 부당하다. 따라서 우리 신탁법 제8조 제3항에서는 채권자로 하여금 선의의 수탁자에 대하여 현존하는 신탁재산의 범위 내에서만 원상회복을 청구할 수 있도록 규정하고 있다. 이 규정을 반대해석하면 악의의 수탁자는 현존하는 신탁재산뿐만 아니라 부족한 부분이 있을 경우 이에 대해서도 배상해야 한다는 것을 의미한다. 나아가 원상회복이 불가능하거나 현저히 어려운 경우에는 그 가액 상당을 반환하여야 한다.[42] 요컨대 **위탁**

41 신탁법은 제척기간에 관한 특별규정을 두고 있지 않다. 따라서 민법 제406조 제2항이 일반법으로서 적용된다. 이에 관한 대법원판례는 없다. 하지만 하급심판례는 있다. 즉 "…신탁법에 규정된 사해신탁도 민법상의 사해행위와 그 본질적인 성격을 같이한다 할 것이고, 또한 신탁법 제8조 민법 제406조 제1항에 대한 특칙의 형태로 규정되어 있는바, 제척기간에 대하여 이러한 특칙의 규정이 없는 이상 오히려 민법의 제척기간에 관한 규정이 당연히 적용된다고 해석함이 상당하다"(인천지판 2004.11.17 선고 2003가합13044).

42 대판 2007.7.12. 선고 2007다18218.

자의 사해의사에 관한 수탁자의 선의 또는 악의는 위탁자의 채권자가 취소권을 행사하는 데 있어서는 영향이 없으나 수탁자가 원상회복해야 하는 범위에는 영향을 미친다.

(7) 수탁자와 거래한 제3자에 대한 효과

마지막으로 신탁이 취소되어 신탁재산이 원상회복된 경우 위탁자는 취소된 신탁과 관련하여 그 신탁의 수탁자와 거래한 선의의 제3자에 대하여 원상회복된 신탁재산의 한도 내에서 책임을 진다(신탁법 제8조 제4항). 예컨대 위탁자 갑이 사해신탁의 설정을 통해 X부동산을 수탁자 을에게 이전한 후 위탁자의 채권자 병이 이를 취소하기 전에 수탁자 을이 신탁사무처리의 일환으로 제3자 정과 X부동산에 관한 임대차계약만을 체결한 상태에 있다고 가정하자. 만일 그 후에 병이 사해신탁을 취소하고 X부동산을 원상회복하였다면 수탁자 을과 제3자 정의 임대차계약은 (법률상의) 이행불능이 된다. 당해 신탁이 취소로 인해 소급적으로 무효가 되었기 때문이다. 그러나 이는 애당초 위탁자의 사해신탁의 설정에서 비롯된 것이고 현재 비록 신탁은 취소되었으나 X부동산은 위탁자에게 회복되었다. 따라서 거래상대방인 제3자 정의 이익을 보호하기 위하여 신탁법은 위탁자 갑으로 하여금 X부동산의 가액을 한도로 해서 정에게 손해배상책임을 부담하도록 하는 것이다. 한편 여기서 **제3자의 범위**에는 신탁재산을(예컨대 우리의 예에서는 X부동산의 소유권) **전득한 제3자(즉 부동산의 양수인)는 포함되지 않음**에 유의할 필요가 있다. 왜냐하면 사해신탁을 규정하는 신탁법 제8조에서는 취소권을 행사할 수 있는 상대방으로서 수탁자 또는 수익자만을 상정하고 있기 때문이다. 그 결과 위탁자의 채권자가 X부동산을 회복하고자 전득자를 상대로 위탁자와 수탁자 사이의 법률행위를 취소하기 위해서는 신탁법 제8조 대신에 민법상의 채권자취소권(민법 제406조)을 원용할 필요가 있다. 왜냐하면 민법상 채권자취소권은 전득자를 상대로도 행사할 수 있기 때문이다.

(8) 수익자에 대한 수익권양도청구권

신탁법 제8조 제5항에 따르면 위탁자의 채권자는 악의의 수익자에게 그가 취득한 수익권을 위탁자에게 양도할 것을 청구할 수 있다. 수익권이 위탁자에게 귀속되면 채권자들이 집행할 수 있는 책임재산이 되기 때문이다. 일단 사해신탁이 전제되기 때문에 앞에서 언급된 요건들은 그대로 적용된다. 단지 위탁자의 채권자에게는 악의수익자에 대해 사해신탁을 취소(및 원상회복)할 권리 이외에 수익권의 양도청구라는 선택도 주어지는 것이다. 한편 수익권의 양도청구는 신탁의 존재를 전제한다. 따라서 신탁이 취소되면 양도를 청구할 수 있는 수익권도 함께 소멸한다는 것을 의미한다. 따라서 **채권자가 수익권의 양도청구를 행사하기 위해서는 수탁자에게 사해신탁에 대한 취소권을 행사하지 않아야 한다. 그다음 채권자는 수익자에게 취소권 또는 양도청구 중 하나를 선택하여 행사하**면 된다. 양자를 동시에 행사할 수는 없다. 수익자와의 관계에서 신탁을 취소하면 양도할 수익권도 소멸하기 때문이다. 따라서 채권자로서는 이 2가지 구제수단을 비교하여 자신에게 유리한 것을 선택하면 된다. 다시 말해서 채권자는 수익자가 이미 수령한 이익의 가치와 수익자가 수익권에 기초하여 장차 받을 이익의 가치를 비교하여 더 큰 쪽으로 선택하면 된다. 수익자가 아직 수령한 이익이 없다면 후자의 가치만 고려하면 된다. 마지막으로 제8조 제5

항 제2문은 민법 제406조 제2항을 준용하고 있다. 따라서 채권자의 수익권양도청구권은 채권자가 사해신탁을 안 날로부터 1년, 사해신탁이 있는 날로부터 5년 내에 행사하여야 한다.[43]

(9) 공모, 교사 그리고 방조한 자의 책임

위탁자의 채권자는 사해신탁에 대한 취소권뿐만 아니라 위탁자의 사해신탁을 함께 공모, 교사 또는 방조한 자에 대한 손배배상청구권도 부여받고 있다. 즉 사해신탁의 경우에 위탁자와 사해신탁을 공모하거나 위탁자에게 사해신탁의 설정을 교사 내지 방조한 수익자 또는 수탁자는 위탁자와 연대하여 이로 인하여 채권자가 받은 손해를 배상할 책임이 있다고 규정하고 있다(신탁법 제8조 제6항).

(ㅁ) 수탁자가 유일한 수익자인 경우

신탁은 수탁자로 하여금 수익자를 위하여 신탁재산을 운용하도록 하는 제도이다. 그런데 그 수익자가 동시에 수탁자일 경우에는 이상한 결론에 이를 수 있다. 왜냐하면 이 경우에 수탁자는 자신의 이익을 위하여 신탁재산을 운용해야 한다는 결과가 되기 때문이다. 이는 사실상 위탁자가 수탁자에게 재산을 증여한 것과 다

43 신탁법 제8조 제5항 법문에서는 수익권양도청구를 재판상 행사해야 하는가에 대해 침묵하고 있다. 생각건대 제8조 제1항 본문에서 규정하는 취소권과의 균형을 고려하면 수익권양도청구권 역시 재판상 행사해야 하는 것으로 보는 것이 옳다. 한편 재판 외(즉 소송에 의하지 않고)에서도 행사가 가능하다는 주장으로는 김태진, “사해신탁취소권에 관한 개정 신탁법의 해석과 재구성”, 선진상사법률연구 제59호 (2012), 205면.

르지 않다. 따라서 신탁을 인정할 실익이 전혀 없다. 한 가지 예외가 바로 수탁자가 유일한 수익자가 아닌 경우이다. 수탁자가 여러 수익자 중의 1인인 경우에는 타 수익자를 위한 부분이 있기 때문에 여전히 신탁으로서 인정할 실익이 있다. 한편 수탁자가 수익자 중의 1인인 경우라고 하더라도 수탁자가 수익할 시점에 타 수익자를 위한 부분이 없다면 그 신탁은 효력이 없다. 예컨대 위탁자가 유언대용신탁을 설정하면서 생전에는 위탁자 자신을 수익자로 정하였으나 자신이 사망한 후에는 수탁자를 유일한 수익자로 정한 경우에는 비록 수탁자가 공동수익자 중의 1인이라 하더라도 당해 신탁은 무효이다.[44] 왜냐하면 위탁자가 사망한 후에는 (i) 수탁자가 유일한 수익자로서 신탁의 이익을 전부 누리게 되어 신탁을 인정할 실익이 없고, 나아가 (ii) 타 수익자를 위한 부분이 없기 때문에 신탁을 존속시킬 필요성이 없어진다. 요컨대 **수탁자가 유일한 수익자일 경우에 당해 신탁은 무효이다. 그러나 수탁자가 수익자 중의 1인이면서 타 수익자의 이익을 위한 부분이 여전히 잔존하는 경우에는 유효하다.** 우리 신탁법의 제1장 총칙 편에서는 이에 관한 규정을 두고 있지 않다. 이는 일반적으로 동법 제36조에서 규율한다고 보고 있지만 타당하지 않다. 이에 관하여는 수탁자의 이익향수금지의무를 논할 때 다시 검토한다.[45]

44 이는 우리 대법원 부동산등기과의 입장이기도 하다. 이에 관하여는 부동산등기선례 제201808－4호 참조.

45 제6장인 '육. 재산운용'의 나.(ㄹ) 참조.

【소 결】 이상 계약신탁, 유언신탁, 그리고 자기신탁의 설정 및 효력발생, 나아가 신탁의 무효와 취소 사유에 대해서 살펴보았다. 특히 계약신탁의 경우에 그 효력발생 시점을 두고 신탁법이 아직도 명확하게 규정하고 있지 않다. **신탁의 효력을 발생할 것인가 말 것인가 그것이 문제로다.** 그러나 **계약신탁은 위탁자와 수탁자 간의 합의(수탁자가 신탁업자일 경우에는 서면합의)로 성립되고 효력을 발생**한다고 보는 것이 간단 · 명료할 뿐만 아니라 계약법의 기본원칙과 신탁실무의 관행에도 부합한다. 한편 유언신탁은 유언자가 유언을 할 때 성립되고 그가 사망할 때 효력을 발생한다. 자기신탁은 신탁설정에 관한 선언서의 작성 시에 성립되고 공증 시에 효력을 발생한다. 유언신탁과 달리, **계약신탁과 자기신탁의 경우**에는 위탁자가 생존하는 동안에 신탁의 효력이 발생하기 때문에 이를 **생전신탁**이라고 한다. 만일 사해목적으로 신탁이 취소되거나 기타 무효사유가 없다면 신탁은 이제 본격적으로 가동을 시작하게 된다. 신탁의 공장이 세워지는 순간이다. 이제 가공할 재료가 신탁공장에 이송되어야 할 차례이다. 즉 위탁자의 재산처분이 필요하다는 것이다. 그러나 재산처분이 이루어진 이후에 위탁자의 지위는 어떠한가? 그는 여전히 신탁관계의 당사자인가? 다음 장에서 살펴보도록 한다.

사. 재산처분

재산을 떠나보낸 위탁자여,
아직 미련이 남았는가?

본 장의 체계적 위치

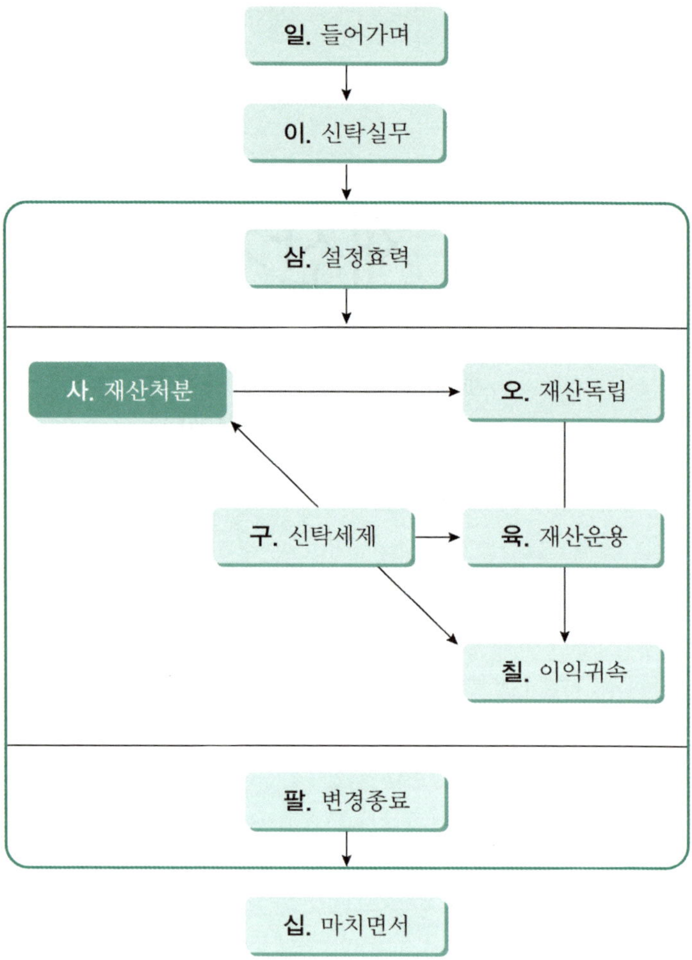
일. 들어가며
이. 신탁실무
삼. 설정효력
사. 재산처분
오. 재산독립
구. 신탁세제
육. 재산운용
칠. 이익귀속
팔. 변경종료
십. 마치면서

【개 요】 이 장에서는 재산을 처분한 위탁자를 중심으로 다음 3가지 내용을 다룬다: (i) 신탁의 당사자로서의 위탁자; (ii) 위탁자의 권리; (iii) 위탁자 권리의 제한, 이전 및 승계. 첫째, 위탁자가 신탁재산을 수탁자에게 처분한 후에 그의 지위는 어떠한가? 신탁재산은 수탁자가 보유하고 그로부터 발생하는 수익은 수익자가 취득한다. 신탁관계는 이제 수탁자와 수익자를 중심으로 이루어지는 법률관계라고 볼 수 있다. 따라서 특별한 경우(예컨대 일정한 권한을 유보한 경우)가 아니라면 위탁자가 재산을 수탁자에게 처분한 후에는 신탁관계와 관련이 없다고 생각할 수도 있다. 그렇다면 첫째, 우리 신탁법 하에서 위탁자가 신탁을 설정하기 위해 자신의 재산을 품에서 떠나보냈음에도 불구하고 신탁의 당사자로서의 지위를 갖는지 여부를 묻지 않을 수 없다. 둘째, 만일 위탁자가 신탁의 당사자라면 그가 누리는 권리의 내용은 무엇이며, 셋째, 위탁자의 권리는 제한, 이전 또는 승계될 수 있는 성질의 것인지가 문제된다. 요컨대 이 장의 학습효과로서 다음 3가지 질문에 대한 답을 얻게 된다. 즉 (i) 신탁을 설정한 후 위탁자는 여전히 당해 신탁의 당사자인가? (ii) 만일 그렇다면 위탁자는 어떠한 권리를 갖는가? (iii) 위탁자의 지위(즉 권리들은)는 제한, 이전, 그리고 승계될 수 있는가?

가. 신탁의 당사자로서 위탁자

앞에서 살펴보았듯이 우리 신탁법 하에서 신탁관계는 (i) 위탁자와 수탁자 사이의 신탁계약의 체결(즉 계약신탁), (ii) 위탁자가 자신을 수탁자로 돌리는 신탁의 선언(즉 자기신탁), 그리고 (iii) 위탁자의 유언(즉 유언신탁)을 통해 성립될 수 있다.[1] 이처럼 신탁관계는 일반적으로 위탁자의 신탁행위로부터 시작한다.[2] 따라서 위탁자는 신탁관계의 당사자라고 할 수 있다. 이는 너무 당연한 것처럼 보인다. 그러나 위탁자의 당사자적 지위는 유언신탁과 자기선언신탁의 경우 큰 의미를 갖지 못한다. 왜냐하면 유언신탁은 위탁자의 사망에 의하여 효력을 발생하고 자기신탁은 공증에 의하여 그 효력을 발생하는데, 전자의 경우 위탁자는 이미 사망한 상태이고 후자의 경우 위탁자는 이미 수탁자가 되었기 때문이다. 다시 말해서 이 두 경우에는 신탁이 효력을 발생하는 순간 위탁자는 더 이상 존재하지 않게 된다.[3] 따라서 신탁의 효력이 발생한 이후에 위탁자의 당사자적 지위가 주로 문제가 되는 경우는 계약신탁에서이다. 계약신탁의 경우 위탁자는 수탁자에게 신탁재산을 이전해야

1 신탁관계가 종료할 때에 예외적으로 법률의 규정에 의해 법정신탁이 성립될 수 있다. 이에 관하여는 제8장인 '팔. 변경종료'에서 살펴본다.

2 신탁행위도 법률행위이다. 따라서 위탁자에게는 의사능력과 행위능력이 있어야 한다. 단 만17세에 달하면 유언을 남길 수 있으므로(민법 제1061조), 유언신탁은 이 때부터 설정할 수 있다. 한편 고령자가 계약신탁을 설정할 경우에는 자신의 정신적 건강상태가 정상임을 확인하는 증거(예컨대 의사의 소견서, 후견등기사항부존재증명서, 체약과정의 녹화기록 등)를 남기는 것이 좋다. 신탁내용에 불만을 가진 수익자(예컨대 자녀)가 위탁자(즉 부모)의 정신적 건강상태를 문제 삼아 신탁자체의 효력을 다툴 수 있기 때문이다.

3 유언신탁의 경우에 위탁자의 지위를 그의 상속인이 상속하는지 여부가 문제되는데, 이에 대하여는 아래의 다.(ㄷ)에서 다룬다.

할 의무를 부담한다.[4] 이로써 재산은 위탁자로부터 이탈하고 수탁자에게 귀속된다. 그 후의 주된 이해관계인은 신탁재산을 보유 및 운용하는 수탁자와 그로부터 수익을 얻는 수익자가 된다. 하지만 **재산의 운용과 투자를 맡긴 위탁자로서도 당해 신탁이 계약내용대로 진행되고 있는지 여부를 살피고 싶을 것이다. 따라서 우리 신탁법은 위탁자에게 일정한 관리 · 감독권을 부여**하고 있다.

나. 위탁자의 권리

위탁자는 신탁법 하에서 어떠한 권리를 가지고 있는가? 위탁자에게 신탁법은 다음과 같은 권리를 부여하고 있다: (i) 수탁자 사임에 대한 동의권(신탁법 제14조 제1항); (ii) 수탁자의 해임에 대한 동의권 및 해임청구권(신탁법 제16조 제1항, 제3항); (iii) 신수탁자의 선임에 대한 동의권 및 선임청구권(신탁법 제21조 제1－3항); (iv) 신탁재산의 강제집행 등에 대한 이의권(신탁법 제22조 제2－3항); (v) 서류의 열람 · 복사권 및 신탁사무의 처리 및 계산에 관한 설명요구권(신탁법 제40조 제1항); (vi) 수탁자의 신탁위반행위에 대한 원상회복 등의 청구권(신탁법 제43조); (vii) 수탁자의 보수변경청구권(신탁법 제47조 제3항); (viii) 신탁의 변경에 대한 동의권 및 변경청구권(신탁법 제88조 제1항 및 제3항); (ix) 신탁의 합병 및 분할에 대한 승인권(신탁법 제91조 제2항, 제95조 제2항); (x) 신탁의 종료에 대한 동의권 및 종료명령청구권(신탁법 제99조 제

4 대판 1998.4.24. 선고 97다58644.

1-2항, 제100조); (xi) 신탁종료 시 잔여재산의 귀속권(신탁법 제101조 제2-3항).[5]

여기 (i)부터 (x)까지의 권리는 재산적 권리가 아니다. 이들은 신탁의 감독과 관련된 권리들이다. 따라서 위탁자의 채권자는 이들 권리를 대상으로 채권자대위권(민법 제405조)을 행사할 수 없다. 그러나 (xi)에서 다루는 것은 위탁자가 잔여재산에 대해 갖는 재산적 성질의 권리이다. 후술하듯이 신탁이 종료되면 법률에서 잔여재산이 귀속될 자를 수익자로 하는 법정신탁이 설정된다(신탁법 제101조 제4항). 이때 잔여재산이 귀속될 자가 위탁자인 경우가 있다(신탁법 제101조 제2항 및 제3항). 이 경우 위탁자였던 자는 이제 법정신탁의 수익자로서 수익권을 가지게 된다. 이는 재산권이기 때문에 위탁자의 채권자는 이에 대해서 채권자대위권을 행사할 수 있다.

5 그밖에 위탁자는 언제든지 신탁행위를 통하여 신탁재산의 운용에 관한 지시권한을 유보할 수 있다. 예컨대 유언대용신탁에서 위탁자는 수탁자에게 신탁재산을 이전한 이후에도 자신의 생전에는 신탁재산의 운용방향에 대하여 일정한 권한을 유보하겠다는 신탁조항을 넣는 경우를 들 수 있다. 위탁자의 이러한 지시권한이 법에서 정해진 경우도 있다. 예컨대 집합투자업자(자산운용사)의 운용지시권한(자본시장법 제9조 제18항 제1호) 또는 특정금전신탁에서 위탁자의 운용지시권한(자본시장법 시행령 제103조 제1호)이 그것들이다.

다. 위탁자 권리의 제한, 이전 및 승계

(ㄱ) 위탁자 권리의 제한

위탁자는 신탁행위를 통하여 신탁법에 따른 위탁자의 권리의 전부 또는 일부를 갖지 아니한다는 뜻을 정할 수 있다(신탁법 제9조 제1항). 따라서 앞의 11가지 위탁자의 권리는 신탁행위를 통해서 그 전부 또는 일부를 신탁관계에서 제외할 수 있다. 그러나 목적신탁의 경우에는 별도의 수익자가 없으므로 수탁자를 감독하는데 어려움이 발생한다. 따라서 신탁법에서 부여한 위탁자의 권리는 목적신탁의 경우에는 이를 신탁행위로 제한할 수 없도록 규정하고 있다(신탁법 제9조 제2항). 이는 위탁자가 생존하는 동안에 목적신탁을 감독할 수 있도록 하기 위한 것이다.[6]

(ㄴ) 위탁자 지위의 이전

위탁자의 지위는 이전할 수 있다. 우선 1차적으로는 위탁자는 신탁행위에서 정한 방법에 따라서 위탁자의 지위를 이전할 수 있다(신탁법 제10조 제1항). 만일 신탁행위에서 이에 관하여 아무런 정함이 없다면 2차적으로 위탁자는 수탁자와 수익자의 동의에 의해서(신탁법 제10조 제2항 전단) 제3자에게 위탁자의 지위를 이전할 수 있다.[7] 이때 위탁자가 여럿 있는 경우에는 타 위탁자의 동의까

6 위탁자가 사망한 후에 그 효력을 발생하는 목적신탁은 신탁관리인이 당해 신탁을 관리한다. 신탁관리인에 관하여는 제7장인 '칠. 이익귀속'의 나.(ㅅ) 참조.

7 예컨대 담보신탁에서 채무자인 위탁자가 제3자에게 채무를 이전하면서 위탁자의

지 받을 필요가 있다(신탁법 제10조 제2항 후단).

(ㄷ) 위탁자 지위의 승계

(1) 유언신탁

위탁자의 지위는 그가 사망할 경우에 그의 상속인에게 승계되는가? 신탁법은 유언신탁의 경우에 있어서 위탁자의 상속인은 위탁자의 지위를 승계하지 않는다고 규정하고 있다(신탁법 제10조 제3항 본문). 단 위탁자는 신탁행위로 이를 달리 정할 수 있도록 하고 있다(신탁법 제10조 제3항 단서). 위탁자가 사망할 때 원칙적으로 승계를 부정하는 이유는 위탁자의 상속인과 신탁의 수익자 사이에 이해관계가 대립되기 때문이다. 예컨대 위탁자 갑이 친구 병을 수익자로 하는 유언신탁을 설정하고 사망하였는데 갑에게는 자식 을이 있다고 하자. 상속재산은 일단 을에게 귀속된다. 을은 유언신탁의 취지에 따라서 수탁자에게 연락하고 자신이 상속한 재산 중 신탁재산인 부분을 수탁자에게 이전해야 한다. 그런데 만일 위탁자의 상속인 을이 위탁자 갑의 지위도 함께 승계한다고 보면 상속을 더 받지 못한 데 대한 불만의 표시로 위탁자로서 가지고 있는 권한을 남용할 가능성이 크다. 즉 위탁자가 가지는 권한을 이용하여 수탁자의 원활한 신탁운용을 방해할 수 있다는 것이다. 따라서 신탁법은 유언신탁의 경우에 원칙적으로 위탁자의 지위가 상속인에게 승계되지 않도록 정한 것이다. 그렇다면 유언신탁이 아니라 계약신탁 또는 자기신탁인 경우에는 어떠한가? 항을 바꾸어 살펴보

지위도 함께 이전하는 경우.

도록 하자.

(2) 계약신탁과 자기신탁

우선 계약신탁의 경우를 살펴본다. 예컨대 위탁자 갑이 수탁자와의 사이에서 위탁자의 친구 병을 수익자로 하는 계약신탁을 설정하고 운용하는 과정에서 자식 을을 남기고 사망하였다고 하자. 이때 과연 위탁자였던 갑의 지위를 상속인 을이 승계하는가 하는 것이다. 그다음으로 자기신탁의 예로서 위탁자 갑이 스스로 수탁자가 되어 친구 병을 수익자로 하는 자기신탁을 설정하고 그 신탁을 운용하는 과정에서 자녀 을을 남기고 사망하였다고 가정하자. 이때 과연 위탁자의 자녀 을이 아버지 갑의 위탁자적 지위를 승계하는가 하는 것이다. 신탁법은 이 문제에 대해 침묵하고 있다. 생각건대 위탁자의 권리와 관련하여 앞에서 언급된 (i)부터 (x)까지의 권리와 (xi)의 권리를 나누어 검토해야 한다. 우선 앞서 (xi)에서 언급한 권리를 살펴보자. 결론적으로 말해서 앞서 (xi)에서 언급한 권리는 위탁자 지위의 승계문제와 상관이 없다. 왜냐하면 잔여재산귀속의 문제는 신탁이 종료하여야 발생하는 문제이고 신탁법 제101조 제2항과 제3항에서는 신탁의 종료 이후의 잔여재산이 귀속될 자를 명확하게 규정하고 있기 때문이다. 다시 말해서 위탁자의 상속인과 기존 신탁의 수익자와의 이해관계가 충돌하는 문제는 발생하지 않는다.

문제가 되는 것은 신탁을 관리 · 감독하는 권리들이다. 생각건대 신탁을 관리 · 감독하는 위탁자의 권리는 원칙적으로 상속인에게 포괄승계 될 수는 없고 예외적인 경우에만 가능하다고 해야 한다. 그 이유는 다음과 같다. 즉 (i) 우선 만일 위탁자의 상속인이 아직 미성년자일 경우 수탁자를 적절하게 관리 · 감독할 수 있을지 의문이다. 그의 법정대리인이 하면 되지 않는가라는 생각을 해볼 수 있지만 신탁행위에서 별도로 정함 없이 이를 인정하는 것은 위탁자의 생전의 의도와 거리가 멀다. (ii) 한편 위탁자의 상속인이 성인이라 하더라도 그가 위탁자(즉 부모)가 의도한 당해 신탁의 취지와 전체 맥락을 파악하여 제대로 관리 · 감독할 수 있을지 의문이다. (iii) 무엇보다 자신의 사망 후 신탁에 대한 관리 · 감독이 걱정되는 위탁자는 보통 신탁행위를 통해 자식이나 제3자에게 관리 · 감독권의 승계를 미리 설계해 놓을 것이다. 따라서 굳이 상속인으로 하여금 당연히 위탁자의 관리 · 감독권을 포괄적으로 승계하도록 할 필요와 실익이 없다. 마지막으로 (iv) 만일 상속인이 동시에 수익자일 경우 애매한 상황이 발생한다. 예컨대 위탁자의 상속인이 하나뿐인 자녀인데 그가 원래 수익자인 경우 또는 어머니와 자식이 공동상속인이지만 이들 중 한 명만이 수익자인 경우를 살펴보자. 이때 위탁자의 사망으로 신탁을 관리 · 감독할 권리가 그의 상속인에게 승계된다고 하면 다음 결론에 이르게 된다. 전자의 경우 상속인이 위탁자인 동시에 수익자가 되어버려 위탁자적 지위에서 누리는 관리 · 감독권은 사실상 아무런 실익을 갖지 못한다. 후자의 경우에 관리 · 감독권은 공동상속권자인 어머니와 자녀에게 공동으로 포괄승계하므로 이를 함께 행사해야 한다. 하지만 현실적으로 이해관계가 대립하여 의견이 충돌하는 경우가 많을 것이다.

요컨대 계약신탁의 경우 포괄승계를 인정할 현실적 필요성도 없고 그 정당성도 결여된다. 사정이 이러하다면, 계약신탁과 자기신탁에서 위탁자가 신탁의 효력이 발생한 이후에 사망하였다면, 위탁자가 사망하였다는 공통적 전제사실이 있으므로 유언신탁에 관한 신탁법 제10조 제3항을 유추적용함이 타당하다. 그리고 이렇게 해석하는 것이 이론과 실무 차원에서도 보다 간단 · 명료할 것으로 생각된다. 요컨대 계약신탁에서 위탁자가 사망할 경우에 원칙적으로 신탁에 대한 관리 · 감독권은 그의 상속인에게 포괄승계되지 않는다고 하여야 한다. 이 경우 당해 신탁관계는 오로지 수탁자와 수익자만 남은 상태로 존속하게 된다. 그러나 위탁자가 신탁행위로 사전에 제3자(자녀 포함)에게 그의 관리 · 감독권을 승계하겠다고 정하는 것은 얼마든지 가능하다.[8]

8 신탁에 대한 관리 · 감독권은 일신전속적인 권리가 아니므로 제3자를 통해서도 행사될 수 있다.

【소 결】 이상으로 신탁의 당사자인 위탁자가 가지는 권리의 내용 그리고 그 권리의 제한, 이전 및 승계에 대해서 살펴보았다. 위탁자는 일정한 목적을 위해서 수탁자를 선임하고 그가 관리하는 신탁공장으로 재산을 보낸 자이다. 수탁자는 이제 수익자를 위하여 당해 재산을 가공하여 다양한 수익권 제품을 설계 · 생산한다. 그렇다면 위탁자의 재산처분 이후에는 수탁자와 수익자 사이의 법률관계만이 남게 된다. 그러나 **우리 신탁법은 재산을 품에서 떠나보낸 위탁자의 미련을 적극 품어주고 있다. 즉 재산을 처분한 이후에도 위탁자에게 신탁을 감독할 수 있는 권한을 부여해 줌으로써 말이다**. 한편 위탁자가 처분한 재산은 수탁자에게 귀속되는데 여기서 우리는 한 가지 의문을 가지지 않을 수 없다. 아무리 수익권을 통해 신탁재산의 가치의 분배를 설계 내지 통제할 수 있다고 하더라도 도대체 누가 자신의 재산인 부동산과 금전 등을 기꺼이 타인에게 이전하겠는가 하는 것이다. 누구든 자신의 재산이 수탁자에게 이전되어 수탁자의 재산이 되기를 꺼려할 것이다. 그렇다면 방법은 하나, 바로 수탁자에게 귀속시키면서도 신탁재산을 수탁자의 고유재산의 일부로 보지 않는 것이다. 신탁법은 이 역설적인 결과를 실현해 주고 있다 — 이른바 신탁재산의 독립성원칙을 통해서 말이다. **이처럼 (수탁자에게 속한다고 하면서 그의 고유재산이 아니라는) 모순된 듯하고 이율배반적인 신탁재산의 독립성원칙은 아이러니하게도 신탁제도가 많은 위탁자를 유혹하는 매력**이 되었다. 이제 우리도 다음 장에서 그 매력에 빠져보기로 한다.

오. 재산독립

신탁재산, 독립을 매혹적으로 외치다

본 장의 체계적 위치

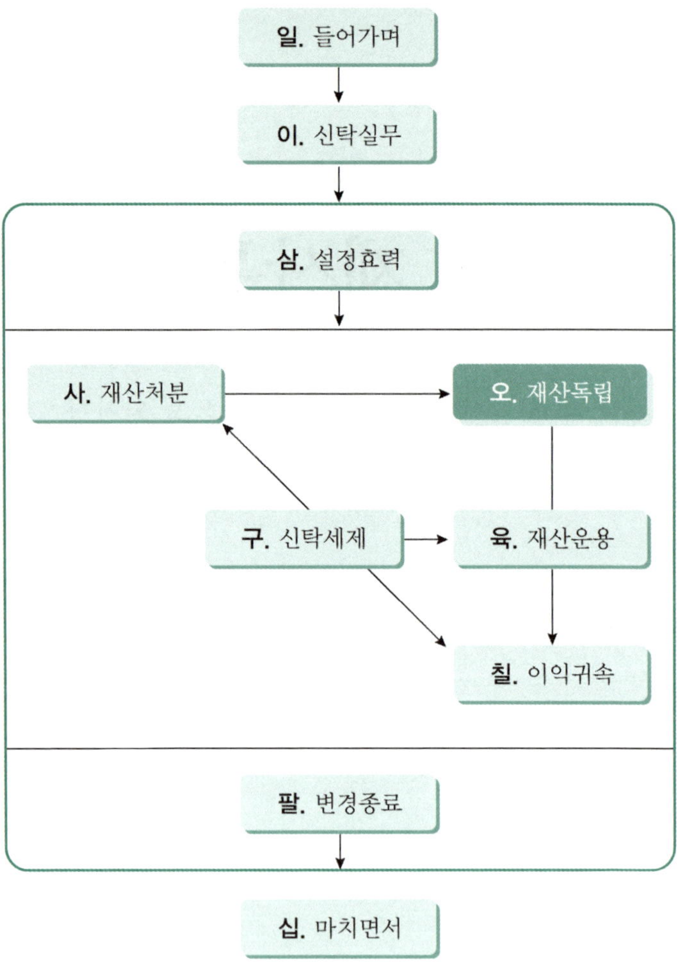

일. 들어가며
이. 신탁실무
삼. 설정효력
사. 재산처분
오. 재산독립
구. 신탁세제
육. 재산운용
칠. 이익귀속
팔. 변경종료
십. 마치면서

【개 요】 이 장에서는 신탁재산에 관한 다음 3가지 내용을 다룬다: (i) 신탁재산이 되기 위한 요건; (ii) 신탁재산의 공시; (iii) 신탁재산의 독립성원칙. 첫째, 신탁은 재산을 관리, 운용 그리고 투자하는 수단이기 때문에 이러한 목적에 적합한 재산일 필요가 있다. 따라서 신탁재산이 되기 위해서는 일정한 요건을 충족하여야 한다. 둘째, 신탁재산이 될 경우 신탁법에서는 '독립성'이라는 것을 부여한다. 즉 비록 신탁재산이 수탁자에게 귀속되어 있지만, 위탁자가 설정한 신탁의 목적을 달성하기 위해서 수탁자의 고유재산과는 구별되는 별개의 재산체로 다룬다는 것이다. 쉽게 말해서 수탁자 품에는 개인의 고유재산체가 하나 있고 그와 별개로 신탁목적을 위한 독립재산체가 또 하나 있다는 것이다. 이를 신탁재산의 독립성원칙이라 한다. 신탁법에서는 이 원칙 아래 여러 장치를 두어 신탁재산을 보호하고 있다. 셋째, 신탁재산이 이처럼 수탁자에게 귀속되어 있으면서도 그의 고유재산으로 취급되지 않은 채 보호를 받고 있는데, 이 때문에 신탁재산에 대해서는 대외적인 공시가 필요하게 된다. **요컨대 이 장의 학습효과로서 다음 3가지 질문에 대한 답을 얻게 된다. 즉 (i) 어떠한 재산이 신탁재산을 구성할 수 있는가? (ii) 신탁재산임을 공시하는 방법은 어떠한 것들이 있는가? (iii) 신탁재산의 독립성원칙은 무엇이며 신탁제도의 핵심을 이루는 이유는 무엇인가?**

가. 신탁재산이 되기 위한 요건

(ㄱ) 경제적 가치가 있을 것

신탁은 수탁자가 일정한 **재산**을 관리 내지 운용하는 법률관계이다(신탁법 제2조). 따라서 신탁재산은 경제적 가치를 가져야 한다(채권, 소유권, 지적재산권 등). 기본적으로 시장에서 거래되는 모든 **재산권**은 신탁재산이 될 수 있다. **신분에 관한 권리**(예컨대 친권, 부권 등)는 금전적 가치로 환산될 수 있는 것이 아니므로 신탁재산이 될 수 없다. 그러나 **인격권**은 그 내용에 따라서는(예컨대 초상권) 거래대상이 될 수 있으므로 역시 신탁재산이 될 수 있다. 한편 수탁자가 신탁업자일 경우에는 **자본시장법 제103조 제1항** 각 호가 적용된다. 여기서는 신탁가능한 재산의 종류에 대하여 일정한 제한을 가하고 있다. 이 법 제103조 제1항은 다음과 같이 규정되어 있다. 즉 "신탁업자는 다음 각 호의 재산 외의 재산을 수탁할 수 없다. 1. 금전 2. 증권 3. 금전채권[1] 4. 동산 5. 부동산 6. 지상권, 전세권, 부동산임차권, 부동산소유권 이전등기청구권, 그밖의 부동산 관련 권리 7. 무체재산권(지식재산권을 포함한다). 신탁업자인 수탁자가 수탁할 수 있는 재산의 범위가 이처럼 넓기 때문에 시장에서 거래되는 재산의 대부분이 신탁재산이 될 수 있다고 해도

1 금전채권 중 생명보험의 보험금청구권에 대해서는 주의를 요한다. 우리 법무부 유권해석에 따르면 생명보험의 보험금청구권은 신탁재산이 될 수 없다. 그러나 학설은 일정한 경우에 이를 긍정한다. 자세한 것은, 한기정, "생명보험신탁의 법적 문제에 관한 고찰", 보험금융연구 제57권(2009) 79면 이하; 김상훈, "새로운 재산승계수단으로서의 보험금청구권신탁", 사법 제41호(2017), 3면 이하; 양희석, "보험금청구권신탁의 활용 및 그 주요 쟁점", 보험법연구 제14권 제1호(2020) 525면 이하 참조.

과언이 아니다.

(ㄴ) 처분이 가능할 것

신탁의 법률관계에서는 위탁자가 수탁자에게 경제적 가치를 갖는 재산권의 이전 등 처분을 한다. 따라서 신탁재산은 기본적으로 처분이 가능한 재산권이어야 한다. 그러나 당사자의 약정, 당해 재산의 성질 그리고 법률의 규정에서 이전 또는 처분을 제한한 때에는 신탁재산이 될 수 없다.[2]

(ㄷ) 적극적 재산일 것

(1) 적극재산성

신탁재산은 원칙적으로 적극적 재산이어야 한다. 다시 말해서 소극적 재산인 채무는 신탁재산이 될 수 없다. 그 이유는 수탁자에게 채무(즉 일정한 부담)를 이전하고 수익자의 이익을 위해 운용하도록 하는 것 자체가 모순이기 때문이다. 즉 채무라는 부담의 운용으로 이익이 유지되거나 발생한다는 것 자체가 애당초 불가능

2 예컨대 민법 제979조의 부양청구권 또는 근로기준법 제86조의 재해보상청구권 등을 들 수 있다. 나아가 판례(대판 2000.2.11. 선고 99다49064) 및 법무부의 유권해석에 따르면 생명보험의 보험금청구권의 양도성도 부정되고 있다(법무부 상사법무과, 질의에 대한 회신, 2013.12). 그리고 아파트 전유부분에 관하여 이미 구분소유권이 성립한 이상 토지만을 대상으로 하는 부동산담보신탁계약은 무효라고 본 판례(대법원 2013.1.17. 선고 2010다71578)가 있다. 한편 토지거래허가구역 내 토지를 신탁할 경우에 대가가 수반된 계약이라고 볼 특별한 사정이 없다면 그에 대해 토지거래허가를 받지 않더라도 당해 신탁계약의 효력(즉 당해 토지양도의 효력)에는 영향이 없다 것이 판례(대법원 2012.6.28. 선고 2010다57466)의 입장이다.

한 것이다. **따라서 신탁이 설정될 때에 순수 채무'만'을 처음부터 신탁하는 것은 신탁의 무효사유라고 해석해야 한다. 요컨대 신탁을 설정할 때 신탁재산은 적극재산성을 가져야 한다.**[3] 이와 관련하여 영업신탁과 신탁채무를 함께 살펴볼 필요가 있다.

(2) 영업신탁의 경우

신탁법 제2조에 따르면 위탁자는 영업을 수탁자에게 이전하고 수탁자로 하여금 수익자의 이익을 위하여 이를 운용하게 할 수 있다.[4] 영업이란 상인의 영업재산(즉 장사하는 데 필요한 재산)을 말하는데 이는 상인이 영리목적으로 결합시킨 재산의 전체로서 적극재산뿐만 아니라 채무와 같은 소극재산도 포함한다.[5] 영업에는 소극재산이 포함되는데 이 영업이 신탁재산이 될 수 있게 되었으니 일응 채무 또한 신탁재산이 된다고 생각할 수 있다. 그러나 이에 대해서는 유의할 점이 있다. 영업이 신탁재산이라고 할 수 있는 이유는 수탁자가 양수받은 유기적 재산체에 항상 적극재산(예컨대 기존의 신용가치, 임차권, 부동산, 컴퓨터 등)도 포함되어 있기 때문이다. 다시 말해서 이들 적극재산의 운용을 통한 이익으로 영업에 속한 채무를 변제할 가능성 및 향후 수익창출의 기대가 있기 때문에 수탁자로서도 영업에 속한 채무를 신탁재산으로서 인수할 수 있도록 하는 것이다. 환언하자면 영업신탁에서는 항상 적극적 재산의 존재가 전제되어 있다. 적극적 재산이 함께 하지 않고 오로

3 동지: 이연갑, 신탁법상 수익자 보호의 법리, 경인문화사(2014), 157면 참조.

4 이를 영업신탁 또는 사업신탁이라고 하는데 아직 우리 실무에서 이용되지 않고 있다(이영경, 사업신탁의 법리, 경인문화사(2019), 13면).

5 송옥렬, 상법강의(제10판), 홍문사(2020), 79면.

지 소극적 재산인 채무'만'을 신탁재산으로 해서 신탁을 설정할 수는 없는 것이다. 이것이 우리의 상식에도 부합한다. 예컨대 100만 원의 빚(즉 채무)만을 수탁자에게 이전한들 수익자의 이익을 위하여 어떻게 운용한단 말인가? 따라서 신탁재산은 원칙적으로 적극재산일 것이 요구된다.[6] **소극재산인 채무가 신탁재산이 될 수 있다는 것은 영업의 경우, 일정한 유언신탁의 경우,**[7] **또는 신탁의 인수합병의 경우 등과 같이 적극재산의 이전도 전제되었을 때 비로소 가능한 것**이다. 요컨대 이들의 경우에는 **적극적인 재산가치(또는 잠재적 가치)가 존재하기 때문에 이에 부대하는 채무도 수탁자가 함께 인수할 수 있도록 허용하는 것**이다. 신탁법 제2조에서 영업도 신탁할 수 있다고 하여 곧바로 일반적으로 '채무만'의 신탁도 가능하다고 보는 것은 적절하지 않다.[8]

(3) 신탁채무

신탁재산을 운용하는 과정에서 채무가 발생하는 경우가 있다(예컨대 신탁재산인 부동산의 엘리베이터가 고장났을 경우의 그 수리비). 이를 **신탁채무**라고 한다. 그리고 수탁자가 신탁채무를 부담하는 거래상대방을 **신탁채권자**라고 한다. 우리의 예시에서 엘리베이터 수

6 우리 자본시장법 제103조에서도 수탁가능재산의 종류로서 적극재산만을 상정하고 있지 채무를 열거하고 있지는 않다. 설사 향후 채무 또는 부채가 열거된다 하더라도, 적극재산 없이 채무나 부채만 위탁하는 신탁은 여전히 무효이다.

7 예컨대 상속재산의 일정한 비율을 신탁재산으로 하여 유언신탁을 설정하는 경우.

8 한편 신탁법 제2조의 규정과 달리 자본시장법 제103조 제1항 각 호에서는 아직 영업을 신탁가능한 재산의 한 종류로서 열거하고 있지 않다. 다시 말해서 **신탁법 제2조에도 불구하고 신탁업자는 아직 영업신탁 또는 사업신탁을 인수할 수 없다**. 자본시장법 제103조 제1항은 향후 신탁법 제2조에 맞춰서 영업도 수탁가능재산으로 추가할 필요가 있다.

리업체가 신탁채권자이고 수탁자는 그에게 신탁채무를 부담한다. 한편 **수탁자는 신탁재산만을 가지고 신탁채무에 대해서 책임을 지는 것은 아님을 유의할** 필요가 있다. 신탁사무로부터 발생한 채무에 대해서 수탁자는 원칙적으로 자신의 고유재산에 의해서도 책임을 부담한다. 이는 수탁자와 거래한 상대방이 수탁자의 경제적 사정 내지 외관에 대하여 갖는 신뢰를 보호하기 위해서이다. 즉 신탁채권자는 수탁자가 가지고 있는 재산이 모두 그의 책임재산[9]이라고 믿고 거래를 하였으나 추후 수탁자가 자신은 수탁자적 지위에서 거래한 것이므로 오로지 신탁재산만 가지고 신탁채무에 관한 책임을 부담하겠다고 한다면 거래상대방은 불측의 손해를 입을 수 있다. 따라서 신탁채무에 대해서 수탁자는 신탁재산은 물론 자신의 고유재산으로도 책임을 부담하여야 한다. 이런 이유로 신탁채권자는 자신의 채권의 만족을 위해서 신탁재산뿐만 아니라 수탁자의 고유재산에 대해서도 강제집행 등을 청구할 수 있는 것이다. 한편 신탁채무를 자신의 고유재산으로 이행한 수탁자는 신탁재산으로부터 구상을 받을 수 있다(신탁법 제46조 제2항). 신탁과 수탁자의 대내적 관계에서까지 수탁자로 하여금 고유재산으로 신탁채무를 부담케 할 필요는 없기 때문이다. 만일 수탁자가 처음부터 자신의 고유재산으로 신탁채무를 부담하고 싶지 않다면 거래상대방과 미리 책임한정특약을 맺거나 유한책임신탁[10]을 설정하면 된다. 이 경우 수탁자의 책임범위는 신탁재산으로 한정된다.

---

9 즉 책임재산이란 채무자의 채무불이행 시 그의 채권자의 채권만족에 제공될 수 있는(즉 책임질 수 있는) 재산을 말한다.

10 유한책임신탁에 관하여는 제6장인 '육. 재산운용' 다.(ㄹ)(2) 참조.

(ㄹ) 특정되거나 특정할 수 있을 것

(1) 특정 및 특정가능성

신탁재산은 특정되거나 특정가능성이 있어야 한다. 신탁재산이 특정되었다는 것은 그것이 예컨대 X부동산 또는 Y동산처럼 구체적으로 정해진 경우를 말한다. 특정가능성이란 비록 현재 어느 재산인지 구체적으로 정해지지 않았으나 장차 정해질 개연성이 매우 높은 경우를 말한다. 이와 관련하여 우선 신탁법 제3조 제4항을 들 수 있다. 동조에서는 "위탁자는 신탁행위로 수탁자나 수익자에게 신탁재산을 지정할 수 있는 권한을 부여하는 방법으로 신탁재산을 특정할 수 있다"라고 규정하고 있다. 이 경우에는 비록 현재 신탁재산이 구체적으로 특정되지는 않았으나 장차 수탁자나 수익자가 이를 정할 개연성이 높기 때문에 특정가능성이 있다고 볼 수 있다. 특정가능성이 또 문제가 되는 경우로는 유언신탁에서 신탁재산을 유산의 일정비율로 정한 경우이다. 이 경우에 있어서도 신탁재산이 특정된 것으로 볼 수 있는지 문제된다. 항을 바꾸어 살펴본다.

(2) 재산의 일정비율로 설정한 유언신탁

예컨대 유언자가 신탁재산 지정권자를 지명하지 않은 채 유언으로 신탁재산을 상속인과 신탁을 위해 각각 2분의 1씩 또는 50 대 50으로 해서 포괄적으로 남긴 경우를 들 수 있다. 이때 수탁자는 포괄적 수유자와 비슷한 지위에 있다. 따라서 수탁자는 상속인과 동일한 권리의무를 갖는다(민법 제1078조). 그 결과 피상속인(즉 위탁자)이 유언에 의하여 상속분과 신탁재산이 될 재산부분을 포괄적으로 설정한 경우에 상속권자와 수탁자는 공유자로서 상속재산을 구체적으로 어떻게 분할할 것인가를 협의하여야 한다(민법 제1013조). 이에 따라 상속권자와 수탁자가 협의하여 상속재산 중 어느 부분을 신탁재산으로 할지 정하게 된다(민법 제1013조).[11] 협의가 이루어졌다면 그 효력은 상속이 개시된 때에 소급하여 효력을 갖는다(민법 제1015조).

(3) 재산의 일정비율로 설정한 유언신탁의 효과

만일 상속권자와 수탁자의 재산분할 협의가 이루어져 신탁재산으로 부동산 X가 정해진 경우 그 효력은 **상속개시 시로 소급**한다(민법 제1015조). 이 경우 **수탁자는 유언자의 사망 시부터 부동산 X에 대한 소유권을 취득**하는 것이 된다. 이는 신탁행위가 신탁재산에 대한 채권적 이전청구권만을 발생하게 하는지 아니면 그것이 즉시 이전되는 물권적 효력을 발생하게 하는지의 차원에서 살펴보면 다음과 같은 결론을 도출할 수 있다. 즉 **유언신탁에서 신탁재산을 일정비율로 설정하였다면 신탁의 효력발생과 함께 신탁재산에 대한 처분적 효력, 즉 물권적 효력이 발생**한다는 것이다. 이는 다시 말해서 계약신탁과 자기신탁은 채권적 효력을 발생하게 하지만, 유언신탁은 그것이 특정재산에 대한 유언신탁이면 역시 채권적 효력만을 발생하게[12] 되는 반면에 만일 유언자가 상속재산 중의 일정

---

11 그러나 현실적으로 타협이 이루어지지 않을 경우에 결정권자는 누구로 하여야 할 것인가? 당사자는 법원에 분할을 청구할 수 있다(민법 제1013조 제2항, 민법 제269조).

12 이는 수탁자가 상속인에게 신탁재산의 이전을 청구할 수 있는 채권적 청구권만 갖기 때문이다.

비율을 신탁재산으로 설정하였다면 물권적 효과가 발생한다는 것이다.[13]

나. 신탁재산의 공시와 대항

(ㄱ) 서 론

신탁법은 후술하는 바와 같이 강제집행의 금지효(신탁법 제22조), 신탁재산의 비상속효(신탁법 제23조), 파산효(신탁법 제24조) 등의 효력을 인정하고 있다. 이는 신탁재산이 수탁자에게 속해 있다 하더라도 그의 고유재산으로부터 구분하여 보호하기 위해서 인정된 효과들이다. 이러한 점을 고려하면 신탁재산인지 여부를 모르는 제3자(예컨대 수탁자의 고유채권자 등)와의 관계에서 신탁재산임을 나타낼 수 있는 공시제도가 마련되어야 제3자가 불측의 손해를 보지 않을 것이다. 다시 말해서 일정한 재산이 신탁재산임을 제3

13 이러한 의미에서 **신탁행위의 법적 성질**을 두고 이것이 채권행위인지 아니면 물권행위인지 혹은 양 행위의 복합 내지 단일적 행위인지에 관한 종래 학설대립은 무의미하다. 왜냐하면 이는 사실 근본적으로 법적 성질이 다른 계약, 자기선언, 특정재산의 유언신탁 그리고 포괄적 재산의 유언신탁을 전부 하나의 신탁행위로 묶어 무언가 통일적 설명을 도출하려고 한 시도인데 그 자체가 시작부터 무리 또는 불가능한 것이었다.
다시 말해서 계약은 채권적 효력 그리고 포괄적 재산의 유언신탁은 사망에 의하여 수탁자에게 물권적 효력이 발생하는데 이 점에서 신탁행위가 어느 하나의 행위로만 구성되었다거나 이들 둘에 의하여 구성되었다라고 주장할 수는 없다는 것이다. 앞으로 신탁행위가 계약, 유언, 자기선언에 의하여 설정될 수 있고 이들이 각각 언제 효력이 발생하는지에 대한 논의만 필요할 뿐 그것을 다시 신탁행위로 묶어 이 신탁행위의 법적 성질이 채권행위인지 아니면 물권행위인지 혹은 양 행위의 복합적 내지 단일행위인지 하는 **무의미한 학설대립 혹은 계수는** 신탁을 공부하는 우리의 다음 세대를 위해서라도 이제는 지양될 필요가 있다.

자에 대항할 수 있기 위해서는 그것이 신탁재산이라는 사실을 대외적으로 공시할 필요가 있다. 따라서 신탁법은 제4조에서 신탁재산의 공시제도를 마련하고 있다. 이처럼 신탁재산이 공시됨으로써 제3자는 불측의 손해를 입지 않게 된다.

한편 신탁의 공시는 **대항요건**이라는 점을 유의할 필요가 있다. 즉 수탁자와 수익자 사이에서 수익자는 이러한 공시와 상관없이 신탁재산임을 주장할 수 있다. 수익자는 거래상대방이 아니기 때문이다. 나아가 수탁자의 분별관리의무(신탁법 제37조)의 측면에서 보면 신탁재산임을 공시함으로써, 즉 대항요건을 갖춤으로써 수탁자는 분별관리의무를 이행하는 것이 된다. 왜냐하면 신탁재산의 공시는 곧 자신의 고유재산(또는 다른 신탁의 신탁재산)과 분별하여 당해 신탁재산을 관리하고 있음을 명확히 나타내는 징표이기 때문이다.

(ㄴ) 등기나 등록이 가능한 재산인 경우

토지, 부동산, 선박, 지적재산권 등의 경우처럼 등기나 등록이 가능한 재산인 경우에는 해당 재산에 관한 등기나 등록부에 신탁의 등기나 등록을 함으로써 그 재산이 신탁재산에 속한 것임을 제3자에게 대항할 수 있다(신탁법 제4조 제1항).[14] 그리고 처음에 수탁한 재산이 금전이었으나 그 후에 그 금전을 운용하는 과정에서 등기나 등록이 가능한 다른 재산을 취득한 경우에도 신탁

14 신탁재산이 부동산일 경우에 신탁등기의 등기신청자와 관련하여 부동산등기법 제23조 제7항에서는 수탁자가 단독으로 신청한다고 규정하고 있다. 부동산신탁등기에 관한 내용은 부동산등기법 제81－87조의3 참조.

등기를 하여야 한다. 한편 부동산이 신탁재산인 경우에 수탁자에 대한 **소유권이전등기와 신탁등기**가 비록 동일한 신청서로 동일한 절차에서 이루어지나,[15] 이들은 **구별되는 등기**이다. 그리고 등기나 등록이 되어 있으면 신탁재산인 사실에 대하여 제3자의 인식 여부와 상관없이 신탁재산임을 주장(즉 대항)할 수 있다. 반대로 신탁등기나 등록이 되어 있지 않을 경우에는 제3자의 인식 여부와 상관없이 신탁재산임을 주장(즉 대항)할 수 없다.

신탁공시의 **대항력**은 제4조 제1항 법문에 따라 당해 재산이 **신탁재산에 속한다는 사실에 한정**될 뿐, 등기나 등록 시에 함께 첨부되는 신탁원부의 다른 기재내용에는 미치지 않는다.[16] 한편 신탁원부에는 신탁을 설정한 문서(예컨대 신탁계약서 등)의 내용이 포함되는데 이는 등기기록의 일부를 이룬다(부동산등기법 제81조 제3항). 그런데 신탁을 설정한 문서에는 수익자의 권리 내용 등 개인정보에 해당하는 민감한 내용을 포함할 수 있다. 그럼에도 불구하고 누구든지 수수료를 내고 등기사항의 열람 내지 그 증명서의 발급을 청구할 수 있도록 되어 있다(부동산등기법 제19조 본문). 이는 개인정보의 보호 차원에서 매우 부적절하다. 특히 유언대용신탁이나 가업승계신탁처럼 민감한 개인정보가 기록된 경우에는 신탁원부의 열람 등을 제한할 필요가 있다.[17]

---

15 신탁등기의 신청방법을 규정한 부동산등기법 제82조 제1항에서는 신탁등기의 신청은 해당 부동산에 관한 권리의 설정등기, 보존등기, 이전등기 또는 변경등기의 신청과 동시에 할 것을 요구하고 있다.

16 동지: 최수정, 신탁법(개정판), 박영사(2019), 257면; 정순섭, 신탁법, 지원사(2021), 307면. 구 신탁법이 적용된 판례 중에는 신탁공시의 대항력이 신탁원부의 기타 기재내용까지 미친다고 본 경우(대법원 2012.5.9. 선고 2012다13590)와 그렇지 않다고 본 경우(대법원 2018.9.28. 선고 2017다273894)로 나뉘어 혼란을 초래하였다. 2011년 개정된 신탁법에서 이 문제를 입법적으로 해결하였다.

(ㄷ) 등기나 등록이 불가능한 재산인 경우

등기나 등록이 불가능한 재산의 예로서 동산, 유가증권, 금전, 채권 등을 들 수 있다. 동산이나 유가증권처럼 물리적으로 존재하는 경우에는 분별관리의무를 이행하면서 신탁재산임을 표시하여야 제3자에 대하여 그 재산이 신탁재산임을 대항(즉 주장)할 수 있다(신탁법 제4조 제2항). 예컨대 금전일 경우에는 별도의 봉투 또는 금고에 신탁재산임을 표시하여 보관하거나 혹은 신탁을 위한 개별 예금계좌를 개설하고 통장비고란에 신탁재산임을 표시하는 방법을 통해서 신탁재산임을 공시할 수 있다. 채권의 경우처럼 물리적으로 존재하지 않는 경우에는 신탁장부[18]에 기재함으로써 공시할 수 있다.[19]

한편 원래 등록할 수 있는 재산이지만 아직 신탁등록제도가 갖추어지지 않은 경우에는(예컨대 자동차, 항공기 등) 동산처럼 분별관리하고 신탁재산임을 표시하는 방법으로(예컨대 신탁재산이라는 표시를 자동차 또는 항공기에 부착하는 방법) 공시할 수 있다(신탁법 제4조 제2-3항). 이러한 방법으로 분별관리할 때에만 당해 재산이 "신탁재산에 속한 것임"을 제3자에게 주장(대항)할 수 있게 된다. 마지막으로 등기와 등록이 가능하지 않은 일정한 재산에 대해서

---

17 서병호, "고령화 시대 유언대용신탁의 역할 및 활성화 방안", 주간금융브리프 제30권 제6호(2021) 10면 참조.

18 수탁자는 신탁의 장부를 작성할 의무가 있다(신탁법 제39조). 이에 관한 자세한 것은 제6장인 '육. 재산운용' 나.(ㅅ) 참조.

19 금전을 은행에 예치할 경우 수탁자는 은행에 대하여 채권을 취득하게 된다. 이 경우에 비록 통장비고란에 신탁재산임을 표시하지 않았다 하더라도 신탁장부에 이를 표시하였다면 제3자에게 신탁재산임을 주장할 수 있다고 본다.

신탁법은 대통령령으로 정하는 장부[20]에 신탁재산임을 표시하는 방법으로도 신탁재산임을 표시할 수 있다고 규정하고 있다(신탁법 제4조 제4항).

다. 신탁재산의 독립성원칙

(ㄱ) 서 론

신탁제도는 위탁자가 수탁자에게 일정한 재산을 이전하고 수탁자는 수익자를 위하여 그 재산을 관리 내지 운용하는 법률관계이므로 신탁관계의 중심에는 신탁재산이 놓여 있다. 그리고 신탁재산은 **일정한 목적**(즉 수익자의 이익, 공익 목적 또는 비공익 목적)**을 위하여 바쳐진 재산체**이다. 수탁자의 책임재산을 이루는 일반재산에 대비하여 이를 **특별재산**이라고도 한다.[21] 우리 신탁법은 이러한

---

20 신탁법 시행령 제2조(신탁재산의 표시 방법) 「신탁법」(이하 "법"이라 한다) 제4조 제4항에서 "대통령령으로 정하는 장부"란 다음 각 호의 장부를 말한다. 이 경우 제2호의 건축물대장과 제4호의 토지대장 및 임야대장은 「공간정보의 구축 및 관리 등에 관한 법률」 제76조의3에 따른 부동산종합공부로 대체할 수 있다. <개정 2014.1.17., 2015.6.1., 2018.2.9.>

1. 법 제79조제1항에 따른 수익자명부
2. 「건축법」 제20조에 따른 가설건축물대장 및 같은 법 제38조에 따른 건축물대장
3. 「상법」 제352조에 따른 주주명부 및 같은 법 제352조의2에 따른 전자주주명부
4. 「공간정보의 구축 및 관리 등에 관한 법률」 제71조제1항에 따른 토지대장 및 임야대장
5. 「도시개발법」 제2조제1항 제2호에 따른 도시개발사업, 「농어촌정비법」 제2조제5호, 제10호 및 제18호에 따른 농업생산기반 정비사업, 생활환경정비사업 및 한계농지등의 정비사업, 「도시 및 주거환경정비법」 제2조제2호가목 및 나목에 따른 주거환경개선사업 및 재개발사업 등 법령에 따른 환지방식의 사업을 할 때 환지, 체비지 및 보류지의 관리를 위하여 작성·관리하는 장부

[그림 5-1] 신탁재산의 독립성원칙

신탁재산의 독립성원칙
- 신탁재산의 범위(제27조)
- 신탁재산에 대한 강제집행 등의 금지(제22조)
- 수탁자의 사망 등과 신탁재산(제23조)
- 수탁자의 파산 등과 신탁재산(제24조)
- 상계 금지(제25조)
- 신탁재산에 대한 혼동의 특칙(제26조)
- 신탁재산의 첨부(제28조)
- 신탁재산의 귀속추정(제29조)
- 점유하자의 승계(제30조)

재산체를 수탁자에게 귀속하도록 하는 한편, 이 재산체가 온전히 관리 내지 보관될 수 있도록 하기 위하여 이른바 신탁재산의 독립성이라는 원칙을 두고 있다. 이는 비록 신탁재산이 수탁자에게 귀속되어 있으나 그를 실질적으로는 신탁의 관리자로만 취급하여 그의 고유재산과 신탁재산을 명확하게 구별짓고자 하는 의도에서 창설된 법리이다. 따라서 신탁재산의 독립성원칙을 통하여 신탁재산과 수탁자의 고유재산 및 수탁자가 운용하는 기타 신탁재산과의 사이에는 일종의 칸막이와 같은 경계가 세워진다. 한마디로 요약하자면 신탁재산의 독립성은 신탁재산과 고유재산 또는 별개의 신탁재산 사이의 경계에 관한 내용을 다루는 원칙이다. 신탁재산의

---

21 지원림, 민법강의(제19판), 홍문사(2021), 154－155면.

독립성원칙의 구체적인 내용은 [그림 5－1]에서 보는 바와 같이 신탁법 제22조 내지 제30조에서 다루고 있다. 아래에서는 [그림 5－1]의 순서대로 살펴보도록 한다.

(ㄴ) 신탁재산의 범위

(1) 서 론

수탁자는 신탁재산을 운용하는 과정에서 신탁재산을 처분하여 새로운 재산을 취득하거나 혹은 신탁재산 그 자체로부터 발생하는 이익을 취득하는 경우가 있다. 이때 원래의 신탁재산을 대체하여 취득한 재산 또는 신탁사무를 처리하는 과정에서 새로 취득한 재산은 엄격히 말해서 신탁재산은 아니다. 왜냐하면 애당초 위탁자로부터 신탁재산으로서 이전받은 그 재산이 아니기 때문이다. 하지만 이들 재산을 신탁재산으로 보지 않고 수탁자의 개인재산에 포함된다고 한다면 수탁자는 신탁의 운용과정에서 오히려 개인적 이익을 취득하는 결과가 된다. 바로 이러한 결과를 방지하기 위하여 신탁법 제27조에서는 신탁재산의 관리, 처분, 운용, 개발, 멸실, 훼손, 그밖의 사유로 수탁자가 얻은 재산은 신탁재산에 속한다고 규정하고 있다. 즉 신탁운용상 발생한 이익은 다시 신탁재산으로 간주한다는 것이다. 이는 신탁재산의 독립성원칙을 관철하고자 마련된 규정이다.

(2) 신탁재산이 대체된 경우

원래의 신탁재산을 처분하여 얻은 대체물 또는 금전은 다시 신탁재산이 된다. 즉 새로 취득한 재산이 원래의 신탁재산의 지위를 대체하게 된다. 여기에는 민법상 물상대위법리가 그 기초에 깔려 있다. 민법상의 물상대위법리와 다른 점은 압류[22]와 환가처분이 필요 없다는 것이다. 신탁재산의 대체물은 대체되는 순간 다시 신탁재산이 된다. 몇 가지 예를 들면 다음과 같다: (i) 신탁재산의 처분을 통해 취득한 매매대금; (ii) 신탁재산인 금전으로 매수한 부동산; (iii) 신탁재산인 금전으로 신축한 부동산;[23] (iv) 보험에 가입된 신탁재산의 멸실 내지 훼손에 의하여 보험사로부터 받은 보험금; (v) 신탁재산이 제3자의 불법행위에 기해 멸실 내지 훼손되어 취득한 손해배상금 등.

(3) 신탁의 운용과정에서 취득한 경우

수탁자는 신탁을 운용하면서 (대체재산이 아닌) 새로운 재산을 취득하는 경우가 있다. 이 경우에 신탁사무를 처리하면서 취득한 재산인 만큼 다시 신탁재산으로 인정할 필요가 있다. 따라서 비록 이렇게 취득한 재산이 원래 신탁재산의 대체재산이 아니라 하더라도 신탁법 제27조에서는 이를 신탁재산으로 간주하고 있다. 몇 가지 예를 들면 다음과 같다. (i) 신탁재산인 과수에서 분리된 열매; (ii) 신탁재산을 임대해서 발생한 임대수익; (iii) 신탁재산인 주식을 통해 얻은 주식배당금; (iv) 저작권신탁에서 취득한 특허사용료; (v) 법률상 원인 없이 신탁토지를 점유한 자에 대한 부당이득반환청구권[24] 등.

---

22 예컨대 민법 제342조에서 규정하고 있는 담보물권인 질권의 물상대위에서는 압류를 요구하고 있다.

23 대판 2007.9.7. 선고 2005다9685.

(4) 대항요건의 구비

신탁법 제27조의 효과를 제3자에게 주장하기 위해서는 신탁법 제4조에서 규정하고 있는 신탁재산의 대항요건을 충족해야 한다. 즉 수탁자와 수익자 사이에서는 취득과 동시에 신탁재산이 되지만 제3자와의 관계에서 신탁재산임을 주장하기 위해서는 신탁법 제4조에 의한 대항요건을 갖추어야 한다는 것이다.

(5) 현행법의 문제점

신탁법 제27조에서는 "신탁재산의 범위"라는 표제 하에 원래의 신탁재산을 대체한 재산과 그렇지 않은 비대체적 재산을 구별하지 않고 규정하고 있으나 그 법리적 근거는 다르다. 대체재산은 물상대위법리에 의한 것이고, 비대체재산은 (신탁사무로 발생한 이익은 수탁자 개인이 취득할 수 없다는) 이익향수 금지원칙(신탁법 제36조)에 의하여 신탁재산의 범위 내로 포섭되는 것이다. 따라서 입법론적 차원에서 볼 때 이들을 각각 제1항과 제2항으로 나누어 규정하는 것이 바람직하다.

(ㄷ) 신탁재산에 대한 강제집행 등의 금지

(1) 서 론

신탁법 제22조 제1항 본문은 다음과 같이 규정되어 있다: "신탁재산에 대하여는 강제집행, 담보권 실행 등을 위한 경매, 보전처

---

24 대판 1994.10.14. 선고 93다62119.

분[25](이하 강제집행 등이라 한다) 또는 국세 등 체납처분을 할 수 없다." 여기서 누가 그러한 강제집행 등을 할 수 없다는 것인지 규정되어 있지 않다. 그러나 강제집행 등이 채권자에 의하여 신청되는 것을 감안하면 누군가의 채권자임은 분명하다. 여기서 우리는 신탁관계에 얽힌 당사자의 채권자를 상정할 수 있을 것이다. 즉 위탁자의 채권자, 수탁자의 채권자 그리고 수익자의 채권자를 차례대로 살펴보도록 한다.

(2) 위탁자의 채권자에 의한 강제집행

위탁자는 신탁재산의 출연자다. 수탁자에 대한 재산권의 이전이 완료되면 수탁자가 이제 당해 재산의 권리자이므로 위탁자는 더 이상 그 재산에 대하여 아무런 권리도 갖지 않는다.[26] 신탁재산은 이제 위탁자의 재산으로부터 분리되어[27] 별개의 재산체로 취급된다. 따라서 신탁재산은 위탁자의 재산으로부터 독립적이다. 이 때문에 **위탁자의 채권자는 위탁자에게 속하지 않는 신탁재산에 대하여 강제집행 등을 할 수 없다.**

그러나 신탁이 설정되기 전에 이미 발생한 권리에 기초한 강제집행 등은 가능하다(신탁법 제22조 제1항 단서). 신탁 전의 원인으로 발생한 권리라 함은 신탁재산이 수탁자에게 귀속되기 이전부터 이미 대항력 있는 권리가 당해 재산 위에 존재하는 경우를 말한다. 각

25 보전절차란 판결절차보다 시간적으로 선행하여 이루어지는 절차로서 본안판결까지 현상을 방치하여 두면 장래의 강제집행이 불가능하게 되거나 회복할 수 없는 손해가 발생하게 될 염려가 있는 경우에 채무자에게 현상의 변경을 금지하는 절차를 말한다(전원열, 민사소송법 강의(제3판), 박영사(2022), 31면). 즉 가압류, 가처분을 말한다.

26 대판 1996.10.15. 선고 96다17424.

27 대판 1987.5.12. 선고 86다545, 86다카2876.

각의 재산이 신탁재산으로 편입된 때를 기준으로 하기 때문에 비록 신탁이 효력을 발생한 이후에 설정된 권리라고 하더라도 그것이 신탁재산으로 편입되기 전에(즉 수탁자에게 이전되기 전) 설정된 것이라면 이 역시 신탁 전의 원인으로 발생한 권리에 포함된다. **즉 수탁자가 신탁재산을 취득한 때를 기준으로 그 전에 발생한 대항력 있는 권리**이면 된다. 예컨대 X, Y, Z를 신탁재산으로 하는 신탁이 5월 1일 설정되고 그 효력을 발생하였으나 각각의 재산이 수탁자에게 이전된 시기가 각각 5월 5일(X), 5월 10일(Y), 5월 15일(Z)이라고 가정하자. 이 경우에 비록 신탁은 5월 1일에 설정되고 그 효력을 발생하였다 하더라도 다른 자에 의한 대항력 있는 권리가 X에 대해서는 5월 5일 이전에, Y에 대해서는 5월 10일 이전에, 그리고 Z에 대해서는 5월 15일 이전에 발생하였다면 신탁 전의 원인으로 발생한 권리로 다루어진다는 것이다.

신탁법 제22조 제1항 단서에서 정한 '**신탁 전의 원인으로 발생한 권리'에 해당하는 경우**로는 신탁재산이 수탁자에게 이전되기 전에 (i) 신탁부동산 위에 저당권, 전세권, 또는 대항력 있는 임차권 등이 설정되어 있는 경우 그리고 (ii) 채권자에 의하여 이미 압류 또는 가압류가 되어 있는 경우를 들 수 있다. 한편 **다음은 신탁 전의 원인으로 발생한 권리에 해당하지 않는다**. 우선 (i) 신탁적 영업양도에 있어서 영업채권자가 위탁자(즉 영업양도인)에 대하여 갖는 채권을 들 수 있다. 여기서 영업양도인인 위탁자가 부담하는 영업채무는 수탁자가 영업을 이전 받으면서 함께 인수하게 된다. 따라서 영업채권자는 수탁자에 대하여 강제집행을 실행할 수 있다. 이처럼 영업채권자에 의한 강제집행이 가능한 이유는 수탁자가 영업을 인수하면서 함께 채무도 인수하였기 때문이지 영업채권자의 권리가 신탁 전의 원인으로 발생한 대항력 있는 권리이기 때문은 아니다. 그다음 (ii) 국가의 조세채권을 들 수 있다. 상속인이 상속세를 미납한 상태에서 상속부동산을 수탁자에게 신탁한 경우에 국가는 그의 조세채권을 기초로 신탁재산에 대해 강제집행 등을 실행할 수 없다. 이는 우리 판례의 입장이기도 하다.[28] 국가라 하더라도 사전에 압류, 가압류 등을 설정하지 않는 이상 강제집행 등을 할 수 없다는 것이다. 이처럼 **위탁자의 채권자가 신탁 전의 원인으로 취득한 권리 중에서도 일정한 대항력을 갖춘 경우에만 강제집행 등이 가능하다**. 따라서 신탁 전의 원인으로 위탁자를 상대로 발생한 권리라고 해서 모두 신탁법 제22조 제1항 단서에서 말하는 신탁 전의 원인으로 발생한 권리에 해당하는 것은 아니다.[29]

한편 신탁재산에 대한 강제집행은 아니지만 위탁자의 채권자를 보호할 수 있는 방법으로서 다음 4가지를 들 수 있다. 즉 (i) 위탁자가 동시에 수익자적 지위를 갖는 **자익신탁인 경우**에 위탁자의 채권자는 위탁자의 수익권에 대하여 강제집행 등을 할 수 있다.

---

28 대판 1996.10.15. 선고 96다17424: "체납처분으로서의 압류의 요건을 규정하고 있는 국세징수법 제24조 각 항의 규정을 보면 어느 경우에나 압류의 대상을 납세자의 재산에 국한하고 있으므로, 납세자가 아닌 제3자의 재산을 대상으로 한 압류처분은 그 처분의 내용이 법률상 실현될 수 없는 것이어서 당연 무효이다. 위탁자가 수탁자에게 부동산의 소유권을 이전하여 당사자 사이에 신탁법에 의한 신탁관계가 설정되면 단순한 명의신탁과는 달리 **신탁재산은 수탁자에게 귀속되고, 신탁 후에도 여전히 위탁자의 재산이라고 볼 수는 없으므로**, 국세기본법 제35조에 의하여 인정되는 국세의 우선권은 납세자의 재산에 대한 강제집행, 경매, 체납처분 등의 강제환가절차에서 국세를 다른 공과금 기타 채권에 우선하여 징수하는 효력을 의미할 뿐 그 이상으로 납세자의 총재산에 대하여 조세채권을 위한 **일반의 선취득권이나 특별담보권을 인정하는 것은 아니므로, 국세의 우선권을 근거로 이미 제3자 앞으로 소유권이 이전된 재산권을 압류할 수는 없고**, 이는 당해 재산에 대하여 부과된 국세의 경우도 마찬가지이다."

29 대판 1987.5.12. 선고 86다545, 86다카2876.

원래 신탁재산에 대한 권리는 위탁자에게 속하지 않아 그의 책임재산이 될 수 없다. 하지만 그가 동시에 수익자라면 그가 보유한 수익권은 그에게 귀속된 책임재산이 된다. 따라서 위탁자의 채권자는 위탁자가 수익자로서 보유한 수익권에 강제집행을 할 수 있는 것이다.[30] (ii) 신탁이 종료할 경우에 **위탁자가 잔여재산의 수익자**로서 갖는 수익권에 대하여 위탁자의 채권자가 강제집행 등을 할 수 있는가? 판례는 위탁자의 이러한 권리를 피보전권리로 하는 처분금지가처분(즉 보전처분)을 허용하고 있다.[31] 이러한 결론은 타당한데 그 이유는 다음과 같다. 우선 신탁이 종료하면 잔여재산의 분배를 목적으로 하는 법정신탁이 성립된다.[32] 이는 기존의 종료된 신탁과는 다른 별개의 신탁이다. 위탁자가 이 법정신탁의 수익자로서 갖는 수익권은 종료된 신탁과 상관이 없다. 따라서 이에 대한 강제집행이 가능한 것이다. (iii) 위탁자의 신탁설정이 **사해신탁**에 해당하는 경우 위탁자의 채권자는 사해신탁(신탁법 제8조)을

---

30 학설 중에는(예컨대 오영준, "신탁재산 독립성", 민사판례연구 제30집, 민사판례연구회(2008), 839－840면) 위탁자가 수익자인 경우에는 위탁자에 대하여 강제집행 등을 인정해야 한다는 주장도 있으나 부당하다. 왜냐하면 신탁재산은 어디까지나 수탁자에게 귀속된 것이고, 위탁자의 채권자는 위탁자가 수익권자로서 보유하고 있는 수익권에 대하여 강제집행하면 충분하기 때문이다. 우리 판례의 입장도 같다(대판 1987.5.12. 선고 86다545, 86다카2876).

31 대결 2008.10.27.자 2007마380: "이 사건 가처분의 **피보전권리**(**신탁종료에 기한 신탁부동산 반환청구권**)는 이 사건 신탁관계의 성립을 전제로 신탁계약에서 정한 신탁종료사유의 발생에 따라 신탁관계가 적법하게 해소될 경우 위탁자가 수탁자로부터 반환받게 되는 신탁부동산의 **소유권이전등기청구권**이라 할 것이어서, 이 사건 신탁계약에 기한 신탁관계의 성립 유지 및 신탁사무의 처리와 모순관계에 있지 아니하다. 따라서 **이 사건 가처분은 신탁계약상 수익자나 수탁자의 권리 혹은 신탁부동산의 독립성을 침해하는 내용의 신탁법 제21조 제1항 본문에서 정한 신탁부동산 자체에 대한 강제집행의 사전 조치로서의 보전처분에는 해당하지 아니한다.**"

32 신탁법 제101조 제4항 참조.

주장할 수 있다. 위탁자의 채권자는 사해신탁을 취소하고 동시에 원상회복의 판결을 받은 후에 강제집행을 행할 수 있는데 여기서의 강제집행은 더 이상 신탁재산에 대한 강제집행이 아니므로 신탁법 제22조 제1항에서 말하는 강제집행에 해당하지 않는다. (iv) **위탁자가 신탁상 수익의 전부를 누리는 자익신탁**의 경우에 위탁자는 언제든 당해 신탁을 종료할 수 있다(신탁법 제99조 제2항). 따라서 위탁자의 채권자는 신탁재산에 대하여 강제집행 등을 할 수는 없지만, 만일 채권자대위권(민법 제404조)의 요건이 충족된다면 위탁자의 채권자는 위탁자의 신탁종료권한을 대위행사하여 신탁재산을 다시 위탁자의 책임재산으로 회복시킬 수 있다.

(3) 수탁자의 채권자에 의한 강제집행

수탁자는 위탁자로부터 이전된 신탁재산뿐만 아니라 그 자신의 고유재산도 보유하고 있다. 한 사람이 두 개의 주머니를 가지고 있는 셈이다. 수탁자의 채권자는 크게 두 종류가 있다. 하나는 신탁사무를 처리하는 과정에서 생긴 채권자이고, 다른 하나는 수탁자가 개인적인 생활을 영위하는 과정에서 생긴 채권자이다. 전자를 신탁채권자, 후자를 고유채권자라고 한다. 그리고 일견 신탁채권자는 신탁재산에 대해서만 그리고 고유채권자는 수탁자 개인의 고유재산에 대해서만 강제집행을 할 수 있을 것처럼 보인다. 한편 다음과 같이 생각해 볼 수도 있다. 즉 신탁재산이건 고유재산이건 수탁자에게 귀속된 이상 그의 재산이 되는 것이고 따라서 채권자의 입장에서는 신탁사무로부터 발생한 채권이건 고유사무의 처리로부터 발생한 채권이건 이를 묻지 않고 신탁채권자와 고유채권자는 신탁재산과 고유재산 그 어느 쪽으로부터도 자신의 채

[그림 5-2] 수탁자의 채권자(고유채권자, 신탁채권자)

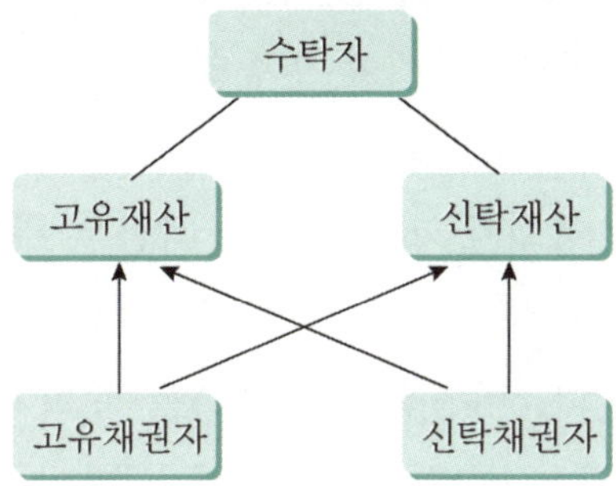

권의 만족, 즉 강제집행을 할 수 있다고 보는 것이다. 이 문제에 대하여 우리 신탁법은 어떻게 다루고 있는가([그림 5-2])? 항을 바꾸어 살펴본다.

우선 **수탁자의 고유채권자**의 경우를 살펴보자. 신탁법 제22조 제1항 본문에 의하면 신탁재산에 대하여는 강제집행 등을 할 수 없다. 따라서 **수탁자의 고유채권자는 원칙적으로 수탁자 개인의 고유재산에 대해서만 강제집행을 할 수 있지 신탁재산에 대하여 강제집**

[그림 5-3] 수탁자의 고유채권자

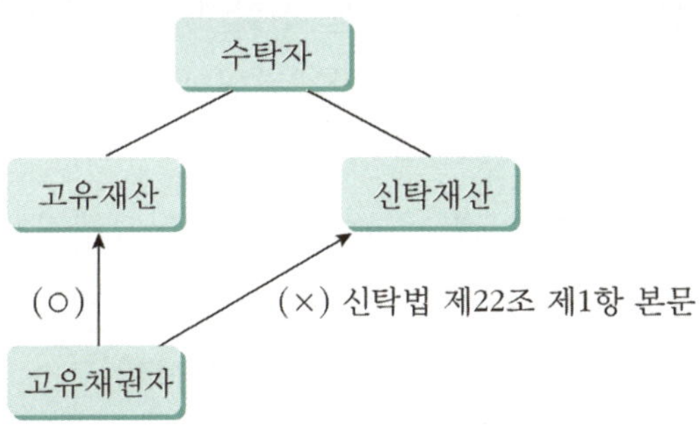

행 등을 할 수 없다([그림 5-3]). 이는 신탁재산이 비록 수탁자에게 귀속하지만 수탁자 개인의 고유재산과는 섞이지 않고 있음을 보여 준다. 쉽게 말해서 양자 사이에 일종의 칸막이 내지 파티션이 설치되어 있는 것이다. 이것이 바로 신탁재산의 독립성원칙의 효과 중의 하나이다. 이 효과로 인하여 신탁재산은 비록 수탁자에게 귀속하지만 수탁자의 고유채권자는 이에 대하여 강제집행 등을 할 수 없게 되는 것이다. 이처럼 신탁재산을 수탁자의 고유채권자로부터 보호하는 효과는 신탁의 매력이자 신탁이 이용되는 주된 이유 중의 하나이기도 하다.

그다음으로 **수탁자의 신탁채권자**의 경우를 살펴본다. 신탁법 제22조 제1항 단서에 의하면 **신탁사무의 처리상 발생한 권리인 경우에는 신탁재산에 대하여 강제집행 등이 가능하다**고 규정하고 있다. 수탁자가 신탁사무를 처리하면서 부담하게 되는 채무에 대한 채권자가 신탁재산에 대하여 강제집행 등을 할 수 없다고 한다면 거래상대방으로서는 불측의 손해를 입을 수 있다. 나아가 신탁사무처리에 의하여 취득한 채권은 신탁재산으로 포함되어 신탁의 이익으로 귀속되는 반면(신탁법 제27조), 신탁사무처리에서 발생한 채무를 수탁자의 고유재산에 의해서만 부담하도록 하는 것은 균형에 어긋나 부당하다. 따라서 신탁법은 신탁사무 처리상 발생된 채무의 채권자는 신탁재산에 대하여 강제집행 등을 할 수 있도록 정하고 있는 것이다.

한편 신탁채권자는 신탁재산에 대해서만 강제집행 등을 할 수 있는가 아니면 수탁자의 고유재산에 대해서도 강제집행 등을 할 수 있는가? 이에 대하여 우리 **판례는, 신탁채권자는 신탁재산뿐만 아니라 수탁자의 고유재산에 대해서도 강제집행 등이 가능하다**고 보고 있다.[33] [34] 법리적 차원에서 이것이 가능한 이유는 다음과 같다. 즉 우선 (i) 신탁법은 신탁재산에 대한 경우와는 달리, 수탁자의 고유재산에 대해서는 강제집행을 할 수 없다고 규정하고 있지 않다. (ii) 신탁법은 오히려 제11장에서 유한책임신탁을 규율하고 있다. 이는 수탁자의 책임이 기본적으로 신탁재산으로 한정되지 않는다는 것을 전제로 하기 때문에 책임이 한정되는 유한책임신탁을 규정하고 있는 것이다. 마지막으로 (iii) 수탁자가 신탁사무 수행 시 스스로 수탁자임을 밝힐 필요가 없다. 따라서 신탁사무를 처리하는 과정에서 발생한 신탁채권자는 상대방이 수탁자인지 모를 수 있다. 그런데 추후 신탁채권자가 수탁자의 고유재산에 대하여 강제집행 등을 하는 경우에 그것이 수탁자의 고유재산이기 때문에 가능하지 않다고 한다면 신탁채권자에게 불측의 손해가 발생한다. 따라서 거래안전을 위해서 신탁채권자는 수탁자의 고유재산에 대

---

33 대판 2004.10.15. 선고 2004다31883, 31890: "신탁사무의 처리상 발생한 채권을 가지고 있는 채권자는 수탁자의 일반채권자와 달리 신탁재산에 대하여도 강제집행을 할 수 있는데(구신탁법 제21조 제1항, 현행 신탁법 제22조 제1항 단서), **한편 수탁자의 이행책임이 신탁재산의 한도 내로 제한되는 것은 신탁행위로 인하여 수익자에 대하여 부담하는 채무에 한정되는 것이므로**(구 신탁법 제32조, 현행 신탁법 제38조), **수탁자가 수익자 이외의 제3자 중 신탁재산에 대하여 강제집행을 할 수 있는 채권자**(구 신탁법 제21조 제1항, 현행 신탁법 제22조 제1항 단서)**에 대하여 부담하는 채무에 관한 이행책임은 신탁재산의 한도 내로 제한되는 것이 아니라 수탁자의 고유재산에 대하여도 미치는 것으로 보아야 한다.**"

34 대판 2006.11.23. 선고 2004다3925: "**수탁자가 신탁사무를 처리하는 과정에서 수익자 외의 제3자에게 채무를 부담하는 경우 그 이행책임은 신탁재산의 한도 내로 제한되는 것이 아니라 수탁자의 고유재산에 대하여도 미친다.** 신탁법 제21조(현행 신탁법 제22조)는 **수탁자의 일반채권자에 대하여 신탁재산에 대한 강제집행을 금지하는 한편, 신탁사무의 처리상 발생한 채권을 가지고 있는 채권자는 수탁자의 고유재산뿐 아니라 신탁재산에 대하여도 강제집행을 할 수 있다는 취지**이므로, 수탁자에 대하여 신탁사무의 처리상 발생한 채권을 가진 채권자는 수탁자가 파산할 경우 파산선고 당시의 채권 전액에 관하여 파산재단에 대하여 파산채권자로서 권리를 행사할 수 있다."

[그림 5-4] 수탁자의 신탁채권자

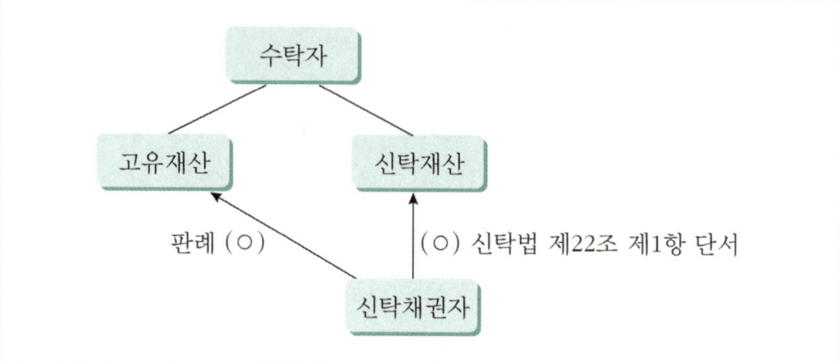

해서도 원칙적으로 강제집행 등을 할 수 있다고 보는 것이다. 한편, 수탁자 입장에서는 자신의 고유재산이 강제집행 등을 당하지 않기를 바랄 것이다. 이 경우에 수탁자는 신탁채권자와 책임한정특약을 맺거나 또는 유한책임신탁(신탁법 제114조)을 설정하면 된다. 이때 수탁자의 책임범위는 신탁재산으로 한정된다. 요컨대 **신탁채권자는 원칙적으로 수탁자에게 속하는 신탁재산과 고유재산 모두에 대해 강제집행 등을 할 수 있다**([그림 5-4]). 아래에서는 신탁사무의 처리상 발생한 권리와 그렇지 않은 권리를 살펴본다.

신탁법 제22조 제1항 단서에서 말하는 **'신탁사무의 처리상 발생한 권리'에 해당하는 경우**로는 우선 (i) 신탁재산에 부과된 국가의 각종 조세채권, 신탁재산의 관리, 보존 및 수리비용에 관한 채권, 신탁사무처리상 차입한 금액에 관한 대주의 채권, 첨부에 의하여 신탁재산이 된 경우에 원재산권자의 구상권(신탁법 제28조), 기타 각종 신탁사무를 처리하기 위하여 체결한 계약에서 부담하는 채무에 관한 채권을 들 수 있다. 그다음 (ii) 신탁사무처리 과정에서 제3자에게 손해가 발생한 경우에 피해자인 제3자가 갖는 불법행위에 기한 손해배상채권도 포함된다. 예컨대 신탁부동산의 공작물의 숨은 하자 또는 수탁자의 허위분양광고행위에 의한 불법행위채권[35]이 이에 해당할 수 있다.

한편 다음의 경우에는 신탁사무처리상 발생한 권리에 해당하지 않는다. 즉 (i) 수익자의 수익권은 신탁사무처리상 발생한 권리가 아니다. 왜냐하면 수익권은 신탁의 설정에 의하여 창설된 권리이기 때문이다. 수익권은 신탁사무처리 과정에서 수탁자가 체결한 계약 등의 법률관계에서 새로이 발생한 권리가 아니라는 것이다. 이 때문에 신탁법 제38조에서도 (신탁채권자의 경우와 달리) 수탁자는 오로지 신탁재산만으로 수익자에 대하여 책임을 부담한다고 정하고 있다. 반대로 말해서 수익자는 제38조에 의하여 신탁설정 당시부터 신탁재산의 범위 내에서만 자신의 수익권의 이익을 청구할 수 있을 뿐이다. 그렇다면 수익자가 자신의 수익채권에 기해 강제집행을 할 수 있는 근거는 사실 제22조 제1항 단서가 아니고 제38조이다.

그다음 (ii) 수탁자가 신탁의 목적에 위반하여 행한 법률행위로부터 발생한 거래상대방의 채권은 신탁사무처리상 발생한 채권인지 여부가 문제된다. 이는 사실 획일적으로 정할 문제가 아니다. 왜냐하면 수탁자가 신탁위반적 법률행위(예컨대 계약)를 한 경우 수익자는 신탁법 제75조의 요건이 충족될 경우 이를 취소할 수 있기 때문이다. 그런데 수익자는 그 거래가 신탁을 위하여 이익이 된다고 생각할 경우 이를 취소하는 대신에 추인(즉 취소권의 포기)할 수도 있다. 요컨대 수탁자의 신탁목적위반의 법률행위로부터

35 대판 2007.6.1. 선고 2005다5843.

상대방에게 발생한 권리는 일단 유효한 상태에 있다. 그리고 수익자가 그것을 추인하거나 취소함으로써 신탁사무처리상 발생한 채권인지 여부가 확정될 것이다.

(4) 수익자의 채권자에 의한 강제집행

수탁자가 보유하고 있는 신탁재산에 대하여 수익자는 어떠한 권리도 갖지 않는다. 수익자는 수탁자에게 신탁재산 원본이든 (즉 원본수익권자일 경우) 그로부터 발생한 이익이든 (즉 수익수익권자일 경우) 그것의 지급 또는 이전을 청구할 수 있는 채권자일 뿐이다. 신탁재산 그 자체는 엄연히 타인인 수탁자에게 귀속되어 있는 것이다. 따라서 수익자의 채권자는 수탁자가 보유하는 신탁재산에 대해서 강제집행을 할 수 없다. 요컨대 수익자의 채권자는 수익자의 수익권에 대해서만 강제집행을 할 수 있다. 수익권은 수익자에게 속한 재산권이기 때문이다.

(5) 위법한 집행 등에 대한 이의제기

신탁법 제22조 제1항 단서에서 정한 '신탁 전의 원인으로 발생한 권리' 또는 '신탁사무의 처리상 발생한 권리'가 아님에도 불구하고 신탁재산에 대하여 강제집행 또는 체납처분이 이루어졌다면 이는 신탁법 제22조 제1항 본문에 반하는 위법한 강제집행 또는 체납처분이 된다. 이 경우 위탁자, 수익자 또는 수탁자는 이에 대하여 이의를 제기할 수 있다. 이때 이의의 대상이 강제집행 등일 경우에는 민사집행법 제48조가 준용된다(신탁법 제22조 제2항). 만일 이의의 대상이 국세 등 체납처분일 경우에는 국세 등 체납처분에 대한 불복절차[36]가 준용된다(신탁법 제22조 제3항).

(6) 대항요건의 구비

신탁법 제22조가 적용되기 위해서는 신탁재산의 독립성원칙에 관한 일반적 요건으로서 신탁법 제4조에서 규정하고 있는 신탁재산의 대항요건을 갖추어야 한다.

(ㄹ) 수탁자의 사망 등과 신탁재산

(1) 서 론

신탁재산의 독립성원칙의 내용 중 하나로서 신탁법 제23조에서는 "신탁재산은 수탁자의 상속재산에 속하지 아니하며, 수탁자의 이혼에 따른 재산분할의 대상이 되지 아니한다"라고 규정하고 있다. 이는 수탁자가 사망하거나 이혼할 경우 신탁재산이 수탁자의 고유재산에 혼입되어 수탁자의 상속재산 또는 재산분할대상재산이 되지 않도록 하기 위한 것이다. 아래에서는 이 두 경우를 나누어 살펴본다.

(2) 수탁자가 사망한 경우

우선 **신탁재산은 수탁자가 사망하더라도 그의 상속재산의 범위에 포함되지 않는다**(신탁법 제23조 전단). 수탁자가 사망한 경우 그의 고유재산은 그의 상속인에게 승계된다. 신탁재산 또한 수탁자에게 귀속된 재산이므로 원칙적으로 그의 상속인에게 승계되어야 할 것이다. 하지만 신탁법은 신탁재산의 독립성이라는 원칙하에

---

36 국세기본법 제55조 내지 제81조 참조.

처음부터 상속재산으로 편입되는 것을 막기 위하여 수탁자가 사망할 경우에 그의 상속재산의 범위에서 신탁재산을 제외하고 있다. 수탁자의 사망으로 그의 상속인에게 상속되는 재산은 수탁자의 고유재산일 뿐이다. 따라서 상속인 또는 피상속인의 고유채권자는 자신의 채권의 만족을 구하기 위하여 신탁재산에 대하여 강제집행 등을 할 수 없다. 이를 위반한 경우에는 위법한 강제집행으로서 위탁자, 신수탁자(또는 신탁재산관리인)나[37] 수익자는 이에 대하여 이의를 제기할 수 있다(신탁법 제22조 제2항).

(3) 수탁자가 이혼한 경우

수탁자가 이혼할 경우, 일방 배우자가 민법 제839조의2에 따라 타방 배우자에게 재산분할에 관한 청구를 할 수 있다. 이혼 시 타방 배우자의 재산분할청구권을 인정하는 이유는, 예컨대 부부 어느 일방이 혼인 중 타방의 재산형성에 기여하는 경우가 있는데 만일 혼인 해소 시에 이를 고려하지 않는다면 부당하다는 사고에 기초하고 있다.[38] 그런데 재산을 분할할 의무를 부담하는 배우자의 재산에 신탁재산이 포함되어 있다면 어떠한가? 사실 신탁재산은 배우자의 기여와는 전혀 관계가 없는 재산이다. 이 점을 고려하면 이혼 시에 분할되는 재산범위 내에 신탁재산을 포함하는 것은 타당하지 않다. 따라서 신탁재산의 독립성원칙은 수탁자가 이

37 신탁법 제22조 제2항은 수탁자도 이의를 제기할 수 있는 당사자로 열거하고 있으나, 본문의 경우 수탁자는 이미 사망하였으므로 신수탁자 또는 (신수탁자가 아직 선임되지 않을 경우에는 법원이 선임한) 신탁재산관리인(신탁법 제18조 제1항)이 이의를 제기하게 된다. 이에 대해서는 제6장인 '육. 재산운용'에서 다시 다룬다.

38 자세한 것은, 윤진수, 친족상속법강의(제4판), 박영사(2022), 116면 이하 참조.

혼한 경우에도 관철되어야 한다. 신탁법은 **수탁자가 이혼하는 경우 상대방 배우자의 재산분할청구의 대상 범위에서 신탁재산을 제외하고 있다**(신탁법 제23조 후단).

(4) 대항요건의 문제

신탁법 제23조의 내용상 명확하지는 않지만 수탁자가 사망하거나 이혼할 경우 신탁재산의 대항요건을 갖추지 않았다 하더라도 수탁자의 상속인과 배우자에게는 대항할 수 있다고 해야 한다. 왜냐하면 상속인과 배우자는 신탁사무수행 중 이루어진 거래상대방이 아니기 때문이다. 따라서 수탁자의 상속인과 배우자에 대하여는 신탁재산이 대항요건을 갖추었는지 여부와 상관없이 대항할 수 있다고 해석하는 것이 타당하다.[39]

(ㅁ) 수탁자의 파산 등과 신탁재산

(1) 신탁의 파산효

수탁자가 채무자 회생 및 파산에 관한 법률(이하 채무자회생법이라 한다)에 의하여 파산선고를 받거나 회생절차 또는 개인회생절차의 개시가 결정되면 그가 보유하는 재산은 각각 파산재단, 회생절차관리인이 관리하는 재산 또는 개인회생재단을 구성하게 된다.[40] 신탁재산은 수탁자에게 귀속되어 있기 때문에 이 또한 혹시

39 공시와 상관없이 상속인에 대하여는 대항력이 인정된다는 견해로는, 최수정, 신탁법(개정판), 박영사(2019), 278면 참조.

40 채무자 회생 및 파산에 관한 법률 제382조(파산절차의 경우), 제89조 내지 제91조(회생절차의 경우), 제580조 제1항(개인회생절차의 경우) 참조.

각각 파산재단, 회생절차관리인이 관리하는 재산 또는 개인회생재단을 구성하는 것은 아닌가라는 의문이 생길 수 있다. 이에 관하여 신탁법에서는 신탁재산의 독립성원칙을 달성하기 위하여 다음과 같이 규정하고 있다. 즉 "신탁재산은 수탁자의 파산재단, 회생절차의 관리인이 관리 및 처분 권한을 갖고 있는 채무자의 재산이나 개인회생재단을 구성하지 아니한다"(신탁법 제24조). **이에 근거하여 신탁재산은 수탁자의 고유채권자에게 분배되지 않고 채무자회생의 목적으로도 사용될 수 없다.** 신탁재산이 이처럼 보호받는 것을 **신탁의 파산효**(the insolvency effect)라고 한다. 이는 신탁재산을 수탁자의 파산 등으로부터 제외하였기 때문에 신탁의 **도산격리기능**이라고도 한다. 이 기능 덕분에 비록 수탁자 개인이 경제적으로 파탄에 이르렀다 하더라도 그에게 속한 신탁재산은 아무런 영향을 받지 않고 온전히 보호받는 것이다.[41] 이는 실무에서 신탁이 이용되는 핵심이유라고 할 수 있다.

(2) 수탁자의 수익권 및 신탁채권자의 권리행사

여기서 2가지 주의할 점이 있다. 즉 (i) 수탁자가 동시에 수익자 중의 한 사람일 경우 그의 수익권은 파산재단 등을 구성한다는 것이다. 왜냐하면 수탁자의 수익권은 그가 수익자로서 보유하고 있는 고유재산이기 때문이다. (ii) 앞에서 언급하였듯이 신탁채권자는 신탁재산뿐만 아니라 (한정책임특약 또는 유한책임신탁을 설정하지 않은 이상) 수탁자의 고유재산에 대해서도 권리를 행사할 수

41 수탁자가 파산선고를 받거나 그에게 회생절차 또는 개인회생절차가 개시되면 신수탁자를 선임하는 문제가 있으나 이는 제6장인 '육. 재산운용'에서 다룬다.

있다. 따라서 이들 채권자는 수탁자가 파산한 경우에 당해 파산재단에 파산채권자로서 참가하여 자신의 권리를 행사할 수 있다.[42]

(3) 대항요건의 구비

신탁법 제24조가 적용되기 위해서는 신탁재산의 독립성원칙에 관한 일반적 요건으로서 신탁법 제4조에서 규정하고 있는 신탁재산의 대항요건을 갖추어야 한다.

(ㅂ) 상계 금지

(1) 서 론

상계란 두 당사자가 서로에 대하여 대립하는 채권을 가지거나 채무를 부담할 경우에 이를 대등액에서 소멸시키는 행위이다(민법 제492조 참조). 수탁자가 보유하는 채권 중에는 고유재산으로 보유하는 채권과 신탁재산으로 보유하는 채권이 있을 수 있다. 한편 수탁자가 그 상대방에 대하여 부담하는 채무 중에는 개인사무의 처리를 통해서 발생한 고유채무와 신탁사무의 처리를 통해서 발생한 신탁채무가 있을 수 있다. 신탁법은 신탁재산 독립성원칙에 따라 민법상의 상계원칙에 대하여 특칙을 두고 있다. **신탁법 제25조는 신탁재산과 고유재산 간의 상계를 원칙적으로 금지하고 일정한 경우에만 예외적으로 허용하고 있다.**

---

42 대판 2004.10.15. 선고 2004다31883, 31890.

(2) 신탁법 제25조 제1항에서 금지하는 상계유형

신탁법 제25조 제1항은 "신탁재산에 속하는 채권과 신탁재산에 속하지 아니하는 채무는 상계하지 못한다"라고 규정하고 있다. 여기서 신탁재산에 속하는 채권이란 수탁자가 신탁재산으로서 보유하고 있는 채권을 말한다. 그리고 신탁재산에 속하지 아니하는 채무란 (i) 수탁자의 고유채무 또는 (ii) 수탁자가 운용 중인 다른 신탁의 사무처리에서 발생한 채무, 즉 다른 신탁의 신탁채무를 의미한다.[43] 따라서 "신탁재산에 속하는 채권과 신탁재산에 속하지 아니하는 채무는 상계하지 못한다"라는 것은 **'수탁자의 신탁채권'과 '수탁자의 고유채무(즉 상대방이 수탁자 개인에 대하여 가지고 있는 채권) 또는 수탁자가 운용하는 다른 신탁에 속한 신탁채무(즉 수탁자가 다른 신탁의 사무처리 중 상대방이 수탁자에게 취득한 채권)'는 서로 상계하지 못한다**는 것을 의미한다.

예를 들면 다음과 같다. (i) 수탁자 갑은 신탁사무처리 중 거래상대방 을에게 채권을 취득하였다. 이는 신탁채권이다. (ii) 그런데 그 후 갑이 개인적 거래를 하면서 을에게 채무를 부담하였다(반대로 말해서 을이 갑에게 채권을 취득함). 이는 갑이 을에게 개인적으로 부담하는 채무이기 때문에 갑의 고유채무이다. 한편 (iii) 갑은 자신이 운용하고 있는 다른 신탁의 수탁자로서 거래하면서 을에게 채무를 부담하였다(반대로 말해서 을이 갑에게 채권을 취득함). 이는 갑이 다른 신탁의 신탁사무를 처리하면서 을에게 부담한 채무이기 때문에 다른 신탁의 신탁채무이다. 이런 상황 하에서 갑이 을에 대하여 가지고 있는 신탁채권과 갑이 을에게 부담하는 고유채무

43 대판 2003.1.10. 선고 2002다12741.

[그림 5-5] 상계 금지

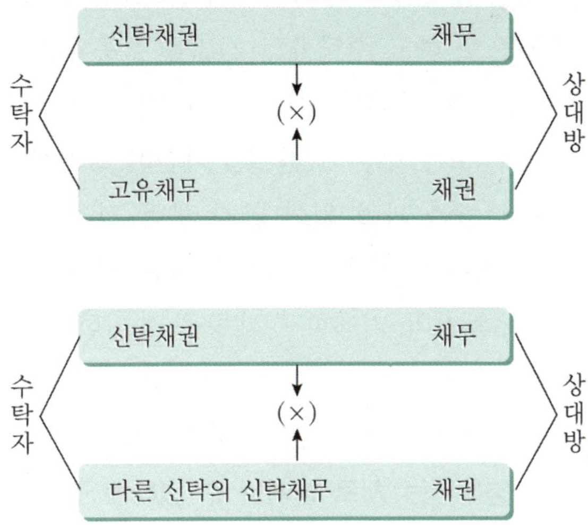

(즉 을이 갑 개인에 대하여 가지고 있는 채권) 또는 갑이 다른 신탁에서 을에게 부담하는 신탁채무(즉 갑이 다른 신탁의 사무를 처리하는 과정에서 을이 갑에게 취득한 채권)는 서로 상계하지 못한다는 것이다. 이처럼 **수탁자 갑이든 그 상대방 을이든 자신의 채권을 자동채권으로 하고 다른 쪽 채권을 수동채권으로 하는 상계는 허용되지 않는다**([그림 5-5]).[44] 이를 허용할 경우 수탁자의 고유채무가 신탁재산에 의하여 변제되는 결과가 되거나, 한 쪽 신탁의 신탁채권으로 다른 쪽 신탁의 신탁채무를 변제하는 결과가 된다. 이는 신탁재산의 독립성원칙에 반한다. 따라서 신탁법 제25조 제1항에서 이를

44 **상계하는 쪽**의 채권을 **자동채권**이라 하고 **상계되는 상대방의 채권**은 **수동채권**이라 한다.

금지하는 것이다.

한편 수탁자가 상계를 주장하는 것이 아니고 상대방이 자신의 채권을 자동채권으로 하고 수탁자의 채권을 수동채권으로 하여 상계를 주장할 경우에는 주의를 요한다. 신탁법 제25조 제1항 단서에 따르면 양 채권(또는 채무)이 **동일한 재산에 속하지 않는다는 사실**을 제3자가 선의이며 과실 없이 알지 못한 경우에는 상계의 효력이 발생한다고 정하고 있다. 여기서 말하는 제3자란 신탁당사자가 아닌 자, 즉 수탁자와 거래한 상대방을 의미한다. 우선 신탁법 제25조 제1항 단서를 살펴보기 전에 강조하고 싶은 것은 **각각의 채권 · 채무가 동일한 재산군(즉 신탁재산, 고유재산, 또는 다른 신탁의 신탁재산)에 속한 경우에는 서로 상계될 수 있다는 것**이다. 즉 (i) 수탁자가 상대방에 대하여 가지는 신탁채권과 수탁자가 동일한 신탁의 사무처리 중 상대방에게 부담한 신탁채무는 서로 상계될 수 있고, (ii) 수탁자가 상대방에 대하여 가지는 고유채권과 상대방에게 부담하는 고유채무도 서로 상계될 수 있으며, (iii) 수탁자가 운용중인 다른 신탁에서 상대방에 대하여 가지는 신탁채권과 그 다른 신탁에서 상대방에게 부담하는 신탁채무도 서로 상계될 수 있다는 것이다. 이들의 경우 채권과 채무가 서로 대립하기 때문에 상계법리상 당연하다.

그러나 채권과 채무가 서로 대립하지 않으면 상계가 허용되지 않는데, 이 부분을 신탁법 제25조 제1항 본문이 규정하고 있는 것이다. 즉 **신탁법 제25조 제1항 본문에서 정한 경우에는 같은 재산군에 각 채권 · 채무가 속한 경우가 아니므로(즉 대립하지 않으므로) 상계를 허용하지 않겠다는 것**이다. 그런데 **신탁법 제25조 제1항 단서에서는 이에 대한 예외를 두어,** 비록 문제되는 채권 · 채무가 동일한 재산에 속하지 않는다 하더라도, 상대방이 상계를 주장할 때 양자가 동일한 재산군에 속하지 않는다는 사실을 알지 못하거나 이를 모르는 데 과실이 없었다면, 즉 선의이며 무과실일 때에는 상계의 효력이 발생한다는 것이다. 이는 수탁자와 거래한 상대방이 수탁자가 보유한 채권이 어느 재산에 속한 것인지 여부를 외관상 파악하기 어렵고, 나아가 거래상대방에게 조사 의무를 부과하는 것도 거래효율을 저해하거나 비현실적이므로, 그 상대방이 상계의 의사표시를 할 당시 선의이며 무과실이라면 상대방을 보호하겠다는 취지이다.

하지만 **신탁법 제25조 제1항 단서는 다음 2가지 이유에서 재고의 여지가 있다**. 첫째, 신탁재산의 독립성원칙을 관철한다는 차원에서 본다면 오로지 신탁사무의 처리상 발생한 채권 · 채무 사이에만 상계를 허용하는 것이 옳다. 둘째, 신탁법 제24조에 따르면 신탁재산은 수탁자의 개인적 파산 등으로부터 영향을 받지 않는다. 이는 일반적으로 당해 신탁의 채권자가 아니라면 신탁재산으로부터 자신의 채권의 만족을 구할 수 없다는 것을 의미한다. 이는 거래상대방의 선의 · 악의와는 무관하다. 그렇다면 상대방은 그의 선의 · 악의를 불문하고 자신이 수탁자 개인에게 갖는 채권 또는 다른 신탁에 속한 채권으로 수탁자가 그에게 갖는 신탁채권을 상계할 수는 없다고 보는 것이 옳다.

(3) 신탁법 제25조 제2항에서 금지하는 상계유형

신탁법 제25조 제2항은 "신탁재산에 속하는 채무에 대한 책임이 신탁재산만으로 한정되는 경우에는 신탁재산에 속하지 아니하는 채권과 신탁재산에 속하는 채무는 상계하지 못한다"라고 규정하고 있다. 여기서 (i) 신탁재산에 속하는 채무에 대한 책임이 신탁재산만으로 한정되는 경우란 두 부분으로 구성된다. 우선 신탁재산에 속하는 채무란 신탁사무처리상 발생한 채무, 즉 신탁채무를 의미한다. 그다음 신탁채무에 대한 책임이 신탁재산만으로 한정된다는 것은 수탁자와 상대방 사이에 책임한정특약이 있거나 아니면 유한책임신탁이 설정되어 수탁자는 신탁재산만을 가지고 신탁채무에 대한 책임을 부담하는 경우를 말한다. (ii) 신탁재산에 속하지 아니하는 채권이라 함은 수탁자의 고유재산에 속하는 채권(즉 고유채권) 또는 수탁자가 운용 중인 다른 신탁의 신탁재산에 속하는 채권(즉 다른 신탁의 신탁채권)을 의미한다. 따라서 **신탁법 제25조 제2항 본문이 의미하는 것은, '한정책임특약이나 유한책임신탁이 설정된 경우에 있어서 수탁자의 고유재산에 속하는 고유채권 또는 다른 신탁의 신탁재산에 속하는 신탁채권'과 '한정책임특약이나 유한책임신탁이 설정된 신탁에 속하는 신탁채무'는 서로 상계할 수 없다는 것이다.**[45]

예를 들면 다음과 같다. (i) 한정책임특약 또는 유한책임신탁이 설정된 신탁에서 수탁자 갑이 을에게 채무(즉 신탁채무)를 부담

45 반대로 한정책임특약이 없거나 유한책임신탁이 아닌 신탁에서의 신탁채권자는 자신의 채권을 자동채권으로 하여 수탁자가 개인적 지위에서 자신에 대하여 가지고 있는 채권(즉 고유채권)을 수동채권으로 하여 상계할 수 있다. 왜냐하면 신탁채권자는 수탁자의 고유재산으로부터도 원칙적으로 만족을 구할 수 있기 때문이다. 수탁자로서는 자신의 고유재산이 소멸된 것을 이유로 하여 신탁법 제46조에 따른 비용상환청구권을 행사하면 된다. 주의할 것은 수탁자가 별개의 신탁에서 보유하고 있는 채권을 수동채권으로 하는 상계는 여전히 금지된다는 것이다. 왜냐하면 수탁자는 한정특약이 없거나 유한책임신탁이 아니라면 자신의 고유재산으로도 신탁채무를 이행하여야 하기 때문에 그가 가지고 있는 고유채권이 수동채권이 되는 것은 상관이 없지만, 수탁자가 다른 신탁에서 보유하고 있는 채권은 원래부터 그 신탁 이외의 신탁의 채무를 이행하는 데 사용할 수 없기 때문에 수동채권이 될 수 없는 것이다.

하였다고 하자(즉 을이 갑에 대하여 채권을 취득하여 신탁채권자가 됨). (ii) 한편 갑은 개인적인 거래 또는 그가 운용 중인 다른 신탁의 수탁자로서 을에 대하여 채권을 취득하였다(즉 갑의 고유재산에 속하는 고유채권 또는 다른 신탁의 신탁재산에 속하는 채권이 발생하였음). 이때 상대방 을은 신탁채권자로서 자신이 갑에 대하여 가지는 채권을 자동채권으로 하여 갑이 을에 대하여 가지는 고유채권 또는 갑이 운용 중인 다른 신탁의 수탁자로서 을에 대하여 가지는 채권을 수동채권으로 하여 상계할 수 없다는 것이다. 만일 이를 허용하면 결국 수탁자 갑의 고유재산 또는 갑이 운용 중인 다른 신탁의 신탁재산으로 한정책임특약 또는 유한책임신탁이 설정된 신탁의 신탁채무를 이행하는 결과가 되어 한정책임특약을 맺거나 유한책임신탁을 설정한 취지가 몰각되어버리기 때문이다.

한편 한정책임특약이 있거나 또는 유한책임신탁이 설정된 경우라 하더라도, 상대방 을이 아니라 수탁자 갑이 자신의 고유채권을 자동채권으로 하여 행사하는 상계는 막을 필요가 없다. 왜냐하면 원래 한정책임특약과 유한책임신탁은 수탁자의 책임범위를 신탁재산의 한도로 줄여주어 수탁자의 고유재산을 보호하는 역할을 하는 것인데 수탁자 스스로 이를 포기하고 상계를 주장하는 것을 굳이 법에서 금지할 이유가 없기 때문이다. 수탁자는 자신의 고유채권을 자동채권으로 하고 신탁채권자가 가지는 채권을 수동채권으로 하여 상계를 주장하고 추후 신탁재산으로부터 상환을 받으면 된다(신탁법 제46조 제2항).

앞에서 언급한 대로 한정책임특약이 있거나 유한책임신탁이 설정된 신탁의 경우에 신탁채권자는 자신의 채권을 자동채권으로 하고 수탁자의 고유채권 또는 다른 신탁에 속한 채권을 수동채권으로 하여 상계할 수 없다. 하지만 양 채권(또는 채무)이 동일한 재산에 속하지 않는다는 사실을 제3자가 선의이며 과실 없이 알지 못한 때에는 상계의 효력이 발생할 수 있다(신탁법 제25조 제2항 단서). 환언하자면 만일 수동채권이 수탁자의 고유재산에 속하는 채권이거나 다른 신탁에 속하는 채권이라는 사실을 신탁채권자가 알지 못하였거나 모르는 데 과실이 없다면 상계의 효력이 발생한다는 것이다.

하지만 신탁법 제25조 제2항 단서는 재고의 여지가 있다. 왜냐하면 수탁자의 책임이 한정책임특약 또는 유한책임신탁의 설정으로 인하여 신탁재산의 한도로 제한되었다면 신탁채권자로서는 애당초 신탁재산에 의해서만 신탁채권이 만족 받을 수밖에 없다는 사실을 알고 있을 것이기 때문이다.[46] 상계의 경우에만 특별히 예외를 둘 이유가 없다. 따라서 수탁자의 고유채권 또는 다른 신탁에 속하는 채권을 수동채권으로 하는 상계는 이를 허용하지 않는 것이 타당하다. 그렇지 않을 경우 한정책임특약을 체결한 실익이 없을 뿐만 아니라 유한책임신탁을 설정한 취지도 몰각된다.

(4) 수익자와 수탁자 간의 상계

어느 신탁의 수탁자가 은행이라고 가정하자. 이 신탁의 수익자는 수탁은행에 대해 수익채권을 가지고 있는데 수익자 또한 그 은행에서 개인적으로 융자를 받은 적이 있는 관계로 대출채무를

46 유한책임신탁이 설정될 경우 상대방이 유한책임신탁이 설정되었다는 사실에 대해 선의인지 여부와 상관없이 수탁자의 고유재산에 대해서는 강제집행을 할 수 없다(신탁법 제119조 본문). 유한책임신탁이라는 사실이 등기된 이상(신탁법 제114조) 모든 거래상대방은 악의로 의제되는 셈이다.

부담(즉 수익자에 대한 은행의 대출채권)하고 있다. 이 경우에 은행에 대한 수익자의 수익채권과 수익자에 대한 은행의 대출채권은 대등액에서 상계될 수 있는가? 결론부터 말하자면 수익자는 그가 은행에 대해 갖는 수익채권을 자동채권으로 하고 은행의 대출채권을 수동채권으로 하는 상계는 허용되지 않는다. 왜냐하면 **수탁자는 신탁재산만으로 수익자에 대하여 책임을 부담**한다고 신탁법 제38조에서 규정하고 있기 때문이다. 다시 말해서 수탁자는 그의 고유재산으로 수익자에 대하여 아무런 책임도 부담하지 않는다. 만일 수익자의 수익채권을 자동채권으로 하고 수탁자가 수익자에 대하여 보유하고 있는 채권(즉 은행의 대출채권)을 수동채권으로 하는 상계를 허용한다면 결과적으로 수탁자의 고유재산으로 수익채권을 만족시키는 결과가 된다. 이는 신탁법 제38조에 반하는 것이다. 한편 제38조는 수탁자를 보호하기 위한 규정이다. 따라서 **수탁자 측에서 그러한 보호를 포기하는 것은 상관없다**. 즉 수탁자가 자신이 수익자에 대하여 가지고 있는 고유재산인 채권(즉 수익자에 대한 대출채권)을 자동채권으로 하고 수익자가 그에 대하여 가지고 있는 수익채권을 수동채권으로 하는 상계는 허용된다. 판례도 이 경우에 상계를 긍정하고 있다.[47]

(ㅅ) 신탁재산에 대한 혼동의 특칙

(1) 서 론

혼동에 관한 물권법의 원칙에 따르면 어느 물건(예컨대 부동산

47 대판 2007.9.20. 선고 2005다48956.

또는 동산)에 대한 소유권과 그 물건 위에 존재하는 다른 물권(예컨대 전세권, 저당권, 질권 등 담보권)이 동일한 한 사람에게 모두 귀속된 경우에는 그 다른 물권(즉 담보권)은 소멸한다(민법 제191조 제1항 본문). 이 원칙은 소유권 외의 물권(예컨대 전세권 또는 지상권)과 이 물권을 목적으로 하는 다른 물권(예컨대 전세권 또는 지상권에 대한 저당권)이 모두 동일한 한 사람에게 귀속된 경우에도 적용된다. 따라서 이 경우에도 그 다른 물권(즉 저당권)은 소멸된다(민법 제191조 제1항 본문을 준용하는 동조 제2항). 그다음으로 **혼동에 관한 채권법의 원칙**을 살펴보자. 만일 동일한 법률관계에서 발생된 대립적 채권 · 채무가 동일한 주체에 귀속하게 되면 (예컨대 채무자가 채권자의 지위나 권리를 승계한 경우) 당해 채권은 소멸한다(민법 제507조 본문). 자신이 자신에게 채권을 보유하거나 청구할 이유와 실익이 없기 때문이다.

한편 이러한 물권법 및 채권법상의 혼동에 관한 원칙에 대해서는 한 가지 예외가 존재한다. 즉 혼동되어버린 물권 또는 채권이 제3자의 권리의 목적이 된 경우 (예컨대 (i) 소유권과 이 소유권 위에 존재하는 전세권이 동일인에게 귀속되었으나 당해 전세권에 대해 이미 저당권이 설정되어 있는 경우 그리고 (ii) 서로 대립하는 채권과 채무가 동일인에게 귀속되었으나 당해 채권에 대하여 이미 채권질권이라는 담보권이 설정되어 있는 경우), 당해 물권과 채권에 대해서는 혼동에 의한 소멸이 인정되지 않는다(민법 제191조 제1항 단서 및 이를 준용하는 동조 제2항, 그리고 민법 제507조의 단서). 이는 제3자의 권리(즉 우리의 예에서는 전세권의 저당권자 그리고 채권질권자)를 보호하기 위한 것이다. 이러한 민법의 원칙에 대해서 신탁법은 신탁재산의 독립성원칙 하에서 특칙을 두고 있다. 신탁법 제26조는 신탁재산과 고유재산 사이에 혼동에 의한 소멸은 발생하지 않는다고 규정하고 있다. 이는 민법상 예외인 경우가 신탁법에서는 원칙이 된 것이다. 신탁에서는 수익자(제3자)의 이익을 항상 고려해야 한다는 점에서 민법상 예외인 경우와 유사하기 때문이다.

(2) 신탁재산이 물권인 경우

동일한 물건에 대한 소유권과 그밖의 물권이 각각 신탁재산과 고유재산에 속한 경우에는 혼동으로 인하여 권리가 소멸하지 아니한다(신탁법 제26조 제1호). 예컨대 소유자인 아버지(즉 위탁자)가 큰아들(즉 수탁자)에게 X토지에 대한 전세권을 설정해 주면서 이를 신탁재산으로 하여 막내딸(즉 수익자)을 위하여 관리하라고 하였다고 가정하자. 그 후 아버지가 사망하였고 X부동산에 대한 소유권은 아들에게 남긴 경우를 살펴보자. 이 경우에 수탁자인 큰아들은 X토지에 대한 소유권을 보유하고 있음과 동시에 당해 X토지에 대한 전세권도 보유하게 되었다. 물권법상의 일반원칙에 따르면 혼동에 의하여 전세권은 소멸되어야 한다. 그러나 신탁법 제26조 제1호에서는 신탁재산의 독립성원칙에 따라 신탁재산을 보호하기 위하여 혼동에 의한 소멸을 배제하고 있다. 이는 당해 신탁의 수익자인 막내딸의 이익을 보호하기 위하여 신탁재산의 소멸을 제한하는 것이다.

동일한 물건에 대한 소유권과 그밖의 물권이 서로 다른 신탁재산에 속한 경우에도 혼동으로 인하여 권리가 소멸하지 아니한다(신탁법 제26조 제1호). 예컨대 X토지의 소유권자 갑은 X부동산을 수탁자 을에게 신탁하였는데, 당해 X부동산의 전세권자 병 역시 수탁자 을에게 전세권을 신탁한 경우에 X부동산에 대한 소유권과 그

위에 존재하는 전세권은 모두 수탁자 을에게 귀속된다. 물권법의 일반원칙에 따르면 혼동에 의하여 전세권이 소멸하여야 하지만, 신탁법에서는 신탁재산의 독립성원칙에 따라서 신탁재산을 보호하고 있다. 즉 신탁법 제26조 제1호에서는 혼동에 의한 소멸을 배제하고 있다. 이는 다른 쪽 신탁의 수익자 병의 이익(즉 전세권)을 보호하기 위해서 신탁재산의 소멸을 제한하는 것이다.

소유권 외의 물권과 이를 목적으로 하는 권리가 **각각 신탁재산과 고유재산에 속한 경우**에 혼동으로 인하여 권리가 소멸하지 아니한다(신탁법 제26조 제2호). 앞에서 든 사례(즉 동일한 물건에 대한 소유권과 그밖의 물권이 각각 신탁재산과 고유재산에 속한 경우)에서 소유권을 전세권으로 그리고 전세권을 그에 대한 담보권(예컨대 저당권)으로 대체한 경우가 이에 해당한다. 그리고 소유권 외의 물권과 이를 목적으로 하는 권리가 **서로 다른 신탁재산에 속한 경우**에 혼동으로 인하여 권리가 소멸하지 아니한다(신탁법 제26조 제2호). 이에 대해서도 앞에서 든 사례(즉 동일한 물건에 대한 소유권과 그밖의 물권이 서로 다른 신탁재산에 속한 경우)에서 소유권을 전세권으로 그리고 전세권을 그 전세권에 대한 담보권(예컨대 저당권)으로 대체하여 이해하면 된다.

한편 우리 실무에서 수탁자가 주로 신탁업자인 점을 감안하면 수탁자가 상속, 유증 또는 증여를 받는다는 것은 상상하기 어렵다. 따라서 **신탁재산과 수탁자인 신탁업자의 고유재산이 혼동**되는 경우는 **우리의 실무에서 발생할 가능성이 매우 희박하다.** 요컨대 신탁법 제26조 제1호는 적용될 여지가 거의 없는 규정이다. 한편 동일한 수탁자가 보유하고 있는 서로 다른 신탁재산의 경우에도 역시 혼동이 발생할 가능성은 매우 희박하다. 그러나 신탁업자인 수탁자가 복수의 신탁을 운용하거나 신탁의 합병이 이루어질 수도 있다는 점을 감안하면 신탁법 제26조 제1−2호 중 "서로 다른 신탁재산"의 부분은 그 존재 실익이 있다.

(3) 신탁재산이 채권인 경우

신탁법 제26조 제3호에서 규정하고 있는 첫 번째 경우인 "신탁재산에 대한 채무가 수탁자에게 귀속한 경우"를 살펴보자. 예컨대, 수탁자가 신탁행위에서 허용되거나 수익자의 동의를 얻어(신탁법 제34조 제2항 제1호 및 제2호) 신탁재산인 X부동산을 개인적 지위에서 매수하여 고유재산으로 취득하려는 경우 혹은 수탁자가 운용 중인 다른 신탁에 속하는 재산으로 취득하려는 경우를 살펴보자.[48] 이 경우 수탁자가 X부동산에 대한 대금을 고유재산 또는 다른 신탁의 신탁재산에서 갹출하여 X부동산이 속한 신탁으로 이전할 채무와 수탁자적 지위에서 그 대금을 청구할 수 있는 채권은 모두 수탁자 1인에게 귀속되어 있다. 그리고 수탁자가 고유재산 또는 다른 신탁을 위하여 행사하는 소유권등기 이전청구권과 X부동산이 속한 신탁의 수탁자로서 부담하는 이전의무도 동일한 수탁자에게 귀속되어 있다. 그렇다면 채권법 일반원칙에 따라 혼동(민법 제507조)에 의하여 소멸해야 한다. 하지만 신탁법 제26조 제3항에서는 이들이 혼동에 의하여 소멸하지 않는 것으로 정하고 있다. 만일 이들 채권과 채무가 혼동에 의하여 소멸된다고 한다면 수탁자의 자기거래 또는 다른 신탁을 위한 거래는 항상 체결과 동시에 소멸하게 된다. 이는 자기거래와 다른 신탁을 위한 거래를 예외적

48 민법 제124조에서 말하는 자기계약과 쌍방대리와 유사한 경우라고 할 수 있다.

으로 인정한 취지에 반한다.

그다음 신탁법 제26조 제3호에서 규정하고 있는 두 번째 경우인 "수탁자에 대한 채권이 신탁재산에 귀속하는 경우"를 살펴보자. 예컨대 갑이 을에 대해 채권을 가지고 있는데 갑이 이 채권을 을에게 이전하면서 수익자 병을 위해 운용할 것을 내용으로 하는 신탁을 설정하였다고 하자. 이때 수탁자 을은 대립하는 채권과 채무의 귀속자가 된다. 채권법상의 일반원칙(민법 제507조)에 따를 경우에 이는 혼동에 의해 소멸해야 한다. 그러나 신탁법은 신탁재산의 독립성원칙을 관철하기 위해서 이 경우에 혼동에 의하여 채권과 채무가 소멸하지 않도록 하고 있다. 이는 기존의 수익자의 이익을 보호하기 위한 것이다. 결과적으로 을은 당해 채권이 혼동에 의하여 소멸되었음을 주장할 수 없고 나아가 을은 원래 그 채권의 채무자였기 때문에 변제기에 자신의 고유재산에서 신탁계정으로 채무 상당액을 이전하고 당해 금전(또는 은행예치의 경우에는 은행에 대한 채권)을 신탁재산으로서 수익자인 병을 위하여 보유 내지 운용하여야 한다. 한편 실무에서 대부분 신탁업자가 수탁자인 점을 감안하면 제26조 제3호가 정하고 있는 상황이 현실적으로 발생할 확률은 매우 낮다고 본다.

(ㅇ) 신탁재산의 첨부

(1) 서 론

수탁자는 신탁재산과 함께 고유재산을 보유하고 있거나 혹은 신탁A에 관한 신탁재산과 신탁B에 관한 신탁재산을 함께 보유하는 경우가 있다. 신탁재산과 고유재산 사이에 또는 신탁A에 관한 신탁재산과 신탁B에 관한 신탁재산 사이에 첨부가 발생할 경우 신탁법 제28조에서는 민법 제256조부터 제261조까지의 규정을 준용하고 있다. 첨부란 부합, 혼화 그리고 가공을 포함하는 개념이다. 부합과 혼화는 어떤 물건에 타인의 물건이 결합되어 사회관념상 분리되는 것이 불가능한 경우[49]를 말한다. 가공이란 물건에 타인의 노력이 가하여져 사회관념상 분리되는 것이 불가능한 경우를 말한다. 부합, 혼화 또는 가공이 인정되면 어느 한 쪽 당사자는 부합이나 혼화된 물건 또는 타인의 노력이 가해진 물건에 대한 소유권을 취득한다. 이러한 공통요소로 인하여 이들을 함께 묶어 다루는 것이다. 사실 신탁재산과 고유재산 그리고 신탁A와 신탁B의 신탁재산은 모두 수탁자에게 귀속되어 있다. 따라서 이들 사이에 첨부현상이 발생하지 않는 것이 원칙이다. 그러나 우리 신탁법은 신탁재산의 독립성원칙을 관철하기 위하여 고유재산과 각 신탁의 재산을 서로 구별하고 설사 첨부가 발생하더라도 수탁자의 고유재산 및 각 신탁재산에 손해가 발생하지 않도록 하기 위하여 민법상 첨부에 관한 규정을 준용하고 있다.

(2) 부 합

우선 부동산과 동산이 부합[50]하는 경우(신탁법 제28조, 민법 제256조 본문)를 살펴보자. 이 경우 소유자를 달리 하는 부동산과 동산은 한 개의 물건이 되는데 부동산의 소유자가 그 부동산에 부합

49 즉 훼손하지 아니하면 분리할 수 없거나 분리에 과다한 비용을 요하는 경우 혹은 분리하면 경제적 가치를 심히 감소시키는 경우가 포함된다.

50 소수설과 판례(대판 1991.4.12. 선고 90다11967)는 부동산에 대한 부동산의 부합도 인정하므로, 본문의 동산을 부동산으로 대체할 수도 있다.

한 동산의 소유권을 취득한다. 예컨대 (i) 신탁재산인 부동산에 수탁자의 고유재산인 동산이 부합된 경우 또는 수탁자 개인의 부동산에 신탁재산인 동산이 부합된 경우를 들 수 있다. 전자의 경우에 수탁자는 고유재산인 동산에 대한 소유권을 상실하고 후자의 경우 신탁재산인 동산은 수탁자의 고유재산이 된다. 한편 전자의 경우 수탁자는 자신의 고유재산이었던 동산의 가액을 신탁재산에서 보상받을 수 있고, 후자의 경우 신탁재산이었던 동산의 가액은 수탁자가 자신의 고유재산으로 보상하여야 한다(신탁법 제28조 및 민법 제261조). 그다음 (ii) 수탁자가 두 개의 신탁을 운용 중인 경우에 있어서 만일 신탁A의 부동산에 신탁B의 동산이 부합된 경우 또는 신탁B의 부동산에 신탁A의 동산이 부합된 경우가 발생하면 그 결과는 (i)의 경우와 동일하다고 할 수 있어 반복하지 않는다. 마지막으로 (iii) 신탁법 제28조와 민법 제256조 단서가 상정하고 있는 경우, 즉 타인의 동산이 (정당한) 권원에 의하여 부동산에 부속되는 경우를 살펴보자. 이는 수탁자의 고유재산이 정당한 법률상의 권원에 기하여 신탁재산에 부합되는 경우(예컨대 수탁자가 개인적 지위에서 신탁에 속하는 토지에 대하여 임차권 혹은 지상권을 취득하고 그 위에 공작물을 세운 경우) 또는 서로 다른 신탁재산 사이에서 정당한 권원에 기하여 한 쪽이 다른 쪽 신탁재산에 부합되는 경우(예컨대 한 쪽 신탁에 속한 토지에 대하여 수탁자가 다른 쪽 신탁의 수탁자로서 임차권 혹은 지상권을 취득하고 그 위에 공작물을 지은 경우)를 말한다. 이 경우 토지와 공작물의 부합은 발생하지 않는다(신탁법 제28조, 민법 제256조 단서). 하지만 수탁자가 대부분 신탁업자인 점을 감안하면 부동산과 동산의 부합이 우리 실무에서 발생할 가능성은 매우 희박하다.

이번에는 **동산과 동산의 부합**(신탁법 제28조, 민법 제257조)에 대해서 살펴본다. 이 경우 주된 동산의 소유자가 소유권을 취득하거나 주종의 구별이 어려울 경우에는 부합 당시의 각 동산의 가액비율로 공유한다. 일단 (i) 주된 동산의 소유자가 부합된 다른 동산의 소유권을 취득하는 경우에 대해서는 앞의 부동산과 동산의 부합에 관한 내용이 그대로 적용된다. 따라서 서술을 생략한다. 그다음 (ii) 동산과 동산의 부합이 발생하여 합성물[51]이 되었다 하더라도 소멸한 신탁재산 또는 고유재산을 목적으로 한 다른 권리(예컨대 담보권)는 합성물 위에 존속하고, 합성물이 주종을 구별하기 어려워 신탁재산과 공유재산이 각 지분의 비율로 분배받을 경우에 종전에 신탁재산 또는 고유재산을 목적으로 한 권리(예컨대 담보권)는 당해 지분 위에 존속한다(신탁법 제28조, 민법 제260조). 마지막으로 (iii) 동산 간의 부합에서 주종을 구별할 수 없을 때 가액비율로 공유하는 경우가 발생하는데, 이 경우 부당이득에 기한 보상의 문제는 발생하지 않는다. 왜냐하면 공유관계가 성립되어 한 쪽의 권리가 소멸하였다고 볼 수 없기 때문이다.

(3) 혼 화

혼화란 **동종의 물건이 섞이는 경우**인데 이는 일종의 동산 간의 부합이라고 할 수 있다. 예컨대 쌀, 보리, 콩 등 곡물이 섞이는 경우, 기름이 섞이는 경우, 또는 금전이 섞이는 경우 등을 들 수 있다. 그러나 혼화의 경우에는 대체로 주종을 구별할 수 없는 경우

51 민법 제260조 제2항은 단독소유자로 표현하고 있으나, 신탁적 맥락에서 볼 때 이는 합성물이 전적으로 신탁재산이 되거나 고유재산이 되는 경우를 의미한다.

이다. 따라서 민법 제258조도 동산 간의 부합에서 주종을 구별할 수 없는 경우인 민법 제257조 제2문을 준용하는 것이다. 이에 따르면 혼화 당시의 가액의 비율로 신탁재산과 고유재산 또는 서로 다른 신탁재산 간에 분배하도록 하고 있다(신탁법 제28조, 민법 제258조, 민법 제257조 제2문). 합성물이 주종을 구별하기 어려워 신탁재산과 공유재산이 각 지분의 비율로 분배받을 경우 종전에 신탁재산 또는 고유재산을 목적으로 한 권리(예컨대 담보권)는 당해 **지분 위에 존속**한다(신탁법 제28조, 민법 제260조). 또한 고유재산과 신탁재산 간 또는 신탁재산 상호 간에 혼화가 발생하였다면 혼화 당시 가액비율로 합성물을 공유하게 되는데, 이 경우 부당이득에 기한 보상 문제(신탁법 제28조, 민법 제261조)는 발생하지 않는다. 왜냐하면 공유관계가 성립되어 한 쪽의 권리가 소멸하였다고 볼 수 없기 때문이다.

(4) 가 공

가공이란 타인의 물건에 노력이 가하여져 새로운 물건이 만들어지는 경우이다(예컨대 타인의 목재를 조각하여 예술품이 만들어지는 경우). 우리 법은 재료주의를 취하고 있어 원재료의 소유자가 가공물의 소유자가 된다(민법 제259조 제1항 본문). 그러나 가공에 의하여 물건의 가액이 현저히 증가하면 가공자의 선악을 불문하고 그의 소유로 하는 것이 우리 민법의 태도이지만(민법 제259조 제1항 단서) 신탁법은 이에 대한 특칙을 두고 있다. 즉 가공자가 원재료의 출처에 대하여 악의인 경우, 즉 수탁자가 자신이 가공하고 있는 재산이 신탁재산임을 안 경우에는 비록 가공에 의하여 가액이 현저히 증가하였다 하더라도 법원의 결정으로 수탁자로 하여금 신탁재산으로 보유하도록 할 수 있다(신탁법 제28조 단서).[52] 즉 신탁에서는 무조건 신탁재산으로 취급한다는 것이다. 왜냐하면 수탁자가 신탁재산임을 모르고 가공을 한다는 것은 불가능하거나 최소한 중과실이 있다고 하여야 하기 때문이다. 이로써 종전에 신탁재산을 목적으로 한 권리(예컨대 담보권)는 가공물 위에 존속한다(신탁법 제28조, 민법 제260조 제2항 전단). 유의할 것은 가공물에 대해서는 공유관계가 성립되지 않기 때문에 공유자가 되는 것을 전제로 하고 있는 민법 제260조 제2항 후단은 적용되지 않는다.

(5) 존재실익

신탁재산의 첨부에 관한 **신탁법 제28조는 사문화될 가능성**이 매우 크다. 왜냐하면 우리 현실에서 수탁자는 전부 신탁업자이기 때문이다. 우선 신탁업자인 수탁회사의 고유재산과 수탁 받은 신탁재산 사이에서 부합이 발생할 가능성은 매우 희박하다. 둘째, 동종의 고체물 또는 유체물의 혼화가 신탁재산의 맥락에서 발생할 가능성도 현실적으로 거의 없어 보인다(예컨대 쌀, 기름 등이 신탁될 가능성은 매우 희박하다). 혼화가 적용될 수 있는 유일한 가능성은 금전이라 할 수 있는데 이마저 우리 실무의 경우 현금을 신탁할 때 일반적으로 은행에 보관하기 때문에 사실상 현금이 혼화되어 분쟁이 발생할 가능성은 거의 없다. 마지막으로 수탁자가 신탁재

52 신탁법 제28조 단서의 법문에서는 "**원재료 소유자에게 귀속시킬 수 있다**"라고 표현하고 있으나 이는 부적절하다. 왜냐하면 수탁자의 고유재산이든 신탁재산이든 모두 수탁자의 소유이기 때문이다. 따라서 수탁자가 신탁재산에 가공하여 그 가액이 현저히 증가하더라도 법원은 가공으로 인하여 생긴 물건을 수탁자로 하여금 (고유재산으로 보유할 수는 없고) "**신탁재산으로 보유하도록 명할 수 있다**"라고 표현하는 것이 더 정확하다.

산을 가공하거나 수탁자의 지위에서 고유재산을 가공할 가능성 혹은 한 쪽 신탁의 수탁자로서 다른 쪽 신탁의 신탁재산을 가공한다는 것은 우리 현실에서 도저히 상상하기 어려운 시나리오라고 하지 않을 수 없다.

(ㅈ) 신탁재산의 귀속 추정

(1) 고유재산과 신탁재산을 구분할 수 없는 경우

신탁재산과 고유재산 간에 귀속관계를 구분할 수 없는 경우 그 재산은 신탁재산에 속한 것으로 추정한다(신탁법 제29조 제1항). 왜냐하면 수탁자는 선관의무(신탁법 제32조)와 분별관리의무(신탁법 제37조)를 부담하는데 고유재산과 신탁재산의 귀속관계가 모호해진다면 수탁자에게도 책임이 있기 때문이다. 나아가 만일 이를 균분으로 설정한다면 실제로 고유재산이 반에 미치지 못한 경우에 수탁자는 귀속이 명확하지 않음으로 인하여 이익을 얻게 될 수 있으므로 이익향유 금지원칙(신탁법 제36조)에도 반하게 된다. 따라서 신탁법에서는 신탁재산과 고유재산 간에 귀속관계가 구분될 수 없는 경우에는 일단 신탁재산으로 추정하고 수탁자로 하여금 자신에게 귀속되는 부분을 증명하도록 하는 것이다. 수탁자가 신탁재산의 관리운용자임을 생각하면 타당한 입법이다.

(2) 한 쪽의 신탁재산과 다른 쪽의 신탁재산을 구분할 수 없는 경우

서로 다른 신탁재산 간에 귀속관계를 구분할 수 없는 경우 그 재산은 각 신탁재산 간에 균등하게 귀속된 것으로 추정한다(신탁법 제29조 제2항). 왜냐하면 수탁자의 재산이 관여된 경우와 달리 신탁재산과 신탁재산 사이에서는 그 어느 쪽의 신탁도 불리하게 취급되어선 안 되기 때문이다. 만일 균분에 대하여 수긍할 수 없을 경우, 그쪽 신탁의 수익자가 이 추정을 뒤집을, 즉 증명책임을 부담하게 된다.

(ㅊ) 점유하자의 승계

(1) 점유하자와 수탁자

위탁자가 동산 또는 부동산을 수탁자에게 이전하였으나 원래 위탁자의 점유 자체에 하자가 있었다면 이를 수탁자에게 이전하였다고 하여 그 점유의 하자가 치유되는 것은 아니다. 수탁자는 신탁재산의 점유에 관하여 위탁자의 점유하자를 승계한다(신탁법 제30조). 예컨대 위탁자가 점유하고 있는 동산이 도품인 경우, 강박에 의하여 빼앗은 경우, 또는 계약이 취소된 후에 원상회복하여야 하는 재산인 경우 등을 들 수 있다. 이때 수탁자는 위탁자의 하자 있는 점유를 승계하기 때문에 자신이 선의취득한 제3자라는 것을 내세워 물건의 원소유자에게 대항할 수 없다. 즉 수탁자가 승계한 점유의 하자는 치유되지 않는다. 왜냐하면 만일 위탁자의 점유하자가 치유된다고 한다면 동산 또는 부동산을 원소유자에게 반환할 책임 있는 자는 신탁의 설정을 통하여 원소유자의 소유권반환청구권을 회피할 위험성이 있기 때문이다. 그리고 수탁자는 신탁재산의 대가를 지급한 유상취득자가 아닐 뿐만 아니라 위탁자로부터 이전받은 신탁재산의 관리자적 지위에 있는 것에 불과하기 때문에 보호할 가치가 있는 거래상대방도 아니다. 따라서 수탁자가 위탁자로부터 취득한 물건은 여전히 원소유자에게 속하고 신탁재산이 될 수 없다. 다시 말해서 갑이 을의 물건을 절취하여 이를 수탁자 병에게 이전하여 신탁을 설정한 경우에 병은 자신은 그 절취의 사실을 알지 못하였음(즉 선의)을 이유로 원소유자에게 대항할 수 없다는 것이다. 물건의 원소유자 을은 수탁자 병을 상대로 소유권에 기한 반환청구권을 행사할 수 있다(민법 제213조).

(2) 점유하자와 수익자: 점유하자 승계의 제한

만일 위탁자가 동시에 수익자인 자익신탁인 경우 혹은 타익신탁으로 신탁을 설정하였으나 추후 위탁자가 유일한 수익자가 된 상태라면 어떠한가? 이러한 수익자는 사실상 보호할 필요성이 크지 않다. 따라서 신탁법 제30조를 적용하여 점유하자의 승계를 인정하더라도 문제는 없을 것이다. 그러나 위탁자와 수익자가 다른 경우, 즉 타익신탁인 경우에는 어떠한가? 이에 대하여 신탁법은 침묵하고 있다. 이 경우 선의의 수익자를 보호하기 위하여 수익자가 악의이거나 선의인데 중과실이 있는 경우에 한하여 신탁법 제30조를 적용하여 점유하자가 승계된다고 볼 수 있을 것이다.[53] 다시 말해서 타익신탁의 수익자가 위탁자의 점유하자에 대하여 알지 못하였으며(즉 선의) 이를 모르는 데 중대한 과실이 없다면 점유하자는 승계되지 않는다고 보는 것이다. 이는 선의의 수익자를 보호하기 위한 것이다.

53 한편 타익신탁의 경우에 수익자에게 악의가 있는 경우 혹은 위탁자와 수익자가 통모한 경우에는 점유하자는 수탁자에게 승계된다는 견해가 있다(이중기 · 이영경, 신탁법(개정판), 삼우사(2022), 188면).

그런데 타익신탁의 수익자가 단순히 선의라고 하여 하자승계를 무조건 부정하면 선의의 수익자를 임의로 내세워 점유하자를 차단할 수 있는 길이 폭넓게 열리게 되어 위탁자에 의해서 신탁이 악용될 소지가 있다. 나아가 무상수익자를 보호하지 않는다고 하여 그에게 손해가 발생하는 것도 아니다. 따라서 타익신탁의 경우에 선의수익자가 점유하자의 승계를 부정하기 위해서는 위탁자의 점유하자에 대하여 수익자가 (i) 무중과실 선의이어야 할 뿐만 아니라 (ii) 위탁자와의 일정한 원인관계에서 수익권을 '유상(有償)'으로 취득한 경우(예컨대 위탁자와의 거래에서 발생한 매매대금을 신탁의 수익권으로 받기로 한 경우)에 한한다고 봄이 옳다. 따라서 타익신탁에 있어서 수익자가 무상으로 수익권을 취득한 경우에는 비록 그가 선의일지라도 수탁자는 위탁자의 점유하자를 승계한다고 보아야 할 것이다.[54] 요컨대 위탁자에서 수탁자로 점유하자의 승계가 부정되는 경우는 당해 신탁의 수익자가 그 하자에 대하여 선의(무중과실)이면서 수익권을 유상으로 취득한 경우로 한정하는 것이 타당하다. 이 요건을 갖춘 경우에만 위탁자의 점유하자는 치유되고 수탁자에게 이전된 당해 재산은 온전한 신탁재산이 된다.

54 이와 관련하여 자익신탁과 타익신탁을 불문하고 하자의 승계를 인정해야 한다는 견해도 있다(최수정, 신탁법(개정판), 박영사(2019), 260면).

【소 결】 이상으로 (i) 신탁재산이 되기 위한 요건, (ii) 신탁재산의 공시, 그리고 (iii) 신탁재산의 독립성원칙을 살펴보았다. 이 중 핵심은 신탁재산의 독립성원칙에 있음은 다언을 요하지 않는다. 사실 신탁재산의 독립성원칙은 우리 신탁제도의 내용 중 가장 중요하다고 해도 과언이 아니다. 왜냐하면 **신탁재산의 독립성원칙이 없을 경우 신탁은 단언컨대 이용되지 않았을 것**이기 때문이다. 다시 말해서 신탁재산의 독립성원칙은 신탁제도가 다양하게 활용되는 결정적 이유라는 것이다. 재단법인에 가까운 독립성을 부여하면서 편리한 설정으로 사익목적(물론 공익도 가능하다)을 위해 탄력적으로 이용할 수 있는 기능은 가히 신탁제도만이 가지는 탁월한 매력이라 하겠다. **신탁제도는 이처럼 독립을 매혹적으로 외치고 있는 것**이다. 신탁의 이용이 날로 증가하는 이유도 여기에 있다. 한편 신탁재산에 독립성이 있다 하더라도 신탁재산은 어디까지나 수탁자에게 귀속되어 있다. 다시 말해서 신탁공장에 있는 신탁재산은 수탁자에게 귀속되어 그가 관리 및 운용을 하고 있다는 것이다. 그에게 믿고 맡겨진 만큼 신탁재산을 적절히 운용할 것으로 생각되지만, **신탁법은 "열 길 물속은 알아도 한 길 사람 속 모른다"는 속담이 매우 신경 쓰였던지 수탁자에게 상당히 엄격한 의무와 책임을 부과하고 있다 — 신임을 받은 만큼 배신하지 말라는 뜻에서**. 그럼 수탁자는 재산운용 과정에서 어떠한 의무와 책임을 진다는 말인가? 우리는 신탁법의 깊은 뜻을 다음 장에서 살펴보기로 한다.

육. 재산운용

신뢰받는 만큼 어깨가 무거운 법

본 장의 체계적 위치

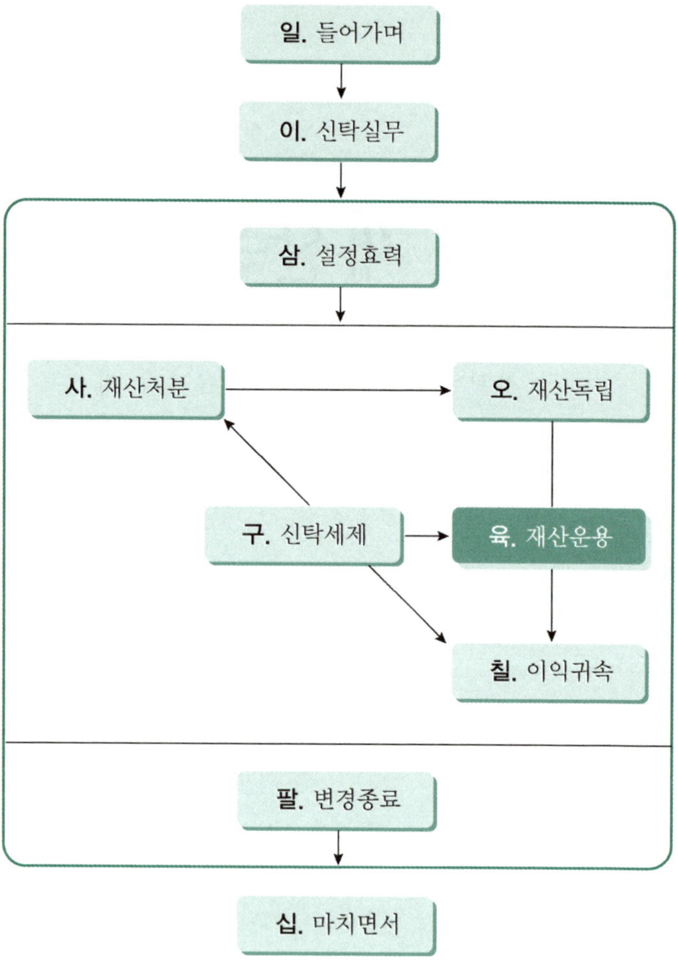
일. 들어가며
이. 신탁실무
삼. 설정효력
사. 재산처분
오. 재산독립
구. 신탁세제
육. 재산운용
칠. 이익귀속
팔. 변경종료
십. 마치면서

【개 요】 이 장은 신탁재산을 운용하는 수탁자를 중심으로 다음 3가지 내용을 다룬다: (i) 수탁자의 능력과 선임; (ii) 수탁자의 의무와 책임; (iii) 수탁자의 권리. 첫째, 수탁자는 위탁자가 맡긴 재산에 관한 권리까지 귀속 받고 이를 운용하는 자이다. 따라서 수탁자에게는 신탁재산을 적절히 운용할 수 있는 상태, 즉 수탁할 능력이 전제되어야 한다. 둘째, 수탁자는 신탁재산의 권리가 귀속되어 있을 뿐만 아니라 이를 관리하고 운용하는 주체이다. 그만큼 수탁자의 남용으로부터 신탁재산을 보호하고 신탁사무의 적절한 수행을 보장하는 것은 신탁목적을 달성하기 위하여 필수불가결한 요소이다. 따라서 신탁법은 수탁자가 신탁재산을 다루는 데 있어서 상당히 엄격한 의무를 부과하고 있다. 그 엄격성은 수탁자가 의무를 위반하였을 때 부담하는 책임의 내용에서 나타난다. 셋째, 수탁자는 신탁재산의 관리자적 지위에 있다는 점을 감안하면 신탁사무를 처리하는 데 대한 대가로서 일정한 보수를 받을 가능성이 있다. 나아가 신탁사무 수행 중 부득이 비용 또는 손해가 발생할 수 있는데, 신탁재산이 수탁자에게 귀속되어 있다고 하여 이를 수탁자 자신의 고유재산으로 책임지도록 하는 것은 부당할 것이다. 따라서 신탁법은 수탁자에게 엄격한 의무와 무거운 책임을 부담지우고 있는 한편, 그에게 일정한 권리도 부여하고 있다 — 형평의 추를 맞추기 위해서. **요컨대 이 장의 학습효과로서 다음 3가지 질문에 대한 답을 얻게 된다.**

즉 (i) 수탁자에게 요구되는 능력은 무엇이며 그 직에는 어떻게 선임되고 해임되는가? (ii) 수탁자는 어떠한 의무들을 부담하고 이를 위반할 때 어떠한 책임을 지는가? (iii) 신탁재산을 운용하는 과정에서 수탁자가 갖는 권리는 어떠한 것들이 있는가?

가. 수탁자의 능력, 임무종료, 선임 그리고 신탁재산관리인의 선임

(ㄱ) 수탁능력

(1) 수탁무능력자

수탁능력이란 신탁을 인수할 수 있는 능력, 즉 수탁자가 될 수 있는 능력을 말한다. 수탁자는 위탁자 또는 위탁자가 수탁자지정권한을 부여한 자(즉 수탁자지정권자)가 선임한다. 그러나 모든 사람이 수탁자가 될 수 있는 것은 아니다. 신탁은 신탁재산을 최적으로 관리 및 운용해야 하는 법률관계이고 이를 위하여 수탁자에게는 여러 가지 무거운 의무가 주어진다. 따라서 신탁법에서는 일정한 경우 수탁자가 될 수 없도록 함으로써, 즉 신탁을 인수할 능력이 결여된 자로 규정함으로써, 신탁이 본래의 목적대로 운용될 수 있도록 하고 있다. 우리 신탁법 제11조에서는 미성년자, 금치산자(즉 피성년후견인), 한정치산자(즉 피한정후견인) 그리고 파산자(즉 파산선고를 받은 자)는 수탁자가 될 수 없다고 규정하여 이들을 수탁무능력자로 간주하고 있다.[1]

---

1 민법 제9조와 제12조는 각각 2011년에 개정되어 금치산선고는 성년후견선고로 그리고 한정치산선고는 한정후견선고로 그 명칭과 내용이 변경되었다. 신탁법은 2011년에 개정되고 2012년에 발효하였는데 민법 제9조와 제12조를 반영하지 못하였다. 한편 2011년 개정되고 2013년 발효한 개정 민법 부칙(제2조 및 제3조 참조)에서는 개정된 민법시행 당시 다른 법령에서 금치산 또는 한정치산을 인용한 경우에는 5년의 기간에 한정하여 성년후견 또는 한정후견을 인용한 것으로 보고 있는데 현재 그 기간이 이미 도과하였으므로 더 이상 그 적용이 없다. 이러한 민법과 신탁법의 용어상의 괴리는 속히 시정될 필요가 있다. 사실 지난 제20대 국회에서 이를 시정하고자 두 번의 신탁법 개정안이 발의되었으나 기간만료로 폐기되었다. 현행 민법과의 통일적 용어사용을 위하여 여기에서는 개정 민법의 용어를 함께 병

(2) 법리적 이유

수탁자는 신탁사무처리 과정에서 이루어진 법률행위의 효과가 직접 귀속되는 당사자이다. 따라서 행위무능력자인 미성년자는 수탁자가 될 수 없다. 그의 법정대리인의 동의가 있었는지 여부는 상관없다. 금치산자(즉 피성년후견인)나 한정치산자(즉 피한정후견인)의 경우에는 정신적 제약으로 사무처리능력이 결여되거나 부족한 자이기 때문에 신탁법에서 이들을 수탁무능력자로 규정하고 있다. 마지막으로 파산선고를 받은 자의 경우에는 경제적 사정이 파탄에 이른 경우라고 할 수 있다. 따라서 파산선고를 받은 자가 신탁재산을 보유한다 하더라도 사실상 이를 적절하게 관리하기 어렵다. 나아가 신탁사무를 처리하는 수탁자와 거래한 신탁채권자는 신탁재산뿐만 아니라 수탁자의 고유재산에 대해서도 강제집행을 할 수 있는데 수탁자가 개인적으로 파산할 경우 그것이 불가능하므로 신탁채권자에게 불측의 손해를 야기할 수 있다(특히 책임한정특약 또는 유한책임신탁을 설정하지 않은 경우). 따라서 신탁법에서는 파산선고를 받은 자를 수탁무능력자로 규정하고 있는 것이다. 주의할 것은 미성년자, 금치산자(즉 피성견후견인), 한정치산자(즉 피한정후견인)와는 달리 파산자는 수탁무능력자일 뿐 행위무능력자이거나 정신적 능력의 제약으로 사무처리능력이 결여되거나 부족한 경우는 아니라는 것이다. 이는 아래에서 다루는 수익자에 대한 통지의무와 관련하여 차이를 나타낸다.

기하기로 한다.

(ㄴ) 임무종료

(1) 서 론

수탁자로 선임된 자가 수탁무능력자가 아니라면 신탁을 인수할 수 있게 된다. 하지만 수탁능력이 처음에는 있었으나 이후 이를 상실하면 수탁자의 지위를 잃게 된다. 이 경우 당해 신탁은 존속하면서 수탁자의 임무만 종료하게 된다. 다시 말해서 신탁은 일반적 계약관계와는 달리 상대방 당사자가 기존의 법률관계에서 빠진다고 하여 그 법률관계가 종료되는 것은 아니다. 그 신탁의 효력은 계속 유지되고 수탁자만 신탁에서 물러나 새로운 수탁자가 신탁사무를 이어갈 뿐이다. 신수탁자 선임에 관하여는 잠시 후에 살펴보고 우선 수탁자의 임무가 종료되는 사유를 살펴본다. 기존의 수탁자의 임무가 종료되어야 신수탁자의 선임을 논할 수 있기 때문이다. 수탁자의 임무종료 사유에는 4가지가 있다.

(2) 수탁능력의 상실

신탁법 제12조에서는 수탁자에게 다음 사유가 있을 때 수탁자의 지위를 상실하는 것으로 보고 있다. 수탁자가 사망한 경우(신탁법 제12조 제1항 제1호), 금치산선고(즉 성년후견심판) · 한정치산선고(즉 한정후견심판)를 받은 경우(신탁법 제12조 제1항 제2호), 파산선고(신탁법 제12조 제1항 제3호)를 받은 경우, 그리고 합병 외의 사유로 인하여 법인이 해산된 경우(신탁법 제12조 제1항 제4호). 이들은 수탁자가 수탁능력을 상실하는 사유에 해당한다. 사망(신탁법 제12조 제1항 제1호)과 법인의 해산(신탁법 제12조 제1항 제4호)의 경우에는 기존의 수탁자가 더 이상 존재하지 않기 때문에 당연히 그의 임무도 종료할 수밖에 없다. 반면 금치산선고(즉 성년후견심판) · 한정치산선고(즉 한정후견심판)(제12조 제1항 제2호)와 파산의 경우에는 수탁자의 부재에 해당하지는 않지만 사후에 수탁무능력자가 된 경우라고 할 수 있다. 따라서 제11조의 수탁무능력에서 서술한 내용이 그대로 적용되어 사후에 수탁무능력자가 된 수탁자의 임무는 종료된다.

수탁자의 임무가 종료되면 가장 직접적으로 영향을 받는 자는 바로 수익자이다. 따라서 이 사실은 그에게 통지되어야 한다. 이는 수익자가 신탁이익을 받는 자이므로 그에게 피해가 발생하지 않도록 하기 위한 것이다. 나아가 신수탁자 또는 신탁재산관리인[2]의 선임에 적극적으로 개입할 수 있도록 하기 위한 것이다. 따라서 (i) 수탁자가 사망한 경우에는 상속인이, 수탁자가 성년후견심판이나 한정후견심판을 받은 경우에는 그의 법정대리인이, 그리고 법인이 해산된 경우에는 청산인이 각각 수익자에게 수탁자의 임무가 종료되었음을 통지하여야 한다(신탁법 제12조 제2항). 한편 (ii) 수탁자가 파산선고를 받은 경우에는 그의 파산관재인이 수익자에게 수탁자의 임무종료 사실을 통지하여야 할 것처럼 보일 수 있다. 그러나 (i)의 경우와 달리 수탁자가 부재한 경우이거나 능력이 제약된 경우가 아니므로 수탁자의 임무종료의 통지는 파산선고를 받은 수탁자가 직접 수익자에게 행한다(신탁법 제12조 제3항 제1호). 나아가 파산선고를 받은 수탁자는 파산관재인에게 신탁재산에 관한 사항을 알려 그의 고유재산과 분별할 수 있도록 하여야 한다(신

2 신탁재산관리인은 수탁자의 일시 부재시 신탁재산을 관리하기 위하여 선임되는 자이다. 이에 관하여는 본장 가.(ㄹ) 참조.

탁법 제12조 제3항 제2호).

(3) 신탁행위로 정한 임무종료사유의 발생

신탁행위(즉 계약, 유언 또는 자기선언)에서 수탁자의 임무종료사유를 정한 경우에는 그 사유의 발생에 의하여 수탁자의 임무는 종료된다. 또한 신탁행위에서 수탁자가 변호사, 회계사 또는 공인중계사 등 일정 자격을 갖출 것을 조건으로 한 경우에 수탁자가 추후에 그 특정한 자격을 상실하게 되면 마찬가지로 그의 임무는 종료된다(신탁법 제13조 제1항). 이처럼 신탁행위에서 정한 사유의 발생 또는 일정 자격의 상실로 임무가 종료된 수탁자는 그의 임무가 종료되었다는 사실을 수익자에게 통지하여야 한다(신탁법 제13조 제2항).

(4) 수탁자의 사임

수탁자가 사임하기 위해서는, 신탁행위로 달리 정함이 없다면, 위탁자와 수익자의 승낙을 얻어야 한다(신탁법 제14조 제1항의 반대해석).[3] 하지만 승낙을 항상 요구하는 것은 수탁자에게 너무 지나친 면이 있기 때문에 신탁법은 예외적으로 정당한 사유가 있거나(예컨대 건강악화, 신탁당사자와의 마찰 등) 법원의 허가를 받아서 사임할 수 있도록 하고 있다(신탁법 제14조 제2항). 한편 제14조 제3항에서는 사임한 수탁자는 사임에 의한 임무종료의 사실을 수익자에게 통지하도록 정하고 있다(신탁법 제14조 제3항). 그러나 이

---

3 그러나 **유언신탁의 경우**에는 위탁자가 이미 사망한 상태이기 때문에 수탁자는 수익자의 승낙만 있으면 사임할 수 있다고 해석할 필요가 있다.

는 신탁행위로 수익자의 동의가 필요 없다고 정한 경우 또는 법원의 허가를 받아 수탁자가 임무를 종료한 경우에만 적용될 것이다. 왜냐하면 제14조 제1항에 따라 수익자와 위탁자의 승낙 하에 수탁자가 사임한 경우에 수익자는 이미 수탁자의 임무가 종료되었다는 사실을 알고 있을 것이기 때문이다. 따라서 임무가 종료된 수탁자는 굳이 수익자에게 별도로 통지할 필요가 없다.

(5) 수탁자의 해임

보다 나은 신탁운용을 위하여 필요한 경우 혹은 수탁자가 수익자 및(또는) 위탁자와 마찰을 빚는 경우, 수익자 및(또는) 위탁자는 수탁자의 교체를 원할 수도 있다. 따라서 신탁법에서는 이들이 원할 경우 수탁자를 해임할 수 있는 기회를 제공하고 있다. 즉 신탁행위로 달리 정함이 없다면, 위탁자가 있는 경우에는 위탁자와 수익자의 합의에 의해서, 만일 위탁자 없다면 수익자가 단독으로,[4] 언제든지 수탁자를 해임할 수 있다(신탁법 제16조 제1항). 그러나 신탁이 계속적 법률관계임을 감안할 때 수탁자에게 불리한 시기에(예컨대 수탁자가 개발사업을 한창 진행 중인 경우) 위탁자 및(또는) 수익자가 임의로 언제든지 수탁자를 해임할 수 있다고 한다면 수탁자에게 불측의 손해가 발생할 수 있다. 따라서 정당한 사유 없이 수탁자에게 불리한 시기에 수탁자를 해임한 때에는 그가 입은 손해를 배상할 책임이 있다(신탁법 제16조 제2항). 한편 수탁자에게 불리한 시기인지 여부를 불문하고, 수탁자의 의무위반행위가 있거나 그밖에 중요한 사유가 있다면, 위탁자나 수익자는 법원에 수탁

4 예컨대 유언신탁에서 위탁자가 사망한 경우.

자의 해임을 청구할 수 있다(신탁법 제16조 제3항).[5] 법문에 명확히 나타나 있지 않지만 이 경우에 수탁자는 그에게 불리한 시기에 해임되었다 하더라도 이에 관한 손해를 청구할 수 없다고 해석된다. 왜냐하면 의무위반이나 이에 준하는 중요한 사유로 인하여 해임된 경우라면 수탁자 자신이 그러한 불리한 시기에 의무위반 등을 하여 해임을 자초한 것으로 볼 수 있기 때문이다. 마지막으로 수탁자가 법원에 의하여 해임될 경우에 수탁자는 자신이 해임된 사실을 수익자에게 통지하여야 한다(신탁법 제16조 제4항).[6]

(ㄷ) 신수탁자의 선임

(1) 서 론

지금까지 우리는 수탁자의 임무가 종료되는 여러 가지 경우를 살펴보았다. 수탁자의 임무가 종료된다 하더라도 신탁이 종료되는 것은 아니다. 이 경우에 신수탁자가 신탁사무를 인계받는다. 따라서 수탁자의 변경이 있을 뿐이다. 이하에서는 신탁법에서 신수탁자가 어떻게 선임되고 신탁사무는 어떻게 신수탁자에게 인계되는지에 관하여 살펴보도록 한다.

---

5 위탁자와 수익자 사이에 합의가 안 되는 경우에만 법원을 통한 해임청구가 가능하다고 해야 한다. 왜냐하면 위탁자와 수익자의 합의 또는 위탁자가 없을 경우에는 수익자가 단독으로 해임할 수 있기 때문이다(신탁법 제16조 제1항).

6 이 통지의무는 제16조 제3항에 따라 위탁자가 수탁자의 해임을 청구한 경우에만 적용된다고 보아야 한다. 왜냐하면 수익자가 수탁자의 해임을 청구한 경우에 수익자는 해임사실에 대해 알고 있을 것이기 때문이다.

(2) 신수탁자의 선임

수탁자의 임무가 종료된 경우 신탁행위에서 달리 정함이 없다면 신수탁자는 신탁의 당사자인 위탁자와 수익자가 합의하여 선임한다. 그러나 위탁자가 없는 상황이라면[7] 수익자가 단독으로 신수탁자를 선임한다(신탁법 제21조 제1항). 신수탁자는 법원의 결정에 의해 선임될 때도 있다(신탁법 제21조 제2항). 예컨대 신수탁자의 선임에 관하여 위탁자와 수익자가 합의를 보지 못할 경우에는[8] 이해관계인의 청구에 따라 법원이 신수탁자를 선임한다. 한편 유언신탁에서 수탁자로 지정된 자가 신탁의 인수를 거절할 경우 신수탁자는 어떻게 선임하는가? 이 경우 신탁법 제21조 제3항에서는 동조 제1항과 제2항을 준용하도록 하고 있다. 그러나 유언신탁에서 위탁자는 이미 사망하였으므로 결국에는 수익자의 단독결정을 통하여 신수탁자를 선임하게 되고(신탁법 제21조 제1항을 준용할 경우) 만일 수익자가 결정을 하고 있지 않거나[9] 미성년자 · 피성년후견인 등이어서 신수탁자를 적절히 선임할 수 없는 상황이라면, 신탁법 제21조 제2항에서 정하는 '위탁자와 수익자 간의 합의'가 이루어질 수 없다. 따라서 이는 수탁자를 정할 수 없는 경우에 상당하다고 보아, 이해관계인의 (예컨대 상속인이나 유언집행자 등) 청구에 의해 법원에서 신수탁자를 선임할 수 있다고 보아야 할 것이다

---

7 예컨대 유언신탁에서 위탁자가 이미 사망한 경우.

8 위탁자가 없으면 수익자가 단독으로 신수탁자를 정할 수 있으므로(신탁법 제21조 제1항 본문) 신수탁자 선임에 관한 불합의로 인하여 법원에 대하여 신수탁자의 선임을 청구할 필요도 없다.

9 그러나 이러한 경우는 드물 것이다. 왜냐하면 수익자는 자신이 받을 이익을 위하여 신수탁자를 조속히 확정하려고 할 것이기 때문이다.

(신탁법 제21조 제2항의 유추적용). 법원에서 신수탁자를 선임하는 경우에 필요하다고 인정되면 신탁재산에서 적당한 보수를 지급할 수 있다(신탁법 제21조 제4항 및 이에 의해 준용되는 동조 제2항과 제3항).

(ㄹ) 신탁재산관리인의 선임

(1) 서 론

수탁자의 임무가 종료된 경우에 신수탁자가 미리 선임되어 있거나 혹은 지체 없이 선임된 경우라면 신수탁자가 신탁재산을 이전받고 신탁사무를 개시하면 된다. 그러나 신수탁자를 선임하는데 시간이 소요될 경우에는 **잠시 신탁재산을 보관해 주거나 관리해 주고 장차 신수탁자가 선임되면 그에게 신탁재산을 인계할 사무를 처리해 줄 사람**이 필요하다. 그 역할을 맡는 자가 바로 신탁재산관리인이다.

(2) 임의적 신탁재산관리인의 선임

지금까지 검토한 수탁자의 임무종료사유가 발생하여 수탁자의 임무가 종료된 경우에 이해관계인은 법원에 신탁재산관리인을 선임하거나 필요한 처분을 해줄 것을 청구할 수 있다(신탁법 제17조 제1항). 나아가 수탁자와 수익자 사이의 이해가 상반되어 수탁자가 신탁사무를 수행하는 것이 적절하지 않은 경우에도 이해관계인의 청구에 의하여 법원은 신탁재산관리인의 선임 또는 그밖에 필요한 처분을 내릴 수 있다(신탁법 제17조 제1항).[10] 신탁재산관리

10 이 경우에 신탁재산관리인은 수탁자와 수익자 간의 이해가 상반되는 사무를 처리

인을 선임함에 있어서 법원은 신탁재산관리인이 신탁재산을 보관하고 신탁사무를 처리하는 과정에서 법원의 허가를 받아서 진행하여야 하는 사항을 따로 정할 수 있다(신탁법 제17조 제2항). 법원의 허가를 받아서 진행해야 하는 사항을 제외하면, 신탁재산관리인은 수탁자와 동일한 권리와 의무를 가진다(신탁법 제17조 제4항). 따라서 신탁재산관리인은 신탁재산에 관한 소송에서 소송당사자가 된다(신탁법 제17조 제5항). 한편 법원은 신탁재산관리인에게 필요한 경우 적당한 보수를 신탁재산에서 지급할 수 있다(신탁법 제17조 제6항). 한 가지 유의할 점은, 아래에서 다루는 필수적 신탁재산관리인의 선임사유가 발생한 경우에는 신탁법 제18조가 적용되기 때문에 동법 제17조의 적용은 없다는 것이다.

(3) 필수적 신탁재산관리인의 선임

다음 4가지 사유가 발생할 당시에 수탁자가 선임되지 아니하거나 다른 수탁자가 존재하지 않는다면 법원은 신탁재산을 보관하고 신탁사무의 인계에 필요한 행위를 맡을 신탁재산관리인을 선임해야 한다(신탁법 제18조): (i) 수탁자가 사망하였으나 상속인의 존부가 불명하여 민법 제1053조 제1항에 따라 상속재산관리인이 선임되는 경우(신탁법 제18조 제1항 제1호); (ii) 수탁자가 파산선고를 받은 경우(신탁법 제18조 제1항 제2호); (iii) 수탁자가 법원의 허가를 받아 사임한 경우(신탁법 제18조 제1항 제3호); (iv) 임무위반으로 법원에 의하여 해임된 경우(신탁법 제18조 제1항 제3호). 이때 법원은

할 권한만 갖는다. 나머지 사무를 처리할 권한은 여전히 수탁자에게 있다(대판 2018.9.28. 선고 2014다79303).

상속재산관리인의 선임결정, 파산선고, 수탁자의 사임허가결정 또는 해임결정을 함과 동시에 신탁재산관리인을 선임하여야 한다(신탁법 제18조 제2항). 법원에 의해 선임된 신탁재산관리인은 수익자에게 이 사실을 통지하여야 한다(신탁법 제18조 제3항, 제17조 제3항). 신탁재산관리인은 당해 신탁에 관한 소송에서 당사자가 된다(신탁법 제18조 제3항, 제17조 제5항). 그리고 필요하다고 판단될 경우 법원은 신탁재산에서 보수를 줄 수 있다(신탁법 제18조 제3항, 제17조 제6항).

(4) 신탁재산관리인의 임무종료

신수탁자가 선임되거나 더 이상 수탁자와 수익자 사이에 이해가 상반되지 않을 경우 신탁재산관리인의 임무는 종료된다(신탁법 제19조 제1항). 한편 신탁재산관리인은 그 임무가 종료되기 전이라도 법원의 허가를 얻어 사임할 수 있다(신탁법 제19조 제2항). 나아가 법원은 이해관계인의 청구에 의하여 신탁재산관리인을 해임할 수 있다(신탁법 제19조 제3항). 신탁재산관리에 관한 임무가 종료되기 전에 법원이 신탁재산관리인의 사임을 허가한 경우 또는 신탁재산관리인을 해임한 경우에는 그 결정과 동시에 새로운 신탁재산관리인을 선임하여야 한다(신탁법 제19조 제4항). 신탁재산의 관리가 중단 없이 계속되어야 하기 때문이다.

(5) 신탁재산관리인의 공고, 등기 또는 등록

법원은 신탁재산관리인의 선임, 사임, 해임, 기타 임무종료 사실을 공고하고, 등기나 등록이 가능한 신탁재산에 대해서는 직권으로 이에 대한 등기나 등록을 촉탁해야 한다(신탁법 제20조 제1항 제

1-4호 및 제2항 참조). 신탁재산관리인이나 수탁자의 고의 또는 과실로 인하여 등기 또는 등록이 사실과 다르게 이루어진 경우에는 그 등기 또는 등록과 다른 사실로써 선의의 제3자에게 대항하지 못하며(신탁법 제20조 제3항), 등기된 내용대로 효력을 발생한다.

(ㅁ) 신수탁자 또는 신탁재산관리인이 선임되기 전 신탁재산의 보관주체

(1) 서 론

수탁자의 임무가 종료된 때로부터 신수탁자나 신탁재산관리인이 선임되기 전 사이에 신탁재산의 보관주체와 관련하여 공백이 발생할 우려가 있다. 무엇보다 수익자의 이익을 위해서라도 이 시기에 누군가가 신탁재산을 관리할 필요가 있다. 따라서 신탁법은 이에 관하여 여러 가지 상황을 구분하여 그 공백을 메우고 있다. 아래에서는 이에 관하여 살펴보도록 한다.

(2) 수탁자의 상속인, 법정대리인, 청산인 또는 존속법인 등이 보관하는 경우

수탁자가 상속인을 남기고 사망한 경우, 금치산선고(즉 성년후견심판)나 한정치산선고(즉 한정후견심판)를 받은 경우, 그리고 법인 수탁자가 해산한 경우(제12조 제1항 제1호, 제2호, 제4호)에 신수탁자 또는 신탁재산관리인이 아직 선임되지 않았다면 각각 수탁자의 상속인, 법정대리인, 그리고 청산인이 신수탁자 또는 신탁재산관리인이 선임될 때까지 신탁재산을 보관하고 신탁사무의 인계를 위해서 필요한 행위를 하여야 한다. 나아가 이들은 이 사실을 즉시 수익자에게 통지하여야 한다(신탁법 제12조 제4항). 한편 법인수탁자가 합병한 경우에는 합병을 통해 설립된 법인 또는 합병 후 존속하는 법인이 계속 수탁자로서의 권리와 의무를 가진다. 수탁자인 법인이 분할하는 경우에는 분할에 의하여 수탁자로 정하여진 법인이 수탁자로서의 권리와 의무를 가진다(신탁법 제12조 제5항).

(3) 임무가 종료된 수탁자가 보관하는 경우

신탁행위에서 정해진 수탁자의 임무종료사유가 발생하거나 수탁자가 특정한 자격을 상실한 경우(신탁법 제13조 제1항), 수익자와 위탁자의 승낙을 얻어 사임한 경우(신탁법 제14조 제1항)에, 수탁자는 비록 신탁임무가 종료되지만 신수탁자나 신탁재산관리인이 신탁사무를 처리할 수 있을 때까지 수탁자의 권리 · 의무를 갖는다(신탁법 제15조). 위탁자와 수탁자의 합의가 있거나 수익자의 단독적 의사표시에 의해 수탁자가 해임된 경우(신탁법 제16조 제1항)에, 해임된 수탁자는 신수탁자나 신탁재산관리인이 신탁사무를 처리할 수 있을 때까지 신탁재산을 보관하고 신탁사무인계에 필요한 행위를 하여야 한다[11](신탁법 제16조 제5항 본문). 그러나 수탁자가 해임된 사유가 임무위반일 경우에는 그렇지 않다(신탁법 제16조 제5항 단서). 왜냐하면 이미 임무를 위반하여 해임된 자로 하여금 신탁재산을 보관하도록 하는 것은 적절하지 않기 때문이다. 이 경우에 이해관계인의 청구에 의하여 법원에 신탁재산관리인의 선임을 청구할 필요가 있다(신탁법 제17조 제1항). 만일 임무위반수탁자

11 법원에 의해 해임된 때에는(신탁법 제16조 제3항) 아래에서 살펴보듯이 필수적 신탁재산관인이 선임되기 때문에 해임된 수탁자가 보관할 필요성이 없다.

의 해임이 법원의 결정에 의한 경우(신탁법 제16조 제3항)에 법원은 해임결정과 동시에 필수적 신탁재산관리인을 선임하기 때문에(신탁법 제18조 제2항) 이해관계인이 별도로 신탁재산관리인의 선임을 법원에 청구할 필요가 없다.

(4) 무조건 신탁재산관리인이 선임되므로 공백이 없는 경우

앞에서 언급한 바와 같이 법원은 상속재산관리인의 선임결정, 수탁자의 파산선고, 수탁자의 사임허가결정 또는 수탁자의 해임결정을 내릴 때 이와 동시에 신탁재산관리인을 선임하여야 한다(신탁법 제18조 제2항). 사실 이들 각각의 경우에 있어서 일견 상속재산관리인, 파산관재인, 법원으로부터 사임을 허가 받은 수탁자 또는 임무위반으로 인해 법원에 의해 해임된 수탁자가 신탁재산을 보관하는 것으로 생각할 수 있다. 그러나 신탁법 제18조 제2항에서는 상속재산관리인의 선임결정, 수탁자의 파산선고, 수탁자의 사임허가결정 또는 수탁자의 해임결정을 내릴 때 이와 동시에 신탁재산관리인도 선임하도록 규정하고 있다. 이렇게 함으로써 신탁재산관리인은 즉시 선임되고 신탁재산을 바로 보관할 수 있게 된다. 신탁법에서 특별히 상속재산관리인, 파산관재인, 사임한 수탁자 그리고 임무위반 수탁자로 하여금 신탁재산을 보관하도록 하지 않고 그 대신에 즉시 신탁재산관리인을 선임하는 이유는 다음과 같다. 즉 (i) 상속재산관리인은 상속채권자 및 상속권자를 위하여 상속재산을 보유하여야 하고, (ii) 파산관재인은 채권자를 위하여 파산재단을 운용하여야 하는 자이기 때문에 수익자의 이익과 충돌할 위험이 있다. 따라서 이들로 하여금 신탁재산을 보관하도록 하는 것은 적절하지 않다. 그리고 (iii) 법원의 허가를 받고 사임한 수탁자는 본인의 사정으로 즉시 신탁사무를 처리할 수 없기 때문에 법원에 사임을 신청하고 이를 법원이 허가한 것이므로 신탁재산을 관리할 수 있는 상태에 있지 않다. 마지막으로 (iv) 임무를 위반한 수탁자는 이미 신뢰를 잃었기 때문에 신탁사무를 적절하게 수행할 것으로 기대하기 어렵다.

나. 수탁자의 의무

(ㄱ) 선량한 관리자의 주의의무

(1) 객관적 주의의무

수탁자는 신탁사무를 처리함에 있어서 선량한 관리자의 주의의무(이하 '선관의무'라 한다)를 부담한다(신탁법 제32조). 여기서 선량한 관리자의 주의란 수탁자의 개인적 능력에 따른 주의를 말하는 것이 아니라, 수탁자의 직업과 사회적 지위에 상응하는 자가 일반적으로 부담하는 정도의 주의를 말한다. 따라서 수탁자는 주관적 주의의무가 아닌 객관적 주의의무를 부담한다. 이는 민법 제681조에서 규정하고 있는 수임인의 선관의무와 동일하다.

이러한 **객관적 주의의무는 유상수탁자와 무상수탁자 모두에게 적용**된다. 신탁관계에서는 무조건 재산권까지 수탁자에게 귀속되어 관리되기 때문에 보다 엄격한 기준이 적용될 필요가 있다. 따라서 수탁자의 경우에는 유상과 무상을 가리지 않고 수탁자의 직업과 지위에 상응하는 객관적 주의의무를 부담한다. 한편 수탁자가 객관적 주의의무를 부담한다고 하여 모든 종류의 수탁자가 같

[그림 6-1] 수탁자의 의무

수탁자의 의무
- 선량한 관리자의 주의의무(제32조)
- 충실의무(제33조)
  - 이익상반행위 금지의무(제34조)
  - 이익향수 금지의무(제36조)
- 공평의무(제35조)
- 분별관리의무(제37조)
- 신탁장부 등의 작성, 보존 그리고 비치 의무(제39조)
- 금전의 관리방법에 관한 의무(제41조)
- 위임금지의무(제42조)

은 정도의 주의의무를 부담하는 것은 아니다. 특정분야의 전문가인 수탁자와 그렇지 않은 수탁자 사이에서 '객관성'은 다른 의미를 갖는다. 즉 전자의 경우에는 전문가집단을 기준으로 하여 수탁자가 주의의무를 위반하였는지 여부를 판단하고, 후자의 경우에는 비전문가인 일반인을 기준으로 하여 주의의무를 위반하였는지 여부를 판단한다. 요컨대 수탁자의 선관의무는 동일집단을 판단기준으로 하는 객관적 주의의무라고 할 수 있다.[12]

12 이는 불법행위법에서 말하는 과실의 개념과 동일하다. 예컨대 우리 판례는 "불법행위의 성립요건으로서의 과실은 이른바 추상적 과실만이 문제되는 것이고 이러한 과실은 사회평균인으로서의 주의의무를 위반한 경우를 가리키는 것이지만, 그러나 여기서의 '사회평균인'이라고 하는 것은 추상적인 일반인을 말하는 것이 아니라 **그때그때의 구체적인 사례에 있어서의 보통인**을 말하는 것이다"라고 판시하였다; 이에 관하여는, 권영준, "불법행위의 과실 판단과 사회평균인", 비교사법 제22권 제1호(2015), 91, 특히 107면 이하 참조.

(2) 선관의무의 위반

선관의무는 법률행위를 하는 경우뿐만 아니라 사실행위를 하는 경우에도 요구된다. 수탁자가 선관의무를 위반한 예로서 다음의 것들을 들 수 있다. 즉 (i) 수탁자가 신탁재산인 현금을 금고에 사장하여 이자수입을 올리지 못한 경우, (ii) 신탁재산을 제대로 점유하지 못하여 그 소유권을 상실한 경우, (iii) 가옥의 파손에 관하여 적당한 시기에 적절한 수선을 게을리하여 못쓰게 만든 경우, (iv) 채권에 관하여 권리행사를 게을리하여 소멸시효에 걸리게 한 경우, (v) 위험한 투자를 하여 신탁재산인 원본을 소멸시킨 경우, (vi) 신탁재산을 현상대로 관리해야 함에도 불구하고 담보물권을 설정하거나 매각한 경우, (vii) 신탁재산을 일정액 이상으로 매각하여야 함에도 불구하고 그 가격 이하로 매각한 경우, (viii) 은행에 예금해야 하는 신탁재산인 금전을 주식구입에 사용한 경우, (ix) 신탁재산에 대하여 부당하게 채무를 면제한 경우,[13] (x) 부동산신탁에서 부실건설회사를 시공업체로 선정한 경우, (xi) 위탁자지시형 신탁에서 위탁자의 지시에 대하여 수탁자(즉 신탁업자)가 그 부적절성에 대한 지적 내지 조언을 게을리한 경우 등.

우리 판례를 살펴보면 (i) 위탁자지시형 신탁의 경우에 있어서 위탁자의 지시가 신탁사업추진에 부적합하거나 경제성이 없다고 판단되는 경우에는 그 지시에 대하여 적절한 조언을 해야 할 선관의무를 부담한다고 판시한 경우[14]가 있다. 그리고 (ii) 부동산신탁

13 문형배, "토지신탁상 수탁자의 손해배상의무와 보상청구권", 판례연구 19, 부산판례연구회(2008), 155-156면 참조.

14 대판 2006.6.9. 선고 2004다24557.

계약의 수탁회사가 부실건설회사를 시공업체로 선정하고 당해 건설회사가 공사 선급금을 신탁사업과 무관한 용도로 사용할 것을 알면서도 채권확보 대책도 없이 거액의 공사 선급금을 일시로 지급한 상황에서 건설회사의 부도로 공사가 착공되지 못하고 이로 인하여 신탁사업에 차질을 빚은 경우에 수탁회사의 선관의무 위반을 인정하였다.[15]

(3) 선관의무의 감경

수탁자의 선관의무의 정도는 신탁행위로 감경할 수 있다(신탁법 제32조 단서). 즉 신탁법 제32조는 임의규정이다. 그러나 고의 또는 중과실로 선관의무를 이행하지 않는 경우에까지 면책을 인정하는 것은 허용되지 않는다. 고의 또는 중과실로 선관의무를 위반하여 수익자의 이익을 해치는 경우까지 면책된다는 것은 공서양속에 반한다.[16] 한편 신탁업자의 경우에는 전문가이기 때문에 항상 전문가집단을 기준으로 하는 객관적 주의의무를 부담한다. 그런데 신탁법 제32조 단서와는 달리 **신탁업자의 주의의무에 대해서는 신탁행위로 달리 정할 수 없다**. 즉 자본시장법 제102조 제1항에서는 "신탁업자는 수익자에 대하여 선량한 관리자의 주의로써 신탁재산을 운용하여야 한다"라고 규정하고 있다. 이를 감경할 수 있다는 단서가 없기 때문에 신탁업자는 자신의 선관의무를 감경할 수 없다. 실무에서 대부분의 수탁자가 신탁업자인 점을 감안하면 신탁

15 서울지판 1999.9.15. 선고 98가합83710.

16 미국의 표준신탁법전(Uniform Trust Code)에 의할 경우 어떠한 신탁의무의 위반이건 간에 그로 인한 책임을 사전에 전적으로 면제하는 것은 효력이 없는 것으로 하고 있다(표준신탁법전 제1008조의 (a)(1) 참조).

법 제32조 단서의 규정이 적용될 여지는 별로 없어 보인다.

(4) 선관의무 위반에 대한 책임

만일 수탁자가 선관의무를 위반하여 신탁에 손해가 발생하였다면 수탁자는 이에 대하여 원상회복 또는 손해배상의 책임을 부담한다(신탁법 제43조).

(ㄴ) 충실의무

(1) 수익자에게 부담하는 의무

판례는 "수탁자의 충실의무는 수탁자가 신탁목적에 따라 신탁재산을 관리하여야 하고 신탁재산의 이익을 최대한 도모하여야 할 의무로서…"라고 판시하고 있다.[17] 신탁법 제33조에서는 "수탁자는 수익자의 이익을 위하여 신탁사무를 처리하여야 한다"라고 정하고 있다. 판례는 신탁재산의 이익이라고 표현하고 있으나 신탁재산의 이익을 도모하는 것은 곧 수익자의 이익을 증진하는 것이므로 사실상 신탁법과 판례 사이에 실질적인 차이는 없다. 따라서 충실의무는 수익자의 이익을 위하여야 한다는 것을 의미한다. 이는 다시 말해서 **수탁자의 충실의무는 수익자에게 부담하는 의무**라는 것이다.

한편 체계적 정립 차원에서 보았을 때 수탁자의 **선관의무와 충실의무는 서로 구별되는 별개의 의무**이다.[18] 다음 2가지 이유를 들

17 대판 2005.12.22. 선고 2003다55059.

18 충실의무는 선관의무의 예시이거나 하부 내용에 해당하지 않는다는 것이 신탁법학계의 다수 견해이다. 이연갑, "개정신탁법상 수탁자의 권한과 의무, 책임", 신탁법의 쟁점 제1권(정순섭 · 노혁준 편저), 소화(2015), 334면; 이계정, "신탁의 법경

수 있다. 즉 (i) 선관의무는 주관적인 측면(즉 주의의무의 위반 여부)을 따지는 반면에 충실의무는 엄격책임으로서 오로지 객관적인 측면(즉 이익상반행위 또는 이익취득행위의 존부)만을 문제 삼기 때문이다. 다시 말해서 이익상반행위 또는 이익취득행위가 발생할 경우에 수탁자로서는 자신에게 과실이 없음을 내세워 자신이 취득한 이익에 대한 원상회복이나 반환의 책임을 면할 수 없다. 그러한 행위로 현재 수탁자 수중에 취득한 이익이 있으면 수탁자의 과실 여부를 묻지 않고(따라서 이에 대한 수익자의 증명은 불요) 이를 원상회복 또는 반환할 책임을 부담한다. (ii) 선관의무와 충실의무를 위반할 경우의 효과 또한 상당한 차이를 보이고 있다. 특히 신탁법 제43조 제3항의 이득반환책임은 선관주의의무 위반이 알지 못하는 효과이다.

신탁법 제33조에 따르면 충실의무는 수익자의 이익을 위한 의무이지만 아쉽게도 이는 우리에게 아무런 구체적 내용도 말해주지 않는다. 여기서 우리는 누구와의 관계에서 수익자의 이익만을 위해야 한다는 것인지를 먼저 파악할 필요가 있다. 그것은 바로 **수탁자 또는 제3자와의 관계**이다. 따라서 충실의무의 가장 중요한 구체적 내용으로는 다음 2가지를 들 수 있다. 즉 (i) 수탁자는 자신(또는 제3자)의 이익과 수익자의 이익이 서로 충돌하거나 상반되는 행위를 해서는 안 될 의무. 이를 **이익상반행위(또는 이익충돌행위) 금지의무(the no-conflict rule)**(신탁법 제34조)라고 한다. 그리고 (ii) 수탁자는 신탁을 운용하는 과정에서 원칙적으로 신탁재산이나 제3자로부터 그 어떠한 이익도 취득해서는 안 될 의무. 이를 **이익향수(또는**

제학적 분석", 법조 제69권 제4호(2020), 90-91면; 이중기, 충실의무법-신뢰에 대한 법적 보호, 삼우사(2016), 139면; 최수정, 신탁법(개정판), 박영사(2019), 304-305면.

이익취득) **금지의무**(the no-profit rule)(신탁법 제36조)라고 한다. 이에 관하여는 본 장 (ㄷ)과 (ㄹ)의 부분에서 각각 다룬다.

(2) 선언규정

한편 충실의무에 관한 신탁법 제33조의 성질과 관련하여 선언규정설과 효력규정설이 대립한다. 그러나 충실의무의 구체적 내용을 담고 있는 제34조 내지 제36조에 포섭되지 않는 경우는 사실상 찾아보기 어렵다.[19] 따라서 굳이 신탁법 제33조를 효력규정이라고 볼 현실적 · 기능적 실익은 없다. 신탁법 제33조는 이를 선언적 규정으로 파악하는 것이 옳다.[20] 신탁법 제33조를 선언규정으로 파악하게 되면 이 규정을 위반한 경우에 수탁자는 어떠한 책임을 부담하는가에 대한 논의는 그 실익을 잃게 된다. 왜냐하면 충실의무의 위반에 관한 문제는 궁극적으로 충실의무의 구체적 내용을 이루는 하부의무에 대한 위반문제로 귀결되기 때문이다.[21] 다시 말해서 신탁법 제34조 내지 제36조(이상 충실의무의 하부의무의 내용) 그리고 신탁법 제43조(그 하부의무 위반 시 수탁자의 책임내용)에 관한 문제가 된다는 것이다. 사실 현행법의 규정형식에 대해서는 약

19 특히 제34조 제1항 제5호에서는 수익자의 이익에 반하는 행위라는 매우 포괄적 규정을 두고 있어 제33조의 효력규정으로서의 작용을 더욱 무의미하게 만든다.

20 이는 수탁자가 신탁업자일 경우에 적용되는 자본시장법 제102조 제2항의 경우에도 마찬가지라고 할 수 있다. 이 법 제102조 제2항은 다음과 같이 규정되어 있다: "신탁업자는 수익자의 이익을 보호하기 위하여 해당 업무를 충실하게 수행하여야 한다."

21 이연갑 교수도 충실의무를 "수익자의 이익과 수탁자의 이익이 충돌하는 이익상반의 상황에서 수탁자의 이익보다 수익자의 이익을 앞세울 의무"라고 보고 있는데 이는 결국 충실의무를 이익상반행위 금지의무(신탁법 제34조) 및 이익향수 금지의무(신탁법 제36조)로 이해하는 것으로 보인다. 이 경우 신탁법 제33조를 역시 선언규정으로 전제하고 있는 것으로 파악된다(이연갑, 신탁법상 수익자 보호의 법리, 경인문화사(2014), 77면 참조).

간의 아쉬움이 있다. 생각건대 충실의무에 관한 규정을 제33조에서 제36조까지 나열하여 규정하는 것보다는 이들 모두가 충실의무의 구성요소인 점을 감안하여 미국 표준신탁법전(Uniform Trust Code)[22] 제802조[23]에서처럼 그 내용들을 모두 하나의 조문으로 통합하는 것이 보다 바람직한 입법태도라고 본다.

(3) 영미의 충실의무

영미법계 국가의 신탁법에서도 이익향수 금지의무(the no-profit rule)와 이익상반행위 금지의무(the no-conflict rule)가 충실의무의 핵심내용을 구성한다.[24] 한편 영미법계에서 충실의무는 신탁관계에서 뿐만 아니라 기타 다양한 법률관계에서도 인정된다. 그리고 **충실의무가 부과되는 법률관계를 통합적으로 신임관계**(fiduciary relationship)라고 부른다. 그리고 수신임인(fiduciary)이 부담하는 의무를 **신임의무**(fiduciary duty)라고 한다. 그렇다면 이러한 신임관계

---

22 미국에는 아직 연방신탁법이라는 것이 없다. 이는 다시 말해서 각 주마다 그 주에만 적용되는 신탁법을 개별적으로 가지고 있다는 뜻이다. 그러나 이러한 사실은 각 주간의 거래비용을 증가시켜 극히 비효율적이다. 따라서 판사, 교수, 변호사 등으로 구성된 표준주법위원전국회의(National Conference of Commissioners of Uniform State Laws)에서는 모델법이라고 할 수 있는 표준법을 제정하고 각 주의 의회에 의한 채택을 장려하고 있다. 왜냐하면 더 많은 주에서 당해 표준법을 채택하게 될수록 그 분야의 제정법은 미국 내에서 통일성을 가질 수 있기 때문이다. 이는 결국에 각 주 사이의 거래비용을 절감하고 효율성을 제고하는 효과를 가져오게 된다. 표준신탁법전의 경우 2020년 기준으로 34개 주에서 채택되고 있다.

23 명순구 · 오영걸 역, 현대미국신탁법, 세창(2005), 327면 참조.

24 *Bray v Ford* [1896] AC 44, 51; *Bristol and West Building Society v Mothew* [1998] 1 Ch 1; Paul Finn, *Fiduciary Obligations* (Law Book Company, Sydney 1977) 199-200; L.S.Sealy, 'Some Principles of Fiduciary Obligation'(1962) *CLJ* 69; Matthew Conaglen, *Fiduciary Loyalty: Protecting the Due Performance of Non-Fiduciary Duties* (Hart Publishing, Oxford 2010) 39, 61.

는 언제 성립하는가? 즉 (충실의무가 부과되는) 신임관계가 성립되기 위한 기준표지는 무엇인가? 이에 대해서는 아직 통일된 견해가 없다.[25] 따라서 영미 실무에서는 신임의무가 성립될 수 있는 요건을 정립하지 않은 채, 단지 법원에 의하여 신임관계를 개별적 · 탄력적으로 인정하고 있을 뿐이다. 신임관계의 가장 전형적인 예가 바로 수탁자와 수익자 사이의 관계이다. 그밖에 대체로 다음과 같은 경우에 신임관계가 인정된다: (i) 대리인과 본인;[26] (ii) 이사와 회사;[27] (iii) 변호사와 의뢰인;[28] (iv) 치안공무원(경찰, 기소기관 등 포함)과 국가(또는 국왕);[29] (v) 조합원들 사이[30] 등등.[31] 이들 관계에서 신임을 받는 지위에 있는 자인 수탁자, 대리인, 이사, 변호사, 치안공무원 및 조합원은 각각 수익자, 본인, 회사, 의뢰인, 국가(또는 국왕) 그리고 타조합원에 대하여 충실의무를 부담한다. 요컨대 우리법 시각에서 보면 대체로 신탁관계와 위임(혹은 대리)관계에서 발생하고 있음을 알 수 있다.

---

25 이에 관한 다양한 견해에 대해서는 Paul Finn, *Fiduciary Obligations* (Law Book Company, Sydney 1977) 1; *White v Jones* [1995] 2 AC 206, 271; *Hospital Products v United States Surgical Corporation*(1984) 156 CLR 41, 96−97 (per Mason J) 등을 참조.

26 *Boston Deep Sea Fishing and Ice Co v Ansell*(1888) 39 Ch.D 389, CA.

27 *Regal (Hastings) Ltd v Gulliver* [1967] 2 AC 134, HL; *Ultraframe (UK) Ltd v Fielding* [2005 EWHC 1638. 별도의 특별한 합의사항이 없는 한, 일반적으로 이사는 주주에 대해서는 충실의무를 부담하지 않음을 주의: *Peskin v Anderson* [2001] BCLC 372; *Percival v Wright* [1902] 2 Ch 421.

28 *Hilton v Barker Booth Eastwood* [2005] UKHL 8.

29 *Attorney−General v Blake* [2001] 1 AC 145, 205.

30 *Clegg v Fishwick*(1849) 1 Mac.&G. 294.

31 미국의 뉴욕주 법원과 캐나다의 최고법원은 의사와 환자 사이에도 신임관계를 인정하고 있다. 예컨대 *S.E.C. v Willis*(1992) 787 Fed.Supp.58 및 *McInerney v MacDonald*(1992) 93 DLR (4th) 415 참조.

(ㄷ) 이익상반행위(또는 이익충돌행위) 금지의무

(1) 구체적 모습

이익상반행위(또는 이익충돌행위) 금지의무라 함은 수탁자는 자신(또는 제3자)의 이익과 신탁(내지 수익자)의 이익이 서로 상반되거나 충돌하는 행위를 해서는 안 될 의무를 말한다. 신탁법 제34조 제1항에서는 충실의무의 하부의무 중 하나로서 이익상반행위 금지의무에 관한 구체적 내용을 규정하고 있다. 여기서 유의할 점은 수탁자가 타인을 내세워 간접적으로 이익을 얻는 경우에도 수탁자의 이익으로 본다는 것이다. 왜냐하면 수탁자는 누구의 명의로도 이익이 상반되는 행위를 해서는 안 되기 때문이다(신탁법 제34조 제1항). 동조가 금지하는 이익상반행위의 4가지 구체적 유형은 다음과 같다.

우선 그 첫 번째 유형으로 **(i) 자기거래유형**을 들 수 있다. 이는 수탁자가 신탁재산을 고유재산으로 하거나 신탁재산에 관한 권리를 고유재산에 귀속시키는 행위를 말한다(신탁법 제34조 제1항 제1호). 예컨대 신탁재산인 건물을 수탁자가 개인적 지위에서 고유재산으로 매입하는 경우(신탁법 제34조 제1항 제1호 전단) 또는 신탁재산을 운용하는 데 필요한 자금을 고유재산으로 대출하고 신탁재산인 건물에 대해 저당권을 취득하는 경우이다(신탁법 제34조 제1항 제1호 후단). 그다음 고유재산을 신탁재산으로 하거나 고유재산에 관한 권리를 신탁재산에 귀속시키는 행위도 자기거래유형에 속한다(신탁법 제34조 제1항 제2호). 예컨대 고유재산인 건물을 수탁자로서 매입하는 경우(신탁법 제34조 제1항 제2호 전단) 또는 신탁재산에서 개인적 사업자금을 대출받고 고유재산인 건물에 대해 저당권을 수탁자로서 취득하는 경우(신탁법 제34조 제1항 제2호 후단)를 들 수 있다.

두 번째로는 (ii) **신탁간의 거래유형**을 들 수 있다. 즉 수탁자가 여러 개의 신탁을 인수한 경우에 하나의 신탁재산 또는 그에 관한 권리를 다른 신탁의 신탁재산에 귀속시키는 행위를 들 수 있다(신탁법 제34조 제1항 제3호). 예컨대 한 쪽 신탁의 수탁자가 당해 신탁의 신탁재산인 건물을 다른 쪽의 신탁의 수탁자로서 매입하거나 저당권을 설정하는 경우이다.

세 번째로는 (iii) **거래상대방 대리유형**을 들 수 있다. 즉 제3자의 신탁재산에 대한 행위에서 제3자를 대리하는 행위를 들 수 있다(신탁법 제34조 제1항 제4호). 예컨대 수탁자로서 임하는 거래에서 수탁자가 동시에 거래상대방의 대리인으로서 거래에 임하는 경우이다.

마지막으로 (iv) **기타 유형**을 들 수 있는데 여기서는 그밖에 수익자의 이익에 반하는 행위가 포함된다(신탁법 제34조 제1항 제5호). 이에 해당하는 것으로는 **경업행위,**[32] **기회유용행위,**[33] **비밀유지의무 위반행위, 제3자를 내세워 수탁자 자신의 이익을 도모하는 행위**[34] 신

32 Restatement (Third) of Trusts §78 comment e.

33 신탁을 위하여 확보해야 할 사업기회를 수탁자 개인이 이용한 경우 (Restatement (Third) of Trusts §78 comment e). 예컨대 신탁을 위해서 매수해야 할 재산이나 그 매매기회를 개인적 지위에서 유용하여 자신이 취득한 경우를 들 수 있다.

34 법인수탁자가 신탁재산을 그의 계열회사 또는 자회사에게 매각하는 경우(Restatement (Third) of Trusts §78 comment d), 제3자에게 신탁재산을 이전하였으나 자신을 수익자로 설정한 경우(Restatement (Third) of Trusts §78 comment d), 또는 법인수탁자가 제3자로부터 자사의 주식을 매입한 경우(Restatement (Third) of Trusts §78 comment e(2))에는 사실상 자신의 이익을 위한 신탁재산의 이전이므로 타인을 내세워 자신의 이익을 도모한 이익상반행위 내지 이익충돌행위에 해당한다.

탁재산을 제3자에게 유리한 가격으로 처분하는 행위 등이 있다.

요컨대 (i)부터 (iv)의 경우 수탁자는 신탁(내지 수익자)의 이익보다는 자신(또는 제3자)의 이익을 우선시 할 수 있는 지위에 놓이기 때문에 신탁법 제34조 제1항에서 그러한 상황의 발생을 원칙적으로 금지하는 것이다.

(2) 이익상반행위 금지의무를 위반한 경우

이익상반행위 금지의무를 위반하여 행한 신탁재산에 관한 법률행위(즉 앞의 (i)–(iii)의 경우)는 **무효**이고[35] 수익자는 신탁법 제43조에 따른 원상회복 또는 손해배상 청구권을 갖는다. 이익상반행위 금지의무를 위반하였는지 여부를 판단함에 있어서 수탁자에게 과실이 있었는지 여부, 당해 거래가 공정한지 여부, 실제로 손해가 발생하였는지 여부는 묻지 않는다. 이들 사유를 묻지 않고 충실의무를 위반한 법률행위를 무효로 판단하는 이유는 이익이 상반되는 상황 자체의 발생을 방지하고 나아가 신탁재산이 이전된 거래에 있어서 수익자에게 원상회복의 기회를 제공해 주기 위해서다. 한편 수탁자가 경업행위 또는 기회유용행위를 하거나 비밀유지의무를 위반한 경우(즉 앞의 (iv)의 기타 유형)에는 신탁재산에 관한 법률행위가 없는 경우들이다. 따라서 이의 무효 및 그에 따른 원상회복이라는 구제수단을 **논할 실익이 없다**. 이 경우에는 제43조 제1항 단서의 손해배상청구권 또는 동조 제3항의 이득반환청구권만을 행사할 수 있을 뿐이다.

35 명문규정은 없으나 거래안전상 선의유상의 제3취득자에게는 대항할 수 없다고 해석해야 할 것이다.

(3) 예 외

이익상반행위가 금지된다 하더라도 다음의 요건을 갖춘 때에는 예외적으로 허용된다. 즉 (i) 이익상반행위가 신탁행위로 허용된 경우(신탁법 제34조 제2항 제1호), (ii) 수익자에게 그 행위에 관련된 사실을 고지하고 수익자의 승인을 받은 경우(신탁법 제34조 제2항 제2호) 또는 (iii) 법원의 허가를 받은 경우(신탁법 제34조 제2항 제3호). 특히 마지막 법원의 허가를 받는 경우에는 법원의 허가신청과 함께 수익자에게 통지하여야 한다(신탁법 제34조 제2항 단서). 한편 신탁행위로 이익상반행위를 허용하는 경우에는 반드시 허용되는 행위의 내용 및 유형을 명확하게 표시할 것이 요구된다. 그렇지 않을 경우에 신탁법 제34조 제1항의 규정취지를 근본적으로 몰각시킬 위험이 있기 때문이다. 나아가 수익자의 승인 또는 법원의 허가를 받는 경우에는 이익이 충돌하거나 상반될 위험이 있는 법률행위를 할 때마다 개별적으로 승인 또는 허가를 받아야 한다. 요컨대 이익상반행위를 무제한적으로 허용하는 신탁행위, 수익자의 승인은 신탁을 설정한 취지에 근본적으로 반하므로 이를 무효라고 보아야 한다.

수탁자가 자신의 의사와 무관하게 신탁재산을 취득하는 경우가 있다. 예컨대 수탁자가 상속, 유증, 합병 등의 이유로 신탁재산에 관한 권리를 포괄적으로 승계하는 경우이다. 이때에는 비록 수탁자가 신탁의 이익을 취득하였다 하더라도 허용된다(신탁법 제34조 제3항 전단). 예컨대 신탁에 대해 대금채권과 이를 담보하는 저당권을 가진 채권자가 수탁자 개인에게 당해 채권을 유증한 경우를 들 수 있다. 이때 수탁자는 비록 원칙적으로는 수탁자적 지위에서 신탁재산에 대한 권리를 취득할 수 없지만, 이 경우에는 예외가 인정되어 신탁에 대한 대금채권과 이를 담보하는 저당권을 수탁자의 고유재산으로서 취득할 수 있다. 그 후 해당 재산에 대해서는 신탁법상 혼동에 관한 법리(신탁법 제34조 제3항 후단 및 신탁법 제26조)가 적용되는데 이에 대해서는 앞에서 설명한 신탁재산의 혼동에 관한 신탁법 제26조의 내용이 그대로 적용된다. 한편 실무에서 대부분의 수탁자가 신탁업자인 점을 감안하면 수탁자에게 상속 또는 유증이 이루어지는 경우는 거의 없을 것으로 보인다. 유일하게 논의의 실익이 있는 경우는 신탁업자 간의 합병 정도일 것이다.

(4) 신탁업자에 관한 특칙

앞에서 언급한 신탁법 제34조 제2항은 신탁업자에게는 적용되지 않는다(자본시장법 제104조 제1항). 자본시장법 제104조 제2항에 따르면 신탁업자는 다음 어느 하나에 해당하는 경우에는 신탁계약이 정하는 바에 따라 **신탁재산을 고유재산으로 취득할 수 있다**. 즉, (i) 신탁행위에 따라 수익자에 대하여 부담하는 채무를 이행하기 위하여 필요한 경우(금전신탁재산의 운용으로 취득한 자산이 거래소시장 또는 이와 유사한 시장으로서 해외에 있는 시장에서 시세가 있는 경우에 한한다). (ii) 신탁계약의 해지, 그밖에 수익자 보호를 위하여 불가피한 경우로서 대통령령으로 정하는 경우. 여기서 대통령령으로 정하는 경우란 다음 3가지 요건을 모두 충족하는 경우로서 금융위원회가 인정하는 경우를 말한다. 즉 (i) 신탁계약기간이 종료되기까지의 남은 기간이 3개월 이내일 것. (ii) 신탁재산을 고유재산으로 취득하는 방법 외에 신탁재산의 처분이 곤란할 경우일 것. (iii) 취득가액이 공정할 것(자본시장법 시행령 제105조).

이익상반행위 금지원칙과 관련하여, 자본시장법 제108조 제1

호에서 제8호까지는 추가로 신탁업자의 다음과 같은 이익상반행위를 **불건전한 영업행위**라는 명칭으로 금지하고 있다. 즉 (i) 신탁재산을 운용함에 있어서 금융투자상품, 그밖의 투자대상자산의 가격에 중대한 영향을 미칠 수 있는 매수 또는 매도 의사를 결정한 후 이를 실행하기 전에 그 금융투자상품, 그밖의 투자대상자산을 **자기의 계산으로 매수 또는 매도하거나 제삼자에게 매수 또는 매도를 권유하는 행위**(제1호), (ii) **자기 또는 관계인수인이 인수한 증권을 신탁재산으로 매수하는 행위**(제2호), (iii) 자기 또는 관계인수인이 대통령령으로 정하는 인수업무를[36] 담당한 법인의 특정증권 등(제172조 제1항의 특정증권 등을 말한다.[37] 이하 이 호에서 같다)에 대하여 인위적인 시세(제176조 제2항 제1호의 시세[38]를 말한다)를 형성시키기 위하여 **신탁재산으로 그 특정증권 등을 매매하는 행위**(제3호), (iv) 특정 신탁재산의 이익을 해하면서 **자기 또는 제삼자의 이익을 도모하는 행위**(제4호), (v) **신탁재산으로 그 신탁업자가 운용하는 다른 신탁재산, 집합투자재산 또는 투자일임재산과 거래하는 행위**(제5호), (vi) **신탁재산으로 신탁업자 또는 그 이해관계인의 고유재산과 거래하는 행위**(제6호), (vii) 수익자의 동의 없이 **신탁재산으로 신탁업자 또**

36 "대통령령으로 정하는 인수업무"란 발행인 또는 매출인으로부터 직접 증권의 인수를 의뢰받아 인수조건 등을 정하는 업무를 말한다(자본시장법 시행령 제109조 제2항).

37 "특정증권"이란 다음의 것들을 말한다: (i) 당해 법인이 발행한 증권(제1호); (ii) 제1호의 증권과 관련된 증권예탁증권; (iii) 그 법인 외의 자가 발행한 것으로서 제1호 또는 제2호의 증권과 교환을 청구할 수 있는 교환사채권(제3호); (iv) 제1호부터 제3호까지의 증권만을 기초자산으로 하는 금융투자상품(자본시장법 제172조 제1항 제1－4호).

38 "인위적인 시세"란 그 증권 또는 장내파생상품의 매매가 성황을 이루고 있는 듯이 잘못 알게 하거나 그 시세를 변동시키는 매매 또는 그 위탁이나 수탁을 하는 행위를 말한다(자본시장법 제176조 제2항 제1호).

는 그 이해관계인이 발행한 증권에 투자하는 행위(제7호), (viii) 투자운용인력이 아닌 자에게 신탁재산을 운용하게 하는 행위(제8호).

다만 자본시장법 제108조 각 호의 내용 중 수익자 보호 및 건전한 거래질서를 해할 우려가 없는 경우로서 대통령령으로 정하는 경우에는 이를 할 수 있다(자본시장법 제108조 본문 단서). 여기서 대통령령이 정하는 경우란 자본시장법 시행령 제109조 제1항 각 호에서 정하고 있는데 그 내용은 다음과 같다. 즉 (i) 제108조 제1호를 적용할 때 신탁재산의 운용과 관련한 정보를 이용하지 아니하였음을 증명한 경우이거나 증권시장과 파생상품시장 간의 가격 차이를 이용한 차익거래, 그밖에 이에 준하는 거래로서 신탁재산의 운용과 관련한 정보를 의도적으로 이용하지 아니하였다는 사실이 객관적으로 명백한 경우(제1호), (ii) 제108조 제2호를 적용할 때 인수일부터 3개월이 지난 후 매수하는 경우(제2호), (iii) 제108조 제2호를 적용할 때 인수한 증권이 국채증권, 지방채증권, 한국은행법 제69조에 따른 한국은행통화안정증권, 특수채증권 또는 자본시장법 제4조 제3항에 따른 사채권 중 어느 하나에 해당하는 경우. 다만 사채권의 경우에는 투자자 보호 및 건전한 거래질서를 위하여 금융위원회가 정하여 고시하는 발행조건, 거래절차 등의 기준을 충족하는 채권으로 한정한다(제2호의 2), (iv) 제108조 제2호를 적용할 때 인수한 증권이 증권시장에 상장된 주권인 경우로서 그 주권을 증권시장에서 매수하는 경우(제2호의3), (v) 제108조 제2호를 적용할 때 일반적인 거래조건에 비추어 신탁재산에 유리한 거래인 경우(제2호의4), (vi) 제108조 제5호를 적용할 때 같은 신탁업자가 운용하는 신탁재산 상호 간에 자산을 동시에 한 쪽이 매도하고 다른 한 쪽이 매수하는 거래로서 신탁계약의 해지에 따른 해지금액 등을 지급하기 위하여 불가피한 경우 그밖에 금융위원회가 수익자의 이익을 해칠 염려가 없다고 인정하는 경우(제3호), (vii) 제108조 제6호를 적용할 때 다음 어느 하나에 해당하는 경우. 즉 이해관계인이 되기 6개월 이전에 체결한 계약에 따른 거래, 증권시장 등 불특정다수인이 참여하는 공개시장을 통한 거래, 일반적인 거래조건에 비추어 신탁재산에 유리한 거래, 환매조건부매매, 신탁업자 또는 이해관계인의 중개 · 주선 또는 대리를 통하여 금융위원회가 정하여 고시하는 방법에 따라 신탁업자 및 이해관계인이 아닌 자와 행하는 투자대상자산의 매매, 신탁업자나 이해관계인의 매매중개를 통하여 그 신탁업자 또는 이해관계인과 행하는 채무증권, 원화로 표시된 양도성 예금증서 또는 어음(기업어음증권은 제외함)의 매매, 자본시장법 제104조 제2항[39] 또는 제105조 제2항에[40] 따른 거래, 예금거래(수탁액이 3억 원 이상인 특정금전신탁 또는 자산유동화에 관한 법률 제3조에 따른 자산유동화계획에 의한 여유자금운용을 말함), 금액의 규모 또는 시간의 제약으로 인하여 다른 방법으로 운용할 수 없는 경우로서 일시적인 자금의 대여(그 신탁재산을 운용하는 신탁업자에게 대여하는 경우만 해당함), 그밖에

39 즉 신탁행위에 따라 수익자에 대하여 부담하는 채무를 이행하기 위하여 필요한 경우 혹은 신탁계약의 해지, 그밖에 수익자 보호를 위하여 불가피한 경우로서 대통령령으로 정하는 경우(그러나 제103조 제3항에 따라 손실이 보전되거나 이익이 보장되는 신탁계약에 한한다). 한편 여기서 "대통령령으로 정하는 경우"란 (i) 자본시장법 제103조 제4항에 따라 부동산개발사업을 목적으로 하는 신탁계약을 체결한 경우로서 그 신탁계약에 의한 부동산개발사업별로 사업비의 100분의 15 이내에서 금전을 신탁받는 경우, 또는 (ii) 신탁계약의 일부해지 청구가 있는 경우에 신탁재산을 분할하여 처분하는 것이 곤란하고 차입금리가 공정한 경우로서 금융위원회의 인정을 받은 경우(「자본시장법 시행령」 제106조 제4항)를 말한다.

40 즉 신탁의 계산으로 그 신탁업자의 고유재산으로부터 금전을 차입하는 거래.

거래의 형태, 조건, 방법 등을 고려하여 신탁재산과 이해가 상충될 염려가 없는 경우로서 금융위원회가 정하여 고시하는 거래(제4호 본문). 그러나 근로자퇴직급여보장법에 따른 특정금전신탁에서 신탁재산으로 신탁업자의 원리금 지급을 보장하는 경우에 신탁업자가 고유재산으로 이들 거래(단 환매조건부매매는 제외)를 하는 때에는 제외된다(제4호 단서). (viii) 제3항 제5호를 적용할 때 개별 신탁재산을 효율적으로 운용하기 위하여 투자대상자산의 매매주문을 집합하여 처리하고, 그 처리 결과를 신탁재산별로 미리 정하여진 자산배분명세에 따라 공정하게 배분하는 경우(제5호).

(ㄹ) 이익향수 금지의무

(1) 구체적 모습

이익향수 금지의무라 함은 수탁자는 신탁을 운용하는 과정에서 원칙적으로 신탁재산이나 제3자로부터 그 어떠한 이익도 취득해서는 안 될 의무를 말한다. 신탁법 제36조 본문에서는 "수탁자는 누구의 명의로도 신탁의 이익을 누리지 못한다"라고 규정하고 있다. 여기서 말하는 신탁의 이익은 크게 두 종류로 구분될 수 있다. **(i) 하나는 신탁재산 및 그 운용으로부터 발생한 이익이다. (ii) 다른 하나는 신탁재산을 투자 · 운용하는 과정에서 제3자로부터 받은 뇌물성 보너스, 불법커미션 또는 기타 대가**를 들 수 있다. 수탁자의 이러한 행위는 이익향수 금지의무를 위반한 경우에 해당한다.[41]

전자(i)의 경우에 신탁에서 부여하지 않은 이익을 수탁자가 임

41 Restatement (Second) of Trusts, §170 comment o.

의로 취득할 수 없음은 물론이다. 여기에는 수탁자가 수익자의 수익권을 임의로 매수하는 방식을 통해 신탁의 이익을 얻고자 하는 경우도 포함될 수 있다. 한편 자본시장법 제111조에서는 신탁업자일 경우에 대통령령으로 정하는 방법[42]에 따라서 신탁의 이익을 표상하는 수익증권을 신탁업자의 고유재산으로 매수할 수 있도록 정하면서 이 경우 신탁법 제36조를 적용하지 않는다는 예외규정을 두고 있다.

후자(ii)와 관련하여 우리 실무에서 아직 다양한 예시를 찾아볼 수 없으나 참고로 미국의 경우를 살펴보면, 수탁자로부터 신탁자산을 매입한 매수인이 수탁자에게 보너스를 주는 경우, 수탁자가 신탁재산을 운용하는 데 있어서 제3자로부터 이익을 받는 경우,[43] 신탁재산을 운용하는 데 있어서 거래상대방으로부터 증여를 받은 경우[44] 또는 보험회사에 신탁자산을 위한 보험에 가입하면서 보험사로부터 커미션을 받은 경우 등이 있다. 이 예시들은 우리 신탁법의 해석에 대하여도 시사하는 바가 크다. 요컨대 수탁자는 그의 지위를 이용해서 신탁재산 또는 제3자로부터 어떠한 이익도 취득할 수 없다. 그렇지 않을 경우 수탁자는 신탁사무에 집중하기보다는 사적 이익만을 추구할 위험이 있기 때문이다. 따라서 신탁법 제36조 본문에서는 이를 금지하는 것이다.

---

42 여기서 대통령령이 정하는 방법이란 원칙적으로 신탁재산의 운용실적에서 중도해지수수료를 뺀 가액으로 매수한다는 것을 뜻한다(자본시장법 제112조 및 제104조 제4항 참조).

43 Purchase v. Atlantic Safe Dep. & Tr. Co., 81 N.J.Eq. 344, 87 A. 444; East Side Mill & Lumber co. V. dwyer Logging Co., 155 Or. 339, 64 P.2d 89(1937).

44 Devers v. Greenwood, 139 Cal.App.2d 345, 293 P.2d 834(1956); Sherman v. Lanier, 39 N.J.Eq. 249.

(2) 第36조의 문제점[45]

신탁법 第36조는 다음과 같이 규정되어 있다: "수탁자는 누구의 명의로도 신탁의 이익을 누리지 못한다. 다만 수탁자가 공동수익자의 1인인 경우에는 그러하지 아니하다." 그러나 본 조는 그 본문과 단서가 분리되고 나아가 본문의 내용이 조정될 필요가 있다. 우선 이 조문에서는 '신탁의 이익'을 누리지 못한다고 규정되어 있다. 따라서 단순히 신탁재산으로부터의 이익만을 뜻하진 않는다. 앞에서 언급된 신탁사무처리 중 얻은 정보나 기회를 수탁자가 개인적으로 이용하여 취득한 이익, 기타 비밀수수료 혹은 뇌물의 경우도 포함될 것이다. 이들 이익유형을 위 조문에 대입해 보면 다음과 같은 부당한 결론에 도달한다. 즉 수탁자는 누구의 명의로도 (i) 신탁사무처리 중 얻은 정보나 기회를 통한 이익 또는 (ii) 신탁사무처리 중 제3자로부터 받은 비밀수수료나 뇌물 등의 이익을 누리지 못한다. 다만 수탁자가 공동수익자의 1인인 경우에는 그러하지 아니하다. 하지만 수탁자의 이익향수 금지의무는 수탁자가 신탁을 위반할 유혹을 사전에 근절하고자 마련된 것이다. 따라서 **수탁자가 수익자 중의 1인이라고 해서 뇌물성 보너스나 불법커미션의 수령이 당연히 허용되는 것은 아니다**.

나아가 신탁법 第36조 단서에서 규정하고 있는 내용, 즉 수탁자가 여러 명의 수익자 중의 1인이어야 하는 것은 '수탁자가 유일한 수익자가 될 수 없다'는 신탁의 효력발생의 원칙과 관련된 내용이지[46] 위와 같은 불법커미션 또는 비밀수수료 등의 이익을 취득

45 이하의 서술은 오영걸, "신탁의 변용적 계수 및 그 법리적 과제들", 서울대학교 법학 제60권 제4호(2019), 124면 이하의 내용을 수정 · 보완한 것이다.

할 수 있는 허용조건이 아니다. 요컨대, 신탁법 제36조의 본문과 단서는 분리되어야 한다. 그리고 본문의 내용 또한 수정이 요구된다. 즉, 우선 본 조의 단서를 삭제하고 신탁의 성립과 효력에 관한 장에 신탁의 효력요건으로서 "수탁자가 유일한 수익자가 될 경우 당해 신탁은 그 효력을 발생하지 않는다"라는 별도의 규범을 마련할 것이 요구된다. 그리고 신탁법 제36조 본문의 경우에는 "수탁자는 '신탁의 정함 또는 그 취지에 반하는 이익'을 그 누구의 명의로도 취득할 수 없다"라고 수정될 필요가 있다.

(ㅁ) 공평의무

(1) 서 론

공평의무란 어느 신탁에 수익자가 여럿 있을 경우 수탁자는 각 수익자의 이익을 고루 배려하면서 공평하게 신탁사무를 처리 · 운용해야 한다는 것을 말한다(신탁법 제35조). 공평의무는 사실 충실의무의 내용 중 이익충돌행위 또는 이익상반행위 금지의무의 한 유형에 속한다고 볼 수 있다. 즉 앞에서도 보았듯이 신탁법 제34조상의 이익충돌행위 또는 이익상반행위 금지의무는 (i) 수탁자와 수익자 사이의 이익충돌, (ii) 제3자와 수익자 사이의 이익충돌, 그리고 (iii) 어느 신탁과 다른 신탁 사이의 이익충돌을 방지하기 위한 의무이다. 이처럼 신탁법 제34조상의 이익충돌행위 또는 이익상반행위 금지의

46 왜냐하면 수탁자가 유일한 수익자일 경우에는 스스로 자신의 이익을 위하여 재산을 관리하는 것과 다르지 않아 굳이 신탁을 인정할 실익이 없기 때문이다. 따라서 수탁자가 유일한 수익자일 경우에는 신탁은 원칙적으로 무효이다.

무는 당해 신탁과 그 외의 다른 대상들 사이의 이익충돌을 저지하는 데 있다. 그에 반하여 신탁법 제35조상의 공평의무는 어느 신탁 내의 이익수령주체인 수익자들 사이의 이익충돌을 방지하는 데 있다.[47]

(2) 구체적 모습

공평의무는 어느 특정 신탁으로부터 이익을 받는 수익자들 사이의 이익충돌을 방지하는 데 그 목적이 있다. 다시 말해서 어느 신탁에 수익자가 복수인 경우에 수탁자는 각 수익자의 이익을 적절히 검토하여 어느 특정 수익자에게만 유익하고 나머지 수익자에게는 불리하지 않도록 신탁자산을 운용해야 한다는 것을 뜻한다. 여기서 '공평하게' 행위하여야 한다는 것은 수익자를 일단 평등하게 대우할 것을 의미하지만 그렇다고 하여 절대적인 평등을 요구하는 것은 아니다. 수탁자는 신탁의 목적과 내용을 고려하면서 형평의 원칙에 좇아 수익자들을 취급하여야 한다는 것을 의미한다.[48]

공평의무에서 요구하는 형평의 원칙에 관한 구체적 예는 다음과 같다. 예컨대 A건물과 B건물이 신탁재산 원본이고 이 신탁관계에 수익자가 여럿 있는 경우를 살펴보자. 우선 (i) A건물의 수익수익자와 B건물의 수익수익자 사이(즉 수익수익자들 사이)를 보면, A건물과 B건물의 조건이 동일하여 임대료가 시장에서 동일 수준이

47 따라서 신탁법개정안해설(법무부, 2010, 278면) 또는 일부 문헌(이중기 · 이영경, 신탁법(개정판), 삼우사(2022), 361면)에서 수탁자가 인수한 복수의 신탁 중 한 쪽에 유리하고 다른 쪽 신탁에 불리하지 않도록 신탁사무를 처리할 의무도 공평의무의 한 내용이라고 한 부분은 오해의 소지가 있다. 이 경우에는 같은 신탁 내의 수익자들 사이의 이익충돌이 발생하는 경우가 아니기 때문이다. 복수의 신탁 사이의 이익충돌은 신탁법 제34조 제1항의 규율대상이다.

48 미국표준신탁법전(Uniform Trust Code) 제803조 comment 참조.

라면 동일한 임료를 설정하여야 하지만, 경제상황에 따라 나중에 체결한 임료를 불가피하게 차등적으로 정한 경우 또는 건물의 면적이나 품질이 다른 경우에는 그에 맞는 임료를 책정하면 형평에 맞는 것이어서 공평의무에 반하지 않는다. 그다음 (ii) A건물의 원본수익자와 B건물의 원본수익자인 경우(즉 원본수익자들 사이)를 살펴보면, 원본건물의 낡은 정도에 따라 불가피하게 보존비용 또는 보험료를 달리 지출한 경우에는 형평에 맞는 것이어서 공평의무에 반하지 않는다. 마지막으로 (iii) A건물(또는 B건물)의 원본수익자와 수익수익자 사이의 경우(즉 원본수익자와 수익수익자들 사이)를 살펴보면, 우선 원본 자체가 미래 어느 시점에 원본수익자에게 이전될 예정인 신탁이기 때문에 당해 건물은 매각될 수 없다. 따라서 수탁자가 만일 원본 건물을 매각하면 이는 공평의무를 위반하는 것이다. 만일 원본 자체의 처분도 가능한 신탁이라면 수탁자가 설사 A건물을 현금화하고 다른 자산에 투자하여 수익창출을 시도하였다고 하더라도 이는 공평의무에 위반한 것이 아니다. 이 경우에는 원본을 현금화한 이후의 이율 또는 투자 후의 인플레이션 등을 고려하여 산출된 현금의 가치 및 그 보존가능성 혹은 투자이익의 원본으로의 편입비율 등을 종합적으로 고려하여 형평에 맞는지 여부를 판단하게 된다.[49]

---

49 원본과 수익분배에 관하여 공평의무를 위반하였다고 판시한 유명한 미국 판례로 Dennis v. Rhode Island Hospital Trust co., 744 F.2d 893(5th Cir. 1984)을 들 수 있다. 이 사건에서 위탁자는 유언으로 신탁을 설정하였다. 그 내용은 다음과 같다. 즉 1920년부터 신탁자산의 투자운용에서 발생한 모든 수익은 위탁자의 자손에게 분배하고, 1991년이 되면 그 당시에 생존하고 있는 자손에게 원본을 분배하는 것이었다. 이 사건에서 문제가 된 신탁자산은 로드아일랜드 주의 주도 프로비던스(Providence)에 위치한 3개의 상업건물이었다. 1920년 당시 이들 건물의 가치는 30만 달러였다. 이들 건물은 1920년대 이후에 임대형식으로 투자 · 운용되었다. 문

한편 신탁행위에서 각 수익권의 내용이 명확히 정해져 있다면 수탁자는 그에 따르면 된다(신탁법 제35조 단서). 이 경우 각 수익권의 내용이 다르다고 해도 이는 위탁자가 신탁행위에서 미리 정해 놓은 사항이므로 공평의무에 반하지 않는다.

(3) 의무위반효과

수탁자가 공평의무에 위반하는 이익분배를 행한 경우에는 손해를 입은 수익자에게 원상회복 또는 손해배상의 책임을 부담한다(신탁법 제43조). 나아가 불이익을 입은 수익자 또한 이익을 수령한 수익자에게 그 수령이익을 자신에게 이전할 것을 청구할 수도 있다.[50] 이것이 가능한 이유는 수탁자가 공평의무를 위반하여 행한 내부적 분배는 무효이기 때문이다. 그 결과 이익을 수령한 수익자는 법률상 원인 없이 수령한 것이 되어 이를 부당이득법리(민법 제

제는 신탁조항에서 수탁자(Rhode Island Hospital Trust Co.)에게 이들 건물에 대한 매각권한도 부여하고 있었는데, 수탁자가 1945년, 1970년 및 1979년에 이 세 건물을 하나씩 매각한 것이었다. 특히 1970년대와 1979년에는 부동산시세가 가장 낮은 시기에 매각한 것이었다. 그 결과 세 건물의 매각가격의 총액은 18만 5천 달러밖에 되지 않았다. 수탁자는 전반적인 부동산의 경기침체로 인하여 임대사업이 순조롭지 않자 이를 현금화하여 다른 대상에 투자하여 수익을 내는 것이 보다 낫겠다는 생각을 하였던 것이다. 이후에 원본을 받게 될 수익자(Dennis)는 수탁자가 오로지 이익수익자의 이익만을 위하여 신탁자산을 투자 · 운용하였음을 이유로 손해배상소송을 제기하였다.

제1심 법원에서는 수탁자가 1950년까지 그 건물들을 매각하였더라면 그러한 원본의 손실을 방지할 수도 있었음에도 불구하고, 시세가 안 좋은 시기에 건물을 매각하였음을 인정하였다. 그리고 이는 원본수익자의 이익을 전혀 고려하지 않고 오로지 수익수익자의 이익만을 고려한 투자라고 인정하여 원고승소판결을 내렸다. 피고인 수탁자는 이에 불복하고 항소하였다. 그러나 항소심법원에서도 이 사건과 같은 수탁자의 건물매각에 관한 투자 · 운용은 오로지 수익수익자의 이익만을 배려한 것이고 원본의 감소에 대해서는 전혀 고려하지 않았다는 것을 보여주는 증거가 된다고 판시하면서 원심판결을 지지하였다.

50 이중기 · 이영경, 신탁법(개정판), 삼우사(2022), 367면.

741조)에 좇아 다시 신탁재산에 반환하여야 한다. 수탁자는 이를 다시 불이익을 입은 수익자에게 배분하게 된다. 이러한 불필요한 순환을 방지하고자 불이익을 입은 수익자에게 이익을 얻은 수익자에 대하여 직접 청구할 수 있도록 하는 것이다. 한편 수탁자가 공평의무를 위반하여 신탁재산의 원본을 처분한 결과 수익수익자가 불이익을 입었다면 당해 수익자는 일정한 요건 하에 수탁자의 처분을 취소할 수 있다(신탁법 제75조).

(4) 원본과 수익조정에 관한 현대적 규율태도[51]

수익자들 사이의 형평성을 판단하는 기준에 관한 미국의 표준신중투자자법(Uniform Prudent Investor Act)의 태도는 우리 신탁법 하에서 수탁자의 행위규준을 설정하는 데 있어서도 참고할 만한 가치가 있다. 이를 살펴보면 다음과 같다. 미국의 표준신중투자자법 제2조 (b)에서 구체화된 새로운 투자원칙은 "각각의 신탁자산에 관한 수탁자의 투자 · 관리의 결정은 그것만을 개별적으로 평가하는 것이 아니고, 신탁자산에 관한 포트폴리오 전체의 관점에서 그리고 당해 신탁에 합리적으로 적합한 위험 · 수익에 관한 목표를 고려한 전체 투자전략의 일부로서 평가되어야 한다"라는 것이다. 다시 말해서 새로운 투자원칙 하에서는 개별 투자로 인한 손실에 주목하여 신중한 운용투자이었는지를 판단하는 것이 아니라, **전체투자내용에 비추어 보았을 때 당해 신탁에 어느 정도로 이익이 되는지를 가지고 수탁자의 투자판단을 평가**하여야 한다는 것이

51 이하의 내용은 명순구 · 오영걸 역, 현대미국신탁법, 세창출판사(2005), 33－34면에 있는 내용을 참고하여 이를 수정 · 보완한 것이다.

다. 그런데 원본과 수익을 엄격히 구별하는 전통적인 관행에 의하는 한, 수탁자는 투자판단을 하는 데 있어서 딜레마에 빠지게 된다. 왜냐하면 전체로서의 이익이라는 관점에서 볼 때, 장기적으로는 우선 원본에 치중하는 쪽이 수익을 치중하는 쪽보다도 낫다는 것을 알고 있다 하더라도, 공평의무에 위반하지 않기 위하여 수탁자는 부득이 수익에 치중하는 투자를 해야 되기 때문이다.[52]

이러한 딜레마를 해결하기 위하여 다음과 같은 새로운 원본·수익 분배방식이 고안되었다. 즉 투자와 원본·수익을 연계하지 않고, 수탁자는 우선 전체로서의 이익을 최대화하는 것을 목표로 투자하고, 그런 다음에 별개의 또는 사후의 절차에서 '전체로서의 이익을 가능한 한 공평하게 분배하는 조치를 강구'해야 한다는 것이다. 이러한 사고에 기한 분배방식으로서 지금까지 2가지의 방식이 제안되어왔다. **첫째로는 수익을 원칙적으로 원본에 우선 귀속하는 방식이고, 둘째로는 수탁자에게 조정의 재량권을 부여하는 방식**이다. 전자에 의하면, 당기 회계기간 중에 신탁으로부터 발생한 수익은 그 형식 여하를 불문하고(즉 배당, 이자, 원본가치의 상승으로 인한 이익 등을 불문하고) 우선 원본에 편입된다. 그다음 일정한 지출공식(예컨대 원본의 5% 상당액이라든지 인플레이션율에 2%를 더한다든지 하는 공식)을 사용해서 당기의 수익으로서 분배되는 가액을 결정한다.[53] 한편 후자의 경우에는 원칙적으로 원본과 수익을 준별하는

52 이는 또한 광범위한 분산투자까지 방해하는 것이 된다(John H. Langbein, "The Uniform Prudent Investor Act and The Future of Trust Investing," in David Hayton, ed., *Modern International Developments in Trust Law*, p.249).

53 이러한 방식에 따른 판례로는, Maryland National Bank v. Merson 249 Md. 353, 239 A.2d 905(1968)가 있다.

전통적인 관행에 따르지만, 예외적으로 수탁자는 조정할 재량권을 행사할 수 있게 된다.[54] 다시 말해서 만일 어느 특정 신탁에 관하여 전통적인 형식을 중시하는 방식을 적용한 결과가 수익수익자나 원본수익자의 불이익에 적절하게 대응하지 못한다고 수탁자가 판단한 경우에는, 공평의무를 다하기 위하여 수탁자는 수익을 재분배해야 되는 의무를 부담한다는 것이다. 이들과 같은 방식에 따를 경우에 수탁자는 원본을 수익에 할당하거나 수익을 원본에 할당할 수 있게 된다. 따라서 종래와 같이 원본과 수익을 준별하는 전통적인 형식은 더 이상 의미를 갖지 않게 되었다. 이로써 어느 방식에 의하든지 간에 수탁자는 신중투자자원칙상의 새로운 투자원칙과 공평의무 사이의 딜레마를 겪지 않고 신탁자산을 투자 · 운용할 수 있게 되었다.

이 2가지 방식 중 어느 쪽으로 수익을 분배할 것인가는 물론 신탁행위에서 보통 정하여질 문제이지만 이에 관한 정함이 없을 때에는 어떠한가? 과거 미국의 표준원본 · 수익법(Uniform Principal and Income Act) 제104조 (a)에서는 후자의 방식, 즉 수탁자에게 조정의 재량권을 부여하는 방식을 임의규정형식으로 정하고 있었다. 하지만 2018년에 개정된 표준수탁자원본 · 수익법(Uniform Fiduciary Principal and Income Act 2018)에서는 위의 2가지 방식을 혼합한 **절충적 입장**을 취하고 있다. 즉 원칙적으로 수익은 원본에 귀속한다는 태도를 취하면서도[55] 수탁자에게 구체적 사정에 따라

54 이러한 방식에 따른 판례로는, In re Pryor's Estate, 51 Misc.2d 993, 274 N.Y.S.2d 427(Sur.1966)가 있다.

55 표준신임원본 · 수익법(Uniform Fiduciary Principal and Income Act 제201조 참조.

조정할 수 있는 재량권을 부여하고 있다.[56] 한편 수탁자의 재량권 남용을 감독하기 위하여 법원은 수탁자의 재량권행사를 통제할 수 있다.[57]

(ㅂ) 분별관리의무

(1) 서 론

수탁자의 분별관리의무란 신탁재산을 그의 고유재산 그리고 그가 별개의 신탁으로 보유하고 있는 다른 신탁재산과 분별하여 관리해야 한다는 것을 의미한다(신탁법 제37조). 분별관리의무에 관한 신탁법 제37조가 강행규정인지 임의규정인지 다툼이 있으나 신탁재산을 명확히 구별하여 보관하는 것은 신탁재산의 독립성원칙 및 충실의무의 전제가 되는 의무이다. 따라서 기타 법령에서 예외가 인정되지 않는 한, 신탁법 제37조는 **원칙적으로 강행규정**으로 파악하는 것이 타당하다.

신탁재산의 분별관리가 이루어짐으로써 특정가능성이 생기고 그 결과 신탁재산의 독립성의 효과를 누릴 수 있다(즉 **특정성 내지 독립성 확보기능**). 그리고 분별관리의무는 수탁자의 충실의무의 위반가능성을 방지하는 기능을 갖는다(즉 **충실의무위반 방지기능**).

한편 신탁재산임이 표시되어 제3자의 선의취득 가능성을 방지하는 기능(즉 **선의취득 저지기능**)이 있다고 설명되지만 의문이다. 우선 부동산의 경우를 살펴보면 우리법은 선의취득을 인정하지 않는

---

56 표준신임원본 · 수익법(Uniform Fiduciary Principal and Income Act 제203조 참조.
57 표준신임원본 · 수익법(Uniform Fiduciary Principal and Income Act 제202조 참조.

다. 그리고 수탁자는 신탁재산의 대내외적 소유권자이다. 따라서 수탁자로부터 이를 양수한 제3자는 당해 재산이 신탁재산인지 여부를 알았는지 여부와 상관없이 그 소유권을 취득한다. 즉 수탁자가 분별관리의무의 이행으로 신탁등기가 이루어지더라도 제3자는 당해 신탁재산인 부동산의 소유권을 (선의취득법리와 무관하게) 취득한다는 것이다. 단지 수탁자가 신탁의 목적 내지 정함에 위반하여 당해 부동산(신탁재산)을 제3자에게 처분한 경우라면 이는 수익자가 취소(신탁법 제75조)할 수 있는 처분이 될 뿐이다. 이때 수익자가 당해 처분을 취소하기 위해서는 수탁자의 신탁위반에 대하여 제3자에게 고의 또는 중과실 있는 선의가 있어야 한다.[58] 분별관리의무의 이행으로 이루어지는 신탁등기는 이때 유용하다. 왜냐하면 신탁등기가 이루어질 때 신탁원부도 등기서류로 첨부해야 하는데 이로 인하여 신탁위반의 취지가 상대적으로 쉽게 인식될 수 있다. 따라서 수익자로서는 제3자의 악의 또는 중과실 있는 선의를 증명하는데 매우 유리하다. 요컨대 분별관리의무의 이행으로 이루어진 신탁등기는 제3자의 선의취득을 방지하는 것이 아니라 수익자가 수탁자와 제3자 사이의 처분을 취소하는 데 유용한 역할을 할 뿐이다.

신탁재산이 금전, 채권 또는 동산일 경우에도 수탁자가 대내외적 권리자이다. 따라서 분별관리의무가 되어 있는지 여부를 불문하고 제3자는 (선의취득법리와 무관하게) 그 권리를 취득할 수 있다. 단지 수탁자가 신탁의 목적 내지 정함에 위반하여 당해 재산을 제3자에게 처분한 경우라면 이는 수익자가 취소(신탁법 제75조)

58 이에 관하여는 이 책 제7장인 '칠. 이익귀속'의 다. 부분 참조.

할 수 있는 처분이 될 뿐이다. 그런데 이들 재산에 대해서는 부동산의 경우처럼 등기가 이루어지지 않아 신탁원부를 확인할 기회가 드물다. 그렇다고 하여 거래할 때마다 신탁원부를 확인할 것을 거래상대방에게 요구하는 것도 비현실적이다. 따라서 수익자가 제3자의 고의 또는 중과실 있는 선의에 대한 증명이 한층 어려워진다. 부동산의 경우와 달리 동산 등의 분별관리의무의 이행은 선의취득저지기능과 무관할 뿐만 아니라 사실상 수익자가 취소권을 행사하는 데에도 크게 도움이 되지 않는다.

(2) 분별관리의 구체적 모습

신탁재산의 공시부분에서 서술한 바와 같이, (i) 등기와 등록이 가능한 재산은 신탁공시를 함으로써, (ii) 등기와 등록이 불가능한 재산은 물리적으로 분별하여 관리하고 신탁재산임을 표시함으로써, (iii) 채권인 경우에는 장부나 재산목록에 기록함으로써 분별관리의무를 달성할 수 있다(신탁법 제37조 제1항 및 제2항). 그리고 (iv) 물건 자체의 개성보다 그 가치가 중요한 금전 등 대체물인 경우에는 그 계산을 명확히 하는 방법으로 분별하여 관리할 수 있다(신탁법 제37조 제3항). 예컨대 고유재산인 현금과 신탁재산인 현금을 같은 봉투 또는 금고에 넣어 두었다 하더라도 신탁장부 또는 신탁재산목록에 그 액수를 명확히 기재하였다면 분별관리의무를 위반한 것으로 취급되지 않는다. 그러나 이 경우에도 분별관리의무를 인정하는 것이 타당하다. 신탁재산의 독립성효과를 인정하기 위하여 물리적으로 신탁재산임을 표시하여 거래상대방의 인식가능성을 재고하는 것이 거래안전에 도움이 되기 때문이다.[59] (v) 은행예금의 경우에는 특별한 규정을 두고 있지 않다. 그러나 금전은 예금되는 순간 은행에 대한 채권으로 전환된다. 수탁자가 자기명의의 통장에 신탁재산인 금전을 입금하는 것은 금전도그마[60]로 인하여 사실상 고유재산이 되기 때문에 이익향수 금지의무에 근본적으로 반한다. 따라서 금전을 물리적으로 보관하는 경우와 달리 은행예금채권의 형태로 보관하는 때에는 별개의 통장개설이 요구된다고 보는 것이 타당하다.

(3) 위반의 효과

수탁자가 분별관리의무를 위반한 경우에는 원상회복 또는 손해배상의 책임을 부담한다(신탁법 제43조 제1항). 한편 신탁법 제44조에서는 분별관리의무를 위반한 수탁자에게 보다 무거운 책임을 인정하는 특례 규칙을 두고 있다. 즉 수탁자는 분별하여 관리하였더라도 손실이 생겼으리라는 것을 증명하지 아니하면 그 책임을 면하지 못한다는 것이다. 이는 분별관리의무의 위반과 손해발생 사이의 인과관계에 대한 증명책임을 수탁자에게 전환한 규정이다. 수탁자가 신탁법 제44조에 따른 증명을 하지 못할 경우 신탁법 제43조 제1항에 따른 원상회복 또는 손해배상의 책임을 부담한다.

---

59 신탁형 자산유동화에서는 금전 그 자체의 보관의 경우에도 항상 물리적으로 분별하도록 하고 있다(자산유동화에 관한 법률 제11조 제1항, 제16조 제3항 참조).

60 금전도그마란 "점유 있는 곳에 소유 있다"라는 원칙이다. 예컨대 현금이 은행에 예치되는 순간 그 금전은 은행이 점유하게 된다. 이로 인하여 당해 은행이 보유 중인 다른 금전과 혼화되어 특정성을 잃는다. 그 결과 금전의 원 소유자는 소유권을 잃고 오로지 은행에 대해 같은 금액을 청구할 채권만 갖게 된다.

(ㅅ) 신탁장부 등의 작성, 보존 그리고 비치 의무 등

(1) 서 론

수탁자는 신탁을 운용함에 있어서 그 사무처리의 내용과 계산을 명백하게 하기 위하여 장부 등 서류와 신탁재산목록을 작성, 보존 그리고 비치할 의무를 부담한다(신탁법 제39조). 이는 신탁의 운용상황 및 재산상태와 이해관계를 갖는 자들, 예컨대 수익자와 신탁사무처리상 발생한 채권자들의 이익을 위하여 인정된 의무이다. 이는 이해관계인들이 신탁사무의 처리 및 신탁재산의 상태에 관하여 감독할 수 있는 기초정보를 제공해 주는 역할을 한다. 또한 수탁자의 책임을 추궁할 때 증거자료로써 사용될 수 있는 기능을 갖는다. 따라서 신탁법 제39조는 강행규정이라고 파악하는 것이 옳다.

(2) 구체적 모습

신탁법 제39조상의 서류, 즉 신탁서류라 함은 신탁사무와 관련된 장부 및 기타 서류 그리고 재산목록을 의미한다. 장부라 함은 회계장부를 의미하며 신탁거래를 체계적으로 기록한 서류를 말하고, 기타 서류라 함은 영수증, 어음증서, 채권증서, 통장 등 수지상황을 뒷받침하는 구체적 자료들을 의미한다. 재산목록은 표현대로 신탁재산을 구성하는 각 재산을 기록한 서류를 말한다. 재산목록은 신탁을 인수한 때 그리고 매년 1회 일정한 시기에 작성하여야 한다(신탁법 제39조 제2항 본문). 이는 임의규정이므로 신탁행위로 그 횟수 및 시기를 달리 정할 수 있다(신탁법 제39조 제2항 단서). 이들 서류는 대통령령[61]이 정하는 기간 동안 보존하여야 하고

(신탁법 제3항) 보존의 방법 등에 관하여도 대통령령[62]으로 정한다(신탁법 제39조 제4항). 수탁자는 이들 서류를 신탁의 이해관계인이 언제든 열람할 수 있도록 비치(備置)하여야 한다(신탁법 제39조 제1항). 위탁자나 수익자는 수탁자나 신탁재산관리인에게 신탁사무의 처리와 계산에 관한 장부 및 그밖의 서류의 열람 또는 복사를 청구하거나 신탁사무의 처리와 계산에 관하여 설명을 요구할 수 있다(신탁법 제40조 제1항).[63] 그러나 위탁자와 수익자를 제외한 이해관계인은 수탁자나 신탁재산관리인에게 신탁의 재산목록 등 신탁사무의 계산에 관한 장부 및 그밖의 서류의 열람 또는 복사만을

---

61 신탁법 제39조 제3항에서 대통령령으로 정하는 기간이란 다음 각 호의 구분에 따른 기간을 말한다. 즉 (i) 신탁의 재산목록과 그 부속 명세서, 재무제표와 그 부속 명세서 및 신탁재산의 운용 내역서의 경우에는 해당 신탁이 종료된 때부터 10년. (ii) 제1호에 규정되지 아니한 서류의 경우에는 해당 신탁이 종료된 때부터 5년(신탁법 시행령 제3조 제1항).

62 신탁법 제39조 제4항에 따라 신탁사무와 관련된 장부, 재산목록 및 그밖의 서류를 보존하는 경우에는 다음 각 호의 구분에 따른 방법으로 한다. 이 경우 마이크로필름의 형태로 보관하거나 전산정보처리조직에 의하여 보존할 수 있다. 즉 (i) 신탁의 재산목록과 그 부속 명세서, 재무제표와 그 부속 명세서 및 신탁재산의 운용 내역서: 수탁자의 사무소 · 영업소 또는 법 제114조에 따른 유한책임신탁(이하 "유한책임신탁"이라 한다)의 신탁사무를 처리하는 주된 사무소(이하 "신탁사무처리지"라 한다)에 비치 · 보관. (ii) 제1호에 규정되지 아니한 서류: 수탁자의 사무소 · 영업소(수탁자를 위하여 해당 서류를 보관하는 자의 사무소 · 영업소를 포함한다) 또는 유한책임신탁의 신탁사무처리지에 보관(신탁법 시행령 제3조 제2항).

63 자본시장법 제113조 제1항 전단에서도 수익자에게 관련 서류의 열람 · 교부청구권을 부여하고 있다(자본시장법 제113조 제1항 전단). 그러나 이 규정에는 수익자의 설명요구권이 빠져 있다. 만일 수탁자가 신탁업자라면 특별법 우선 적용법리에 따라 자본시장법만 적용받게 된다. 그런데 우리 실무에서 수탁자는 거의 신탁업자들이다. 결국 자본시장법만 적용하게 되면 수탁자에 대한 수익자의 관련 자료의 설명요구권이 부정된다. 하지만 수익자의 설명요구권은 수탁자를 감독하기 위한 핵심적 권리이다. 따라서 이를 특별법으로 임의로 제한하는 것은 부당하다. 입법적 차원에서 자본시장법 제113조에도 신탁법 제40조 제1항처럼 설명요구권을 추가하는 것이 옳다; 한편 일단 양자의 선택적 원용을 허용해야 한다는 견해로는, 정순섭, 신탁법, 지원사(2021), 431면.

청구할 수 있다(신탁법 제40조 제2항). 즉 이들 이해관계인에게는 열람 · 복사청구권만 있을 뿐 설명요구권은 인정되지 않는다. 한편 위탁자, 수익자 그리고 기타 이해관계인 모두에게 열람청구권이 인정되지만 그렇다고 여기에 관련 서류의 송부청구권까지 포함되는 것은 아니다.[64]

(3) 위반의 효과

신탁서류의 작성, 보존, 비치 의무를 위반하여 신탁재산에 손해가 발생하였다면 수탁자는 원상회복 또는 손해배상책임을 부담한다(신탁법 제43조).

(ㅇ) 금전의 관리방법에 관한 의무

(1) 서 론

신탁재산이 금전으로 이루어져 있는 경우에 한하여 신탁법 제41조에서는 그 운용 및 관리방법에 관하여 제한을 가하고 있다. 신탁은 기본적으로 수익자의 이익을 위하여 신탁재산을 운용해야 하는 제도이다. 따라서 비록 명문의 규정이 없더라도, 수탁자는 신탁재산인 금전의 원본가치의 유지 및 수익의 창출을 위하여 운용할 의무를 부담한다. 그러나 수탁자의 무분별한 운용의 위험으로부터 수익자의 이익을 보호하고자, 신탁행위에서 달리 정함이 없다면, 수탁자는 신탁법 제41조에서 정한 바에 따라 금전을 운용하여야 한다.

64 대법원 2008.9.25.자 2006마459 결정.

(2) 보수적 입법태도

신탁법 제41조에서는 수탁자가 투자할 수 있는 경우로 (i) 국채, 지방채 및 특별법에 따라 설립된 법인의 사채의 응모, 인수 또는 매입(동조 제1호), (ii) 국채나 그밖에 제1호의 유가증권을 담보로 하는 대부(동조 제2호), 또는 (iii) 은행 또는 우체국의 예금(동조 제3호)을 들고 있다. 이 규정의 내용을 통해서 알 수 있듯이 신탁법은 매우 안정적인 투자대상만으로 한정하고 있다. 이렇게 안정적인 대상에 한정하여 자금을 운용하도록 하는 것은 매우 보수적인 입법태도로서 과거 영미와 일본의 태도이기도 하였다. 그러나 현재 영국[65]과 미국[66] 그리고 일본[67]에서는 자금의 투자대상에 관한 제한을 철폐하고 이를 주의의무 위반의 문제로 전환하였다. 그리고 이것이 현재 세계적 추세이기도 하다. 다시 말해서 금전운용에 관한 세계적 추세는 과거 '원칙적 대상규제주의, 예외적 재량선택가능주의'에서 현재 '재량선택가능주의, 예외적 대상규제주의'로 전환되었다. 그리고 대상규제의 경우에 있어서도 당해 신탁이 공익신탁이거나 연금신탁이 아니라면 일반적으로 법에서 투자대상을 한정하는 경우는 없고 당사자가 신탁행위로 투자금지대상을 한정할 수 있을 뿐이다. 우리의 경우 신탁법이 신탁제도의 일반법적 성질을 갖는다는 점을 고려하여 현행법에서도 여전히 영미 내지 일본보다 보수적인 입장을 채택하고 있다. 단 신탁의 특별법에서 그 범위를 확대할 수 있도록 하였다.

65 영국수탁자법(Trustee Act 2000) 제3조(1) 참조.

66 미국표준신중투자자법(Uniform Prudent Investor Act) 제2조(e) 참조.

67 일본 신탁법 제35조 참조.

(3) 자본시장법상의 예외

자본시장법 제103조의 특정금전신탁이거나 동법 제229조 상의 증권집합투자기구 또는 부동산집합투자기구가 신탁형태(즉 투자신탁)인 경우에 있어서 신탁업자는 금전을 신탁법 제41조에 따른 방법으로 운용할 필요가 없다. 한편 자본시장법 제106조에서는 신탁업자가 부동산 또는 부동산 관련 권리만을 신탁받은 경우에 그 신탁재산을 운용함으로써 발생한 여유자금에 대해서는 다소 보수적인 태도를 취하고 있다. 즉 이 경우에는 신탁업자라 하더라도 다음의 방법에 의해서 여유자금을 운용하도록 정하고 있다: (i) 대통령령으로 정하는 금융기관에의 예치;[68] (ii) 국채증권, 지방채증권 또는 특수채증권의 매수; (iii) 정부 또는 대통령령으로 정하는 금융기관이 지급을 보증한 증권의 매수;[69] (iv) 그밖에 안정성과 수익성 등을 저해하지 아니하는 방법으로서 대통령령으로 정하는 방법.[70]

---

68 여기서 대통령령으로 정하는 금융기관은 다음과 같다: (i) 은행; (ii) 한국산업은행; (iii) 중소기업은행; (iv) 증권금융회사; (v) 종합금융회사; (vi) 상호저축은행; (vii) 농업협동조합; (viii) 수산업협동조합; (ix) 신용협동조합; (x), 산림조합; (xi) 체신관서; (xii) 새마을금고; (xiii) 제1호부터 제10호까지 및 제10호의2의 기관에 준하는 외국 금융기관(자본시장법 시행령 제107조 제1항).

69 상게 각주에서 언급한 금융기관과 같다.

70 대통령령이 정하는 방법이란 다음과 같다: (i) 다음 금융기관에 대한 단기대출. 즉 은행, 한국산업은행, 중소기업은행, 한국수출입은행, 농업협동조합중앙회, 수산업협동조합중앙회, 보험회사, 증권금융회사, 종합금융회사, 자금중개회사, 여신전문금융회사, 상호저축은행 및 그 중앙회, 산림조합중앙회, 새마을금고연합회, 신용협동조합중앙회, 한국자산관리공사; (ii) 상게 각주에서 언급한 금융기관이 발행한 채권의 매수; (iii) 그밖에 신탁재산의 안정성과 수익성 등을 해치지 아니하는 방법으로서 금융위원회가 정하여 고시하는 방법(「자본시장법 시행령」 제107조 제2항 제1호부터 제3호까지).

(ㅈ) 위임금지의무

(1) 위임금지원칙: 자기집행의무

수탁자는 그의 직업적 평판 및 능력 혹은 그에 대한 개인적 신뢰 등이 바탕이 되어 선임된 자다. 이처럼 신임을 받은 자가 신탁사무를 임의로 타인에게 위임한다면 애당초 신뢰받았던 이유와 어긋날 것이다. 따라서 과거 영미에서 수탁자는 위임금지의무(duty not to delegate) 또는 자기집행의무를 부담하였다. 그러나 현재 영국[71]과 미국[72] 심지어 일본[73]에서도 이 의무는 폐기되고 원칙적으로 위임을 허용하고 신탁행위로 달리 정할 수 있도록 하였다. 결국 영미 그리고 일본에서는 사회경제가 고도로 전문화 및 복잡화된 시대에서 언제나 수익자의 동의를 얻어 위임 여부를 결정해야 한다면 신탁사무를 효율적으로 수행할 수 없다고 보는 것이다. 따라서 기본적으로 신탁사무의 위임을 허용하되 다만 수탁자가 감독상의 주의의무를 부담하는 것이 보다 합리적이라는 정책적 판단을 내린 것이다. 반면 우리는 민법 제120조(대리인의 임의적 복대리인 선임제한) 그리고 동법 제682조(수임인의 임의적 재위임 제한)의 예에 따라 신탁법의 경우에도 수탁자는 원칙적으로 수익자의 동의가 없는 한 신탁사무를 임의로 타인에게 위임할 수 없는 보수적 입장, 즉 위임금지원칙을 채택하고 있다(신탁법 제42조 제1항 본문).

71 영국수탁자법(Trustee Act 2000) 제11조 참조.

72 미국표준신탁법전(Uniform Trust Code) 제807조 참조.

73 일본신탁법 제28조 참조.

(2) 예외적 허용

수탁자는 다음의 요건을 갖춘 경우에 예외적으로 신탁사무를 타인에게 위임할 수 있다. 즉 (i) 정당한 사유가 있고 수익자의 동의를 얻은 경우에는 위임이 가능하다(신탁법 제43조 제1항 본문). 단 정당한 사유, 위임사무의 내용, 범위 그리고 수임인에 관한 정보를 제공해야 한다. (ii) 신탁행위에서 허용한 경우에는 위임이 가능하다(신탁법 제42조 제1항 단서). 즉 신탁행위에서 처음부터 위임을 허용하였다면 위임이 가능하다. (iii) 한편 수익자의 동의 또는 신탁행위에서 허용하지 않았다 하더라도 신탁사무의 성질상 위임이 전제되어 있다고 볼 수 있는 경우에도 위임이 허용된다고 보아야 할 것이다. 예컨대 신탁사무의 성질상 변호사, 법무사 또는 회계사를 선임해야 하는 경우(즉 전문적인 사무가 전제된 경우) 또는 상장증권이 신탁재산일 때 이를 증권예탁결제원에 예탁하여 보관하도록 관계법령에서 강제한 경우에는 위임이 허용된다. 한편 수탁자의 기관, 직원 또는 이행보조자의 행위는 수탁자의 그것으로 간주되기 때문에 위임이 거론될 여지가 없다. 수탁자는 그들의 사무처리에 대하여 책임을 부담한다.

(3) 위임과 수탁자의 책임

수익자 또는 신탁행위에서 위임을 허용하지 않았다면 수탁자는 수임인의 행위에 대한 모든 책임을 부담한다. 만일 수익자 또는 신탁행위에서 위임을 허용하였다면 수탁자는 수임인의 선임 및 감독상의 책임만을 부담한다(신탁법 제42조 제2항). 수임인의 책임과 관련하여서는 수익자에 대한 것과 제3자에 대한 것으로 나누어 검토할 수 있다. 우선 (i) 수탁자(즉 위임인)와의 관계에서 수임인은 민법상 위임에 따른 책임을 부담한다(민법 제680조 이하). (ii) 수익자와의 관계에서 수임인은 수탁자와 동일한 책임을 부담한다(신탁법 제42조 제3항). 따라서 수임인의 사무처리로 신탁재산에 손해가 발생하였다면 그의 위임인인 수탁자가 부담하는 원상회복 또는 손해배상책임(신탁법 제43조)을 직접 수익자에 대하여 부담한다. 한편 수탁자와 수임인 사이에 내부관계에서 수임인의 책임을 제한한다는 특약이 있다 하더라도 그것이 수익자 또는 신탁행위를 통하여 허용된 경우가 아니라면 수익자에게 그 효력을 주장할 수 없다. (iii) 거래상대방과의 관계에서도 수임인은 수탁자와 동일한 지위에서 책임을 부담하므로(신탁법 제42조 제3항) 자신의 고유재산으로도 책임을 부담한다.

(4) 신탁재산의 재신탁

신탁사무의 위임과 구별되는 개념으로서 신탁재산의 재신탁이라는 것이 있다. 신탁법 제3조 제5항에 따르면 "수탁자는 신탁행위로 달리 정한 바가 없으면 신탁 목적의 달성을 위하여 필요한 경우에는 수익자의 동의를 받아 타인에게 신탁재산에 대하여 신탁을 설정할 수 있다." 이를 신탁재산의 재신탁이라고 하는데 신탁사무의 위임과는 그 성질을 달리한다. 위임은 신탁재산의 이전을 전제하지 않지만 재신탁의 경우에는 신탁재산의 이전을 전제한다. 따라서 재신탁의 경우에는 두 개의 신탁이 존재한다. 그러나 신임관계에 따라 선임된 수탁자에게 임의로 재신탁의 설정을 허용하는 것은 위탁자의 의사에 반하거나 수익자에게 불측의 손해를 야기할 수 있을 것이다. 신탁법 제3조 제5호에서는 신탁행위 또는 수익자의 동의가 있는 경우에 한하여 재신탁을 허용하고 있다. 한편 신탁사무의 위임에서는 민법상 위임법리도 신탁법 제42조와 함께 적용되었지만 신탁재산의 재신탁의 경우에는 민법상 위임의 법리가 개입될 여지없이 신탁법상의 규율에 따라 그 의무와 책임의 내용이 정해진다.[74]

다. 수탁자의 책임

(ㄱ) 의무위반에 대한 책임

(1) 원상회복 또는 손해배상 책임

수탁자가 신탁상 의무를 위반하여 신탁재산에 손해가 발생하거나 변경되었다면 이를 원상으로 회복할 책임을 부담한다(신탁법 제43조 제1항 본문 및 제2항). 이처럼 신탁법상 수탁자의 책임은 원상회복이 원칙이다. 따라서 민법 제394조에서 정하고 있는 금전배상원칙에 대한 예외가 된다. 그러나 만일 원상회복이 불가능한 경우, 현저히 곤란한 경우, 과다한 비용이 드는 경우 또는 적절하지 아니한 기타 특별한 사정이 있는 경우라면 그 손해를 배상할 책임이 있다(신탁법 제43조 제1항 단서). 따라서 수탁자의 손해배상책임은 보충적이다.

원칙적 원상회복, 보충적 손해배상 원칙에 따라, 우선 (i) 수탁자가 선관의무(신탁법 제32조)를 위반하여 신탁재산인 동산이나 부

74 수탁자가 신탁업자일 경우에는 자본시장법(제42조 참조)의 규제도 받는다.

동산이 **훼손**되었다면 수탁자는 이를 수리하여 원상으로 회복해야 한다. 만일 훼손의 정도가 심하여(예컨대 수탁자의 과실에 의한 화재로 신탁재산인 동산이나 부동산이 멸실한 경우 등) 회복이 불가능한 때에는 그 가치에 대한 손해를 금전으로 배상해야 한다.

한편 (ii) 수탁자가 선관주의의무에 위반하여 신탁재산인 **금전을 잘못된 상대방에게 지급**하거나 사적으로 소비하여 손해가 발생한 경우에는 원상회복의 문제가 발생하지 않고 오로지 수탁자의 손해배상책임만이 문제된다. 그러나 판례는 이 경우에도 원상회복이 가능하다는 우를 범했다. 즉 수탁자가 신탁재산인 금전을 잘못 지급하여 손해가 발생한 사안에서 판례는 잘못 지출된 금액에 관한 수탁자의 원물반환책임(지연이자의 배상은 부정하면서)을 인정하였다.[75] 그러나 원물은 동산, 부동산, 또는 주식 등과 같은 재산을 의미할 뿐 가치 그 자체를 표상하는 금전은 (골동품 또는 기념주화가 아닌 이상) 원물의 개념에 포함된다고 볼 수 없다. 우리 사법은 그러한 개념을 알지 못한다. 요컨대 이 경우에는 수탁자의 손해배상책임(지연이자의 배상도 포함)만이 문제된다.[76]

마지막으로 (iii) 신탁법 또는 개별 신탁상의 정함에 위반하여 수탁자가 **신탁재산(즉 토지, 물품, 주식 등)을 처분한 경우**에는 어떠한가? 만일 수탁자의 신탁재산에 대한 처분이 자기거래, 자신이 운용

---

75 대판 2020.9.3. 선고 2017다269442. 이는 수탁자가 선관주의의무의 위반으로 금전을 잘못 지출하여 신탁재산에 손해가 발생한 사건이다. 이에 대하여 판례는 금전의 원물반환책임을 인정하였고 나아가 신탁법 제43조 제1항의 법문에는 이자에 관한 규정도 없으므로 "달리 특별한 약정이 없는 한 민법과 그 특별규정인 소송촉진 등에 관한 특례법 제3조 제1항에 정한 이율에 의한 지연손해금의 지급을 명할 수 없다"고 판시하였다.

76 동지: 최수정, "수탁자의 원상회복의무와 손해배상의무 — 신탁재산이 금전인 경우를 중심으로 —", 비교사법 제28권 3호(2021), 279면 이하 참조.

하는 서로 다른 신탁 간의 거래, 또는 타인의 대리인으로서 거래하는 경우라면[77] 당해 거래는 무효라고 해석된다.[78] 따라서 수탁자는 당해 신탁재산을 원상으로 회복할 책임을 부담한다.[79] 한편 (iv) 신탁법 또는 개별 신탁상의 정함에 위반하여 수탁자가 신탁재산(즉 토지, 물품, 주식 등)을 제3자에게 처분한 경우에는 어떠한가? 수탁자는 일단 원상회복책임(즉 당해 재산의 재취득)을 부담하고 만일 그것이 어렵거나 불가능한 경우에는 손해배상책임을 부담한다. 여기서 유의할 점은 신탁법 제75조에서 일정한 요건 하에 수익자에게 수탁자와 제3자의 처분을 취소할 수 있는 권한도 부여하고 있다는 것이다. 수익자로서는 수탁자에 대하여 원상회복청구(즉 당해 재산의 재취득)나 손해배상청구를 하지 않고 직접 신탁법 제75조에서 부여한 수익자의 취소권을 행사할 수 있다. 이에 관하여는 수익자의 권리를 다룰 때 설명한다.[80]

(2) 이득반환책임

신탁법은 원상회복 또는 손해배상의 구제수단 이외에 기존 민사법의 구제체계에서는 보기 드문 종류의 책임 하나를 수탁자에게 부과하고 있다. 즉 손해를 전제하지 않는 이득반환책임이 그것이다. 다시 말해서 수탁자가 제33조부터 제37조까지의 규정에서 정

77 즉 수탁자가 신탁법 제34조 제1항 제1호에서 제4호의 경우를 위반한 경우이다.

78 신탁법에서는 이에 대한 효력에 대해 침묵하고 있다. 그러나 수탁자의 처분이 자기거래에 해당한다면 그 효과는 무효라는 판결이 있다(대판 2011.6.10. 선고 2011다18482; 대판 2017.7.11. 선고 2017다8395 참조).

79 한편 수탁자가 타인의 대리인으로서 거래하는 경우에 한해서는 대리인과 본인 사이의 내부적 관계에 따른 책임이 발생할 수 있다.

80 수익자의 취소권에 관하여는 제7장인 '칠. 이익귀속'의 다. 참조.

한 의무를 위반한 경우에는 비록 신탁재산에 손해가 발생하지 않았다 하더라도 수탁자는 그 자신 또는 제3자가 얻은 이득 전부를 신탁재산에 반환하여야 한다(신탁법 제43조 제3항). 예컨대 (i) 신탁법 제36조의 이익향수 금지의무에 위반하여 수탁자가 토지개발의 시공사로부터 선정의 대가로 비밀수수료 또는 커미션을 취득한 경우에는 이를 신탁재산에 반환하여야 한다. 수탁자가 신탁재산인 부동산을 제3자에게 매각하고 그 제3자인 매수인으로부터 비밀 수수료를 받은 경우 또한 같다. 이 책임은 수탁자의 신탁위반의 유혹을 근절하고자 신탁법에서 부과하고 있는 법정책임이다.[81] 따라서 선정된 시공사가 객관적으로 최선의 시공사였고 공사대금 또한 합리적이었다거나 매각대금이 정상적이었다 하더라도 (즉 신탁에 손해가 발생하지 않았다 하더라도) 수탁자는 그가 받은 은밀한 커미션 또는 수수료라는 이득을 신탁재산에 반환할 책임을 부담한다. 나아가 (ii) 만일 수탁자의 경업행위 또는 기회유용행위[82]를 통하여 수탁자 또는 제3자가 이득을 취득한 경우에는 비록 신탁재산에 손해가 야기되지 않았다 하더라도 수탁자는 그 이득을 신탁재산에 반환할 책임을 부담한다.

---

81 수탁자의 이득반환책임의 법적 근거를 불법행위 또는 부당이득에 둘 수 없는가? 다음과 같은 이유에서 어렵다고 본다. 불법행위책임은 그 성립요건으로서 손해의 발생을 요구하는데(민법 제750조) 신탁법상 수탁자의 이득반환책임에서는 그러한 손해의 발생을 전제하고 있지 않다. 그리고 부당이득책임에 있어서도 법률상 원인 없는 이득을 취득함과 동시에 타인에게 손해가 발생할 것이 요구되는데(민법 제741조) 신탁법상 수탁자의 이득반환책임에서는 그러한 손해의 발생을 전제하지 않는다. 자세한 것은, 오영걸, "신탁의 변용적 계수 및 그 법리적 과제들", 서울대학교 법학 제60권 제4호(2019), 119-124면 참조.

82 수탁자의 경업행위와 기회유용행위는 신탁법 제34조 제1항 제5호에 포함되는 이익상반행위들이다.

(3) 각 책임 사이의 관계

지금까지 살펴본 바와 같이 신탁상의 의무를 위반할 경우에 수탁자는 **원상회복, 손해배상 또는 이득반환의 책임**을 부담한다. 그렇다면 **이들 간의 관계**는 어떠한가? 신탁법 제43조 제1항 및 제2항에 따르면 수탁자의 의무위반으로 신탁재산에 손해 또는 변경이 발생한 경우에는 원칙적으로 원상회복의 책임을 부담하고 이것이 가능하지 않은 경우에는 그 손해를 배상할 책임을 부담한다. 따라서 **최소한 원상회복과 손해배상 양자 사이에는 우선순위가 있다**. 따라서 원상회복이 된 부분에 대해서는 다시 손해배상을 청구할 수 없다. 즉 원상회복이 충분히 이루어지면 양자의 배타적 성질로 인하여 손해배상책임은 더 이상 문제 되지 않는다. 한편 원상회복을 하였으나(예컨대 수선완료) 아직 경제적 손실이 충분히 전보되지 않았다면(예컨대 수선 후 가치하락 부분) 그 부분에 한하여 손해배상책임이 보충적으로 적용될 수 있을 것이다.

이득반환책임의 경우에는 원상회복책임과 병렬적으로 성립될 수 있다. 예컨대 수탁자가 자신이 운용 중인 A신탁의 부동산을 시장보다 낮은 가격으로 자신이 운용하는 B신탁에 처분하였고 이 과정에서 B신탁의 수익자들로부터 일종의 비밀커미션을 받았다고 하자. 이 경우 당해 거래는 무효이므로(신탁법 제34조 제1항 제3호 위반) 수탁자는 원상회복책임을 부담한다(신탁법 제43조 제1항). 한편 수탁자는 이익향수 금지의무를 규정한 제36조 본문에도 위반하여 B신탁의 수익자들로부터 받은 비밀커미션의 이득을 A신탁의 신탁재산에 반환해야 한다(신탁법 제43조 제3항).

그리고 **이득반환책임은 손해배상책임과도 병렬적으로 성립할 수**

있다. 예컨대 수탁자가 신탁의 목적 또는 정함에 반하여 신탁재산인 금전을 갑회사에게 대출해 주었고 이에 대한 감사의 표시로 갑회사로부터 일정한 사례금을 수령한 경우를 상정해 보자. 이 경우에 갑회사가 추후 무자력에 빠져 이를 상환할 능력이 부족하게 될지 여부를 떠나서, 신탁위반적 대출 자체로 신탁재산에 손해가 발생한 것으로 볼 수 있다. 이는 수탁자가 제3자의 이익을 위하여 행한 이익상반행위에(신탁법 제34조 제1항 제5호) 해당하기 때문에 그 손해를 배상하여야(신탁법 제43조 제1항) 한다. 그리고 이에 더 나아가서 갑회사로부터 받은 사례금의 이득도 신탁재산에 반환하여야 한다(신탁법 제43조 제3항).

한편 **수탁자에게 원상회복 또는 손해배상의 책임이 발생하지 않았음에도 불구하고 수탁자가 이득반환책임을 부담하여야 하는 경우**도 있다. 예컨대 수탁자가 토지개발신탁에서 토지 위의 건물을 신축하는 시공사를 선정함에 있어서 적합한 시공사와 합리적 가격으로 갑건설회사와 건설계약을 체결하였는데 그 과정에서 갑건설회사가 수탁자에게 자사가 선정될 수 있도록 부탁하는 의미에서 일정한 금액을 지급한 경우를 예로 들어보자. 이 경우에 당해 신탁 또는 신탁재산에는 비록 아무런 손해가 발생하지는 않았으나, 수탁자는 신탁법 제36조 본문에 위반하여 이익을 취득한 것이므로 그 이득을 신탁법 제43조 제3항에 좇아 신탁재산에 반환하여야 한다. 이러한 결론은 수탁자가 경업행위 또는 기회유용행위(신탁법 제34조 제1항 제5호)를 통하여 이득을 얻었으나 신탁재산에는 아무런 손해가 발생하지 않은 경우에도 그대로 적용된다.

이상에서 본 바와 같이, 이득반환책임은 신탁재산에 손해가 발생하였는지 여부와 상관없이 성립될 수 있다. 따라서 신탁법 제

43조 제3항에서도 '신탁재산에 손해가 생기지 아니하였더라도'라고 규정하고 있는 것이다. 그리고 위의 예에서도 볼 수 있듯이, 신탁재산에 손해가 발생한 경우에는 기본적으로 신탁법 제43조 제1항에서 규정하는 원상회복이나 손해배상의 책임이 성립된다. 그리고 이득반환책임은 원상회복이나 손해배상책임과는 별도로 동시에 성립될 수 있는 것이다. 나아가 자세히 살펴볼 경우, 신탁법 제43조 제3항의 이득반환책임이 문제되는 경우는 수탁자가 신탁을 운용하는 과정에서 신탁재산을 착복하는 경우, 제3자로부터 이득을 수령한 경우(즉 앞의 예에서의 비밀커미션, 수수료 등) 또는 경업행위나 기회유용행위를 통하여 이득을 취득한 경우라고 볼 수 있다. **그렇다면 이득반환책임이 성립되는 경우는 수탁자가 신탁법 제36조의 이익향수 금지의무를 위반하거나, 아니면 신탁법 제34조 제1항 제5호를 위반하여 이득을 취득하는 경우에 한한다는 것을 의미한다.[83] 요컨대 우리 신탁법 제43조 제3항은 굳이 '제33조부터 제37조까지의 규정에서 정한 의무를 위반한 경우'라고 넓게 설정할 필요가 전혀 없는 것이다.**

83 신탁법 제43조 제3항에서는 수탁자로 하여금 제3자가 취득한 이득도 반환하도록 정하고 있다. 하지만 이는 재고의 여지가 있다. 왜냐하면 이에 따를 경우 수탁자가 신탁법 제36조 또는 제34조 제1항 제5호를 위반하였다는 사실을 알았거나 알 수 있었던 제3자에게 그가 취득한 이득을 보유할 수 있는 기회를 제공하는 결과가 되기 때문이다. 이는 분명 부당하다. 그렇다고 제3자에게 불법행위책임을 물을 수도 없다. 왜냐하면 이 경우 신탁재산에 손해가 발생하지 않았을 수 있고 나아가 수탁자의 제36조 또는 제34조 제1항 제5호 위반 사실에 대한 단순 인식을 가지고 신탁의 수익자의 채권을 해하려는 적극적 채권침해의 의사가 있었다고 볼 수도 없기 때문이다. 따라서 입법론적으로는 일종의 법정책임으로서 이러한 제3자와 수탁자로 하여금 이득반환에 관하여 연대하여 책임을 부담하도록 하는 것이 타당하다고 본다.

(4) 청구권자

지금까지 살펴본 원상회복, 손해배상, 그리고 이득반환은 수탁자의 책임내용을 이루지만 수익자 측면에서 보면 이들은 **수익자**가 주장할 수 있는 구제수단이 된다. 나아가 신탁법 제43조 제1항 본문에서는 **위탁자 또는 수탁자가 여럿 있을 경우에는 다른 수탁자**에게도 의무를 위반한 수탁자의 책임을 주장할 수 있도록 하고 있다. 신탁법 제43조 제3항이 규정하는 수탁자의 이득반환책임에 대해서는 이를 주장할 수 있는 주체가 명시되어 있지 않지만 이 역시 원상회복과 손해배상의 경우와 동일하게 해석하여야 할 것이다. 즉 위탁자, 수익자 또는 수탁자가 여럿 있을 경우에는 다른 수탁자는 의무를 위반한 수탁자에게 이익반환을 청구할 수 있다. 마지막으로 신수탁자나 신탁재산관리인도 의무를 위반한 수탁자에게 제43조의 책임을 물을 수 있다(신탁법 제52조).

(ㄴ) 수익자에 대한 유한책임

수탁자는 신탁행위에서 정한 수익자에게 원본이든(즉 수익자가 원본수익자일 경우) 수익이든(즉 수익자가 수익수익자일 경우) 이를 이전할 채무를 부담한다. 이는 다시 말해서 수익자는 수탁자에 대하여 수익채권을 가진다는 뜻이다. 수탁자가 수익자에 대하여 부담하는 채무(즉 수익자가 수탁자에게 가지는 수익채권)에 대해서는 오로지 신탁재산만으로 책임을 부담한다고 정하고 있다(신탁법 제38조). 여기서 '신탁재산만으로'란 신탁재산이 현존하는 한도 내에서라는 의미이다. 이는 수탁자가 신탁사무를 처리하면서 발생한 채권을 보유한 신탁채권자가 수탁자에 대하여 갖는 채권과 대비된다. 왜냐하면 수탁자는 신탁채권자에 대하여 책임한정특약이 없거나 또는 유한책임신탁이 아니라면, 원칙적으로 자신의 고유재산으로도 책임을 져야 하기 때문이다. 수탁자가 수익자와 신탁채권자 각각에 대하여 부담하는 책임의 범위와 관련하여 판례 또한 다음과 같이 판시하고 있다: 즉 "신탁사무의 처리상 발생한 채권을 가지고 있는 채권자는 수탁자의 일반채권자와 달리 신탁재산에 대하여도 강제집행을 할 수 있고(현행 신탁법 제22조 제1항), **수탁자의 이행책임이 신탁재산의 한도 내로 제한되는 것은 신탁행위로 인하여 수익자에 대하여 부담하는 채무에 한정되는 것**이므로(현행 신탁법 제38조),[84] 수탁자가 수익자 이외의 제3자 중 신탁재산에 대하여 강제집행을 할 수 있는 채권자에 대하여 부담하는 채무에 관한 이행책임은 신탁재산의 한도 내로 제한되는 것이 아니라 수탁자의 고유재산에 대하여도 미치는 것으로 보아야…."[85]

(ㄷ) 신탁채권자(신탁채무)에 대한 책임

(1) 책임한정특약

수탁자의 신탁채권자는 수탁자의 고유재산에 대해서도 강제집행을 할 수 있음은 이미 언급한 바와 같다. 하지만 **수탁자는 자신의 고유재산을 보호하기 위하여 신탁사무를 처리하는 과정에서 자신의 책임은 신탁재산만으로 부담하겠다고 거래상대방과 합의**할 수 있다. 이러한 계약을 책임한정특약이라고 한다. 수탁자와 거래상

84 현행법의 조문은 이해의 편의를 위하여 저자가 추가한 것임을 밝힌다.

85 대판 2010.6.24. 선고 2007다63997.

대방 사이에 책임한정특약이 체결되면 수탁자의 고유재산은 신탁채권자의 집행으로부터 자유로워진다. 하지만 책임한정특약은 거래상대방과 거래할 때마다 개별적으로 체결해야 하는 불편함이 있다. 나아가 수탁자가 책임재산의 범위를 신탁재산으로 제한하기 위해 제3자와 협상할 때 추가비용이 들거나 일정한 조건의 양보를 하는 등 불리한 위치에 놓일 수 있다. 이는 신탁에도 유리하지 않을 것이다. 이러한 문제점을 덜기 위하여 마련된 것이 바로 유한책임신탁이다.[86]

(2) 유한책임신탁[87]

유한책임신탁이란 신탁행위로 수탁자가 신탁사무의 처리 중 발생한 채무에 관하여 신탁재산만으로 책임을 지는 신탁을 말한다(신탁법 제114조). 유한책임신탁의 설정은 등기하여야 그 효력을 발생한다(신탁법 제114조 및 제126조).[88] 거래상대방에게 수탁자의 책임은

86 참고로 유한책임신탁은 일본신탁법의 영향을 받은 것이다. 영미법계 신탁법에서는 존재하지 않는다.

87 유한책임신탁의 규정들은 다분히 기술적 내용들로 채워져 있다. 이곳에서는 특히 주의해야 할 내용만을 중심으로 논하기로 한다. 자세한 것은 신탁법 제114－139조의 규정을 참고하기 바란다.

88 일반적으로 신탁의 존재 자체는 등기할 필요가 없다. 위탁자와 수탁자의 합의, 위탁자의 유언, 또는 위탁자의 자기선언의 공증으로 신탁은 효력을 발생할 수 있다. 그런데 신탁에 포함된 재산이 등기나 등록이 가능한 경우에는 등기나 등록을 하여야 한다(신탁법 제4조). 신탁재산의 등기나 등록은 당해 재산이 신탁재산이라는 점을 공시함으로써 제3자에게 대항할 수 있도록 하는 요건이지 신탁 자체의 효력발생요건은 아니다. **하지만 이와 달리 유한책임신탁의 등기는 유한책임신탁 자체가 효력을 발생하기 위한 요건이다.** 그리고 등기나 등록이 가능한 재산이 유한책임신탁의 신탁재산으로서 포함될 경우에 이것이 신탁재산이라는 점을 제3자에게 주장하기 위해서는 신탁법 제4조의 요건을 별도로 충족해야 한다. 요컨대 유한책임신탁에서 신탁 자체가 등기되었다고 하여 신탁재산이 대항요건을 갖춘 것은 아니라는 것이다.

신탁재산으로 한정된다는 인식을 확실하게 전달할 필요가 있기 때문에 유한책임신탁을 설정한 때에는 유한책임신탁이라는 문구를 사용하여야 한다(신탁법 제115조). 나아가 수탁자는 거래할 때마다 유한책임신탁인 점을 거래상대방에게 서면으로 명시 및 교부할 의무를 부담한다(신탁법 제116조 제1항). 수탁자가 이러한 명시 등의 의무를 위반하는 경우에 거래상대방은 법률행위를 한 날로부터 3개월 내에 이를 취소할 수 있다(신탁법 제116조 제2항).[89] 거래상대방이 이 기간 내에 취소를 하지 않았을 경우 취소권은 소멸하고 그가 선의라 하더라도 수탁자의 고유재산에 대하여 강제집행 등을 할 수 없다.

유한책임신탁에서의 신탁채권자는 수탁자의 고유재산에 대하여 강제집행 등을 신청할 수 없다. 그러나 다음의 경우에 수탁자는 제3자에 대해서도 그의 고유재산으로 책임을 부담한다: (i) 고의 또는 중과실로 수탁자가 그의 임무를 게을리하여 제3자에게 손해를 야기한 경우(신탁법 제118조 제1항 제1호);[90] (ii) 수탁자가 고의 또는

89 한편 신탁법 제116조 제2항이 적절한 입법인지 의문이다. 왜냐하면 이에 따르면 거래상대방은 법률행위가 있을 날로부터 3개월이 지나면 당해 법률행위를 취소할 수 없다. 그런데 거래상대방으로서는 수탁자가 명시 · 교부의무를 위반하였는지 여부를 알 수 있는 방법이 없다. 설상가상으로 수탁자로서는 명시의무를 위반하더라도 3개월만 기다리면 그만이다. 그 결과 거래상대방이 취득한 신탁채권은 오로지 신탁재산으로부터만 만족을 얻을 수 있을 뿐 수탁자의 고유재산에 대해서는 강제집행 등을 할 수 없게 된다. 이처럼 거래상대방에게 수탁자의 명시 · 교부의무의 위반을 알 수 있는 기회를 주지 않으면서 오히려 수탁자가 3개월만 버티면 그 의무위반이 치유되는 입법태도는 재고되어야 한다. 생각건대 명시 · 교부의무의 이행을 확보하기 위하여 입법론적으로 수탁자가 명시 · 교부의무를 위반할 경우 수탁자의 책임은 신탁재산뿐만 아니라 고유재산에도 미치는 것으로 정하는 것이 타당하다.

90 이 규정은 상법 제401조의 영향을 받은 것이다. 회사와 이사는 법인격을 달리한다. 이사의 임무해태가 개입된 회사의 행위가 제3자에게 손해를 야기한 경우에는 회사가 그 제3자에 대해서 책임을 진다. 이사는 단지 회사에 대해서만 책임을 부담하는

과실에 의한 위법행위로 제3자에게 손해를 입힌 경우(신탁법 제118조 제1항 제2호); (iii) 대차대조표 등 회계서류에 기재 또는 기록하여야 할 중요한 사항에 관하여 수탁자가 사실과 다른 기재 또는 기록하여 제3자에게 손해를 발생케 한 경우(신탁법 제118조 제1항 제3호); (iv) 사실과 다른 등기 또는 공고를 하여 제3자에게 손해를 야기한 경우(신탁법 제118조 제1항 제4호). 이들 경우에 수탁자는 유한책임신탁임에도 불구하고 자신의 고유재산에 의해 신탁채권자들의 손해를 배상할 책임을 부담한다(신탁법 제118조 제1항 본문). 한편 (iii)과 (iv)의 경우 수탁자가 주의를 게을리하지 않았음을 증명한 때에는 손해배상의 책임을 면한다(신탁법 제118조 제1항 단서).

유한책임신탁에서 신탁채권자는 수탁자의 고유재산에서 만족을 구할 수 없는 만큼 신탁재산의 보존은 매우 중요하다. 따라서 수탁자가 수익자에게 과도한 급부를 하는 것은 신탁채권자가 집행할 수 있는 신탁재산이 부당하게 감소되는 결과를 초래할 수 있다. 이를 방지하고자 신탁법에서는 수탁자로 하여금 수익자에게 신탁재산에서 급부가 가능한 한도를 초과하여 급부할 수 없도록 규정하고 있다(신탁법 제120조 제1항). 수탁자가 이 한도를 초과하여 지급한 경우에는 수탁자와 이를 수령한 수익자는 연대하여 초

것이 원칙이다. 그러나 우리 상법은 이사로 하여금 그의 임무해태가 고의 또는 중과실에 기인한 것인 때에는 회사와 함께 그 제3자에 대하여 배상책임을 물고 있다. 상법 제401조 덕분에 손해를 입은 제3자로서는 굳이 법인격부인론을 주장할 필요 없이 회사로부터 받지 못한 배상을 이사에게 추궁할 수 있게 된다. 이는 이사의 업무집행이 제3자의 이해관계에게도 영향을 미치는 경우가 많이 때문에 마련된 규정이다. 신탁의 경우에도 수탁자의 신탁운용결정이 제3자의 이해관계에 영향을 미치는 경우가 많다. 따라서 유한책임신탁인 경우라 하더라도 그의 고의 또는 중과실로 인한 신탁업무집행이 결과적으로 제3자에게 손해를 야기한 경우에는 당해 수탁자 역시 개인적으로 책임을 지도록 한 것이다.

과지급 부분에 대한 전보책임이 있다(신탁법 제121조 본문). 초과지급 부분을 신탁재산에 전보한 수탁자는 그 초과 부분을 수령한 수익자에게 구상권을 행사할 수 있는데 선의의 수익자에 대하여는 구상권을 행사할 수 없다(신탁법 제121조 제2항).

유한책임신탁이 목적달성 등의 이유로(신탁법 제98–100조) 종료된다면 청산절차를 거쳐야 한다(신탁법 제132조). 유한책임신탁이 청산되는 과정에서 잔여신탁재산으로 신탁채무를 변제할 수 없는 것이 명백할 경우에 청산수탁자는 신탁재산에 대하여 파산신청을 하여야 한다(신탁법 제138조). 법인격 없는 신탁재산이 파산한다는 것이 이례적일 수 있으나 우리 사법에서는 상속재산에 대해서도 파산제도(채무자회생법 제299조)를 두고 있는 만큼 신탁에만 특유한 현상은 아니라고 하겠다. 지금까지 살펴본 바와 같이, 전체적으로 보았을 때 유한책임신탁은 신탁제도 내로 유한책임회사 또는 주식회사의 규율내용을 많이 차용하여, 신탁제도에 회사법의 색채를 가미한 것으로 볼 수 있다.[91]

(ㄹ) 신탁사채

(1) 서 론

신탁제도는 자산의 관리 · 운용 수단이기도 하지만 신탁을 이용하여 대규모 투자사업을 (예컨대 토지개발 또는 부동산분양사업 등)

91 그러나 유한책임신탁은 실무에서 거의 사용되지 않고 있다(김태진, "유한책임신탁을 왜 선택하지 않는가? — 현황에 대한 비판적 분석 및 고찰 —", 기업법연구 제34권 제4호(2020), 11면); 그 이유로 첫째, 자본시장법에서는 신탁업자의 유한책임신탁에 대한 인수를 허용하지 않는 점, 그리고 둘째, 신탁채권자의 채권확보가 어려워진다는 점이 제시되고 있다(정순섭, 신탁법, 지원사(2021), 645–646면).

추진하는 데에도 유용한 도구로서 이용될 수 있다. 하지만 위탁자가 이전한 재산(예컨대 부동산 또는 금전)만으로는 의도한 사업을 수행하기에 부족할 수도 있다. 이 경우에 수탁자는 추가로 자금을 조달할 필요가 생긴다. 그러나 대규모 신탁사업은 기간이 길고 나아가 요구되는 자금규모 또한 크다. 따라서 은행차입 등의 방법에 의하는 것보다는 **불특정 다수의 투자자에게 집단적으로 사채를 발행하는 방법을 통해 자금을 조달하는 것**이 보다 적합하다. 신탁법은 이러한 대규모의 신탁사업을 운용하는 수탁자가 자금을 조달할 수 있는 방법으로서 신탁사채의 발행을 허용하고 있다. 그러나 신탁 자체는 법인격이 없다. 따라서 신탁사채를 발행한다고 할 때에는 신탁이 발행하는 것이 아니라 당해 신탁의 **수탁자가 신탁사업을 위해 사채를 발행한다는 것을 의미**한다. 아래에서는 그 요건에 대해 살펴본다.

(2) 신탁사채의 발행요건

신탁사채는 수탁자가 신탁사업을 위해서 불특정 다수의 투자자에게 집단적으로 발행하는 것이다. 그만큼 다수의 투자자의 이익과 관련되어 있기 때문에 신탁법은 신탁사채발행의 요건을 엄격하게 정하고 있다. 신탁사채를 발행하기 위해서는 다음 요건을 갖추어야 한다. 즉 (i) 위탁자가 신탁행위에서 수탁자의 신탁사채발행을 허용하여야 한다(신탁법 제87조 제1항). 불특정 다수의 대규모 투자자로부터 자금을 조달하면서 거액의 신탁채무를 부담하는 것이므로 위탁자가 신탁사업을 위해 필요하다고 판단되어 신탁행위에서 이를 허용할 때에만 신탁사채를 발행할 수 있도록 하는 것이다. (ii) 수탁자가 운용하는 신탁이 수익증권을 발행할 수 있는 신탁일 것이 요구된다(신탁법 제87조 제1항 제1호). 수익증권을 발행할 정도로 규모가 있는 신탁사업일 것이 요구된다는 것이다. (iii) 신탁사채를 발행하기 위해서는 당해 신탁을 유한책임신탁으로 설정해야 한다(신탁법 제87조 제2호). 조달되는 자금의 규모가 큰 만큼 수탁자의 고유재산으로도 책임을 져야 한다면 수탁자는 신탁사채의 발행을 주저할 것이다. 나아가 유한책임신탁으로 한정함으로써 수탁자가 거액의 신탁채무에 대하여 고유재산으로 책임을 부담할 필요가 없어 수탁자의 경제력 약화 내지 파산위험이 감소될 수 있다. (iv) 신탁사채를 발행하기 위해서 수탁자는 상법상 주식회사나 그밖의 법률에 따라 사채를 발행할 수 있는 자이어야 한다(신탁법 제87조 제1항 제3호). 신탁사채를 발행할 수 있는 주체를 제한함으로써 신탁사채의 무분별한 발행을 막기 위한 조치이다.

(3) 신탁사채의 발행

신탁사채를 발행할 수 있는 요건을 갖춘 경우에 수탁자는 신탁사채를 발행할 수 있는데 수탁자는 사채청약서, 채권(債券) 및 사채원부에 (i) 해당 사채가 신탁을 위하여 발행되는 것이라는 뜻(신탁법 제87조 제2항 제1호), (ii) 수익증권내용을 특정하는 데 필요한 사항(신탁법 제87조 제2항 제2호), 그리고 (iii) 해당 사채에 대해서는 신탁재산만으로 이행책임을 진다는 뜻(신탁법 제87조 제2항 제3호)을 기재하여야 한다(신탁법 제87조 제2항). 한편 과도한 사채의 발행(즉 신탁채무의 발생)을 억제하기 위하여 신탁법은 사채 총액에 한도를 두고 있는데(신탁법 제87조 제3항) 그 구체적인 것은 대통령령에 위임하고 있다. 이에 신탁법 시행령 제8조에서는 사채 총액의 한도를 최종의 대차대조표에 의하여 유한책임신탁에 현존하는 순자산액의 4배로 제한하고 있다. 대차대조표가 없는 경우라면 사채의 발행시점에 유한책임신탁에 현존하는 순자산액의 4배로 제한된다. 신탁사채의 발행에 관한 기타의 사항은 상법 제396조 및 동법 제3편 제4장 제8절을 준용하고 있다(신탁법 제87조 제4항).[92]

라. 수탁자의 권리

(ㄱ) 수탁자의 권한

신탁재산에 속하는 권리와 의무는 수탁자에게 귀속되어 있지만 그는 실질적으로 관리자적 지위에 있다. 다시 말해서 수탁자는 신탁재산을 보유하면서 수익자(혹은 공익 또는 비공익의 목적)를 위해 신탁재산을 관리·운용해야 한다. 그런데 그 전제로서 그에게는 신탁의 목적을 달성하기 위해 필요한 행위를 할 수 있는 권한이 부여될 필요가 있다. 따라서 **신탁법에서는 수탁자에게 신탁재산의 관리 및 처분 등을 하고 신탁목적의 달성을 위하여 필요한 모든 행위를 할 권한을 부여**하고 있다(신탁법 제31조 본문).

그러나 수탁자는 신탁의 목적 또는 정함에 구속되기 때문에 그가 신탁재산을 운용하는 과정에서 그의 권한을 어느 범위까지

92 신탁법 제87조 제4항에서는 상법 제469조를 준용하고 있지 않다. 상법 제469조에서는 사채의 발행에 관하여 이사회의 결의를 거치도록 요구하고 있다. 회사가 사채발행을 통해 거액의 채무를 부담하는 것은 중요한 사항이기 때문이다. 그러나 신탁사채의 발행에 관하여 수탁자는 오로지 신탁재산만으로 신탁사채에 대하여 책임을 부담하기 때문에 수탁자의 고유재산은 영향을 받지 않는다. 따라서 굳이 이사회의 결의사항으로 할 필요가 없으므로 상법 제469조를 준용하지 않는 것이다.

행사할 수 있을 것인가 하는 문제는 결국 각 신탁의 목적과 종류 등에 따라 구체적으로 정해질 것이다. 특히 **일정한 경우에는 법에서 그 한계를 설정하기도** 한다. 예컨대 신탁재산이 주식일 경우에 그 주식에 관한 권리는 그 주식의 귀속권리자인 수탁자가 행사한다. 그러나 **수탁자가 신탁업자인 경우에 신탁재산에 속한 주식이 특정법인 발행주식 총수의 100분의 15를 초과한다면 그 초과된 부분에 대해서 신탁업자는 그 주식의 의결권을 행사할 수 없다**(자본시장법 제112조 제3항 제1호).[93]

만일 법에서 특별히 제한을 가하지 않았다면 일반적으로 수탁자는 신탁재산의 관리, 처분 등의 행위를 할 수 있으며, 여기에는 법률행위(예컨대 계약체결), 사실행위(예컨대 보존행위) 또는 소송행위를 모두 포함한다. 한편 각 신탁마다 추구하는 바가 다르기 때문에 위탁자는 신탁행위로 수탁자의 권한범위를 제한할 수 있음은 물론이다(신탁법 제31조 단서).

93 가업 내지 사업의 승계를 위하여 위탁자가 주식을 신탁하고 수탁자로 하여금 수익자(가업후계자)를 위해서 주식의 의결권과 배당금을 관리, 운용 그리고 배분하게 하는 경우를 **가업승계신탁**이라고 한다. 그러나 수탁자의 의결권 행사에 대해서 자본시장법 제112조 제3항 제1호의 제한이 따르기 때문에 가업승계의 목적을 달성하는 데 있어서 많은 제약을 받는다. 이 때문에 가업승계신탁은 아직 활발하게 이용되지 못하고 있다. 이로 인하여 중소기업의 사업주의 주식을 상속받은 공동상속인인 자녀들 사이에서의 경영권분쟁이 끊이지 않고 있다. 이는 많은 중소기업이 결국 그 역사, 전통 그리고 노하우를 전승하지 못하고 해외기업에 넘어가거나 공중분해되는 이유이기도 하다. 따라서 이러한 자본시장법 제112조 제3항 제1호에 대해서는 비판이 많이 제기되고 있다. 가업승계신탁을 둘러싼 자본시장법 제112조 제3항 제1호의 문제점에 대해서는 권종호, "중소기업의 원활한 사업승계를 위한 방안 - 2011년 개정상법 및 개정신탁법을 중심으로", 비교사법 제18권 제4호(2011), 1357면; 서병호, "기업의 안정적 승계를 위한 유언대용신탁의 활용 방안", 주간금융브리프 29권17호(2020), 18면; 오영표, 가족신탁-이론과 실무, 조세통람(2020), 258면 이하 참조; 나아가 중소기업진흥에 관한 법률상 가업승계를 위한 경우로 한정하여 예외를 인정해야 한다는 견해로는, 정순섭, 신탁법, 지원사(2021), 768면 참조.

(ㄴ) 비용상환청구권

(1) 서 론

수탁자는 신탁재산의 권리가 귀속된 주체이지만 기본적으로 수익자의 이익 또는 공익 · 비공익 목적을 위하여 신탁재산이라고 하는 일정한 재산체를 관리 내지 운용하는 관리자이다. 따라서 신탁의 관리 내지 운용을 통해 발생한 비용은 궁극적으로 신탁재산에서 부담할 성질의 것이지 이를 수탁자 개인에게 전가할 것은 아니다. 이러한 이유로 신탁법 제46조에서는 (i) 신탁의 운용과정에서 필요한 비용이 발생한 경우 신탁재산에서 지출할 수 있도록 하고(신탁법 제46조 제1항), (ii) 만일 고유재산에서 먼저 이를 지출하였다면 추후 신탁재산으로부터 상환 받을 수 있도록 하고 있으며(신탁법 제46조 제2항), (iii) 일정한 경우에는 수익자에게 그가 받은 이익의 범위 내에서 비용을 청구하거나 담보를 요구할 수 있도록 하고 있다(신탁법 제46조 제4항).

(2) 신탁재산으로부터의 상환

수탁자는 신탁사무처리상 필요한 비용을 (예컨대 신탁부동산 또는 동산을 보존하거나 개량하는 비용) 신탁재산에서 지출할 수 있다(신탁법 제46조 제1항). 만일 수탁자가 고유재산에서 이를 지출한 경우에는 당해 비용의 원본과 이자를 신탁재산에서 상환받을 수 있다(신탁법 제46조 제2항). 수탁자의 비용상환청구권은 **그의 고유재산에 속하는 채권적 청구권**[94]으로서 양도될 수 있고 권리질권의 목

94 대판 2005.12.22. 선고 2003다55059.

적물로 제공될 수 있으며[95] 그의 임무가 종료된다 하더라도 신수탁자를 상대로 신탁재산에 대해서 강제집행을 할 수 있다.[96] 하지만 필요비라 하더라도 정당한 범위를 초과한 부분은 해석상 청구할 수 없다.[97]

만일 신탁재산이 부족하거나 현금 등의 형태가 아닌 경우에는 신탁재산을 매각하여[98] 비용 상환에 충당할 수 있다(신탁법 제48조 제2항 본문). 나아가 신탁재산의 보전 또는 개량을 위하여 지출한 필요비나 유익비에 관한 수탁자의 비용상환청구권은 민사집행절차나 국세징수법에 따른 신탁재산의 공매절차에서 수익자 또는 그 밖의 채권자보다 우선하여 변제받을 수 있다(신탁법 제48조 제1항). 이는 마치 경매절차 등에서 저당목적물의 제3취득자의 비용상환청구권(민법 제367조)과 같다.

마지막으로 신탁법 제46조 제1항과 제2항은 수탁자가 신탁사무를 처리하는 과정에서 과실 없이 채무(예컨대 계약채무 또는 조세채무 등)를 부담하게 되거나 손해를 입은 경우(예컨대 신탁사무의 수행과정에서 부상을 입은 경우)에도 적용된다(신탁법 제46조 제3항). 다시 말해서 수탁자의 비용상환청구권은 수탁자가 신탁사무의 수행과정에서 정당하게 부담한 비용이거나 과실 없이 입게 된 손

95 대판 2005.12.22. 선고 2003다55059.

96 대판 2005.12.22. 선고 2003다55059.

97 대판 2008.3.27. 선고 2006다7532, 7549.

98 이 자조매각권은 법원의 허가를 요하지 않는 임의매각의 성질을 갖는다. 한편, 수탁자가 비용상환에 충당하기 위하여 행사하는 자조매각권은 **수탁자라는 지위**에 있기 때문에 부여된 것이므로 수탁자만이 직접 행사할 수 있다. 따라서 수탁자의 비용상환청구권에 대해 질권을 가지고 있는 채권자는 자신의 채권의 만족을 위해 수탁자의 자조매각권을 행사할 수 없다(대판 2009.1.30. 선고 2006다60991).

해[99]에 한하여 인정된다는 것이다.[100]

(3) 수익자로부터의 상환

신탁재산이 필요비를 충당하기에 부족할 우려가 있을 때 수탁자는 수익자에게 그가 얻은 이익의 범위 내에서 그 비용을 청구하거나 담보제공을 요구할 수 있다(신탁법 제46조 제4항 본문). 수탁자의 **필요비 충당**에 관한 요구권은 신탁재산으로 이미 발생한 필요비를 충당할 수 없을 우려가 있는 경우에 한하기 때문에 **보충적 성질**을 갖는다. 나아가 수탁자가 신탁사무를 처리하면서 과실 없이 입은 손해를 신탁재산으로부터 전보하기에 부족할 때에도 수탁자는 수익자에 대하여 그가 얻은 이익의 범위 내에서 비용청구나 담보제공을 요구할 수 있다(신탁법 제46조 제5항). 수탁자의 **손해 충당**에 관한 요구권 또한 이미 발생한 손해를 수탁자가 신탁재산으로 전보할 수 없게 된 때 요구할 수 있는 것이므로 일종의 **보충적 성질**을 갖는다.

여기서 우리는 수익자에 대한 상환청구와 앞서 살펴본 신탁재산에 대한 상환 사이에 한 가지 차이점을 발견할 수 있다. 신탁법 제46조 제3항과 동조 제5항을 비교하면 알 수 있듯이, 동조 제5항에서는 "과실 없이 채무를 부담"하는 경우가 빠져 있다. 따라서 수탁자가 신탁사무를 처리하는 과정에서 과실 없이 부담하는 채무에 대해서는 수익자에게 상환을 구할 수 있을지 여부가 문제된다. 물론 수탁자와 수익자 사이에 수탁자가 부담하겠다는 약정

---

99 대판 2016.1.14. 선고 2013다47651.

100 대판 2005.12.22. 선고 2003다55059.

이 있다면 문제가 없지만,[101] 그렇지 않은 경우에는 어떻게 해석해야 하는가?

이에 관하여는 법문에 충실한 해석을 통해 부정하는 견해도 있다.[102] 하지만 이를 긍정하는 것이 타당하다. 왜냐하면 수탁자가 이미 신탁채무를 부담하고 추후에 신탁재산으로 충당하기에 부족하여 수익자에게 그가 받는 이익을 한도로 상환청구를 하는 것은, 이익을 받는 자가 그 한도에서 책임도 부담한다는 형평성 원칙에도 부합하는 것으로서 이를 부정할 이유가 없기 때문이다.

한편 수익자가 특정되지 않았거나 존재하지 않는 신탁이라면 그에 대한 비용상환 등의 청구도 가능하지 않을 것이다(신탁법 제46조 제4항 단서). 나아가 신탁에서 수익자가 수익권을 포기하는 경우에도 수탁자는 수익자에 대하여 비용상환을 청구할 수 없다(신탁법 제46조 제4항 단서). 그런데 수익자가 수익권을 포기하면 소급적 효력을 갖기 때문에(신탁법 제57조 제2항) 수익자는 처음부터 수익권을 갖지 않는 것으로 본다. 수익권의 포기로 인하여 수익권이 소급적으로 소멸한 만큼 수익자의 상환의무도 소멸한다. 그러나 이 경우에는 수익자가 그동안 수령한 이익을 보유할 법률상의 정당한 원인 또한 소멸한다. 따라서 부당이득 법리(민법 제741조)에 따라 수익자는 기존에 수령한 이익을 수탁자를 통해 신탁재산에 반환할 의무를 부담한다. 수탁자는 결국 신탁재산으로부터만 상환을 받을 수 있게 된다(신탁법 제46조 제3항).

101 대판 2009.1.30. 선고 2006다62461.

102 최수정, 신탁법(개정판), 박영사(2019), 420면.

(4) 권리행사요건

수탁자가 이미 신탁법 제43조 및 제44조에 따른 원상회복 또는 손해배상책임 등의 의무를 부담하고 있는 경우라면 이를 먼저 이행해야 한다. 그렇지 않을 경우 수익자에 대한 비용상환청구권의 행사는 제한된다(신탁법 제49조). 이는 수탁자가 자신의 의무는 이행하지 않은 채 권리만을 주장하는 것을 막기 위한 것이다.

(ㄷ) 보수청구권

(1) 원칙적 무상, 예외적 유상

신탁법상 수탁자의 신탁인수는 무상이 원칙이다(신탁법 제47조 제1항). 그러나 신탁행위에서 보수에 관한 사항을 정한 경우(신탁법 제47조 제1항) 또는 신탁을 영업으로 하는 경우에는 보수를 청구할 수 있다(제47조 제1항 단서).[103] 신탁사무에 대한 보수금액 및 이의 산정방법을 정한 경우에는 그에 따르되, 그렇지 않을 경우에는 당해 사무의 내용과 성질에 비추어 적당한 금액의 보수를 청구할 수 있다(신탁법 제47조 제2항).

보수금액이 정하여진 경우라 하더라도, 이것이 신탁사무의 성질 및 내용에 비추어 적당하지 아니하게 된 경우 법원은 위탁자, 수익자 또는 수탁자의 청구에 의하여 수탁자의 보수를 증액하거나 감액할 수 있다(제47조 제3항). 예컨대 "신탁보수약정이 있는 경우에 신탁사무를 완료한 수탁자는 위탁자에게 약정된 보수액을 전부

103 자본시장법 제109조 제14호에서는 신탁회사가 받을 보수에 관한 사항을 신탁계약의 내용에 포함하도록 하고 있다.

청구할 수 있는 것이 원칙이지만, 신탁사무가 중도에 종료된 경우에는 신탁사무처리의 내용 및 경과, 신탁기간, 중단된 신탁사무로 인하여 발생하는 위탁자의 손실, 기타 변론에 나타난 제반사정을 고려하여 약정된 보수액이 부당하게 과다하여 신의성실의 원칙이나 형평의 원칙에 반한다고 볼 만한 특별한 사정이 있는 경우에는 예외적으로 상당하다고 인정되는 범위 내의 보수액만을 청구할 수 있다."[104]

(2) 보수의 지급방법

수탁자에게 보수를 지급할 방법과 관련하여 **1차적으로는 신탁행위**에서 정한 내용에 따른다(신탁법 제47조 제4항 단서). 만일 그러한 약정이 없다면 신탁법 제46조 제4항을 준용하고 있는 제47조 제4항의 취지에 따라 **2차적으로 신탁재산**에서 지급한다. 만일 신탁재산이 현금 등의 형태가 아닌 경우에는 신탁재산을 매각하여[105] 보수청구권에 기한 채권의 변제에 충당할 수 있다(신탁법 제48조 제2항 본문). 혹시라도 수탁자의 보수를 지급하기에 신탁재산이 부족할 우려가 있을 때에는 **3차적으로 수익자**에 대하여 그가 받는 이익의 범위 내에서 보수를 청구하거나 상당한 담보를 청구할 수 있게 된다(신탁법 제47조 제4항 및 제46조 제4항).

수탁자의 필요비상환청구권과 달리 수탁자의 보수청구권은 신탁재산의 공매절차에서 수익자나 그밖의 채권자(신탁재산에 대하여 담보물권 있는 신탁채권자)보다 우선하여 변제받을 수 없

104 대판 2006.6.9. 선고 2004다24557; 대판 2018.2.28. 선고 2013다26425.

105 이 자조매각권은 성질상 법원의 허가를 요하지 않는 임의매각이다.

다.[106] 필요비상환청구는 경매절차 등에서 저당목적물의 제3취득자의 비용상환청구권(민법 제367조)처럼 일종의 공익비용적 성질을 갖지만 수탁자의 보수청구권은 신탁사무를 처리하는 대가로서 받는 이익에 불과하기 때문에 수탁자의 보수청구권에 우선변제권을 부여할 필요가 없는 것이다.[107]

(3) 권리행사요건

수탁자가 이미 신탁법 제43조 및 제44조에 따른 원상회복 또는 손해배상책임 등의 의무를 부담하고 있는 경우라면 이를 먼저 이행해야 한다. 그렇지 않을 경우 신탁재산 또는 수익자에 대한 보수청구는 제한된다(신탁법 제49조). 이는 수탁자가 자신의 의무는 이해하지 않은 채 권리만을 주장하는 것을 막기 위한 것이다.

마. 수탁자가 여럿 있는 경우 및 수탁자 의무의 승계

(ㄱ) 수탁자가 2인 이상인 경우

신탁의 수탁자가 여럿 있는 경우 수탁자들은 신탁재산을 합유한다(신탁법 제50조 제1항). 신탁재산을 보존하는 행위는 수탁자 각자가 할 수 있지만 기타 신탁사무는 전원이 공동으로 참여해서 하

106 자세히 살펴보면 제48조 제1항에서는 수탁자의 보수청구권에 관한 언급이 없다.
107 그러나 수익자의 수익권보다는 수탁자의 보수청구권이 우선한다고 보는 것이 타당하다.

여야 한다(신탁법 제50조 제3항). 하지만 거래상대방 측에서 공동수탁자 중의 1인에게 행한 의사표시(예컨대 계약의 승낙 또는 취소의 의사표시)는 다른 수탁자에게도 효력이 있다(신탁법 제50조 제4항). 이는 여러 수탁자의 존재로 인한 불편함을 거래상대방에게 전가해서는 안 되기 때문이다. 만일 일부 수탁자의 임무가 종료되면 신탁재산은 당연히 다른 수탁자에게 귀속된다(신탁법 제50조 제2항).

신탁사무를 처리하는 과정에서 신탁채무를 부담한 경우에는 수탁자들 전원이 연대하여 책임을 부담한다(신탁법 제51조 제1항).[108] 그러나 수탁자 중 1인의 의무위반으로 인하여 책임을 부담하게 된 경우에는 어떠한가? 원칙적으로 의무위반에 관여하지 않은 다른 수탁자는 당해 의무위반을 저지하기 위해 합리적인 조치를 취하였다면 아무런 책임도 부담하지 않는다(신탁법 제51조 제2항).

(ㄴ) 신수탁자 의무의 승계

(1) 신탁사무의 인계

신탁의 운용과정에서 수탁자가 바뀌는 경우가 있다. 이 경우 전수탁자와 그밖의 관계자는 신탁사무와 관련된 계산을 마치고 수익자의 입회하에 신수탁자에게 사무를 인계하여야 한다(신탁법 제55조 제1항). 신탁사무의 인계과정에서 수익자가 신탁사무와 관련된

108 신탁채무를 고유재산으로 변제한 수탁자는 다른 공동수탁자로부터 상환을 받는 것이 아니라 신탁재산에서 상환을 받아야 한다(신탁법 제46조 제2항). 왜냐하면 신탁채무에 대해 연대책임을 부담한다 하더라도 수탁자 사이에 신탁채무에 대해 일정비율의 부담부분이 있다고 보기는 어렵기 때문이다. 따라서 연대채무자의 구상권에 관한 민법 제425조는 적용되지 않는다고 해석하는 것이 타당하다(동지: 최수정, 신탁법(개정판), 박영사(2019), 96면).

계산을 승인하면, 부정행위가 없는 한, 전수탁자는 인계와 관련된 책임을 부담하지 않는다(신탁법 제55조 제2항). 수탁자가 변경된 후에 신수탁자는 원래의 수탁자가 수익자에게 부담하는 채무를 승계한다(신탁법 제53조). 쉽게 말해서 전수탁자 갑이 사임 또는 해임 등의 사유로 그 임무를 종료하게 되고 새로운 수탁자 을이 선임된 경우에 수익자에게 이익을 분배해야 할 수탁자는 이제 을로 변경된다는 것이다. 수탁자가 여럿 있는 경우에 있어서 일부 수탁자가 변경된 경우에도 마찬가지다. 한편 전수탁자에게 필요비상환청구권이 발생하였다면(신탁법 제46조 제1항) 이는 그의 고유재산에 속하는 채권이므로 현 수탁자를 상대로 그의 채권을 행사할 수 있다. 그리고 그 채권은 신탁사무를 처리하는 과정에서 발생한 것이므로 신탁재산에 대해서도 강제집행할 수 있다(신탁법 제22조 제1항).

전수탁자가 신탁재산의 보존 및 개량을 위하여 지출한 필요비나 유익비에 관한 상환청구권은 신탁재산에 대해 민사집행절차 또는 국세징수법에 따른 공매절차가 진행될 경우 이를 우선하여 변제를 받을 권리가 있다(신탁법 제54조 제1항, 제48조 제1항). 무엇보다 전수탁자는 임무가 종료된 때 제46조에 기한 채권[109]을 변제받을 때까지 신탁재산을 유치(留置)할 권리가 있다(신탁법 제54조 제2항).[110] 여기서 유의할 점은, 민법의 특별법인 신탁법에서 인정하는 수탁자의 신탁재산에 대한 유치권은 민법상의 유치권(민법 제

109 즉 수탁자가 신탁재산에 관한 필요비를 고유재산으로 지출한 경우, 과실 없이 부담한 채무를 고유재산으로 변제한 경우 또는 과실 없이 손해를 입은 경우와 관련하여 수탁자가 가지는 비용상환청구권을 말한다.

110 전수탁자의 유치권은 그것이 보전하려는 채권이 필요비나 유익비에 한정되지 않는다는 점에서 전수탁자의 우선변제권과 차이를 보이고 있다. 이는 신탁재산에 관한 필요비 이외에는 우선변제권을 인정할 필요성이 적기 때문이다.

320조)과 달리 수탁자에게 담보권을 부여한 것은 아니고 오로지 그에게 채권의 만족을 받을 때까지 신탁재산의 인도를 거절할 권능만을 부여하는 것으로 본다는 점이다.[111]

(2) 신탁채무의 처리

신수탁자가 신탁사무를 인계한 후에 신탁채권자는 신수탁자를 상대로 하여 그의 권리를 행사할 수 있다. 비록 수탁자의 변경은 포괄적 효력을 갖지만[112] 신수탁자의 책임은 신탁재산으로 한정된다(신탁법 제53조 제2항). 수탁자와의 거래 등에서 채권을 취득한 거래상대방은 수탁자의 고유재산에 대해서도 자신의 채권의 만족을 구할 수 있는 것이 원칙이다. 그러나 신탁법 제53조 제2항에서는 이러한 원칙에 대하여 예외를 두고 있는 것인데 그 이유는 다음과 같다. 즉 원래 신탁채권자가 수탁자의 고유재산에 대해서도 신탁채권의 만족을 구할 수 있는 이유는, 그가 거래할 당시에 수탁자의 (책임재산이 될) 재산상태에 대하여 가진 신뢰를 보호하기 위한 것이다. 하지만 신수탁자의 재산상태에 대해서는 그러한 신뢰를 가졌다고 보기 어렵다. 따라서 신탁법 제53조 제2항에서 예외를 둔 것이다. 그 결과 신수탁자와의 관계에서 신탁채권자는 오로지 신탁재산에서만 채권의 만족을 구할 수밖에 없다.

그러나 신탁채권자는, 책임한정특약이 없거나 또는 유한책임신탁이 아니라면, 여전히 전수탁자에게 채권의 만족을 구할 수 있

111 법무부, 신탁법개정안 해설, 법무부(2011), 451면. 따라서 전수탁자는 자신이 유치하고 있는 신탁재산에 대하여 경매를 신청할 수 없다.

112 즉 전수탁자의 권리와 의무가 모두 신수탁자에게 승계된다(대판 2006.3.9. 선고 2004다57694).

다.[113] 수탁자의 변경으로 신탁채권자가 불측의 손해를 입어서는 안 되기 때문이다. 그러나 이를 변제한 전수탁자는 이제 수탁자가 아닌 관계로 신탁재산으로부터 상환을 받을 수 없는 위험에 놓이게 된다.[114] 이에 대하여 신탁법은 침묵하고 있다. 물론 신탁사무의 인계과정에서 신수탁자, 수익자, 그리고 전수탁자 사이에 이에 관한 합의를 두는 것이 일반적일 것이다. 그러나 그러한 합의를 미처 두지 못한 경우에는 어떠한가? 생각건대 전수탁자의 변제로 현재 신수탁자가 운용하는 신탁은 그 한도에서 법률상 원인 없이 이득을 얻은 것이므로 민법상 부당이득(민법 제741조)이 성립된다. 따라서 전수탁자는 일반채권자로서 신수탁자를 상대로 부당이득반환을 청구할 수 있다. 하지만 전수탁자는 신수탁자의 책임재산 상태를 신뢰한 거래상대방이 아니기 때문에 신수탁자를 상대로 하는 청구권의 행사는 신탁재산의 한도(신탁법 제53조 제2항)로 제한된다고 보아야 할 것이다.

---

113 대판 2007.6.1. 선고 2005다5812, 5829, 5836.

114 신탁재산을 점유하고 있지도 않은 상태이므로 신탁법 제54조 제2항의 유치권도 행사할 수 없다.

【소 결】 이상으로 (i) 수탁자의 능력과 선임, (ii) 수탁자의 의무와 책임, 그리고 (iii) 수탁자의 권리에 관한 내용을 살펴보았다. 이 장의 핵심은 수탁자에게 부과된 다양한 의무의 내용과 이를 위반할 경우에 부담하는 책임의 내용에 있다. 특히 신탁이라는 신임관계에 기초한 충실의무의 중요성은 아무리 강조해도 지나치지 않는다. **신탁법은 이처럼 수탁자에게 신탁재산을 귀속시키면서 이와 동시에 신탁재산의 보호와 신탁사무의 적절한 수행을 확보하기 위하여 수탁자에게 엄격한 의무와 책임을 지우고 있는 것**이다. 이는 수탁자로 하여금 신임을 받은 만큼 충실하게 사무를 처리하도록 강제하기 위한 것이다. 요컨대 **신뢰 받은 만큼 어깨가 무거운 법**이다. 앞 장에서 검토한 신탁재산의 독립성원칙과 수탁자의 신임의무는 결국 신탁공장에서 가공된 수익권제품을 향유할 수익자의 이익을 위한 것이다. 그렇다면 수익자는 수익권을 어떻게 취득하는가? 신탁재산이 결국 수익자를 위한 것이라면 수익자는 신탁재산에 대해 직접적인 권리가 있다는 의미인가? 나아가 신탁재산의 독립성원칙과 수탁자의 신임의무 이외에, 신탁재산을 보호하기 위하여 수익자에게도 일정한 권리가 부여되는가? 이제 신탁법의 마지막 당사자인 수익자를 신탁법이 어떻게 다루고 있는지 살펴보도록 한다.

칠. 이익귀속

수익자여, 그대는 신탁재산을
지배하지 않소이다

본 장의 체계적 위치

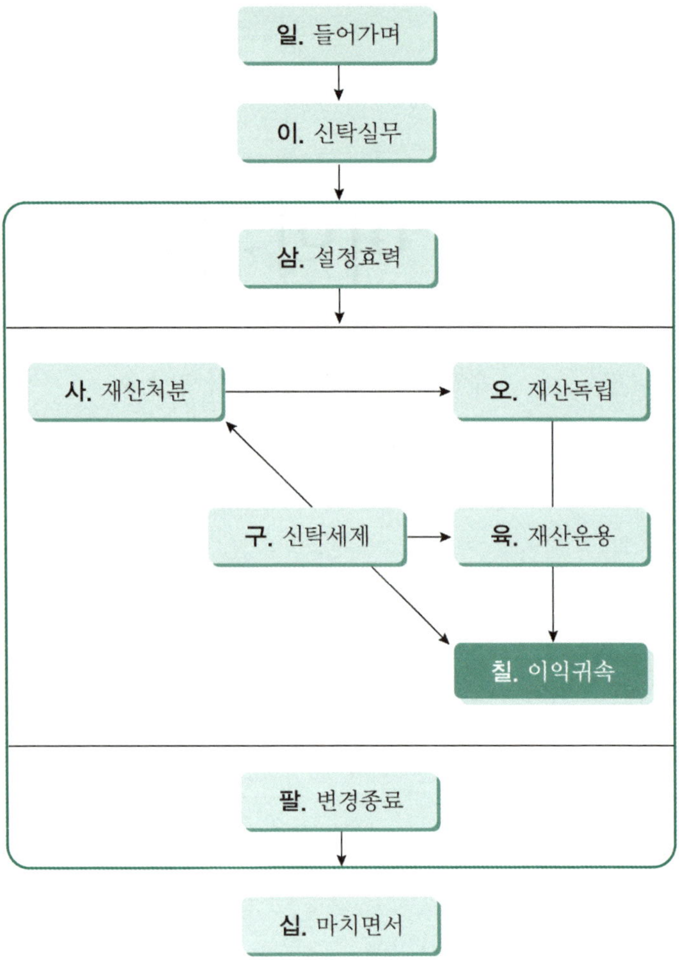
일. 들어가며
이. 신탁실무
삼. 설정효력
사. 재산처분
오. 재산독립
구. 신탁세제
육. 재산운용
칠. 이익귀속
팔. 변경종료
십. 마치면서

【개 요】 이 장은 신탁의 이익이 귀속되는 수익자를 중심으로 다음 4가지 내용을 다룬다: (i) 수익권의 취득과 포기; (ii) 수익권의 행사, 양도, 그리고 신탁관리인; (iii) 신탁재산을 보호하기 위한 수익자의 권리; (iv) 수익증권의 발행. 첫째, 위탁자의 신탁설정을 통해서 수익자는 신탁의 이익을 누릴 수 있다. 그런데 누구도 타인의 의사에 의하여 강제적으로 이익취득을 강요받을 수는 없다. 따라서 수익자의 수익권 취득 및 포기에 대해서 살펴볼 필요가 있다. 둘째, 수익권은 재산권의 일종이므로 이를 행사하거나 양도할 수 있다. 그 방법은 어떻게 되는지, 나아가 수익자가 일정한 사정으로 수익권을 행사할 수 없을 경우에는 어떠한 보호 장치가 마련되어 있는지 살펴볼 필요가 있다. 셋째, 수익자는 신탁의 이익을 취득하는데 이는 신탁재산의 존재를 전제한다. 그렇다면 수익자는 수동적으로 신탁의 이익만을 취득하는 것이 아니라 그에게는 적극적으로 신탁재산을 보호할 수 있는 구제수단도 마련될 필요가 있는데 신탁법상 어떠한 것들이 있는지 살펴볼 필요가 있다. 넷째, 수익권은 정적인 권리가 아니라 시장에서 유통될 수 있는 동적인 성질도 갖는다. 따라서 신탁법에서는 수익권의 유통성을 촉진하기 위하여 수익권을 증권화할 수 있도록 하고 있다. 이 장 마지막 부분에서 이에 관하여 간략히 살펴보도록 한다. 요컨대 이 장의 학습효과로서 다음 4가지 질문에 대한 답을 얻게 된다. 즉 (i) 수익권은 어떻게 취득되

고 수익자는 수익권을 자유롭게 포기할 수 있는가? (ii) 수익자는 신탁재산을 지배하는가? (iii) 수익권의 행사효력 및 양도방법은 어떻게 되며 신탁관리인의 역할은 무엇인가? (iv) 신탁재산을 보호하기 위해서 수익자는 어떠한 구제수단을 가지고 있는가? (v) 수익권의 유통을 촉진하기 위하여 수익증권을 발행하는 요건과 절차는 무엇인가?

가. 수익권의 취득과 포기

(ㄱ) 서 론

수익권은 **수익자적 지위에서 누리는 권리들의 총체**를 포괄하는 개념이다. 이 중 가장 대표적인 것이 바로 신탁에서 정해진 급부를 받을 권리이다. 그리고 수익자는 수탁자의 신탁운용을 감독하는 당사자이기도 하다. 따라서 그에게는 기타 많은 권리도 부여된다. 예컨대 수탁자에 대한 신탁의무이행청구권, 서류의 열람 등 청구권(신탁법 제40조 제1항), 해임권 및 해임청구권(신탁법 제16조 제1항 및 제3항), 신탁위반 법률행위에 대한 취소권(신탁법 제75조 제1항), 신탁의 변경(신탁법 제88조 제1항) 및 종료권(신탁법 제99조 제1항 및 제2항, 제100조) 그리고 신탁재산의 강제집행에 대한 이의권(신탁법 제22조 제2항 및 제3항), 원상회복, 손해배상 그리고 이득반환청구권(신탁법 제43조) 등이 있다.

수익자의 권리는 이처럼 다양한 권리들의 총합으로 구성되어 있다. 그리고 그 성질이 채권인 경우, 형성권인 경우, 나아가 소송법적 권리인 경우 등 다양하게 포함되어 있음을 알 수 있다. 따라서 **수익권의 성질은 획일적으로 말할 수 없는 것**이다. 하지만 그동안 수익권이 어떤 성질의 권리인가를 둘러싸고 학설의 대립이 있었다. 이는 주로 수익자가 **신탁재산에 대하여 가지는 권리의 성질**을 놓고 대립하는 것으로 봐야 한다. 그렇지 않으면 수익자가 누리는 권리의 다양성 때문에 그 성질에 관한 논의 자체가 성립되지 않기 때문이다.

(ㄴ) 신탁재산에 대한 수익자 권리의 성질

신탁재산에 대한 수익권의 성질과 관련하여 그동안 많은 학설이 제기되었다. 일단 우리사법의 분류체계상 재산권의 성질은 채권과 물권(준물권 포함)만 인정되기 때문에 어느 한 쪽이 되어야 할 것이다. 우리 신탁법을 살펴보면 지속적으로 수익채권이라는 표현만을 사용하고 있기 때문에 일응 채권설의 입장을 취한 것으로 보인다.[1] 그러나 수익자는 일정한 요건 하에서 신탁재산에 관한 권리를 취득한 제3자에 대하여 취소권으로 대항할 수 있다(신탁법 제75조 제1항). 이러한 제3자에 대한 효력을 두고 종래 수익권을 물권적 성질을 가지는 권리로 파악하거나 그렇지 않으면 최소한 채권보다는 효력이 강한 권리로서 파악하려는 견해가 우리[2] 그리고 일본[3]에서 지속적으로 제기되어 왔다. 그러나 다음과 같은 이유에서 **수익자는 신탁재산에 대하여 물권을 갖지 않는다**고 본다.[4]

첫째, 우리법은 물권법정주의를 채택하고 있다.[5] 따라서 법률 혹은 관습법에 의하지 않을 경우 물권을 임의로 창설할 수 없다. 그런데 우리 신탁법이든 관습법이든 수익자가 신탁재산에 대하여

---

1 예컨대 제63조, 제66조 4항, 제79조 제1항 제1호, 그리고 제89조 제1항 제2호 등 참조.

2 우리의 학설대립에 관하여 자세한 것은, 이연갑, 신탁법상 수익자 보호의 법리, 경인문화사(2014), 54－67면; 이계정, 신탁의 기본 법리에 관한 연구 — 본질과 독립재산성, 2017, 경인문화사(2017), 116－120면; 정순섭, "신탁의 기본구조에 관한 연구"(정순섭 · 노혁준 편저), 신탁법의 쟁점(제1권), 소화(2015), 30－39면 참조.

3 일본의 학설대립에 관하여 자세한 것은, 新井誠, 信託法(3版), 有斐閣(2008), 39면 이하 참조.

4 이하의 서술은 오영걸, "신탁의 변용적 계수 및 그 법리적 과제들", 서울대학교 법학 제60권 제4호(2019), 112－113면의 내용에 기초하고 있다.

5 민법 제185조.

물권을 갖는다고 보지 않는다. 오히려 신탁법은 명시적으로 수익채권이라는 용어를 사용함으로써 수익권은 채권이라는 태도를 취하고 있다.

둘째, 우리 민사법 하에서 물권을 취득하기 위해서는 물권적 합의가 요구된다. 하지만 수익자가 수익권을 취득하는 경우에 물권행위가 이루어지는 경우는 없다. 우리 신탁법도 물권행위를 요구하지 않는다.[6]

셋째, 물권취득의 형식적 요건과 관련하여 수익자는 신탁재산이 동산일 경우에 점유를 반드시 하는 것이 아니며 부동산일 경우(우리 부동산등기법상) 수익권이라는 물권을 등기할 수도 없다.

넷째, 금전으로 된 신탁재산을 수탁자가 점유하고 있을 경우 금전도그마가[7] 적용된다. 따라서 당해 금전의 소유자이자 물권자는 오로지 당해 금전을 점유하고 있는 수탁자일 수밖에 없다. 수익자가 우리 법 하에서 이에 대하여 어떻게 물권적 권리를 갖는지 상상하기 어렵다.

다섯째, 채권의 물권화사례를 우리는 부동산임대차 법률관계에서 발견할 수 있는데 혹시 수익자의 신탁재산에 관한 채권도 이렇게 채권이 물권화된 한 예시로 파악할 수 없는가라는 질문이 제기될 수 있다. 하지만 부동산임대차에서 채권의 물권화 경향은 부동산의 임차인을 보호하려는 강력한 정책적 배경에서 인정된 것이

---

6 이는 수익권의 당연취득을 규정한 신탁법 제56조 제1항을 보아도 자명하다: 신탁법 제56조 (수익권의 취득) ① 신탁행위로 정한 바에 따라 수익자로 지정된 자(제58조제1항 및 제2항에 따라 수익자로 지정된 자를 포함한다)는 당연히 수익권을 취득한다. 다만, 신탁행위로 달리 정한 경우에는 그에 따른다.

7 이는 금전의 경우에 그것을 점유한 자가 법률상 소유자 또는 물권자로 간주하는 법리를 말한다.

다. 이를 자산의 관리·운영이나 투자목적 하에 설정한 신탁관계에 그대로 적용할 수는 없을 것이다. 왜냐하면 후자의 경우 임차인만큼 보호하여야 할 필요성이 적기 때문이다.

여섯째, 신탁재산이 동산 또는 부동산인 경우에 이를 고의 또는 과실로 침해한 제3자에 대하여 불법행위(민법 제750조)에 기한 손해배상을 청구할 수 있는 자는 오로지 수탁자이다. 왜냐하면 신탁재산인 동산 또는 부동산에 대한 소유권이 수탁자에게 귀속되어 있기 때문이다. 따라서 제3자의 불법행위에 대하여 수익자에게 민법 제750조에 기한 손해배상청구를 인정하기 어려울 것이다.[8] 그런데 우리 법 하에서 물권을 가지는 자가 불법행위에 기한 손해배상청구를 할 수 없는 경우는 없다.

일곱째, 우리 신탁법 제75조에서 수익자의 제3자에 대한 취소권을 규정하고 있다고 하여 곧바로 이를 두고 수익자의 권리가 물권적 성질을 갖는다고 볼 수는 없다. 왜냐하면 수익자가 신탁재산에 대하여 물권적 권리를 갖는다면 그 물권을 바로 제3양수인에 대하여 행사하면 되기 때문이다. 굳이 취소권을 통해서 행사할 필요가 없다. 우리 법제에서 물권자가 물권을 보유하고 있는 상태에서 당해 물권을 행사하기 위해 취소권을 먼저 행사하여야 하는 경우는 없다. 예컨대 같은 맥락에서 저당권자는 목적 부동산을 양수한 자에 대하여 저당권을 바로 주장할 수 있는 것이다. 당해 저당권을 제3자에게 주장하기 위해 전 소유자와 양수인 사이의 소유권 이전에 관한 처분을 취소할 필요가 전혀 없다. 그러므로 수익자의

8 물론 제3자의 채권침해가능성은 있지만 이는 수익자의 권리가 채권인 경우를 전제한 것이기 때문에 수익권에 물권적 성질이 있다는 주장 쪽에서는 제기할 수 없는 논거이다.

취소권은 수익자가 신탁재산에 대하여 물권을 보유하고 있다는 근거가 될 수 없다.

결론적으로 채권설에 대해서도 나름 비판이 제기될 수 있지만 최소한 우리법체계 하에서 수익자는 신탁재산에 관하여 물권을 갖는다고 해석되기 어렵다. 위에서 언급된 7가지 이유를 모두 극복해야 하는데 이는 사실상 우리 물권법을 새로 써야 한다. 요컨대 우리 법체계 하에서 수익자는 신탁재산의 원본 또는 수익에 관하여 수탁자에게 일정한 이익을 청구할 수 있는 채권만 갖는다.[9]

(ㄷ) 수익권의 취득

법률상 권리능력만 있다면 신탁행위가 효력을 발생할 때 수익자는 수익권을 당연히 취득한다(신탁법 제56조 제1항). 단 신탁행위에서 조건, 기한 등을 정하여 그 취득시기를 달리 정할 수 있다(신탁법 제56조 제1항 단서). 현재 권리능력이 없더라도 장래 권리능력을 취득할 때 수익권을 취득하도록 할 수도 있다. 그러므로 아직 포태되지 않은 자, 태아, 또는 장래 설립될 법인 등도 수익자로 지정할 수 있다. 수익자가 현존할 경우 수탁자는 지체 없이 수익자에게 그 사실을 통지해야 한다(신탁법 제56조 제2항 본문). 이는 수익자로 하여금 최대한 빨리 자신의 이익을 인식할 수 있도록 해주고 아울러 신탁에 대한 통제 내지 감독을 가능하도록 해주기 위한 것이다. 그런데 통지시기에 관해서는 신탁행위로 달리 정할 수도

9 우리 판례도 (명확하게 밝히고 있지는 않으나) 채권설을 취하고 있는 것으로 판단된다(대판 2002.4.12. 선고 2000다70460; 대판 2014.11.27. 선고 2012두26852 참조).

있는데(신탁법 제56조 제2항 단서), 수익권에 부담이 존재하는 경우에 수탁자는 항상 수익자에게 지체 없이 통지해야 한다(신탁법 제56조 제2항 단서).

(ㄹ) 수익자의 지정권 및 변경권

(1) 지정권자 및 변경권자

수익자는 보통 위탁자가 신탁행위(즉 신탁계약, 유언, 또는 자기선언)를 통해서 정한다. 실무에서도 대부분의 경우 위탁자가 수익자를 정하고 있다. 그런데 위탁자로서는 신탁의 존속 중 새로운 수익자를 지정하거나 다른 수익자로 변경하고 싶을 수도 있다(예컨대 새로운 수익자로서 자신의 손녀를 지정하거나 기존의 수익자인 둘째 아들을 막내딸로 변경하는 경우 등). 이를 통하여 위탁자는 신탁재산의 분배와 운용을 보다 탄력적으로 기획할 수 있을 것이다. 따라서 신탁법 제58조에서는 수익자지정권과 수익자변경권에 관한 규정을 두고 있다. 즉 위탁자는 신탁행위로 수익자를 지정하거나 변경할 수 있는 권한을 갖는 자를 정할 수 있다(신탁법 제58조 제1항). 특히 수익자변경권의 경우에는 기존 수익자가 이미 향수하고 있는 이익향유의 권리를 박탈하는 것이므로 반드시 그러한 변경권의 유보가 있는 경우에만 허용될 수 있다.[10] 한편 법문에서 특별히 한정하고 있지 않기 때문에 위탁자는 위탁자 자신, 수탁자, 또는 제3자에게 수익자를 지정하거나 변경할 수 있는 권한을 유보할 수 있다. 그러나 유언신탁의 경우에는 위탁자는 자신을 지정권자 또

10 대판 2007.5.31. 선고 2007다13312.

는 변경권자로 정할 수 없다. 왜냐하면 유언신탁은 위탁자의 사망으로 효력을 발생하기 때문이다. 무엇보다 수익자의 지정권 또는 변경권은 신탁의 이익을 받을 자를 정하는 권한이므로 위탁자로서는 가장 신뢰하는 자에게 부여하는 것이 일반적이다. 따라서 수익자를 지정하거나 변경할 수 있는 권리를 부여받는 자가 사망할 경우 그의 지정권 또는 변경권은 원칙적으로 그의 상속인에게 상속되지 않는다(신탁법 제58조 제5항).

(2) 지정권 및 변경권의 행사

수익자 지정권자 또는 변경권자는 수탁자에 대한 의사표시 또는 유언으로 지정권 또는 변경권을 행사할 수 있다(신탁법 제58조 제2항). 수익자가 지정될 경우 수탁자는 지체 없이 수익자에게 이 사실을 통지하여야 한다(신탁법 제56조 제2항). 만일 수익자가 변경된 경우라면 역시 신수익자에게 이 사실을 통지(신탁법 제56조 제2항)해야 하며, 신탁행위로 달리 정함이 없는 한, 수익권을 상실하는 기존 수익자에게도 지체 없이 이 사실을 통지해야 한다(신탁법 제58조 제4항). 한편 수익자지정권 또는 수익자변경권을 갖는 자가 그 권한을 유언으로 행사하였으나(즉 지정 또는 변경내용을 유언에 남긴 경우) 수탁자가 그 사실을 알지 못한 경우에 수익자가 된 자는 그 사실로써 수탁자에게 대항하지 못한다. 예컨대 수익자지정권자가 유언으로 수익자를 지정하였는데 수탁자가 이를 몰랐다면 수익급부의무를 그 수익자에게 이행하지 않은 데 대한 책임을 부담하지 않는다. 그리고 수익자 변경권자인 제3자가 유언으로 수익자를 변경한 경우 이를 모르는 수탁자가 기존 수익자에게 수익급부의무를 이행하였다 하더라도 변경된 수익자는 자신이 수익자로 변경된 것을 이유로 재차 수탁자에게 수익급부를 청구할 수 없다. 변경된 신수익자는 전수익자에게 부당이득(민법 제741조)에 기한 반환청구권을 행사할 수 있을 뿐이다.

(ㅁ) 수익권의 포기

수익자는 수탁자에게 수익권을 포기하는 취지의 의사표시를 할 수 있다(신탁법 제57조 제1항). 이 경우 수익자는 처음부터 수익권을 가지지 않은 것으로 본다(신탁법 제57조 제2항). 여기서 수익권의 포기란 수익자의 지위 그 자체를 포기함을 의미한다. 수익자가 수익권을 포기한 경우 수탁자는 필요비 내지 유익비를 확보하기 위하여 수익자에 대하여 그 비용을 청구하거나 담보를 요구할 수 없다(신탁법 제46조 제4항 단서). 그런데 위탁자 자신이 수익자인 자익신탁의 경우에는 위탁자 겸 수익자가 자신의 수익권을 포기하더라도 비용상환의무를 면할 수 없다.[11] 이익을 기대하고 신탁을 설정하면서 스스로 수익자로 지정한 위탁자가 추후 비용상환의무를 회피하고자 수익권을 포기하는 기회주의적 행위를 방지하기 위한 것이다. 한편 수익권의 포기로 제3자의 권리를 해할 수는 없는데(신탁법 제57조 제2항 단서) 이때 제3자란 기존의 수익권에 대해 새로운 이해관계를 가진 제3자를 말한다. 예컨대 수익권을 압류한 채권자처럼 기존 수익권이 제3자의 권리의 목적이 된 때에는 수익권 포기의 소급적 효력은 제한을 받게 된다. 이로써 수익자는 수익권의 포기를 가지고 수익권을 압류한 채권자에게 대항할 수 없다.

11 대판 2016.3.10. 선고 2012다25616.

나. 수익권의 행사, 양도 그리고 신탁관리인

(ㄱ) 수익권의 행사

수익자는 신탁행위 또는 신탁법에서 정한 내용에 따라 자신의 수익권을 행사할 수 있다. 그리고 경우에 따라서는 신탁행위로 수익자의 권리 일부를 제한한다는 내용을 정할 수도 있다. 그러나 수익자를 보호하기 위하여 신탁법 제61조 제1호 내지 제9호에서 열거된 수익자의 다음 권리는 신탁행위로도 제한할 수 없다: (i) 이 법에 따라 법원에 청구할 수 있는 권리(제1호);[12] (ii) 제22조 제2항 또는 제3항에 따라 강제집행등 또는 국세 등 체납처분에 대하여 이의를 제기할 수 있는 권리(제2호); (iii) 제40조 제1항에 따라 장부 등의 열람 또는 복사를 청구할 수 있는 권리(제3호); (iv) 제43조 및 제45조에 따라 원상회복 또는 손해배상 등을 청구할 수 있는 권리(제4호); (v) 제57조 제1항에 따라 수익권을 포기할 수 있는 권리(제5호); (vi) 제75조 제1항에 따라 신탁위반의 법률행위를 취소할 수 있는 권리(제6호); (vii) 제77조에 따라 유지를 청구할 수 있는 권리(제7호); (viii) 제89조, 제91조 제3항 및 제95조 제3항에 따라 수익권의 매수를 청구할 수 있는 권리(제8호); (ix) 그 밖에 신탁의 본질에 비추어 수익자 보호를 위하여 필요하다고 대통령령으로 정하는 권리(제9호).[13]

---

12 예컨대 수탁자의 해임청구권(제16조 제3항), 신수탁자의 선임청구권(제21조 제1항), 수탁자의 보수변경청구권 (제47조 제3항), 신탁재산 관리인의 선임 및 그 밖의 처분청구권(제17조 제1항), 신탁재산관리인의 해임청구권(제19조 제3항), 신탁의 변경청구권(제88조 제3항), 신탁의 종료명령청구권(제100조).

13 신탁법 시행령에서는 이에 대하여 아직 구체적 규정을 두고 있지 않다. 그러나 향

(ㄴ) 수익채권은 신탁채권보다 후순위

신탁채권자가 수탁자에게 갖는 신탁채권(계약채권 또는 불법행위채권)은, 수익자가 수탁자에게 갖는 수익채권보다 우선한다(신탁법 제62조). 예컨대 갑이 신탁사무를 수행하는 수탁자와 계약을 체결하여 수탁자에게 계약채권(즉 신탁채권)을 취득하였다면, 갑의 신탁채권은 수익자가 수탁자에게 갖는 수익채권보다 우선한다는 것이다. 따라서 신탁이 존속하는 동안 또는 신탁이 종료하여 계산할 때 신탁재산의 원본 및 수익에 대한 수익자의 청구권은 신탁채권자의 채권보다 후순위에 위치하게 된다. 이는 일정한 재산의 운용으로부터 이익을 얻는 자는 그 운용에서 발생하는 채무와의 관계에서도 그만큼 불이익을 감수해야 형평에 어긋나지 않는다는 사고에 기초한다.

(ㄷ) 수익채권의 소멸시효

수익채권은 일반적인 채권의 예에 따르므로(신탁법 제63조) 민법이 적용되어 민사신탁의 경우에는 10년의 소멸시효가 적용되고(민법 제162조 제1항), 상사신탁의 경우에는 5년의 소멸시효가 적용된다(상법 제64조).[14] 수익자는 수익채권을 별도의 의사표시 없이

후 신탁의 본질에 비추어 수익자의 보호를 위하여 필요한 경우에 시행령을 통해서 관련 내용을 보충할 수 있는 근거를 마련했다는 점에서 그 의의가 있다.

14 통설은 수탁자의 영업성을 기준으로 민사신탁과 상사신탁을 구분한다. 그런데 우리 실무에서 수탁자는 대부분 신탁을 영업으로 영위하는 신탁업자이다. 따라서 보통 상사신탁에 관한 5년의 소멸시효기간이 적용될 것이다. 한편 기존의 통설에 대한 비판적 검토에 관하여는, 이영경, "상사신탁의 개념과 유형에 관한 연구", 증권법연구 제21권 제3호(2020), 225면 이하 참조.

당연히 취득하는데(신탁법 제56조 제1항 본문), 이때부터 수익채권의 소멸시효가 진행된다고 한다면 자신에게 수익권이 있다는 사실을 모르는 수익자에게 불측의 손해를 야기할 것이다. 따라서 수익채권의 소멸시효 기산점은 수익자 자신이 수익자가 된 사실을 알게 된 때부터 진행한다(신탁법 제63조 제2항). 이는 소멸시효가 권리자의 주관적 인식 여부가 아니라 법률상의 장애사유(기간의 미도래나 조건불성취 등)가 없는 때로부터, 즉 '권리를 행사할 수 있는 때'로부터 진행한다는(민법 제166조 제1항) 민법상의 원칙에 대한 예외라고 할 수 있다. 나아가 신탁이 종료한 때부터 6개월 내에는 수익채권의 소멸시효가 완성되지 않는다(신탁법 제63조 제3항). 이는 신탁이 종료되어 수탁자가 잔여사무를 처리하는 기간 동안에는 소멸시효가 완성하지 않도록 하기 위한 것이다.

(ㄹ) 수익권의 양도

수익권은 양도가 가능하다(신탁법 제64조 제1항). 그러나 신탁을 설정한 목적이 수익자의 생계부양이나 교육지원인 경우처럼 수익권의 성질상 양도가 허용되지 않는 경우에는 양도성이 제한된다(신탁법 제64조 제1항 단서). 한편 신탁법 제64조 제2항 본문에서는 "제1항에도 불구하고 신탁행위로 달리 정한 경우에는 그에 따른다"라고 규정되어 있는데 이는 본문에만 해당된다. 왜냐하면 성질상 양도가 허용되지 않는 것을 신탁행위에서 임의로 양도할 수 있다고 정할 수는 없기 때문이다. 따라서 신탁법 제64조 제2항 본문은 "일반적으로는 수익권의 양도가 허용되는 경우이지만 신탁행위로 특별히 양도를 제한한 경우"에는 수익권의 양도성이 제한된다는 의미로 해석해야 한다. 수익권의 양도가 제한될 수 있다고 하더라도 이로써 선의의 제3자에게 대항하지 못한다(신탁법 제64조 제2항 단서).

수익권의 양도에 대한 제한이 없다면 수익권은 자유롭게 양도될 수 있다. 그러나 이중양도의 위험으로부터 양수인을 보호하고자 한다면 (i) 수탁자와의 관계에서는 수탁자에게 통지하거나 수탁자의 승낙이 있어야 하고(신탁법 제65조 제1항 제1호 및 제2호), (ii) 제3자와의 관계에서는 수탁자에 대한 통지 또는 승낙이 있어야 하는데 이는 확정일자 있는 증서로서 이루어져야 한다(신탁법 제65조 제2항). 수탁자는 수익권양도의 통지 또는 승낙이 있을 때까지 양도인에 대하여 발생한 사유로 양수인에게 대항할 수 있다(신탁법 제65조 제3항). 그러나 수탁자가 이의를 보류하지 아니하고 수익권의 양도를 승낙한 경우에는 양도인에게 대항할 수 있는 사유로써(예컨대 수탁자가 수익자에게 이미 이익 일부를 지급한 경우) 양수인에게 대항하지 못한다(신탁법 제65조 제4항 본문). 그렇지만 이 경우에 수탁자가 채무를 소멸시키기 위해서 양도인에게 이미 급여한 것이 있으면 이를 회수할 수 있고, 양도인에 대하여 부담한 채무가 있으면 그 성립되지 아니함을 주장할 수 있다(제65조 제4항 단서). 마지막으로 수익권은 수익자 고유의 재산권으로서 이에 대해서는 담보권, 즉 질권을 설정할 수 있다.

(ㅁ) 수익권에 대한 질권의 설정

수익자는 자신의 채무를 담보하기 위하여 수익권에 대하여 질권을 설정할 수 있다. 담보제도는 교환가치를 지배하는 권리이다.

따라서 수익자가 채권자에게 담보목적으로 제공하는 것은 다름 아닌 수익채권에 한한다. 다시 말해서 수익자가 그의 채권자에게 담보의 목적으로 제공하는 것은 수탁자에게 이익을 청구할 수 있는 권리에 한정된다는 것이다. 왜냐하면 수익권이라는 것은 신탁법상 수익자로서 누리는 권리들의 총체를 의미하는데 수익채권을 제외하면 교환가치와 무관하여 이를 담보의 목적으로 삼을 수 없기 때문이다. 이처럼 담보의 목적은 **수익채권**이기 때문에 수익자의 채권자가 취득하는 것은 **권리질권에 해당**한다.[15] 따라서 우리 신탁법도 "수익자의 수익권을 질권의 목적으로 할 수 있다"고 정하고 있다(신탁법 제66조 제1항 본문).

수익권에 대하여 질권을 설정할 경우에 그 대항요건과 수탁자의 항변사유에 관하여는 신탁법 제65조를 준용한다. 이때 동조에서의 양도인은 수익자로, 양수인은 질권자로 대체하면 된다(신탁법 제66조 제3항).[16] 만일 수익권의 성질이 질권의 설정을 허용하지 않는다면[17] 이를 질권의 목적으로 할 수 없다(신탁법 제66조 제1항 단

15 그러므로 민법상 권리질권에 관한 규정(민법 제345조에서 제355조까지)은 신탁법 제66조가 규율하지 않는 한도에서는 여전히 적용된다. 특히 민법 제352조에서는 질권설정자(즉 채무자)로 하여금 질권자(즉 채권자)의 동의 없이 질권자의 이익을 해하는 변경을 할 수 없도록 하고 있는데, 이는 수익자가 수익채권 이외에 신탁법상 수익자로서 누리는 기타 권리들을 질권자의 이익에 반해서 행사하면 안 된다는 것을 의미한다.

16 한편 신탁법 제66조 제3항 후단의 내용을 살펴보면, 신탁법 제65조 제1항 중 "수익권의 양수 사실은 수익권에 대하여 질권이 설정된 사실로 본다"라는 내용이 있지만, 신탁법 제65조 제1항에서는 그러한 내용이 없다. 이는 입법적 오류이며 다음 신탁법 개정 시 수정이 요청된다.

17 예컨대 민법 제345조 단서에서는 부동산의 사용, 수익을 목적으로 하는 권리에 대해서는 질권의 설정을 금지하고 있다. 따라서 수익권의 내용이 부동산의 사용과 수익을 전제하고 있다면 이러한 수익채권은 질권의 목적으로도 제공될 수 없다.

서). 나아가 신탁행위에서 수익채권에 대한 질권설정을 금지한 경우에도 질권의 목적으로 할 수 없다(신탁법 제66조 제3항 본문). 그러나 신탁행위를 통한 제한은 선의의 제3자에게 대항하지 못한다(신탁법 제66조 제2항 단서).

마지막으로 수익권에 대한 질권에 대해서는 **물상대위**법리가 적용된다. 즉 수익권에 대하여 담보를 취득한 질권자의 질권은 수익자의 수익채권 위에 존재함은 물론이고 신탁법 또는 신탁행위에 따라 수익자가 그에 갈음하여 수탁자로부터 받을 금전이나 그 밖의 재산 위에도 존재한다(신탁법 제66조 제4항). 이 경우 수익권의 질권자는 직접 수탁자로부터 금전을 지급받아 다른 채권자에 우선하여 자기 채권의 변제에 충당할 수 있고(신탁법 제66조 제5항), 채권자인 질권자가 채무자인 수익자에 대하여 갖는 채권이 아직 변제기에 이르지 아니한 경우에 질권자는 수탁자에게 그 변제금액에 해당하는 액수를 공탁할 것을 청구할 수 있다. 이 경우 질권은 그 공탁금에 대하여 존재한다(신탁법 제66조 제6항).

(ㅂ) 수익자가 복수인 경우의 의사결정

수익자가 여럿 있을 경우 그들의 의사결정은 수익자 전원의 동의(신탁법 제71조 제1항)에 의하되, 제61조 각 호의 권리는 개별적으로 행사할 수 있다(신탁법 제71조 제1항 단서). 나아가 수익자들은 수익자집회를 둘 수 있는데 이 경우 제72조부터 제74조의 규정에 따른다(신탁법 제71조 제2항). 수익자집회는 필요가 있을 때 수시로 개최할 수 있다(제72조 제1항). 수익자집회의 소집권자는 수탁자이다(신탁법 제72조 제2항). 수익자 또한 수탁자에게 수익자집회의 소집을 청구할 수 있고(신탁법 제72조 제3항) 수탁자가 이를 지체 없이 소집하지 않을 경우 법원의 허가를 구하여 집회를 소집할 수 있다(신탁법 제72조 제4호). 수익자집회의 소집자(즉 수탁자 또는 수익자)는 집회일 2주 전에 기타 수익자 또는 수탁자에게 소집통지를 하여야 한다(신탁법 제72조 제5항).

수익자집회에서의 의결권은 신탁행위에서 달리 정한 경우가 아니라면 (i) 수익권의 내용이 동일한 경우에는 각 수익권마다 1개이고(제73조 제1항 제1호: 수익자적 지위당 1개), (ii) 수익권의 내용이 동일하지 않을 경우에는 수익자집회의 소집이 결정된 때의 수익권의 가액을 기준으로 한다(신탁법 제73조 제1항 제2호). 수익자집회의 결의는 의결권의 과반수에 해당하는 수익자가 출석하고, 출석한 수익자의 의결권의 과반수로서 한다(신탁법 제74조 제1항).[18] 그러나 신탁법 제74조 제2항 제1호부터 제5호까지의 사항[19]은 의결권의 과반수에 해당하는 수익자가 출석하고 출석한 수익자의 의결권의 3분의 2 이상으로써 한다(신탁법 제74조 제2항).

수익자집회의 소집자는 의사의 경과에 관한 주요한 내용과 그 결과를 적은 의사록을 작성하고 기명날인 또는 서명하여야 한다(신탁법 제74조 제3항). 수익자집회에서 결의가 이루어질 경우 이는 신탁의 모든 수익자에게 효력이 있다(신탁법 제74조 제4항). 마지막

18 의결권 행사에 관한 기타 내용에 대해서는 제73조 제3항부터 제8항까지 참조.

19 신탁법 제74조 제2항 제1호부터 제5호까지의 내용은 다음과 같다: 1. 제16조 제1항에 따른 수탁자의 해임의 합의; 2. 제88조 제1항에 따른 신탁의 변경 중 신탁목적의 변경, 수익채권 내용의 변경, 그 밖에 중요한 신탁의 변경의 합의; 3. 제91조 제2항 및 제95조 제2항에 따른 신탁의 합병 · 분할 · 분할합병 계획서의 승인; 4. 제99조 제1항에 따른 신탁의 종료 합의; 5. 제103조 제1항에 따른 신탁의 종료 시 계산의 승인.

으로 수익자집회와 관련하여 필요한 비용을 지출한 자는 수탁자에게 상환을 청구할 수 있다. 이 경우 수탁자는 신탁재산만으로 책임을 진다(신탁법 제74조 제5항).

(ㅅ) 신탁관리인

(1) 서 론

수익자에 관한 장에서 신탁관리인을 다루고 있는 사실로부터 신탁관리인이 수익자와 관련되어 있음을 짐작할 수 있다. 보통 신탁에서는 수익자 스스로 자신의 권리를 행사하고 수탁자의 신탁운용을 감독한다. 그러나 아래에서 보는 바와 같이, 수익자가 부재하거나 그 권리의 행사와 신탁에 대한 감독이 여의치 않은 경우가 발생할 수 있다. 이때 수익자의 수익권을 보호하기 위해서 우리 신탁법은 신탁관리인 제도를 두고 있다. 이처럼 **신탁관리인은 수익자의 이익을 보호하기 위하여 선임된다. 이 점에서 신탁'재산'관리인 제도와 다르다. 신탁재산관리인은 수탁자가 없거나 신탁을 운용할 수 없는 상황에서 수탁자를 잠시 대신하여 신탁재산을 보호하기 위해 선임되는 자**이다(신탁법 제17조). 따라서 여기서 말하는 **신탁관리인 제도**와는 완전히 다른 제도이다. 비록 명칭은 유사하지만 양자를 혼동하지 않도록 유의할 필요가 있다.

(2) 신탁관리인의 선임

신탁관리인은 (i) 수익자가 특정되어 있지 않거나(예컨대 수익자지정권을 아직 행사하지 않은 경우 또는 수익자가 아직 출생하지 않은 경우) 애당초 수익자가 존재하지 않는 신탁의 경우(예컨대 목적신탁의 경우)(신탁법 제67조 제1항), (ii) 수익자가 미성년자, 한정치산자(즉 피한정후견인), 금치산자(즉 피성년후견인)이거나 기타 수탁자를 적절히 감독할 수 없는 경우에 선임된다(신탁법 제67조 제2항). 이 경우 위탁자 기타 이해관계인(예컨대 수탁자, 타수익자, 신탁채권자 등) 등이 법원에 청구하거나 법원이 직권으로 선임한다(신탁법 제67조 제1항 및 제2항). 이들 경우에 법원은 필요한 경우 신탁관리인에게 신탁재산에서 적당한 보수를 줄 수 있다. 신탁관리인은 이처럼 법원이 선임하는 경우가 있는가 하면 법원의 개입 없이도 선임될 수 있다. 예컨대 (iii) 사적자치의 원칙에 의거하여 위탁자가 신탁행위에서 신탁관리인을 지정해 놓을 수 있다(신탁법 제67조 제1항 단서 및 제2항 단서). 마지막으로 (iv) 수익자가 여럿인 경우에는 수탁자에 대한 감독 및 수익권의 적절한 행사가 비효율적으로 이루어질 수 있는데 이를 해소하기 위하여 수익자가 다수인 경우에 수익자는 수익자 전원의 동의(신탁법 제67조 제3항 및 제71조 제1항) 또는 수익자집회가 있는 경우에는 수익자집회의 결정으로(신탁법 제67조 제3항 및 제71조 제2항) 신탁관리인을 선임할 수 있다(신탁법 제67조 제3항). 이는 수익권의 종류가 동일한 수익자가(즉 종류수익권자)[20] 여럿 있는 경우에도 적용된다. 종류수익권자들은 그들의 수익권의 효율적인 관리와 행사를 위하여 신탁관리인을 선임할 수 있다(신탁법 제67조 제3항). 앞서 법원이 선임하는 경우와 달리 수

20 예컨대 하나의 신탁 내에 신탁재산이 여러 종류(동산, 부동산, 금전, 주식 등)로 구성되어 있을 때, 각 재산종류별로 복수의 수익자가 존재할 수 있고, 또한 특정재산의 수익내용을 기준으로 원본의 수익자와 수익의 수익자가 있을 수 있다. 각 종류에 속하는 수익자가 바로 종류수익자이다.

익자가 신탁관리인을 선임하는 경우에는 수익자와 신탁관리인 사이의 위임계약에 따라 이루어진다는 점을 유의할 필요가 있다.

(3) 신탁관리인의 권한

신탁관리인이 선임되는 원인에서도 알 수 있듯이 신탁관리인은 수익자의 이익을 위해 신탁을 감독하고 수익권을 행사하는 자이다. 따라서 신탁법은 신탁관리인에게 (i) 수익자와 동일한 지위를 가지는 것으로 간주하고(신탁법 제68조 제2항), 나아가 수익자의 이익이나 목적신탁의 목적달성을 위하여 자기의 명의로 수익자의 권리에 관한 재판상 또는 재판 외의 모든 행위를 할 권한을 부여하고 있다(신탁법 제68조 제1항). 그러나 신탁관리인이 법원이나 수익자에 의해서 선임될 경우 수탁자로서는 이를 알지 못할 수도 있기 때문에 이 사실을 수탁자에게 통지하지 않으면 신탁관리인의 행위를 가지고 수탁자에게 대항할 수 없도록 하였다(신탁법 제68조 제1항 단서).

신탁관리인의 권한행사방법과 관련하여서는, (i) 신탁관리인을 신탁행위에서 지정한 경우에는 신탁행위에서,[21] (ii) 법원에서 선임한 경우에는 법원의 결정을 통해, 그리고 (iii) 수익자와의 위임계약에 의해 선임되었다면 선임 시 계약에서[22] 각각 정하게 될 것이다. 그러나 그러한 정함이 없다면, 신탁관리인이 1인일 경우에는

21 이에 관하여는 신탁법 제68조 제3항에서 정하고 있다. 한편 동조 제4항에도 동일한 내용이 규정되어야 하나 누락되어 있다. 입법적으로 추가할 필요가 있다.

22 이에 관하여는 신탁법 제68조 제5항에서 규정하고 있다. 한편 동조 제6항에도 동일한 내용이 규정되어 있어야 하나 누락되어 있다. 입법적으로 추가할 필요가 있다.

자신의 수익자를 위하여 단독으로 사무를 처리하지만[23] **여럿일 경우에는 공동으로** 사무를 처리할 것이 요구된다(신탁법 제68조 제3항, 제4항 제2문, 제5항, 그리고 제6항 제2문). 한편 수익자가 여럿인 상황에서 신탁관리인이 선임된 경우에는(신탁법 제67조 제3항), 비록 신탁관리인이 있다고 하더라도, 수익자들은 여전히 신탁법 제71조의 방식[24]에 따른 결정을 통해 수익자로서의 권리를 행사하거나 수탁자를 감독할 수 있다(신탁법 제68조 제7항). 수임인이 있다고 하여 본인의 능력이 제한되는 것은 아니기 때문이다.

(4) 신탁관리인의 임무종료

신탁관리인의 임무는 (i) 신탁관리인을 선임한 사유가 소멸한 경우, (ii) 신탁관리인이 사임한 경우, 또는 (iii) 신탁관리인이 해임된 경우에 종료한다. 우선 **첫 번째 신탁관리인을 선임한 사유가 소멸한 경우**를 살펴본다. 수익자가 특정되지 않거나 존재하지 않기 때문에 선임된 신탁관리인은 수익자가 특정되거나 존재하게 되면 그의 임무는 종료된다(신탁법 제69조 제1항). 그리고 수익자가 미성년자, 한정치산자(즉 피한정후견인), 금치산자(즉 피성년후견인)이거나 기타 수탁자를 적절히 감독할 수 없기 때문에 선임된 신탁관리인(신탁법 제67조 제2항)은 수익자가 성년에 달한 경우, 한정치산선고(한정후견심판) 또는 금치산선고(성년후견심판)의 취소심판(후견종

23 이는 신탁법 제68조 제4항과 제6항에서 규정하고 있다. 한편 동조 제3항와 제5항의 경우에도 동일한 내용이 규정되어야 하나 누락되어 있다. 입법적으로 추가할 필요가 있다.

24 즉 수익자 전원의 동의(신탁법 제71조 제1항) 또는 수익자집회가 있을 경우에는 수익자집회의 결정(신탁법 제71조 제2항).

료심판)을 받거나 기타 수탁자를 적절히 감독할 수 있는 능력이 회복된 경우에 임무가 종료된다(신탁법 제69조 제2항 제1-3호). 수익자가 여럿 있는 경우에 선임되는 신탁관리인은 위임계약에 따라 선임된 자이기 때문에 이는 당해 계약상의 정함에 따른다. 따라서 신탁법은 이에 관해 규율하고 있지 않다. 만일 신탁관리인의 임무가 종료되면 수익자 또는 신탁관리인은 수탁자에게 신탁관리인의 임무가 종료되었다는 사실을 통지해야 하며 그렇지 않을 경우 신탁관리인의 임무가 종료된 사실을 가지고 수탁자에게 대항할 수 없다(신탁법 제69조 제3항).[25]

두 번째로 신탁관리인이 사임한 경우를 살펴본다. 신탁관리인은 선임 시에 달리 정한 바가 없으면 신탁관리인을 선임한 법원 또는 수익자의 승낙 없이 사임하지 못한다(신탁법 제70조 제1항). 신탁관리인의 임의적 사임을 금지하는 이유는 수익자 보호에 공백이 발생할 우려가 있기 때문이다. 하지만 신탁관리인은 정당한 이유가 있을 경우 법원의 허가를 받아 사임할 수 있다(신탁법 제70조 제2항). 이 경우에 사임한 신탁관리인의 통지의무 및 계속적 사무의 관리에 관하여는 제14조 제3항 및 제15조를 준용한다. 한편 수익자가 여럿 있는 신탁의 수익자와 위임계약을 통해 선임된 신탁관리인의 사임 및 그 효과에 관하여는 위임계약의 정함에 따른다.

세 번째로 신탁관리인이 해임된 경우를 살펴본다. 신탁관리인을 선임한 법원 또는 수익자는 언제든지 신탁관리인을 해임할 수

25 비록 신탁법 제69조 제3항에서 언급하고 있지는 않지만, 수익자가 여럿 있는 신탁의 수익자와 위임계약을 통해 선임된 신탁관리인이 그의 임무를 종료한 때에도 마찬가지로 통지의무가 적용되는 것으로 해석해야 할 것이다.

있다. 다만 수익자가 정당한 이유 없이 신탁관리인에게 불리한 시기에 해임한 경우에는 수익자는 그 손해를 배상하여야 한다(신탁법 제70조 제4항). 해임 후 신탁관리인이 부담하는 통지의무 및 계속적 사무의 관리에 관하여는 제16조 제4항 및 제5항을 준용한다.

한편 법원이 신탁관리인의 **사임을 허가**하거나 **임무위반**을 이유로 신탁관리인을 **해임하는 경우에는 이와 동시에 새로운 신탁관리인을 선임**하여야 한다(신탁법 제70조 제6항 제1문). 이는 사임 또는 임무위반을 이유로 해임된 수탁자가 새로운 신탁관리인이 선임될 때까지 수익자를 위해서 적절하게 사무를 수행할 수 없다고 보기 때문이다. 이 경우 새로 선임된 신탁관리인은 즉시 수익자에게 그 사실을 통지하여야 한다(신탁법 제70조 제6항 제2문). 그리고 신탁관리인이 사임하거나 해임된 경우 수익자, 신탁관리인, 그 밖의 이해관계인은 기존 신탁관리인의 사임 또는 해임, 새로운 신탁관리인의 선임사실을 수탁자에게 통지하지 않으면 이 사실을 가지고 수탁자에게 대항할 수 없다(신탁법 제70조 제7항).

다. 수익자의 취소권

(ㄱ) 서 론

수탁자가 신탁의 목적을 위반하여 신탁재산에 관한 법률행위를 한 경우에 상대방이나 그 후의 전득자가 그 법률행위 당시에 수탁자가 신탁목적을 위반하였다는 사실을 알았거나 중대한 과실로 알지 못하였다면 수익자는 그 법률행위를 취소할 수 있다(신탁법 제75조 제1항). 예컨대 신탁의 목적이 신탁재산인 부동산의 임대수입을 수익자들에게 분배하는 것인데, 수탁자가 그 부동산을 제3자에게 양도한 경우에 양수인인 제3자가 당해 처분행위가 신탁의 목적에 위반하였다는 사실을 알았거나 이를 중과실로 알지 못하였다면 수익자는 수탁자와 그 제3자 사이에서 이루어진 법률행위를 취소할 수 있다. 이를 통해서 수익자는 신탁재산인 부동산을 회복할 수 있게 된다.

물론 수익자로서는 신탁법 제75조 제1항이 부여한 이러한 취소권을 행사하지 않고 신탁법 제43조 제1항에 따른 원상회복이나 손해배상을 청구할 수도 있다. 그러나 수탁자가 제3자로부터 부동산을 재구매하여 신탁재산을 원상으로 회복하는 데 있어서 주저할 수도 있고, 나아가 손해배상을 요구할 경우 수탁자의 고유재산이 부족할 우려도 있다. 수익자의 취소권은 이러한 우려를 해소할 수 있다는 점에서 수익자의 이익을 보호하는 데 매우 중요한 권리라고 할 수 있다. 수익자가 취소권을 행사하기 위해서는 수탁자에 관한 객관적 요건 그리고 상대방 또는 전득자에 관한 주관적 요건을 충족하여야 한다.

(ㄴ) 요 건

(1) 객관적 요건 – 수탁자에 관한 요건

우선 수탁자에 관한 객관적 요건으로는 **(i) 수탁자가 신탁의 목적을 위반하였을 것과 (ii) 신탁재산에 관한 법률행위가 있을 것**을 요한다. 따라서 보관신탁 또는 원본의 처분이 신탁행위로 제한된 신탁에서 수탁자가 신탁재산의 처분에 관한 법률행위를 한 경우 또는 주식에 투자해야 하는 신탁에서 부동산투자에 관한 법률행위를 한 경우에는 신탁목적에 위반하였다고 볼 수 있다. 그런데 신탁의 목적은 각 신탁마다 다르기 때문에 이를 획일적으로 정의하기 어렵다. 결국은 구체적 · 개별적으로 검토할 필요가 있다.

신탁의 정함에 위반된 처분일 경우에는(예컨대 신탁재산의 처분금지규정 또는 차입행위금지규정 등을 위반한 경우) 대부분 당해 신탁의 목적에도 위반한 것으로 볼 수 있다. 그러나 **수탁자가 신탁법상의 의무를 위반하였다고 해서 반드시 항상 신탁의 목적에도 위반하였다고 보기는 어렵다**. 예컨대 수탁자가 주의의무를 위반하여 주식투자를 한 결과 신탁에 손해가 발생하였는데 그렇다고 수익자가 수탁자와 주식매도인 사이의 계약(즉 법률행위)을 취소할 수 있는 것은 아니다. 이러한 투자운용의 실패는 수탁자의 책임이자 수익자가 부담해야 하는 위험에 속한다.

결론적으로 과연 수탁자의 어떤 행위가 신탁의 목적에 위반했는지는 일률적으로 판단할 수 없고 **각 사안마다 개별적으로 판단**할 수밖에 없다. 그러나 어느 경우이건 **판단의 대상은 신탁재산에 관한 법률행위**일 것이 요구된다. 여기에는 일반적 거래행위들이 포함될 수 있고, 더 나아가 '차입행위'도 법률행위이므로 포함된다. 예컨대 특별한 이유 없이 수탁자가 은행으로부터 금전소비대차계약을 체결하여 신탁채무를 부담하게 되었다면 수익자취소권의 대상이 될 수 있다. 이에 반하여 사실행위 또는 소송행위 등은 법률행위가 아니기 때문에 수익자가 취소할 수 있는 대상에 해당하지 않는다.

(2) 주관적 요건 – 상대방 또는 전득자에 관한 요건

그다음 상대방과 전득자에 관한 주관적 요건으로는 **신탁의 목적에 반하는 법률행위라는 사실을 수탁자와 거래한 상대방 또는 그 후의 전득자가 이를 알았거나 중대한 과실로 알지 못한 경우일 것**이 요구된다.[26] 다시 말해서 단순히 수탁자가 신탁재산에 관한 법률행위를 하고 있다는 사실뿐만 아니라 이에 더 나아가 수탁자의 당해 법률행위가 신탁목적에 위반하였다는 사실에 대해서도 알았거나 중대한 과실로 알지 못하여야 한다는 것이다. 상대방 또는 전득자의 주관적 요건에 대한 증명책임은 이를 주장하는 수익자가 부담한다.

(ㄷ) 취소권의 행사권자, 그 방법 및 상대방

(1) 수익자취소권의 행사권자

수익자취소권의 행사권자는 당해 권리의 이름에서도 그리고 법문에서도 명확하게 밝히고 있듯이 **수익자**이다.[27] 따라서 수익자는 수탁자가 신탁목적에 위반하여 행한 법률행위를 추인하거나 취소할 수 있는 선택권을 갖는다. 여기서 말하는 추인은 물론 취

---

26 생각건대 상대방 또는 전득자가 단순히 선의인 경우로는 부족하고 재산취득에 대하여 대가까지 지급한 경우이어야 한다고 보는 것이 타당하다. 그렇지 않을 경우 신탁을 위반하여 처분된 신탁재산을 임의로 선의의 제3자인 지인 내지 가족에게 무상으로 양도함으로써 수익자의 취소권을 회피할 수 있기 때문이다.

27 한편 신탁관리인은 신탁에 관하여 수익자와 동일한 지위를 가지고(신탁법 제68조 제2항) 수익자의 이익을 위하여 자기의 명의로 수익자의 권리에 관한 재판상 또는 재판 외의 모든 행위를 할 권한이 있으므로 수익자의 취소권은 신탁관리인에 의해서도 행사될 수 있음을 유의할 필요가 있다.

소권의 포기를 의미한다. 수탁자의 법률행위를 추인할지 또는 취소할지에 대한 결정권을 수익자에게 부여한 이유는 수익자가 바로 당해 법률행위로부터 가장 직접적이고 중대한 이해관계를 가진 자이기 때문이다. 그리고 수익자의 취소권은 수익자가 취소의 원인이(즉 수탁자가 신탁목적에 위반하여 신탁재산에 관한 법률행위를 한 사실) 있음을 안 날로부터 3개월 그리고 법률행위가 있은 날부터 1년 내에 행사해야 한다(신탁법 제76조). 물론 수익자는 취소권을 행사하지 않고 그 대신에 원상회복을 청구하여 수탁자로 하여금 자비로 동종의 재산을 구입하여 신탁재산에 포함하도록 하거나(즉 신탁법 제43조 제1항 본문에 기한 원상회복청구권의 행사) 당해 신탁목적에 위반한 법률행위로부터 발생한 손해의 배상을 청구할 수도 있다(신탁법 제43조 제1항 단서에 기한 손해배상청구권의 행사).

(2) 수익자취소권의 행사방법 및 상대방

수익자의 취소권의 행사와 관련하여 법문에 특별한 제한이 없으므로 수익자는 취소권을 **재판에서 또는 재판 외에서** 모두 행사할 수 있다. 민법상 채권자취소권(민법 제406조)과 달리 반드시 재판을 통해서 행사할 필요가 없다. 그리고 신탁법 제75조에 따르면 취소권 행사의 상대방은 수탁자가 신탁목적을 위반하여 신탁재산과 관련된 법률행위를 하였다는 사실을 알았거나 알 수 있었던 **상대방 '또는' 전득자**이다. 따라서 수익자로서는 이러한 주관적 요건을 충족한 자를 상대로 취소권을 행사하면 된다. 만일 수익자가 여럿인 경우에는 그 중 수익자 1인이 행사한 취소권의 효력은 다른 수익자에게도 미친다(신탁법 제75조 제2항).[28] 사실 수탁자가 신탁의 목적에 위반하여 행한 법률행위에 대하여 수익자는 이를 취소할 수 있지만 신탁업자가 수탁자의 대부분을 이루는 실무에서 수익자의 취소권이 행사된 적은 극히 드물다. 왜냐하면 신탁업자가 신탁목적에 위반하여 신탁재산을 처분한 사례가 그동안 많지 않았을 뿐만 아니라, 자금력이 튼튼한 신탁업자들에게 금전손해배상을 청구하면 되기 때문이다.

(ㄹ) 수익자취소권 행사의 효과

(1) 상대적 효력

수익자가 취소권을 행사한 경우에 수탁자가 신탁목적에 반하여 행한 법률행위는 소급적으로 효력을 상실한다(민법 제141조). 이때 그 취소의 효력이 절대적이라는 설(절대적 효력설)[29]과 상대적이라는 설[30]이 있다. 전자는 수탁자, 그와 거래한 상대방, 그리고 전득자들 사이의 법률관계가 모두 그 효력을 상실한다는 것이고, 후자는 연속적으로 이루어진 거래에서 중과실 없는 선의의 상대방 또는 전득자는 보호해야 하므로, 채권자취소권(민법 제406조)의 예

28 그러나 나머지 수익자가 취소권의 행사를 원하지 않음에도 불구하고 수익자 중 1인에게 무조건 개별적으로 취소권을 행사할 수 있도록 규정한 신탁법 제75조 제2항, 제71조 제1항 단서 그리고 제61조 제6호는 문제가 없지 않다. 생각건대 수익자의 취소권의 행사와 관련하여 우선 신탁행위에서 별도로 정할 수 있도록 하고(신탁법 제71조 제3항) 그에 관한 정함이 없을 경우에는 신탁법 제71조 제1항에 따라서 전원의 동의로 취소권의 행사여부를 결정하도록 하는 것이 타당하다. 이를 위해서는 신탁법 제75조 제2항을 삭제하고, 제71조 제1항 단서에서 규정한 제61조 각호 중 제6호를 제외하면 해결된다.

29 이연갑, "신탁법상 수익자의 지위"(민사판례연구회), 민사판례연구 XXX, 박영사(2008), 955면.

30 상대적 효력설에 관한 상세한 법리적 설명은, 최수정, 신탁법(개정판), 박영사(2019), 375–377면 참조.

에 따라서, 취소의 효력은 오로지 수익자와 수익자가 취소권을 행사한 상대방 사이에서만 발생한다고 본다(상대적 효력설). 상대적 효력설에 찬동한다.

상대적 효력설에 따르면 취소권의 행사대상과 그 효력범위는 다음과 같다. 우선 수탁자가 신탁의 목적에 위반하여 신탁재산을 제3자(수탁자의 상대방)에게 처분하였는데 그 상대방이 재차 다른 제3자(전득자)에게 이전한 경우를 가정해 보자. (i) 만일 수탁자와 거래한 **상대방이 악의**일 경우 **수익자는 그 상대방을 상대로 수탁자와 그 상대방 사이의 법률행위를 취소**할 수 있는데, **그 취소의 효력은 수익자와 그 상대방 사이에서만 발생할 뿐, 수탁자와 상대방 사이에서 그리고 그 상대방과 전득자 사이에서는 발생하지 않는다.** (ii) 만일 **전득자가 악의**일 경우 **수익자는 전득자를 상대로, 수탁자와 상대방 사이의 법률행위를 취소**할 수 있는데 **그 법률행위가 취소되는 효력은 오로지 수익자와 전득자 사이에서만 발생할 뿐 수탁자와 상대방 사이에서 그리고 상대방과 전득자 사이에서는 여전히 유효**하다. 상대방과 전득자가 모두 악의인 경우에 수익자는 양자 중 1인을 선택하여 취소권을 행사할 수 있다.

(2) 상대방 또는 전득자의 원상회복의무

수익자가 주관적 요건을 충족한 상대방 또는 전득자를 상대로 취소권을 행사하면 (상대적 효력설에 따라) 수탁자가 신탁목적에 반하여 행한 법률행위의 효력은 각각 '수익자와 상대방' 또는 '수익자와 전득자' 사이에서만 상실한다. 따라서 수익자의 취소권 행사 이후에 수익자에 대하여 원상회복의무를 부담하는 당사자는 상대방 또는 전득자이다. 만일 상대방 또는 전득자가 취득한 것이 금전이면 이를 다시 신탁재산에 반환할 의무를 부담한다. 이는 다시 말해서 수탁자가 보유하는 신탁재산 내에 부당이득반환청구권(민법 제741조)이 발생하였음을 의미한다. 만일 상대방 또는 전득자가 취득한 것이 부동산 또는 동산의 소유권이라면 취소의 효과로 그 소유권은 다시 신탁재산으로 복귀되기 때문에 수탁자가 보유하는 신탁재산 내에 소유권에 기한 반환청구권(민법 제213조)이 발생하였음을 의미한다. 요컨대 상대방 또는 전득자가 수탁자에 대해서 부담하는 원상회복의무는 바로 자신이 취득한 것을 다시 신탁재산에 반환하는 것이다.

한편 수탁자와 거래한 상대방 및 그 상대방과 거래한 전득자가 모두 주관적 요건을 충족한 경우에는 주의를 요한다. 이 경우에 수익자로서는 전득자에게 취소권을 행사하여 처분된 재산(예컨대 동산의 소유권)을 신탁재산 내로 회복시킬 수 있음은 물론이다. 그러나 그렇게 하는 대신에, 수익자는 수탁자와 거래한 상대방을 선택하고 그에 대해 취소권을 행사할 수도 있다. 단지 이 경우에 악의 또는 중과실 있는 선의의 상대방은 이미 이전받은 재산의 원물(즉 동산)을 전득자에게 이전한 상태이기 때문에 원물반환이 불가능하다. 따라서 상대방에게는 부당이득법상 원물반환불능에 따른 가액배상책임(민법 제747조 제1항) 또는 고의 또는 중대한 과실로 타인의 소유권을 처분한 데 대한 불법행위책임(민법 제750조)이 발생할 뿐이다.[31] 그리고 이 가액배상 또는 손해배상의무에 상응하는 채권은

31 한편 주관적 요건을 충족한 상대방 또는 전득자가 그 수중에 있었던 신탁재산을 처분하여 다른 동산(즉 대체물)을 취득한 후 이를 보유하고 있는 상태라면 수탁자는 상대방 또는 전득자에게 그 대체재산에 대해서도 반환청구를 할 수 있다는 견해가 있다(이연갑, "신탁법상 수익자의 지위"(민사판례연구회), 민사판례연구 XXX,

신탁재산의 대체물이므로 다시 신탁재산의 일부가 된다(신탁법 제27조). 따라서 상대방 또는 전득자는 수익자가 아니라 **수탁자에게** 가액배상 또는 손해배상의 의무를 이행하여야 한다.

라. 수익자의 유지청구권

수탁자가 그의 임무를 위반하여 신탁재산에 손해가 발생한 경우 수익자는 수탁자에게 **원상회복이나 손해배상**을 청구할 수 있다(신탁법 제43조). 그리고 수탁자가 신탁에 위반하여 신탁재산을 제3자에게 처분할 경우 수익자는 일정한 요건 하에 당해 수탁자의 처분을 **취소**할 수 있다(신탁법 제75조). 수익자의 이러한 권리들은 수

박영사(2008), 955면). 그러나 이를 인정하기 위해서는 상대방 또는 전득자 수중에 있는 신탁재산을 신탁법 제27조에서 말하는 '수탁자가 얻은 재산'으로 볼 수 있어야 한다. 그 전제로서 우선 상대방 또는 전득자가 대체물을 취득한 때 물상대위법리가 적용되어야 가능하다. 그렇다면 문제는 과연 이 경우에 우리법 하에서 물상대위를 인정할 수 있는가라는 질문으로 환원된다.
생각건대 아직은 시기상조라고 본다. 왜냐하면 우리의 물상대위법리는 담보의 경우 등 그 인정되는 범위가 매우 좁고, 나아가 수탁자는 원래의 신탁재산의 권원이 수익자의 취소권행사로 복귀되는 당사자이지만, 상대방 또는 전득자와의 관계에서 수탁자는 당해 대체재산(즉 우리 예에서는 동산)의 소유권자일 뿐이다. 하지만 우리법체계에서는 담보권의 물상대위와는 달리 **소유권에 대해서는 아직 물상대위법리를 인정하고 있지 않다**. 예컨대 갑 소유의 자전거를 을이 절도하였는데 을이 이를 병의 노트북과 교체한 경우 갑은 물상대위법리를 주장하여 을에게 그 노트북에 대한 소유권을 주장하여 이의 반환을 청구할 수 없다. 따라서 비록 수탁자에게 권원이 복귀된다 하더라도 그는 상대방이 얻은 대체재산에 대해서는 소유권을 주장할 수 없다. 물론 담보권보다 그 권능이 더 큰 소유권의 경우에 물상대위법리가 인정되지 않는다는 것은 부당하다고 주장할 수도 있다. 그러나 이는 물상대위법리 일반에 대한 비판적 고찰의 대상이지 신탁의 문제는 아닌 것이다. 사법상 물상대위법리에 관하여는, 오영걸, "사법상 물상대위법리에 대한 통일적 요건정립을 위한 시안", 민사법학 제56호(2011), 55면 이하 참조.

탁자에 의해 발생된 신탁재산의 손해를 회복시키기 위한 **사후적 구제수단**이다. 그러나 수탁자가 신탁에 위반하여 신탁재산에 손해를 끼칠 우려가 있을 경우에 이들 사후적 구제수단은 그다지 실효성을 갖지 않는다. 왜냐하면 아직 손해가 발생하지 않았기 때문이다. 그렇다고 손해가 발생할 때까지 기다리는 것은 수익자 보호라는 취지에 근본적으로 어긋난다.

따라서 신탁법은 그러한 수탁자의 행위를 미연에 방지하기 위하여 수익자에게 그것을 멈추게(유지: 留止) 할 수 있는 기회를 부여하고 있다. 신탁법은 수탁자가 법령 또는 신탁행위로 정한 사항을 위반하거나 위반할 우려가 있고 해당 행위로 신탁재산에 회복할 수 없는 손해가 발생할 우려가 있는 경우에 수익자로 하여금 수탁자에게 그 행위를 **유지(留止)**할 것을 청구할 수 있도록 규정하고 있다(신탁법 제77조 제1항). 나아가 수익자가 여럿인 신탁에서 수탁자가 법령 또는 신탁행위로 정한 사항을 위반하거나 위반할 우려가 있고 해당 행위로 일부 수익자에게 회복할 수 없는 손해가 발생할 우려가 있는 경우에도 수익자는 수탁자에게 그 행위를 유지할 것을 청구할 수 있도록 하고 있다(신탁법 제77조 제2항). 이는 수탁자의 신탁위반적 행위를 미리 방지하기 위한 **사전적 구제수단**이다. 손해를 야기하는 행위는 반드시 법률행위 또는 처분행위에 국한되지 않으므로 유지청구의 대상행위는 법률행위뿐만 아니라 사실행위(예컨대 개인용도로 신탁재산을 사용하는 행위 등)도 포함된다.

마. 수익증권발행신탁

(1) 서 론

수익권은 이를 증권화할 수도 있다. 증권화의 목적은 물론 시장에서 수익권의 유통이 보다 효율적으로 그리고 신속하게 이루어질 수 있도록 하기 위한 것이다. 2011년 개정 신탁법에서는 신탁의 종류 및 신탁재산의 성질과 상관없이 수익증권의 발행을 일반적으로 허용하였다. 따라서 수익자가 많은 신탁일 경우에 수탁자는 수익증권의 발행을 할 수 있고 이를 통하여 대량의 신탁수익권이 수익증권의 교부에 의하여 신속하게 거래될 수 있게 되었다(신탁법 제81조 제1항).[32] 신탁법은 제78조에서 제86조까지 수익증권에 관한 규율을 담고 있는데 이들은 대부분 회사법상 주식 및 수표법에 관한 규율내용을 차용한 것이다. 수익증권에 관한 내용은 신탁법의 법리적인 측면보다 증권화에 관한 기술적인 내용 중심으로 이루어져 있다. 이곳에서는 중요한 내용 위주로 살펴보도록 한다.

(2) 수익증권발행신탁의 요건과 절차

위탁자는 신탁행위로 수익증권의 발행여부를 정할 수 있는데(신탁법 제78조 제1항) 만일 위탁자가 수익증권발행신탁을 설정하기

32 수익증권과 혼동하기 쉬운 것으로 '**수익권증서**'라는 것이 있다. 이는 투자신탁의 집합투자증권 및 금전신탁에서 발행되는 수익증권은 아니지만 이와 유사한 것으로서 신탁의 수익권이 표시된 것을 말한다(자본시장법 제4조 제5항). 수익권증서는 **일종의 증거증권일 뿐**이다. 따라서 수익권증서를 통하여 수익권을 양도할 경우에는 민법상 지명채권의 양도방식과 대항요건이 적용된다(민법 제450조 참조).

로 한 경우에는 이를 기명식증권 또는 무기명식증권의 형태로 발행할 수 있다(신탁법 제78조 제3항). 수익증권에는 일정한 사항을 기재할 것이 요구되고(신탁법 제78조 제5항 제1-9호 참조) 아울러 수익자명부를 작성해야 한다(신탁법 제79조). 수익증권의 점유자는 적법한 소지인으로 추정되고(신탁법 제82조) 수익증권의 양도는 수익권이 표시된 수익증권의 점유를 교부하는 방식으로 이루어진다(신탁법 제81조 제1항). 기명식수익증권일 경우 수익자는 당해 증권을 소지하지 않겠다는 뜻(즉 수익증권의 불소지)을 수탁자에게 신고할 수 있는데(신탁법 제80조), 무기명수익증권을 가진 자에게는 수익증권 불소지 제도의 적용은 없고 당해 권리를 행사하기 위해서는 반드시 무기명수익증권을 제시할 것이 요구된다(신탁법 제85조).

수익증권발행신탁에서는 신탁행위에서 달리 정함이 없는 한 수익증권을 소지한 수익자(즉 투자자)들은 원칙적으로 비용 등의 상환의무와 보수지급의무를 부담하지 않는다(신탁법 제85조 제7항). 대량으로 유통되는 수익증권을 매수하는 투자자에게 이러한 의무의 부담을 지울 경우 수익증권의 시장성과 유통성을 저해할 수 있기 때문이다. 만일 이들 의무를 부과하고자 한다면 그 뜻을 수익증권에 기재하여야 한다(신탁법 제78조 제5항 제5호). 마지막으로 수익자가 만일 수익증권을 상실하였다면 공시최고의 절차를 거쳐 이를 무효로 할 수 있고(신탁법 제86조 제1항) 제권판결을 받은 후 수탁자에게 수익증권의 재발행을 청구할 수 있다(신탁법 제86조 제2항).

(3) 수익증권발행신탁의 과제

사실 수익증권의 발행을 고려하는 경우는 보통 수익자(즉 투자자)가 많고 수익권의 대량유통이 예상되는 때이다. 그런데 신탁법의 특별법에서는 이미 수익증권의 발행을 허용한 경우가 있다. 예컨대 (i) 신탁형 집합투자기구를 이용한 투자신탁(자본시장법 제189조) 그리고 (ii) 금전신탁(자본시장법 제110조 제1항)의 경우에는 신탁업자가 수익증권을 발행할 수 있다. 특히 현행 **자본시장법**은 원칙적으로 **금전신탁인 경우에만 수익증권을 발행할 수 있도록 규정**(자본시장법 제110조 제1항)하고 있어 기타 재산이 신탁재산일 경우에는 수익증권을 발행할 수가 없다. 이에 대한 예외가 있기는 하지만 대부분 자산유동화 목적으로 신탁을 이용하는 경우에 해당한다. 즉 (iii) 자산유동화에 관한 법률 제32조에서는 신탁형 자산유동화에서의 신탁업자는 자산유동화 목적을 위해서 수익증권을 발행할 수 있도록 허용하고 있고, (iv) 한국주택금융공사법 제32조에서도 한국주택금융공사는 채권유동화계획에 따라 주택으로 저당된 채권을 유동화할 목적으로 수익증권인 주택저당증권을 신탁을 이용하여 발행할 수 있다고 규정하고 있다.[33] 이처럼 자산유동화의 경우가 아니라면, 투자신탁과 금전신탁의 경우에만 수익증권을 발행할 수 있다. 이 때문에 신탁재산이 금전이 아닌 경우에 **신탁업자가 실무에서 신탁법에 따라 수익증권을 발행할 수 있는 가능성은 없는 상태**이다.

한편 금전신탁의 경우라 하더라도 실무상 신탁업자가 신탁법에 따라 수익증권발행신탁을 설정할 수 있을지 의문이다. 앞에서도 언급하였듯이[34] 현재 금전신탁의 경우에는 특정금전신탁만 허

---

33 한편 한국주택금융공사는 일반적인 경우에 신탁업자라고 할 수 없으나 주택저당증권을 발행하는 업무에 한해서는 금융투자업자로서의 인가를 받은 것으로 간주하고 있다(한국주택금융공사법 제32조 제9항).

34 이에 관하여는 제2장인 '이. 신탁구조'의 (ㄷ)(1) 참조.

용된다. 그런데 특정금전신탁은 애당초 개별 위탁자 및 소수의 수익자 중심으로 폐쇄적으로 운영되는 구조이다. 따라서 특정금전신탁의 수익권은 시장에서 투자되고 대량으로 유통되지 않는다. 이는 곧 특정금전신탁의 경우에는 수익권에 대하여 수익증권을 발행할 실익이 없다는 것을 의미한다. 나아가 자본시장법은 특정금전신탁에 대하여 그 합동운용을 금지하고 있다. 즉 신탁업자가 여러 특정금전신탁의 금전을 취득 · 집합한 후에 운용할 경우에는 합동운용에 해당되어 금지된다.[35] 그 결과 특정금전신탁의 경우에 그것이 개별단독운용일 경우에는 수익증권을 발행할 실익이 없고, 합동운용일 경우에는 수익증권발행이 처음부터 금지되어 있다. 사정이 이러하다면 비록 **신탁법에서 수익증권발행신탁을 도입하였다고 하지만 특별법인 자본시장법에서는 그 발행가능성을 원천적으로 막아놓은 셈**이다. 앞으로 수익증권발행신탁의 활성화를 위해서라도 자본시장법의 규율태도가 완화될 필요가 있다.[36]

35 이에 관하여 보다 자세한 내용은, 류혁선 · 최승재, "개정신탁법상 자기신탁 및 수익증권발행제도를 활용한 유동화 금융투자상품 설계에 대한 연구", 증권법연구 제14권 제2호(2013), 485–486면; 김은집, "투자일임, 금전신탁, 집합투자의 구분과 투자자보호", BFL 제71호(2015), 77면 각주 14 참조.

36 신탁법상 수익증권발행신탁과 자본시장법 사이의 충돌과 기타 문제에 관하여는, 오영표, "신신탁법 시행에 따른 자본시장법상의 법적 쟁점", 은행법연구 제5권 제1호(2012), 133–137면 참조.

【소 결】 이 장에서는 수익자를 중심으로 (i) 수익권의 취득과 포기, (ii) 수익권의 행사, 양도, 그리고 신탁관리인, (iii) 신탁재산을 보호하기 위한 수익자의 권리, 그리고 (iv) 수익증권의 발행에 대해서 살펴보았다. 이 중에서 핵심은 바로, **수익자는 수탁자에게 신탁재산에 관한 이익을 청구할 수 있는 채권적 권리만 갖는다**는 것이다. 최소한 우리 법체계 하에서 수익자는 신탁재산에 대하여 물권을 가지지 않는다. 다시 말해서 **수익자는 신탁재산을 지배하지 않는다**. 그리고 수익자의 채권적 권리는 신탁채권자의 권리보다 열후적 지위에 있다. 한편 자신의 이익을 보호하기 위하여 수익자는 수탁자가 신탁목적에 위반하여 행한 법률행위를 취소할 수 있다. 이상으로 수익자에 대한 신탁법의 규율내용을 살펴보았다. 이제 신탁공장이 정상적으로 가동되고 수익자에게 수익권이 제대로 지급됨으로서 위탁자의 뜻은 달성하게 되는 것이다. 허나 한치 앞을 예측할 수 없는 것이 우리의 삶이듯이 신탁공장의 운명도 예외가 아니다. 그러므로 우리는 현실적 필요에 따라서 신탁공장을 리모델링(즉 변경)하거나, 다른 신탁공장과 합치 또는 분리(즉 합병 또는 분할 · 분할합병)하거나, 심지어 문을 닫아야(즉 종료) 할 때도 있을 것이다. 다음 장에서는 이에 관하여 살펴보도록 한다.

팔. 변경종료

신탁공장의 리모델링 그리고 영업종료

본 장의 체계적 위치

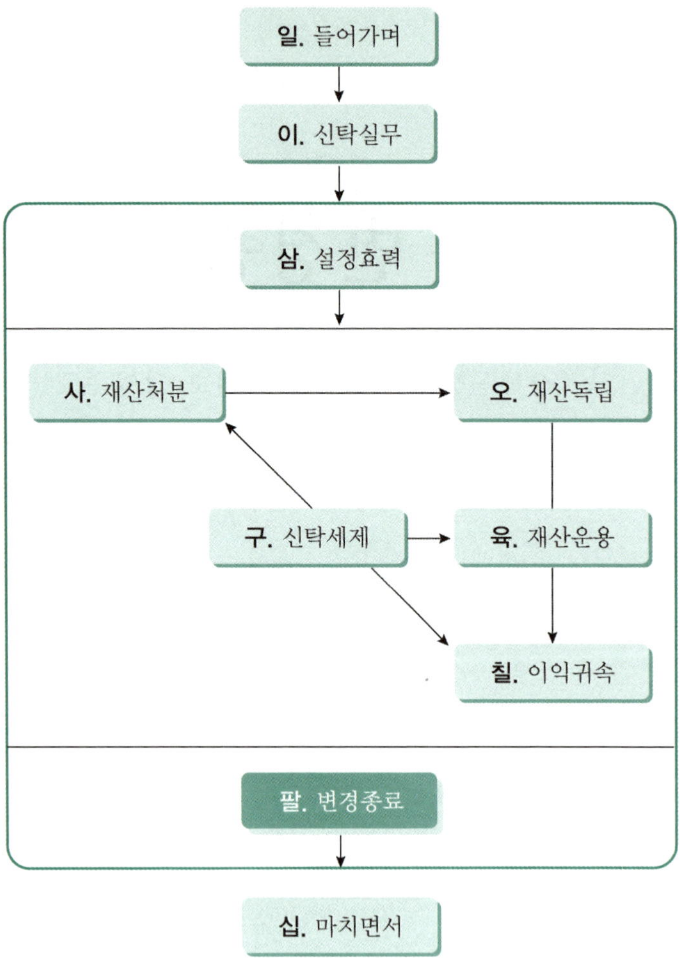

일. 들어가며
이. 신탁실무
삼. 설정효력
사. 재산처분
오. 재산독립
구. 신탁세제
육. 재산운용
칠. 이익귀속
팔. 변경종료
십. 마치면서

【개 요】 이 장에서는 신탁내용의 변경과 신탁관계의 종료를 중심으로 다음 3가지 내용을 다룬다: (i) 신탁의 변경; (ii) 신탁의 합병 및 분할 · 분할합병; (iii) 신탁의 종료. 첫째, 신탁이 설정되면 위탁자가 정한 목적을 위해서 일정 기간 동안 지속되는 것이 보통이다. 따라서 신탁은 보통 계속적 법률관계에 속한다. 바로 이러한 성질로 인하여 변경의 필요성이 발생한다. 왜냐하면 신탁을 설정할 당시에 예견하지 못한 사정이 발생할 수 있고 신탁의 목적을 달성하기 위해서는 신탁을 변경하여 현실적 요청에 부응하는 것이 이해관계인 모두의 이익에 도움이 될 수 있기 때문이다. 둘째, 신탁의 변경의 한 종류로서 복수의 신탁을 통합하거나 분리하는 경우를 들 수 있다. 이 또한 신탁운용의 효율성과 수익자의 이익을 위해서 필요할 수 있다. 셋째, 계속적 법률관계인 신탁은 일정한 사유가 발생하면 종료하게 된다. 그러나 신탁관계가 그 종료사유의 발생으로 인하여 소멸된다 하더라도 수탁자 수중에 남은 재산이 처리되어야 하고 잔여신탁사무는 정리될 필요가 있다. 이 장에서는 이들 문제에 대하여 살펴볼 예정이다. **요컨대 이 장의 학습효과로서 다음 3가지 질문에 대한 답을 얻게 된다. 즉 (i) 신탁의 변경은 어떤 조건 또는 상황 하에서 이루어지는가? (ii) 신탁을 합병 또는 분할 · 분할합병하기 위한 요건과 절차는 어떻게 되는가? (iii) 신탁은 언제 종료되며, 종료 후에 잔여재산과 잔여사무는 어떻게 처리되는가?**

가. 신탁의 변경

(ㄱ) 서 론

신탁은 일정한 기간 동안 지속되는 법률관계이기 때문에 그 기간 동안 발생하는 여러 사정에 따라서 신탁이 영향을 받을 가능성이 있다. 신탁법은 이러한 변화에 따른 변경 필요성에 대응하기 위하여, 즉 신탁이 변화된 환경에서 신속히 그리고 수월하게 적응할 수 있도록 하기 위하여 일정한 요건 하에서 신탁을 변경할 수 있는 제도를 두고 있다. 변경의 대상과 관련하여 신탁법은 아래에서 언급되는 2가지 경우[1]를 제외하면, 특별한 제한을 두고 있지 않다. 따라서 원칙적으로 모든 사항에 관하여 변경이 가능하다고 볼 수 있다.

(ㄴ) 시기와 방법 등

(1) 합의에 의한 변경

신탁은 원칙적으로 당사자들의 합의에 의하여 언제든지 변경할 수 있다. 즉 신탁은 위탁자, 수탁자 및 수익자의 합의로 변경할 수 있다(신탁법 제88조 제1항 본문). 단 신탁행위로 달리 정한 경우에는 그에 따른다(신탁법 제88조 제1항 단서). 그렇다면 신탁행위로 달리 정한 것이 없는 상태에서 위탁자가 존재하지 않게 된 경우(예컨대 사망한 경우)에 수탁자와 수익자의 합의만으로 신탁을 변경할

1 본장 가.의 (ㄴ)(3) 참조.

수 있는 것인지 아니면 법원에 청구해야 하는 것인지 법문상 명확하지 않다. 이에 대하여 전자의 견해[2]와 후자의 견해[3] 모두 존재한다. 이는 살아 있는 수탁자와 수익자의 의사를 존중할 것인가, 아니면 법원으로 하여금 사망한 위탁자가 설정한 신탁의 목적과 취지를 고려하여 정하도록 할 것인가 하는 정책적 판단의 문제이다.

생각건대 우리 신탁법은 위탁자에게 신탁을 감독할 수 있는 권한을 폭넓게 인정하고 있다.[4] 이는 우리 신탁법제가 신탁으로 하여금 위탁자가 설정한 당시의 목적과 내용에 따라 운용될 수 있도록 하기 위한 것이다. 이러한 입법취지는 위탁자가 사망한 신탁이라고 해서 달리 볼 것은 아니다. 특히 유언신탁의 경우에는 신탁의 효력이 발생할 때부터 위탁자가 없다. 그렇다고 수탁자와 수익자가 임의로 신탁을 종료시킬 수 있도록 하는 것은 유언신탁 제도 자체를 인정한 취지에도 어긋난다. 따라서 수탁자와 수익자로서는 특별한 사정이 있는 경우에 한하여 제88조 제3항에 따라 법원에 신탁의 종료를 청구할 수 있을 뿐, 일반적으로 자신들의 합의를 통해서 임의로 신탁을 종료할 수는 없다고 봄이 타당하다. 한편 어느 경우이든 신탁의 변경은 제3자(예컨대 신탁채권자)의 정당한 이익을 해치지 못한다(신탁법 제88조 제2항).

(2) 기타 방법에 의한 변경

신탁행위 당시에 예견하지 못한 특별한 사정이 발생한 경우에

---

2 노혁준, "신탁변경, 수탁자변경과 신탁합병 및 분할", 신탁법의 쟁점 제2권(정순섭 · 노혁준 편저), 소화(2015), 283면.

3 최수정, 신탁법(개정판), 박영사(2019), 443면.

4 이 책의 제4장인 "사. 재산처분" 부분 참조.

는 당사자들은 합의가 없더라도 각자가 법원에 신탁의 변경을 청구할 수 있다(신탁법 제88조 제3항). 여기서의 요건은 당사자가 예견하지 못한 특별한 사정이 발생해야 한다는 것인데 이는 법원에서 개별적인 경우에 구체적으로 판단할 문제이다. 한편 당사자가 예견하지 못한 특별한 사정이 있다고 해서 당사자가 반드시 법원에만 변경신청을 해야 하는 것은 아니다. 왜냐하면 예견하지 못한 특별한 사정이 발생한 경우라 하더라도 법원에 변경의 신청을 하지 않고 위탁자, 수탁자 그리고 수익자가 언제든지 신탁법 제88조 제1항에 따라 그들의 합의를 통해 신탁을 변경할 수 있기 때문이다. 이 경우 굳이 법원에 신탁의 변경을 청구할 필요가 없다.

여기서 특별한 사정을 예견하는 주체의 범위와 관련하여 수익자는 제외되어야 한다는 견해가 있다.[5] 그 근거로 수익자는 그가 예견하지 못한 사정이 발생할 경우 수익권을 포기하면 되지 굳이 변경권을 부여할 필요가 없다는 것이 그 이유다. 그러나 예견주체에서 반드시 수익자를 제외할 필요는 없어 보인다. 수익자는 기존 수익자로서의 지위를 유지하면서 신탁의 변경만을 원할 수도 있기 때문이다.[6] 수익자가 있는 신탁은 수익자를 위한 것인 만큼 예견주체에 포함시켜 그의 이익을 위한 방향으로 신탁이 변경될 기회를 제공하는 것이 옳다. 다만 타익신탁의 수익자는 신탁행위 당시 자신이 수익자라는 사실을 모를 수 있다. 따라서 타익신탁의 수익

5 최수정, 신탁법(개정판), 박영사(2019), 448면.

6 예컨대 신탁사업에 예측하지 못한 과다한 비용이 요구되어 추후 수익자에게 비용상환청구권이 청구될 것을 우려하여 사업의 규모를 축소하거나 다른 조치를 강구하는 등, 수익자로서는 신탁상 수익자의 지위 내지 수익권을 유지한 채 신탁의 변경만을 원할 수도 있을 것이다.

자는 그가 수익자가 된 사실을 안 때를 기준으로 하여 예견가능성을 판단할 필요가 있을 것이다.

(3) 변경의 제한

신탁은 이처럼 변경이 가능하다 하더라도, 다음의 두 경우에는 변경이 불가능하다. 즉 (i) **목적신탁**에서 수익자의 이익을 위한 신탁으로 또는 그 반대로 하는 변경은 불가능하다(신탁법 제88조 제4항). 이는 채무자의 집행면탈에 악용될 우려가 있기 때문이다. (ii) **수익증권발행신탁**에서 그렇지 않은 신탁으로의 변경 또는 그 반대로의 변경은 불가능하다(신탁법 제78조 제7항). 수익증권발행신탁은 수익자의 규모가 큰 경우인데 당해 변경을 허용할 경우 법률관계가 지나치게 복잡해질 우려가 있고 이에 따라 수익자와 거래한 상대방 또한 불측의 손해를 입을 수 있기 때문이다.

(ㄷ) 소수수익자의 수익권매수청구권

수익자가 복수로 존재하는 상황에서 (i) 신탁의 목적, (i) 수익채권의 내용, 또는 (iii) 신탁행위로 수익권매수청구권을 인정한 사항에 관하여 다수수익자가 내린 결정을 반대하는 소수수익자는 신탁변경이 있은 날로부터 20일 내에 수탁자에게 서면으로 수익권매수청구권을 행사할 수 있다(신탁법 제89조 제1항 제1-3호). 신탁에 관한 다수수익자의 결정에 소수수익자가 언제나 구속을 받는 것은 옳지 않으므로 소수수익자에게 이로부터 벗어날 수 있도록 해주기 위한 제도이다. 수익권매수에 관한 매수대금은 수탁자와 수익자가 협의로 정한다(신탁법 제89조 제3항). 그리고 수탁자는 수익권매수청구를 받은 날로부터 2개월 내에 매수한 수익권의 대금을 지급하여야 한다(신탁법 제89조 제2항).[7] 만일 수탁자가 수익권매수청구를 받은 날로부터 30일 내에 수익자와 매수가액에 관한 협의를 이루지 못한다면 수익자는 법원에 매수가액을 결정해 줄 것을 청구할 수 있다(신탁법 제89조 제4항). 이 경우 법원은 신탁의 재산상태나 그밖의 사정을 고려하여 공정한 가액으로 산정하여야 한다(신탁법 제89조 제5항). 그리고 만일 법원의 결정이 확정되었으나 이미 매수인이 최초로 수탁자에게 매수청구권을 행사할 기간으로부터 2달이 지났을 경우에는 그 다음날부터 법원이 결정한 매수가액에 이자를 더하여 지급하여야 한다(신탁법 제89조 제6항). 한편 신탁행위나 신탁변경의 합의로 달리 정함이 없다면, 협의 또는 법원을 통해 정해진 매수가액에 대해서 수탁자는 신탁재산만으로 대금을 지급하며(신탁법 제89조 제7항) 수탁자가 매수한 수익권은 소멸한다(신탁법 제89조 제8항).

나. 신탁의 합병 및 분할 · 분할합병

(ㄱ) 서 론

신탁의 변경의 특수한 형태로서 신탁의 합병 그리고 분할 · 분할합병이라는 것이 있다. **신탁의 합병은 복수의 신탁을 하나로 합치**

---

7 이처럼 수탁자는 수익권매수청구를 받으면 매수대금을 협의하고 이를 지급할 의무를 부담한다. 수탁자는 당해 계약을 체결할지 여부에 관한 자유가 없다. 따라서 수익자의 수익권매수청구권은 수익권매수계약이 자동적으로 체결되도록 하는 형성권이다.

는 것이다(신탁법 제90조). 신탁의 분할은 반대로 하나 신탁을 복수로 나누는 것이다(신탁법 제94조 제1항). 마지막으로 신탁의 분할합병은 하나의 신탁을 복수의 신탁으로 나누고 그 중 분할된 신탁을 다시 다른 신탁과 합치는 것이다(신탁법 제94조 제2항). '신탁'의 합병 그리고 분할 · 분할합병은 사실상 '신탁재산'의 합병 그리고 분할 · 분할합병인 셈이다. 신탁의 합병 그리고 분할 · 분할합병에서는 기존의 신탁이 완전히 소멸하는 것이 아니라 다른 형태로 존속한다는 점에서 신탁의 종료라기보다는 신탁의 변경에 가깝다. 그러나 신탁법은 신탁의 변경과는 달리 취급하여 규율하고 있다. 그 이유는 신탁의 합병 또는 분할 · 분할합병에서는 복수의 신탁에 속하는 신탁재산에 변동이 발생하게 됨으로써 단순히 기존의 신탁변경의 법리만으로는 이들 복수의 신탁에 속하는 신탁채권자와 수익자의 이익을 충분히 보호할 수 없기 때문이다. 따라서 신탁법은 제90조부터 제97조까지 신탁의 합병 또는 분할 · 분할합병에 대해서 규율하고 있다. 아래에서는 중요한 사항만을 중심으로 살펴보도록 한다.

(ㄴ) 신탁의 합병

신탁을 합병하는 이유는 다양하나 대부분 신탁을 운용하는 데 있어서 비용 또는 운용상의 효율성을 제고하기 위한 것이다. 예컨대 수탁자가 신탁별로 최저 기본수수료를 부과하기 때문에 하나의 신탁으로 합병하는 것이 비용을 절감할 수 있는 경우, 신탁수익에 대한 세금이 하나의 신탁일 때 절약될 수 있는 경우, 그리고 무엇보다 신탁재산의 규모가 증가할수록 더 큰 레버리지 효과를 누릴 수 있는 투자(즉 보다 효율적인 투자)를 할 수 있는 경우 등을 들 수

있다.[8]

신탁을 합병하기 위한 요건은 다음과 같다: (i) 동일한 수탁자가 운용하는 복수의 신탁일 것(신탁법 제90조); (ii) 수탁자가 합병계획서를 작성할 것(신탁법 제91조 제1항);[9] (iii) 위탁자'와' 수익자가 수탁자의 합병계획서를 승인할 것(신탁법 제91조 제2항).[10] 한편 수익자가 여럿 있을 경우 합병계획서에 반대하는 소수수익자의 이익을 보호하기 위해서 합병계획서에 반대하는 수익자는 합병계획서가 승인된 날로부터 20일 내에 수탁자에게 수익권매수청구권을 행사할 수 있다(신탁법 제91조 제3항).

나아가 신탁의 합병으로 신탁채권자의 이익도 영향을 받을 수 있기 때문에[11] 이 사실을 신탁채권자들에게 통지할 필요가 있다. 수탁자는 신탁의 합병계획서의 승인을 받은 날로부터 2주 내에 (i) 합병계획서, (ii) 채권자가 일정한 기간 내에[12] 이의를 제출할 수 있다는 취지, 그리고 (iii) 그밖에 대통령령으로 정하는 사항[13]을 일반일간신문에 공고하고, 알고 있는 신탁재산의 채권자에게는 개

8 미국표준신탁법전(Uniform Trust Code) 제417조 comment 참조.

9 합병계획서에는 다음 사항을 기재하여야 한다(신탁법 제91조 제1항 제1호부터 제6호): (i) 신탁합병 취지, (ii) 신탁합병 후의 신탁행위의 내용, (iii) 신탁행위로 정한 수익권의 내용에 변경이 있는 경우에는 그 내용 및 변경이유, (iv) 신탁합병 시 수익자에게 금전과 그밖의 재산을 교부하는 경우에는 그 재산의 내용과 가액, (v) 신탁합병의 효력발생일, (vi) 그밖에 대통령령이 정하는 사항(신탁법 시행령 제9조 참조).

10 위탁자와 수익자 모두의 승인을 받아야 하기 때문에 신탁법 제91조 제2항 단서에서 별로도 정함이 없는 이상 위탁자 또는 수익자 중의 1인의 승인만으로는 신탁을 합병할 수 없다.

11 예컨대 합병되는 신탁 중 신탁재산에 속한 채무가 많은 경우를 들 수 있다.

12 이 기간은 1개월 이상이어야 한다(신탁법 제92조 제1항 제2문).

13 이는 신탁채무의 이행계획을 말한다(신탁법 시행령 제10조 참조).

별적으로 이를 최고하여야 한다(신탁법 제92조 제1항 제1문 및 동조 제1항 제1－3호). 만일 채권자가 그 일정한 기간 내에 이의를 제출하지 않은 경우에는 합병을 승인한 것으로 본다(신탁법 제92조 제2항). 그러나 채권자가 이의를 제출한 경우에는 수탁자는 그 채권자에게 변제하거나 적당한 담보를 제공하거나 이를 목적으로 하여 적당한 담보를 신탁회사에 신탁하여야 한다(신탁법 제92조 제3항).

마지막으로 신탁의 합병계획서가 승인되면 당해 합병계획서에 기재된 효력발생일에 신탁의 합병이 그 효력을 발생한다(신탁법 제91조 제1항 제5호). 그리고 합병 전의 신탁재산에 속한 권리와 의무는 합병 후의 신탁재산에 존속하게 된다(신탁법 제93조).

(ㄷ) 신탁의 분할 및 분할합병

신탁을 분할하거나 분할합병 하는 이유도 다양하다. 예컨대 수익자 간에 견해가 엇갈리거나 신탁재산을 보다 세분화 내지 전문화하여 운영할 필요가 있는 경우를[14] 들 수 있다. 신탁의 분할 또는 분할합병하기 위한 요건은 다음과 같다: (i) 동일한 수탁자가 운용하는 신탁일 것(신탁법 제94조 제1항 및 제2항); (ii) 수탁자가 분할계획서 또는 분할합병계획서를 작성할 것(신탁법 제95조 제1항);[15] (iii) 위탁자'와' 수익자가 각 신탁별로 작성한 수탁자의 분

14 노혁준, "신탁변경, 수탁자변경과 신탁합병 및 분할"(정순섭 · 노혁준 편저), 신탁법의 쟁점(제2권), 소화(2015), 274, 304면.

15 분할계획서 또는 분할합병계획서에는 다음 사항을 기재하여야 한다(신탁법 제95조 제1항 제1호부터 제8호): (i) 신탁을 분할하거나 분할합병한다는 취지; (ii) 분할하거나 분할합병한 후의 신탁행위의 내용; (iii) 신탁행위로 정한 수익권의 내용에 변경이 있는 경우에는 그 내용 및 변경이유; (iv) 분할하거나 분할합병할 때 수익자

할계획서 또는 분할합병계획서를 승인할 것(신탁법 제95조 제2항).[16] 특히 요건 (ii)와 관련하여서 분할계획서 또는 분할합병계획서상에는 분할되는 신탁재산 및 신탁채무의 내용과 그 가액(신탁법 제95조 제1항 제6호) 및 제123조에 따라 유한책임신탁의 채무를 승계하는 분할 후 신설신탁 또는 분할합병신탁이 있는 경우 그러한 취지와 특정된 채무의 내용(신탁법 제95조 제1항 제7호)을 기재해야 한다는 점에서 신탁의 합병과 다르다. 신탁의 분할 또는 분할합병에서 이를 요구하는 이유는 신탁(즉 신탁재산)이 분리됨으로써 분리되기 전의 각 신탁의 신탁채권자의 이익에 영향을 미칠 수 있기 때문에 이를 명확하게 밝힐 것을 요구하는 것이다.

한편 수익자가 여럿 있을 경우 합병계획서에 반대하는 소수수익자의 이익을 보호하기 위해서 분할계획서 또는 분할합병계획서에 반대하는 수익자는 분할계획서 또는 분할합병계획서가 승인된 날로부터 20일 내에 수탁자에게 수익권매수청구권을 행사할 수 있다(신탁법 제95조 제3항). 나아가 신탁의 분할 또는 분할합병으로 신탁채권자의 이익도 영향을 받을 수 있기 때문에[17] 이 사실을 신탁채권자들에게 통지할 필요가 있다. 수탁자는 신탁의 분할계획서 또는 분할합병계획서의 승인을 받은 날로부터 2주 내에 (i) 분할계

에게 금전과 그밖의 재산을 교부하는 경우에는 그 재산의 내용과 가액; (v) 분할 또는 분할합병의 효력발생일; (vi) 분할되는 신탁재산 및 신탁채무의 내용과 그 가액; (vii) 제123조에 따라 유한책임신탁의 채무를 승계하는 분할 후 신설신탁 또는 분할합병신탁이 있는 경우 그러한 취지와 특정된 채무의 내용; (viii) 그밖에 대통령령이 정하는 사항(신탁법 시행령 제11조 참조).

16 위탁자와 수익자 모두의 승인을 받아야 하기 때문에 신탁법 제91조 제2항 단서에서 별로도 정함이 없는 이상 위탁자 또는 수익자 중의 1인의 승인만으로는 신탁을 분할하거나 분할합병할 수 없다.

17 예컨대 분할된 신탁 중 어느 한쪽에 더 많은 채무가 있는 경우를 들 수 있다.

획서 또는 분할합병계획서, (ii) 채권자가 일정한 기간 내에[18] 이의를 제출할 수 있다는 취지, 그리고 (iii) 그밖에 대통령령으로 정하는 사항[19]을 일반일간신문에 공고하고, 알고 있는 신탁재산의 채권자에게는 개별적으로 이를 최고하여야 한다(신탁법 제96조 제1항 제1문 및 동조 제1항 제1－3호). 만일 채권자가 그 일정한 기간 내에 이의를 제출하지 않은 경우에는 분할 또는 분할합병을 승인한 것으로 본다(신탁법 제96조 제2항). 그러나 채권자가 이의를 제출한 경우에는 수탁자는 그 채권자에게 변제하거나 적당한 담보를 제공하거나 이를 목적으로 하여 적당한 담보를 신탁회사에 신탁하여야 한다(신탁법 제92조 제3항).

마지막으로 신탁의 분할계획서 또는 분할합병계획서가 승인되면 당해 계획서에 기재된 효력발생일에 신탁의 분할 또는 분할합병이 그 효력을 발생한다(신탁법 제95조 제1항 제5호). 그리고 분할되는 신탁(즉 신탁재산)에 속한 권리와 의무는 분할계획서 또는 분할합병계획서가 정하는 바에 따라 분할 후 신설된 신탁 또는 분할합병된 신탁에 존속한다(신탁법 제97조 제1항). 한편 수탁자는 분할하는 신탁(예컨대 X신탁)의 채권자에게, (i) 분할된 신탁(즉 분할 후 존속하는 기존의 X신탁), (ii) 분할 후의 신설신탁(예컨대 X신탁으로부터 분할된 새로운 Y신탁), 또는 (iii) 분할합병된 신탁(예컨대 Y신탁과 합병된 Z신탁)의 신탁재산으로 변제할 책임이 있다(신탁법 제97조 제2항). 그러나 이는 사실상 분할 또는 분할합병된 신탁에 대하여 신탁채무(즉 기존 X신탁의 신탁채무)를 어떻게 분배할 것인가

18 이 기간은 1개월 이상이어야 한다(신탁법 제96조 제1항 제2문).

19 이는 신탁채무의 이행계획을 말한다(신탁법 시행령 제12조 참조).

를 정한 분할계획서 또는 분할합병계획서의 취지를 몰각시키는 결과를 초래한다. 물론 신탁이 분할만 된 경우(예컨대 X신탁 및 X신탁에서 분할된 새로운 Y신탁만 존재하는 경우)에 수탁자가 분할 전의 신탁(즉 X신탁)의 채권자에 대하여 분할된 신탁(즉 X신탁과 Y신탁)의 신탁재산 모두를 가지고 변제책임을 부담해야 한다는 것은 수긍이 간다. 양자는 원래 하나의 신탁이었기 때문이다. 하지만 **분할합병된 신탁(즉 Y신탁과 합병된 Z신탁)의 신탁재산으로도 변제할 책임이 있다는 것은 Z신탁의 신탁채권자들에게 불측의 손해를 끼치는 것**으로서 부당하다.[20] 요컨대 Z신탁의 신탁채권자들을 보호하기 위해서라도 분할 전의 X신탁의 신탁채권자에 대해서 수탁자는 X로부터 분할되어 Z신탁과 합병된 **Y신탁의 신탁재산의 가치에 한해서** 변제책임을 부담하는 것으로 제한할 필요가 있다.

다. 신탁의 종료

(ㄱ) 서 론

신탁의 종료는 신탁의 효력이 일단 발생하고 그 후에 신탁 본래의 목적에 따른 신탁운용을 중지하고 잔여사무의 처리를 통해 당해 신탁을 마감하는 것을 말한다. 신탁이 종료되기 위해서는 (i) 우선 종료의 원인이 있어야 한다. 신탁이 종료되는 원인으로 첫째,

20 따라서 신탁법 제97조 제2항에 대해서는 비판이 없지 않다. 예컨대 최수정, 신탁법(개정판), 박영사(2019), 467면; 노혁준, "신탁변경, 수탁자변경과 신탁합병 및 분할", 정순섭 · 노혁준 편저, 신탁법의 쟁점(제2권), 소화(2015), 274, 306면.

법정종료사유에 의한 종료(신탁법 제98조), 둘째, 당사자 의사에 의한 종료(신탁법 제99조), 셋째, 법원의 명령에 의한 종료(신탁법 제100조)가 있다. (ii) 그다음 수탁자는 종료에 따른 잔여사무의 처리, 즉 신탁종료에 따른 계산을 하게 된다(신탁법 제103조). 우선 잔여신탁재산을 수령할 당사자를 확정할 필요가 있다. 이는 미리 신탁행위에서 또는 법률에 의해서 확정된다(신탁법 제101조). 그리고 신탁종료에 따른 나머지 계산을 마치면 모든 과정이 마무리 된다. 아래에서는 이에 대하여 살펴본다.

(ㄴ) 종료원인

(1) 법에 의한 종료

법정종료사유로는 (i) 신탁의 목적을 달성하였거나[21] 달성할 수 없게 된 경우,[22] (ii) 신탁이 합병된 경우,[23] (iii) 신탁법 제138

21 예컨대 (i) 부동산개발신탁에서 개발사업이 완료된 경우, (ii) 토지처분신탁에서 처분이 완료된 경우, (iii) 자식이 성인이 될 때까지의 교육비로 사용할 목적으로 설정된 신탁에서 자식이 성인연령에 도달한 경우 등.

22 예컨대 (i) 신탁재산이 멸실된 경우, (ii) 수익권자가 수익을 거절한 경우, (iii) 단독수탁자가 추후에 단독수익자가 된 경우 등. 한편 (iv) 단독수탁자를 처음부터 단독수익자로 하는 신탁설정은 처음부터 무효이기 때문에 일단 효력발생을 전제로 한 신탁의 종료문제는 발생하지 않는다. 나아가 (v) 기존 수탁자가 신탁의무를 위반하여 더 이상 신탁을 수행할 수 없는 상황에 이르렀지만 수탁자의 변경을 통해 새로운 수탁자가 당해 신탁사무를 계속 이어갈 수 있다면 신탁목적을 달성할 수 없는 경우에 해당하지 않는다. 따라서 신탁의 당연종료사유에 해당하지 않는다는 것이 판례의 입장이다(대판 2002.2.26. 선고 2000다25989).

23 신탁이 합병되면 기존의 신탁은 그 자체로 더 이상 존재하지 않는 것은 맞지만, 그렇다고 합병된 신탁이 실질적으로 종료되는 것은 아니다. 왜냐하면 기존의 신탁은 그 동일성을 유지한 채 합병 또는 분할합병 된 신탁에 흡수되어 존속하기 때문이다. 다시 말해서 신탁이 합병될 경우 기존 신탁은 형식적으로는 종료되었다고 할 수 있으나 실질적으로는 합병 또는 분할합병의 절차를 거쳐 새로운 신탁으로 존속

조에 따라 유한책임신탁에서 신탁재산에 대한 파산선고가 있는 경우,[24] (iv) 수탁자의 임무가 종료된 후 신수탁자가 취임하지 않은 상태에서 1년간 지속된 경우,[25] (v) (비공익) 목적신탁에서 신탁관리인이 취임하지 아니한 상태가 1년간 지속된 경우,[26] (vi) 신탁행위로 정한 종료사유가 발생한 경우(이상 신탁법 제98조 제1－6호)가 있다. 이들 사유가 발생할 경우 당해 신탁은 자동적으로 종료되기 때문에 당연종료사유라고 할 수 있다.

(2) 당사자 의사에 의한 종료

상기 법정종료사유 이외에 신탁은 **당사자의 의사에 기해서**도 종료될 수 있다. 즉 위탁자와 수익자는 합의를 통해 언제든지 신탁을 종료할 수 있다(신탁법 제99조 제1항). 그러나 위탁자가 존재하지 않은 경우에는 그렇지 않다(신탁법 제99조 제1항 단서). 그렇다면 위탁자가 존재하지 않은 경우에 수익자가 스스로 종료시킬 수 있다는 것인지 아니면 법원에 종료를 청구해야 한다는 것인지 단

하는 측면이 있다는 점을 유의할 필요가 있다.

24 이에 대해서는 '신탁법 제138조에 따라'의 문구가 삭제되어야 한다는 견해가 있다. 왜냐하면 신탁법 제138조는 청산 중의 유한책임신탁이 파산되는 경우를 규율하고 있는데 청산 중인 만큼 이미 당해 유한책임신탁은 종료된 것이므로 다시 신탁법 제98조 제3호에서 이를 종료사유로 정한 것은 입법적 오류라는 것이다(최수정, 신탁법(개정판), 박영사(2019), 471면). 타당한 지적이다.

25 이 경우 신탁재산관리인이 선임될 수 있겠지만(신탁법 제17조 및 제18조) 수탁자에 의한 신탁재산의 관리와 운용을 장기간 방치하는 것은 바람직하지 않기 때문에 이를 종료사유로 정하고 있는 것이다.

26 수익자가 없는 (비공익) 목적신탁에서 신탁의 운용을 감독할 수 있는 것은 신탁관리인뿐이다(신탁법 제67조). 따라서 신탁관리인조차 없는 상태에서 신탁을 장기간 존속시킬 경우 수탁자에 대한 감독에 공백이 생겨 신탁재산이 적절히 운용될 수 없는 우려가 있다. 따라서 이를 종료사유로 정하고 있는 것이다.

서의 법문상 불분명하다. 이에 대하여 전자의 견해[27] [28]와 후자의 견해[29]가 모두 존재한다. 이는 살아있는 수익자의 의사를 무조건 존중할 것인가, 아니면 법원으로 하여금 사망한 위탁자가 설정한 신탁의 목적과 취지를 고려하여 정하도록 할 것인가라는 정책적 판단의 문제이기도 하다. 생각건대 우리 신탁법은 위탁자에게 신탁을 감독할 수 있는 권한을 폭넓게 인정하고 있다.[30] 이는 우리 신탁법제가 신탁이 설정된 당시의 목적과 취지에 따라 운용될 수 있도록 하기 위함이다. 이는 위탁자가 사망하였다고 해서 달라지지 않는다. 특히 유언신탁일 경우에는 처음부터 위탁자가 없다. 그렇다고 수익자로 하여금 임의로 종료시킬 수 있도록 하는 것은 유언신탁 제도를 인정한 취지에도 근본적으로 어긋난다. 따라서 수익자로서는 특별한 사정이 있는 경우에 제100조에 따라 법원에 신탁의 종료를 청구할 수 있을 뿐, 자신의 의사에 따라 신탁을 임의로 종료할 수는 없다고 해석하는 것이 타당하다.

한편 위탁자가 신탁이익을 전부 누리는 자익신탁의 경우에는[31] 위탁자나 그의 상속인이 언제든지 신탁을 종료할 수 있다(신탁법 제99조 제2항).[32] 당사자의 의사에 기한 신탁의 종료에서 어느

27 이중기 · 이영경, 신탁법(개정판), 삼우사(2022), 725면.

28 영국은 수익자(들)가 성년이자 이성적 판단능력이 있고 당해 신탁의 원본과 수익을 모두 받는 것을 요건으로 하여 전자, 즉 살아있는 수익자의 의사를 전적으로 우선하고 있다. *Saunders v Vautier*, 41 E.R. 482;(1841) 4 Beav 115.

29 법무부, 신탁법개정안해설, 법무부(2010), 715면.

30 제4장인 '사. 재산처분'의 나. 참조.

31 따라서 자기선언에 의한 신탁과 유언신탁은 제외된다. 전자의 경우에는 수탁자가 유일한 수익자가 되어버리기 때문에 금지되고(신탁법 제36조) 후자의 경우에는 위탁자 자신이 이미 사망하였으므로 처음부터 자익신탁의 성립이 불가능하기 때문이다.

경우에 의하건 수탁자는 종료의 합의권자의 범위에서 제외되어 있다. 이는 그가 사실상 신탁의 수익을 받는 자가 아니기 때문이다. 그 대신에 위탁자, 수익자 또는 위탁자의 상속인이 정당한 이유 없이 수탁자에게 불리한 시기에 신탁을 종료한 경우에는 그가 받은 손해를 종료권자들로 하여금 배상하도록 하고 있다(신탁법 제99조 제3항).

(3) 법원에 의한 종료

마지막으로 신탁행위 당시에 예측하지 못한 특별한 사정으로 신탁을 종료하는 것이 수익자의 이익에 적합함이 명백한 경우에는 위탁자, 수탁자, 수익자는 법원에 신탁의 종료를 청구할 수 있다(신탁법 제100조). 여기서 특별한 사정을 예견하는 주체의 범위와 관련하여 수익자는 제외해야 한다는 견해가 있다.[33] 수익자가 예견하지 못한 사정이 발생할 경우 그는 수익권을 포기하면 된다는 것이 그 이유이다. 수익자가 수익권을 포기할 경우에는 소급적 효력으로 인하여 처음부터 수익권을 가지지 아니한 것으로 본다(신탁법 제57조 제2항). 따라서 수익자는 이미 수령한 이익이 있다면

---

32 상속인도 종료권자로 규정한 것이 과연 실익이 있는지 의문이다. 신탁법개정안 해설에서는 다른 수익자가 없기 때문에 상속인에게도 종료권한을 인정할 필요가 있다고 설명되어 있다(법무부, 신탁법개정안해설, 법무부(2010), 716면). 하지만 위탁자 생전에는 위탁자가 수익자로서 행사하게 될 것이다. 만일 위탁자가 사망하였다면 그의 수익권은 상속인이 상속하여 당해 신탁의 수익권자가 된다. 따라서 위탁자의 지위를 이전받은 다른 자가 있다면 그와의 합의를 통해서(신탁법 제10조, 동법 제99조 제1항 본문) 신탁을 종료하거나 그렇지 않은 경우에는 법원에 청구함으로써(제99조 제1항 단서, 제100조) 신탁의 종료를 청구할 수 있기 때문에 굳이 상속인을 법문에 포함시킬 필요가 없다.

33 최수정, 신탁법(개정판), 박영사(2019), 478면.

이는 법률상 원인 없이 보유한 것으로서 부당이득에 기해 전부 수탁자에게 반환하여야 한다(민법 제741조). 하지만 수익자로서는 기존에 수령한 이익을 보유하면서 신탁을 종료하고 싶을 때가 있을 수 있다.[34] 나아가 원본수익자로서도 예측하지 못한 사정의 발생으로 신탁재산의 원본의 가치가 큰 영향을 받을 수 있는 상황이라면 신탁의 종료를 통해 조기에 신탁재산 원본의 수령을 원할 수도 있다. 요컨대 예견주체에서 반드시 수익자를 제외할 필요는 없어 보인다. 수익자가 있는 신탁은 수익자를 위한 것인 만큼 예견주체에 포함시켜 그의 이익을 위한 방향으로 신탁이 종료될 기회를 제공하는 것이 타당하다.

(ㄷ) 잔여재산수령권자의 확정

(1) 잔여재산수령권자

신탁은 계속적 법률관계이기 때문에 그것이 종료되는 경우에 효과는 오로지 장래를 향해서만 미친다.[35] 따라서 그때까지 이루어진 법률관계는 아무런 영향도 받지 않는다. 하지만 신탁이 종료될 경우 남은 신탁재산을 어떻게 처리해야 하는가의 문제, 즉 누구에게 귀속시킬 것인가의 문제가 남는다. 이것이 이른바 잔여재산수령권자의 확정문제이다. 우리 신탁법은 제101조에서 이에 관하여 규정하고 있다. 신탁이 종료되면 (i) 잔여재산은 수익자에게

34 예컨대 예측하지 못한 사정의 발생으로 향후 신탁운용에 과다한 비용이 지출되어 수익자에게 예상 밖의 높은 비용상환청구권이 행사될 가능성이 있는 등, 현시점에서 신탁을 종료하는 것이 수익자의 이익을 위하여 최선일 때가 있을 수 있다.

35 대판 2006.9.22. 선고 2004다50235.

귀속한다(신탁법 제101조 제1항 본문). 즉 **제1차 잔여재산수령권자는 기존수익자**이다.[36] 그러나 (ii) 만일 신탁행위로 잔여재산을 수령할 **잔여재산수익자**를 별도로 정한 경우에는 그에 따른다(신탁법 제101조 제1항 본문 괄호부분).[37] 한편 신탁법 제101조 제1항 단서에서는 잔여재산이 귀속될 수 있는 자로서 **잔여재산귀속권리자**라는 개념을 (동조 제1항 본문의 잔여재산수익자라는 개념과는 별도로) 따로 두고 있다. 잔여재산수익자와 잔여재산귀속권리자는 신탁이 종료될 경우에 잔여재산을 수령할 수 있다는 점에서는 같다. 하지만 잔여재산수익자는 신탁이 종료되기 이전에도 (즉 신탁이 존속하는 중에도) 수익자로서 인정되는 반면에[38] 잔여재산귀속권리자의 경우에는 그렇지 않다는 점에서 다르다. 여하튼 **제2차 잔여재산수령권자는 신탁행위에서 정한 잔여재산수익자이거나 잔여재산귀속권리자**이다. 한편 (iii) 기존수익자, 잔여재산수익자,[39] 그리고 잔여재산귀속권리자마저 자신들의 수익권을 포기한 경우에 잔여재산은 **제3차 잔여재산수령권자인 위탁자 또는 그의 상속인**에게 귀속된다(신탁법

---

36 이에 대한 반대견해로는 최수정, 신탁법(개정판), 박영사(2019), 493면 참조. 최수정 교수는 신탁에서 정함이 없을 경우 신탁재산은, 신탁법 제101조 제1항 본문의 규정에도 불구하고, 기존의 수익자가 아니라 오히려 위탁자에게 귀속된다고 보는 것이 신탁을 설정한 위탁자의 의사표시의 해석상 타당하다고 본다. 하지만 위탁자의 의사표시가 항상 반드시 그렇다고 보기 어렵다. 따라서 여기서는 일단 법문에 충실히 따르기로 한다.

37 **신탁행위에 의하여 수탁자를 신탁종료 시 유일한 잔여재산수익자로 정할 수도 있음을 유의**할 필요가 있다. 이 경우에는 신탁이 종료되는 것을 전제로 하고 있기 때문에 "수탁자는 유일한 수익자가 될 수 없다"는 원칙(신탁법 제36조)에 반한다고 볼 수 없다. 따라서 이러한 내용이 포함되어 설정된 신탁은 유효하고 신탁재산이 부동산인 경우에는 신탁등기도 신청할 수 있다(부동산등기선례 제201911－2호).

38 따라서 수익자로서 갖는 기타 권리를 행사할 수 있다.

39 신탁법 제101조 제2항의 '수익자'는 기존수익자와 잔여재산수익자를 포괄한다.

제101조 제2항). 나아가 신탁법 제3조 제3항에 따르면 자기선언신탁이 집행면탈 또는 부정한 목적으로 설정되어 이해관계인의 청구로 법원에 의해 종료될 경우 신탁재산은 무조건 위탁자에게 귀속된다(신탁법 제101조 제3항).[40] 그 이유는 신탁재산이 자기선언신탁의 구조상 이미 위탁자 겸 수탁자에게 귀속되어 있는 상태이므로 따로 잔여재산수익자 또는 잔여재산귀속권리자를 논할 필요가 없기 때문이다.

마지막으로 위탁자 또는 상속인까지 없는 경우라면 잔여재산은 **제4차 잔여재산수령권자인 국가**에게 귀속된다(신탁법 제101조 제5항). 입법론적으로 이 경우에 잔여재산수령권자는 국가가 아니라 수탁자에게 귀속되어야 한다는 견해가 있다.[41] 신탁종료시에 신탁채무(즉 수탁자의 비용상환청구권 및 신탁채권자의 채권)가 남을 수도 있는데 잔여신탁재산만 국가에 귀속되고 채무는 수탁자가 계속 부담하는 것은 부당하고, 그렇다고 이 채무 또한 국가에게 함께 떠넘길 수는 없다는 것이 그 이유다. 생각건대 입법론적으로 다음과 같이 생각해볼 수 있을 것이다. 수탁자가 신탁종료 시에 계산의무를 이행하는 과정에서[42] 밝혀진 잔여신탁재산의 상황에 따라 달리

---

40 이처럼 자기선언신탁의 종료에 따라 위탁자에게 귀속하도록 하면 그 효력이 장래에 향해서만 미치므로 그 사이에 신탁재산의 원본 또는 그로부터 발생한 이익을 수령한 수익자가 있다면 그 이익을 보유할 수 있게 되는 문제점이 있다. 생각건대 입법론적으로 집행면탈 또는 부정한 목적에 의한 자기선언신탁은 이를 무효로 하는 것이 타당하다. 그리고 수익자가 받은 이익과 관련하여서는 위탁자 겸 수탁자가 집행면탈 또는 부정한 목적으로 자기신탁을 선언하였다는 그 사실을 알았거나 알 수 있었던 수익자에 한하여 반환의무를 부담하면 된다.

41 최수정, 신탁법(개정판), 박영사(2019), 499면; 정순섭, 신탁법, 지원사(2021), 592면.

42 아래 (ㄹ) 신탁 종료에 따른 계산 부분을 참조.

보는 것이다. 우선 (i) 잔여신탁재산에 소극재산만 남을 경우에는 귀속될 수 있는 잔여재산이 없으므로 국가나 수탁자에게 잔여신탁재산이 귀속될 문제는 발생하지 않는다. 결국 책임재산한정특약이 체결되어 있거나 한정책임신탁이 설정되어 있지 않는 한 수탁자는 그의 고유재산으로 신탁채무를 이행해야 한다. 반대로 (ii) 잔여신탁재산에 적극재산만 남을 경우에는 국가를 잔여재산수령권자로 보아 국가에게 귀속시키는 것이 옳다. 이 경우에 부담할 신탁채무도 없으니 수탁자에게 귀속시킬 이유가 없다. 그러나 (iii) 잔여신탁재산에 소극재산과 적극재산 모두 있으나 전자가 후자를 초과하는 경우에는 수탁자를 잔여재산수령권자로 보아 그에게 귀속시키는 것이 옳다. 수탁자로서는 잔여재산으로 신탁채무를 변제하고 부족한 부분은 고유재산으로 책임져야 할 것이다. 마지막으로 (iv) 잔여신탁재산의 적극재산이 소극재산을 초과하는 경우에는 수탁자에게 청산의무를 부과하여 남는 적극재산만을 국가에 귀속시키는 것이 타당하다. 그렇지 않고 처음부터 잔여적극재산 전체를 국가에게만 귀속시키면 수탁자가 채무 전체를 짊어지게 되어 형평에 반한다. 반대로 잔여적극재산을 수탁자에게만 귀속시킬 경우에는 소극재산을 초과하는 부분에 대하여 수탁자가 이득을 보게 된다. 따라서 이 경우에는 수탁자에게 청산의무를 부과하고 최종적으로 남은 적극재산만을 국가에게 귀속시키는 것이 타당하다.

요컨대 현행법 하에서 신탁종료시 잔여재산수령권자는 (i) 기존수익자, (ii) 잔여재산수익자나 잔여재산귀속권리자, (iii) 위탁자나 그 상속인 또는 (iv) 국가이다.[43] 한편 유의한 것은 신탁법 제

43 이들 **잔여재산수령권자를 우리 법문에서는 '귀속될 자'라고 표현**하기도 한다(예컨

101조 제1항, 제2항 그리고 제5항에서 이들 잔여재산수령권자에게 '귀속한다 내지 귀속된다'라고 규정하고 있는데 그렇다고 (신탁종료시 설정되는 법정신탁의)[44] 수탁자에게 귀속되어 있는 신탁재산이 (예컨대 동산, 부동산, 지적재산권, 채권 등) 당연히 이들 수령권자들에게 복귀되거나 승계된다는 의미는 아니다.[45] 이 경우 각각의 신탁재산이 요구하는 형식요건(예컨대 인도, 등기, 또는 등록 등)은 별도로 갖추어야 한다. 이렇게 본다면 신탁법 제101조 제1항, 제2항 그리고 제5항의 법문, 즉 '귀속한다 내지 귀속된다'의 법문이 의미하는 것은 **잔여재산수령권자는 (법정신탁의) 수익자로서 잔여신탁재산을 청구할 수 있는 채권적 청구권만을 취득한다는 것이다.** 그리고 판례에 의하면 신탁이 종료한 때부터(즉 잔여재산수령권자가 권리를 행사할 수 있는 시점) 10년의 소멸시효기간이 적용된다.[46]

(2) 법정신탁의 성립

신탁이 종료된 경우 신탁재산이 신탁법 제101조 제1항부터 제3항까지의 규정에 따라 **잔여재산수령권자(즉 기존수익자, 잔여재산수익권자나 잔여재산귀속권리자, 위탁자나 그 상속인 또는 국가)**에게 이전될 때까지 그 **신탁은 존속하는 것으로 본다**. 그리고 이들 **잔여재산수령**

대 신탁법 제101조 제4항). 물론 잔여재산이 (i) 기존수익자, (ii) 잔여재산수익자, (iii) 잔여재산귀속권리자, (iv) 위탁자나 그 상속인 또는 (v) 국가에게 귀속되는 것은 맞다. 하지만 **'귀속될 자'라는 표현은 자칫** (iii)의 **잔여재산'귀속권리자'와 동의어인 것처럼 혼동되거나 오인될 소지가 있다.** 따라서 (i)**부터** (v)**까지의 경우를 포괄하는 표현으로 이곳에서는 '귀속될 자' 대신에 '잔여재산수령권자'의 용어를 사용**하기로 한다.

44 이에 관하여는 아래 이 장의 '(3) 신탁종료 후 잔여재산귀속 전의 효과' 부분 참조.

45 대판 1994.10.14. 선고 93다62119; 대판 2012.7.12. 선고 2010다1272.

46 대판 2014.1.16. 선고 2012다101626.

권자는 이 존속하는 신탁의 **수익자로 본다**(신탁법 제101조 제4항).[47] 신탁이 종료한 때로부터 잔여재산이 잔여재산수령권자에게 이전될 때까지는 잔여사무의 처리 등으로 인하여 일정한 시일이 걸리는데, 그동안 신탁관계를 부정할 경우 수탁자의 고유재산과 신탁재산을 구별해주는 신탁재산의 독립성원칙 또는 수탁자의 엄격한 의무에 관한 부담들이 존재하지 않게 되어 잔여재산수령권자들에게 손해가 발생할 위험이 있다. 잔여재산수령권자로 하여금 이러한 위험으로부터 벗어날 수 있도록 하기 위해서 신탁이 종료되었다 하더라도 잔여사무의 처리가 완료되기 전까지 신탁법에서는 신탁이 존속하는 것으로 간주하는 것이다.

이러한 신탁은 신탁행위에 의해 설정된 것이 아니기 때문에 그 성질상 **법률의 규정에 의하여 설정된 법정신탁**이다.[48] 다시 말해서 신탁종료 후 잔여재산귀속 전의 효과로서 법정신탁이 성립된다는 것이다. 이 법정신탁은 기존의 신탁이 종료된 후 그야말로 **잔여사무의 처리 및 잔여재산의 반환만을 목적으로 하는, 법률의 규정에 의해서 창설된 새로운 신탁**이기 때문에 **종료된 기존신탁과는 전혀 다른 신탁**이다. 그렇다면 법문을 '그 신탁(즉 기존의 신탁)은 존속하

47 한편 국가가 잔여재산수령권자라고 하여 잔여재산이 바로 국가에 귀속하는 것은 아니다. 국가 역시 잔여재산을 청구할 수 있는 수익자일 뿐이다. 따라서 잔여재산이 국가에게 이전 내지 귀속될 때까지도 마찬가지로 신탁은 존속하는 것으로 볼 필요가 있다. **그러나 신탁법 제101조 제4항에서는 동조 제5항을 빠뜨림으로써 국가가 잔여재산수령권자인 경우에 마치 법정신탁이 성립되지 않는 것처럼 규정되어 있다.** 이는 입법적으로 재고의 여지가 있다. 나아가 신탁법 제101조 제4항에서는 자기선언신탁이 종료되는 경우(동조 제3항)를 포함하고 있는데 오히려 이 부분은 삭제되어야 한다. 왜냐하면 자기선언신탁의 경우에 신탁재산은 항상 위탁자에게 귀속되어 있는 상태이므로 별도의 신탁재산수령권자를 상정하기 어렵기 때문이다.

48 대판 2002.3.26. 선고 2000다25989; 대판 2014.1.16. 선고 2012다101626.

는 것으로'라고 표현하는 것은 적절하지 않다. 오히려 잔여사무의 처리 및 잔여재산의 이전을 목적으로 하는 신탁이 설정된 것으로 본다'로 그 표현을 수정하는 것이 바람직하다.

(ㄹ) 법정신탁 하에서 수탁자의 종결 및 계산의무

(1) 종결 및 계산의무

앞에서 살펴본 바와 같이 기존신탁이 종료되면 잔여사무의 처리 및 잔여재산의 반환만을 목적으로 하는 법정신탁이 성립된다. 비록 동일인이라 하더라도 기존신탁의 수탁자는 이제 법정신탁의 수탁자가 되며 지체 없이 신탁사무에 관한 최종의 계산(예컨대 신탁재산의 현황 및 수지의 확정[49])을 해야 할 의무를 부담하고, 그 결과에 대해서 잔여재산수령권자[50]의 승인을 받아야 한다(신탁법 제103조 제1항). 한편 계산의무 하에서 수탁자는 신탁재산을 청산할 필요가 없다. 따라서 수탁자는 종료된 신탁의 신탁채무를 이행하거나 신탁채권을 추심할 의무가 없다. 그러나 만일 채무를 이행하지 않는다면 원칙적으로 수탁자가 무한책임을 부담하게 된다. 따라서 수탁자로서는 통상 채권추심과 채무이행을 진행할 강한 유인이 있다. 그러나 신탁채권과 신탁채무를 반드시 스스로 추심하거나 이행할 필요 없이 수탁자와 잔여재산수령권자의 합의로 후자에

---

49 정순섭, 신탁법, 지원사(2021), 587면.

50 즉 기존수익자, 잔여재산수익자, 잔여재산귀속권리자를 말한다. 신탁법 제103조 제1항 법문에서는 '수익자 및 귀속권리자'라고 규정하고 있는데 여기에서 '수익자'는 '기존수익자'와 '잔여재산수익자' 양자를 포함한다. 결국 필자가 말하는 잔여재산수령권자와 같은 의미이다.

게 전부 이전하는 방식을 통해 계산을 진행할 수도 있다.

신탁이 종료되기 전에 발생한 수탁자의 필요비상환청구권은 그의 고유재산에 속하는 채권으로서 신탁이 종료되었다 하더라도 법정신탁에 대하여 행사할 수 있다. 한편 채권은 일반적으로 우선변제권을 갖지 않는다. 그러나 만일 신탁이 종료된 후에 법정신탁에 속하는 잔여신탁재산에 대하여 민사집행절차 등이 진행될 경우 수탁자의 필요비상환청구권에 대해서는 우선변제권이 주어진다(신탁법 제102조, 제54조 제1항).[51] 수탁자가 지출한 필요비는 일종의 공익비용적 성질을 갖기 때문이다. 그런데 수탁자가 자신의 필요비에 관하여 우선변제를 받기 위해서는 자신이 부담하는 원상회복의무 등을 먼저 이행할 것을 요한다(신탁법 제102조, 제54조 제1항). 나아가 수탁자는 신탁종료 전에 발생한 비용상환청구권을 보전하기 위하여 법정신탁에 속하는 잔여신탁재산을 유치할 권리가 있다(신탁법 제102조, 제54조 제2항). 또한 신탁종료 전에 발생한 수탁자의 보수청구권은 그의 고유채권으로서 이 역시 법정신탁에 속하는 신탁재산으로부터 상환 받을 수 있으나 그 전제로서 자신이 부담하는 원상회복의무 등을 먼저 이행할 것을 요한다(신탁법 제102조, 제54조 제1항).

잔여재산수령권자가 수탁자에 의한 계산의 결과를 승인하였다면 잔여재산수령권자에 대한 수탁자의 책임은 면제된 것으로 본

---

51 신탁법 제54조 제1항은 전수탁자의 우선변제권에 관한 규정이다. **법정신탁은 종료된 기존신탁과는 별개의 신탁이다**. 따라서 기존신탁의 수탁자와 법정신탁의 수탁자는, 비록 현실적으로 동일인이라 하더라도, 법률적으로는 '동일한' 신탁관계에 속하는 전수탁자와 신수탁자의 관계에 있지 않다. 이런 이유로 신탁종료 전의 수탁자에게 우선변제권을 마찬가지로 부여해주기 위해서 신탁법 제102조에서는 전수탁자의 우선변제권에 관한 제54조 제1항을 특별히 '**준용**'하는 것이다.

다(신탁법 제103조 제2항 본문). 그러나 수탁자가 계산에 관한 직무를 수행하는 과정에서 부정행위를 범한 경우에는 면책이 되지 않는다(신탁법 제103조 제2항 단서). 만일 잔여재산수령권자가 수탁자로부터 계산을 승인해 줄 것을 요구받았으나 1개월 내에 승인하지 않거나 이의를 제기하지 않는다면 잔여재산수령권자의 승인이 있는 것으로 간주된다(신탁법 제103조 제3항). 이는 신탁의 종료절차가 신속히 완료되고 법정신탁의 수탁자가 불안한 지위로부터 조속히 벗어날 수 있도록 하기 위함이다. 끝으로 법정신탁이 성립되어 잔여재산수령권자가 수익권을 취득한 후에는[52] 기존에 신탁재산에 대하여 이루어진 강제집행 등에 대해서는 법정신탁의 수탁자를 상대로 속행된다(신탁법 제102조, 제53조 제3항).[53]

(2) 청산의무

앞에서 살펴본 바와 같이 신탁이 종료할 경우 법정신탁이 성립되고 기존의 수탁자는 이 법정신탁의 수탁자가 되어 이른바 신탁의 **계산의무를 수행**하게 된다. 수탁자의 이러한 계산의무와 구별되는 것으로 청산의무가 있다. 계산의무 하에서 수탁자는 신탁재

52 신탁법 제102조에서 '신탁재산이 수익자나 그밖의 자에게 귀속한 경우'라고 규정하고 있으나, 이는 신탁이 종료되어 법정신탁의 성립으로 잔여재산수령권자가 수익권을 취득한 경우라고 해석해야 한다. 왜냐하면 신탁종료에 의해서 신탁재산이 바로 잔여재산수령권자에게 귀속되는 것은 아니기 때문이다. 신탁재산은 법정신탁의 수탁자에게 귀속되어 있다. 바로 이러한 이유로 인하여 신탁법 제102조에서 동법 제53조 제3항을 준용하여 신탁재산에 대한 강제집행을 법정신탁의 수탁자를 상대로 속행하도록 하는 것이다.

53 법정신탁의 수탁자는 종료된 신탁의 수탁자를 잇는 신수탁자가 아니라 법률에 의해 설정된 별개 신탁의 수탁자이다. 따라서 법정신탁의 수탁자에 대하여 소송을 속행할 수 있도록 하기 위해 신수탁자에 대한 소송속행에 관한 제53조 제3항을 '준용'하는 것이다.

산의 현황 및 수지를 명확히 하는 것이 주된 임무이므로 신탁채권과 신탁채무를 반드시 스스로 추심하거나 이행할 필요 없이 수탁자와 잔여재산수령권자의 합의로 후자에게 전부 이전하는 방식을 통해 계산을 진행할 수도 있다. 이는 신탁행위를 통해 미리 정할 수 있고,[54] 신탁종료 후 수탁자와 잔여재산수령권자 사이의 합의를 통해서 정할 수도 있다.

한편 위탁자는 자신이 설정한 신탁이 종료될 경우 **청산절차에 따라 종료**되기를 원할 수도 있다. 만일 청산절차에 따르게 되면 잔여신탁재산이 잔여재산수령권자에게 이전되기 전에 반드시 모든 채권 · 채무관계를 청산해야 비로소 잔여재산수령권자에게 잔여재산을 이전할 수 있게 된다. 즉 수탁자가 단순히 계산의무만을 부담하는 경우와는 달리 이 경우에는 잔여재산수령권자에게 신탁채권과 신탁채무를 이전하는 방식은 허용되지 않는다. 수탁자로서는 반드시 신탁채권을 추심하고 신탁채무를 이행하여야 한다. 위탁자가 만일 자신이 설정한 신탁이 청산절차를 통해 종결되기를 원한다면 미리 신탁행위에서 또는 수익자와의 합의를 통해서 청산절차에 따라 신탁을 종료하기로 정할 것이 요구된다. 이 경우의 청산절차에 관하여는 유한책임신탁의 청산절차에 관한 신탁법 제132조 제2항, 제133조 제1항부터 제6항까지 및 제134조부터 제137조까지의 규정을 준용한다(신탁법 제104조).

---

54 대판 2005.4.15. 선고 2004다24878(합의를 통해 위탁자에게 신탁채무를 이전한 사례).

【소 결】 이상으로 (i) 신탁의 변경, (ii) 신탁의 합병 및 분할 · 분할합병, 그리고 (iii) 신탁의 종료를 다루었다. 여기서 살펴본 것처럼 신탁이라는 계속적 법률관계는 현실적 사정에 탄력적으로 대응하기 위해서 그 내용을 변경하거나 합병 및 분할 · 분할합병을 할 수 있다. 신탁공장의 리모델링은 이처럼 필요하다면 가능하다는 것이다. 그러나 무엇보다 이 장에서 가장 중요한 부분은 역시 신탁이 종료된 후의 효과라고 할 수 있다. 즉 **신탁이 종료되면 잔여재산과 잔여사무의 처리만을 목적으로 하는 신탁이 법률에 의해서 창설된다는 점이다.** 이러한 법정신탁관계는 매우 특별한 효과인데 이는 잔여재산수령권자를 보호하기 위하여 신탁재산독립성과 수탁자의 의무 및 책임을 계속적으로 부과하기 위한 수단이라고 볼 수 있다. 법정신탁을 통하여 잔여재산과 잔여사무의 처리가 완료되면 신탁은 이제 모든 여정을 마치게 된다. 신탁공장은 이로써 완전한 영업종료를 알리게 되는 것이다. 그리고 이 책을 통한 여러분의 신탁법 학습여정 또한 한 정거장만 남기게 되었다. 바로 신탁세제에 관한 부분이다. 신탁공장을 세우고, 운용하며, 수익을 분배하는 과정에서 누가, 언제, 어떠한 세금을 부담해야 하는가? 이는 신탁의 당사자들에게 매우 중요한 문제이다 — 다음 장에서 살펴보도록 한다.

구. 신탁세제

수탁자, 존재와 무 사이에서
오가는 시계추 되다

본 장의 체계적 위치

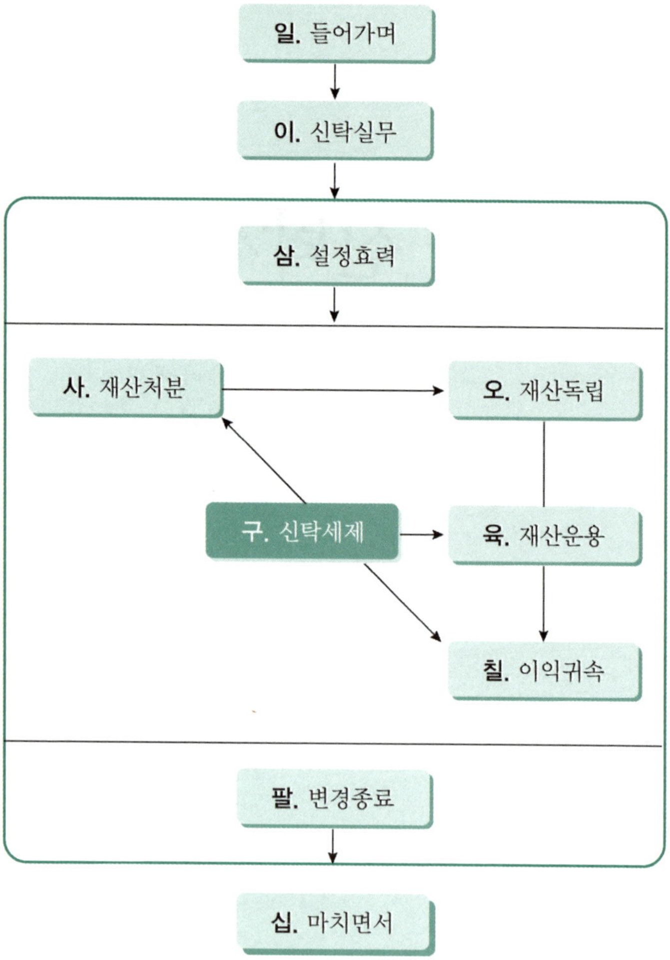
일. 들어가며
이. 신탁실무
삼. 설정효력
사. 재산처분
오. 재산독립
구. 신탁세제
육. 재산운용
칠. 이익귀속
팔. 변경종료
십. 마치면서

【개 요】 이 장에서는 신탁세제에 관한 다음 3가지 내용을 다룬다: (i) 위탁자의 재산이전 단계에서의 과세; (ii) 수탁자의 재산운용 단계에서의 과세; (iii) 수탁자의 이익분배 단계에서의 과세. 사람은 자유롭게 태어났지만 평생 세금이라는 족쇄에 묶여 있다. 특히 재산관련 행위의 시작과 끝은 항상 그렇다. 신탁은 재산을 수탁자에게 이전하여 수익자의 이익을 위해서 관리 · 운용되다가 신탁의 이익을 수익자에게 분배하는 제도이다. 즉 재산이전 단계에서 시작해서, 재산운용 단계를 거쳐, 이익분배 단계까지 모두 재산에 관한 행위로 구성된다. 따라서 모든 단계에서 세금의 문제가 관련될 수밖에 없다. 예컨대 첫째, 위탁자의 재산이전 단계에서는 위탁자의 양도소득세와 부가가치세가, 그리고 수탁자의 취득세가 문제된다. 둘째, 수탁자의 재산운용 단계에서는 재산세, 취득세, 양도소득세, 부가가치세, 그리고 소득세 · 법인세가 문제 된다. 셋째, 수탁자의 이익분배 단계에서는 증여세 · 상속세가 문제된다. 이 장에서는 각 단계마다 위탁자, 수탁자 또는 수익자 중 누구에게 어떤 종류의 세금이 어느 시기에 부과되는지를 살펴볼 것이다. 요컨대 이 장의 학습효과로서 다음 3가지 질문에 대한 답을 얻게 된다. 즉 (i) 위탁자는 재산을 이전하는 과정에서 양도소득세와 부가가치세를, 수탁자는 그것을 취득하면서 취득세를 각각 부담하는가? (ii) 수탁자는 신탁재산을 운용하는 과정에서 재산세, 취득세, 양도소득세, 그리고 소득세 · 법인세를 모두 부담하는가? (iii) 수익자의 수익권에 대해서는 증여세 또는 상속세가 언제 부과되는가?

가. 위탁자의 재산이전 단계에서의 과세

(ㄱ) 위탁자의 재산양도 측면

(1) 양도소득세

양도소득세란 일정한 재산을 양도할 때 발생하는 양도차익을 소득으로 보고 이에 대하여 부과하는 세금이다. 그러나 양도차익 소득이 있다고 하여 양도소득세가 항상 부과되는 것은 아니다. 소득세법은 양도소득세가 부과되는 경우를 열거하고 있다. 그 내용을 살펴보면 토지, 건물, 일정한 경우의 영업권, 이용권, 회원권, 주식 그리고 신탁 수익권 등의 양도로부터 발생하는 양도차익소득을 주된 과세대상으로 정하고 있다.[1] 신탁에서 위탁자는 일정한 자산을 수탁자에게 처분, 즉 양도해야 한다. 이러한 처분행위를 통하여 위탁자의 자산은 수탁자가 보유하는 신탁재산이 된다. 그렇다면 계약신탁에서 위탁자가 수탁자에게 자산을 양도하는 처분행위에 대하여 양도소득세가 부과되는가?[2] 결론적으로 말하자면 이 경우에는 양도소득세가 부과되지 않는다. 왜냐하면 수탁자는 당해 자산을 무상으로 양도받은 것이기 때문이다. 즉 위탁자에게는 아무런 양도차익소득도 발생하지 않았다. 양도차익소득이 발생하려면 당해 양도가 유상일 것이 요구된다. 이를 반영하여 소득세법에서도 자산을 유상으로 이전하는 경우만을 양도로 본다(소득세법 제

1 소득세법 제94조 제1항 참조.

2 유언신탁에서 위탁자의 의무를 상속한 상속인이 수탁자에게 자산을 양도하는 경우에도 동일한 문제가 발생한다. 반면에 자기선언신탁의 경우에는 수탁자에 대한 자산의 양도가 없으므로 양도소득세의 문제가 발생하지 않는다.

88조 제1호 본문). 결국 수탁자에 대한 위탁자의 자산이전은 무상양도이므로 소득세법에서 말하는 양도에 해당하지 않는다.

한편 양도인지 여부를 판단함에 있어서 소득세법은 위탁자가 신탁재산을 실질적으로 지배할 것을 추가로 요구한다. 즉 "위탁자의 자산에 신탁이 설정되고 그 신탁재산의 소유권이 수탁자에게 이전된 경우로서 위탁자가 신탁 설정을 해지하거나 신탁의 수익자를 변경할 수 있는 등 신탁재산을 실질적으로 지배하고 소유하는 것으로 볼 수 있는 경우"에는 이를 양도로 파악하지 않는다고 규정하고 있다(소득세법 제88조 제1호 다목). 요컨대 수탁자에 대한 무상양도 및 위탁자에 의한 신탁재산의 실질적 지배라는 두 요건이 동시에 충족되면 **위탁자에게 양도소득세가 부과되지 않는다.**[3] [4]

---

3 이는 반대로 말해서, 위탁자의 수탁자에 대한 양도가 실질적으로 유상처분에 해당하고 위탁자가 신탁재산을 지배하지 않는다면 이를 양도로 보아 양도소득세가 부과된다는 것이다. 예컨대 위탁자(매도인)가 자신의 부동산을 수탁자에게 이전하면서 수익자(매수인)가 매매대금을 위탁자(매도인)에게 완납할 때 당해 부동산의 소유권을 수익자(매수인)에게 이전하도록 하는 경우를 들 수 있다. 이 경우에 위탁자가 수탁자에게 행한 양도는 실질적으로 유상처분이므로 양도소득세가 부과된다.

4 한편 소득세법 제88조 제1호 다목에서 요구하는 위탁자에 의한 신탁재산의 실질적 지배라는 요건은 사족이다. 왜냐하면 이 요건과 상관없이 양도소득세가 부과될지 여부에 대한 궁극적인 판단기준은 위탁자의 자산양도가 실질적으로 (타익신탁의) 수익자에 대한 유상처분인지 여부에 놓여있기 때문이다. 예컨대 위탁자가 신탁재산을 실질적으로 지배한다 하더라도 수탁자에 대한 위탁자의 자산양도가 사실상 (타익신탁의) 수익자에 대한 증여의 경우라면 위탁자에게 양도소득세를 부과할 수 없을 것이다(동지: 이창희, 세법강의(제20판), 박영사(2022), 516면). 반대로 위탁자가 신탁재산에 대하여 실질적 지배를 하지 않더라도 수탁자에 대한 위탁자의 자산양도가 실질적으로 (타익신탁의) 수익자에 대한 유상처분에 해당한다면 양도소득세가 부과되어야 할 것이다. 요컨대 위탁자에 의한 신탁재산의 실질적 지배의 여부는 문제가 되지 않는다.

(2) 부가가치세

부가가치세란 사업자 등[5]이 재화나 용역을 유통 · 공급하는 단계에서 창출하는 부가가치에 대하여 부과하는 세금이다.[6] 신탁에서 위탁자는 일정한 자산을 신탁재산으로서 수탁자에게 공급한다. 그렇다면 계약신탁에서 위탁자가 수탁자에게 재화를 공급할 때에도 사업자인 위탁자에게 부가가치세가 부과되는가? 결론부터 말하자면 이 경우에는 부가가치세가 부과되지 않는다. 왜냐하면 이들 경우에 해당 공급은 무상으로 이루어진 것으로서 공급된 자산에 대하여 어떠한 부가가치도 창설되었다고 보기 어렵기 때문이다. 따라서 부가가치세법에서도 위탁자로부터 수탁자에게 신탁재산을 공급하는 때에는 부가가치세를 부과하지 않는다고 규정하고 있다(부가가치세법 제10조 제9항 제4호 가목). 요컨대 **위탁자는 부가가치세를 부담하지 않는다**.

(ㄴ) 수탁자의 재산취득 측면

신탁에서 수탁자는 위탁자로부터 신탁재산을 취득한다. 그렇다면 수탁자에게 취득세가 부과되는가? 취득세란 자산을 취득한 사실 자체에 대하여 부과하는 세금이다. 여기서 말하는 취득은 원시취득, 승계취득, 유상취득 그리고 무상취득 모두 포함한다(지방세법 제6조 제1호). 나아가 법률적 · 형식적으로 소유권이 이전되는

5 사업자란 사업목적이 영리이든 비영리이든 관계없이 사업상 독립적으로 재화 또는 용역을 공급하는 자를 말한다(부가가치세법 제2조 제3호).

6 부가가치세법 제4조 참조. 부가가치세에 관하여 자세한 것은, 이창희, 세법강의(제20판), 박영사(2022), 341면 이하 참조.

모든 경우를 포괄한다는 것이 우리 판례의 입장이다.[7] 과세대상은 부동산 등[8]이며 이를 취득한 자에게 납세의무가 있다(지방세법 제7조 제1호).

따라서 수탁자가 위탁자로부터 지방세법에서 규정하는 부동산 등의 자산을 취득하게 되면 취득세를 부담해야 할 것처럼 보인다. 왜냐하면 수탁자는 위탁자로부터 관련 자산의 소유권을 무상으로 취득하기 때문이다. 그러나 지방세법은 이에 대한 '예외'를 두고 있다. 즉 "신탁(「신탁법」에 따른 신탁으로서 신탁등기가 병행되는 것만 해당한다)으로 인한 신탁재산의 취득으로서…위탁자로부터 수탁자에게 신탁재산을 이전하는 경우"(지방세법 제9조 제3항 본문 및 제1호)에는 비과세대상으로 규정하고 있다. 이는 수탁자가 신탁재산으로부터 아무런 경제적 · 실질적 이익을 취할 수 없고(신탁법 제36조) 단순히 관리자적 지위에 있다는 사실이 반영된 것이다. 요컨대 **수탁자는 위탁자로부터 얻은 재산에 대하여 취득세를 납부할 의무를 부담하지 않는다.**

---

7 대판 1980.1.29. 선고 79누305(양도담보에 의한 취득); 대판 2002.5.28. 선고 2002두2079(토지의 공유관계 해소를 위한 지분의 취득) 등.

8 부동산 등에 포함되는 자산으로 지방세법 제7조 제1항에서는 다음을 열거하고 있다. 즉 차량, 기계장비, 항공기, 선박, 입목, 광업권, 어업권, 양식업권, 골프회원권, 승마회원권, 콘도미니엄 회원권, 종합체육시설 이용회원권 또는 요트회원권.

나. 수탁자의 재산운용 단계에서의 과세

(ㄱ) 신탁재산의 보유 측면

재산세는 일정한 재산을 보유하는 자에게 부과되는 세금이다. 재산세의 과세대상은 토지, 건축물, 주택, 항공기 및 선박이다(지방세법 제105조). 재산세의 납부의무자는 원칙적으로 재산세 과세기준일 현재 재산을 사실상 소유하고 있는 자이다(지방세법 제107조 제1항). 신탁에서 수탁자는 위탁자로부터 이전받은 재산 및 신탁의 운용 중에 제3자로부터 취득한 재산을 보유하게 된다. 그렇다면 신탁재산 중 재산세가 부과되는 재산이 있을 경우 수탁자가 재산세에 대한 납부의무를 부담해야 할 것이다. 그러나 그렇게 될 경우에 위탁자로서는 재산세가 부과되는 재산을 수탁자에게 이전함으로써 누진과세를 회피하는 수단으로 악용할 우려가 있다. 이를 방지하기 위해서 비록 신탁재산이 수탁자에게 귀속된다 하더라도 만일 그것이 재산세의 과세대상 재산에 해당할 경우에는 이를 **여전히 위탁자의 소유로 간주하여 그에게 재산세의 납부의무를 부과한다**(지방세법 제107조 제2항 제5호). 그러나 위탁자의 재산만으로 재산세를 징수하기에 부족한 경우가 발생할 수도 있다. 따라서 위탁자의 재산세 체납을 대비하여 **예외적으로 수탁자에게 물적 납세의무[9]를 부과**하고 있다(지방세법 제119조의2 제1항).

9 이는 신탁재산을 처분하여 납부하는 경우를 말한다.

(ㄴ) 제3자로부터의 자산취득 및 수탁자에 의한 재화 · 용역의 공급 측면

(1) 취득세

수탁자가 신탁재산을 운용하는 과정에서 제3자로부터 일정한 자산을 취득하는 경우가 있다. 이는 위탁자로부터 수탁자에게 이전된 경우가 아니기 때문에 앞서 언급된 비과세규정(지방세법 제9조 제3항 본문 및 제1호)이 적용되지 않는다. 그렇다고 별도의 비과세에 관한 예외규정이 있는 것도 아니다. 따라서 **수탁자는 제3자로부터 취득한 부동산 등에 대하여는 취득세를 납부할 의무를 부담한다**(지방세법 제7조 제1항).

(2) 부가가치세

부가가치세는 앞에서도 살펴보았듯이 사업자 등이 재화나 용역을 유통 · 공급하는 단계에서 창출하는 부가가치에 대해서 부과하는 세금이다. 그렇다면 수탁자가 재화나 용역을 공급한 경우에도 부가가치세가 부과되는가? 앞서 위탁자가 자신의 재산을 수탁자에게 처분하는 경우에는 공급으로 보지 않기 때문에 부가가치세가 부과되지 않는다고 하였다(부가가치세법 제10조 제9항 제4호 가목). 그러나 수탁자가 행하는 용역 또는 재화의 공급에 대해서는 부가가치세가 부과된다. 즉 수탁자가 신탁재산과 관련된 재화나 용역을 공급할 때에는 **원칙적으로 수탁자가 신탁재산별로(즉, 각 신탁마다) 각각 별도의 납세의무자로서 부가가치세를 납부**하여야 한다(부가가치세법 제3조 제2항).

이에 대해서는 **2가지 예외**가 있다. 즉 (i) 신탁재산과 관련된 재화나 용역을 위탁자의 명의로 공급[10]하거나 위탁자가 실질적으로 지배[11]하는 등[12]의 경우에는 **위탁자가 부가가치세를 부담**한다. 그리고 (ii) 수탁자가 신탁재산으로 부가가치세를 충당했으나 부족한 경우에는 신탁의 수익자가 받은 수익을 한도로 하여 **수익자가 부가가치세를 부담**한다.[13]

(ㄷ) 신탁재산에 귀속된 이익 측면

(1) 소득세

소득세란 개인에게 발생한 소득에 대하여 부과되는 세금이다. 여기서의 소득은 종합소득을 말하는데 이자소득, 배당소득, 사업소득, 근로소득, 연금소득, 기타소득(예컨대 임대소득) 등을 포함한다(소득세법 제4조 제1항 제1호). 신탁에서 수탁자는 신탁재산 원본의 운용을 통해서 일정한 수익(예컨대 이자, 주식배당, 임대소득 등)을 창출할 수 있다. 이들 수익은 누구의 소득으로 볼 것인가? 신탁재산에 기초한 수익은 신탁재산 내로 귀속된다(신탁법 제27조). 이는 곧 신탁재산 내로 귀속된 소득수익은 수탁자의 소득으로 보아 그에게 소득세가 부과되어야 한다는 것을 의미한다. 그러나 소득세법에서는 신탁재산에 귀속되는 소득은 그 수익을 받을 수익자(즉 수익수익자) 또는 수익자가 사망하는 경우에는 그 상속인에게

---

10 예컨대 신탁재산을 임대할 때 여전히 위탁자의 명의로 임대계약을 체결하는 경우.

11 예컨대 토지신탁에서 수탁자가 개발사업비용의 조달의무를 부담하지 않는 관리형 토지신탁의 경우.

12 자세한 내용은 부가가치세법 제3조 제3항 참조.

13 자세한 내용은 부가가치세법 제3조의2 제1항 참조.

귀속되는 것으로 본다(소득세법 제2조의3; 법인세법 제5조 제1항). 다시 말해서 **수익수익자(또는 그 상속인)가 소득세를 납부할 의무를 부담**한다. 한편 신탁재산에서 발생한 소득에 대한 수익자가 (i) 특별히 정하여지지 않거나 (ii) 존재하지 아니하는 신탁 또는 (iii) 위탁자가 신탁재산을 실질적으로 통제하는 등 대통령령으로 정하는 요건을 충족하는 신탁[14]의 경우에는 그 신탁재산에 귀속되는 소득은 위탁자에게 귀속되는 것으로 본다(소득세법 제2조의3 제2항). 따라서 (i)부터 (iii)의 경우에는 **예외적으로 위탁자가 소득세의 납세의무를 부담**한다.

(2) 법인세: 선택사항

한편 수익자 대신 수탁자로 하여금 소득세를 납부하도록 할 수도 있다. 예컨대 **비공익목적신탁, 수익증권발행신탁, 유한책임신탁 등** 일정한 경우에 있어서 신탁재산에 귀속되는 소득에 대해서는 **신탁계약에 따라** 그 신탁의 **수탁자로 하여금 법인세[15]를 납부하도록 할 수 있다**(법인세법 제5조 제2항 제1문). 이 경우 **신탁재산별로(즉 각 신탁마다) 각각을 하나의 내국법인으로 본다**(법인세법 제5조 제2항 제2문). 이렇게 설정된 신탁을 "법인과세 신탁재산"이라 하며 당해 신탁의 수탁자를 "법인과세 수탁자"라고 한다(법인세법 제75조의10).

---

14 이는 다음 각 호의 요건을 모두 갖춘 신탁을 말한다. 즉 (i) 위탁자가 신탁을 해지할 수 있는 권리, 수익자를 지정하거나 변경할 수 있는 권리, 신탁 종료 후 잔여재산을 귀속 받을 권리를 보유하는 등 신탁재산을 실질적으로 지배나 통제할 것, 그리고 (ii) 신탁재산 원본을 받을 권리에 대한 수익자는 위탁자로, 수익을 받을 권리에 대한 수익자는 그 배우자 또는 같은 주소 또는 거소에서 생계를 같이 하는 직계존비속(배우자의 직계존비속을 포함한다)으로 설정했을 것(소득세법 시행령 제4조의2 제4항).

15 이는 법인에게 부과하는 소득세를 말한다.

다시 말해서 일정한 신탁에 대해서는 수익수익자 대신에 신탁을 법인으로 취급하여 그 기관인 수탁자가 소득세를 납부하도록 신탁계약에서 정할 수 있다는 것이다. 이로써 위탁자는 신탁계약을 통하여 수익자 또는 수탁자 중 소득세를 납부할 자를 선택할 수 있게 되었다.

그러나 수익자가 (i) 특별히 정하여지지 않거나 (ii) 존재하지 아니하는 신탁 또는 (iii) 위탁자가 신탁재산을 실질적으로 통제하는 등 대통령령으로 정하는 요건을 충족하는 신탁[16]의 경우에는 신탁재산에 귀속되는 소득에 대하여 그 신탁의 **위탁자가 법인세를 납부할 의무**가 있다(법인세법 5조 제3항). 나아가 재산의 처분 등에 따라 법인과세 수탁자가 법인과세 신탁재산의 재산으로 그 법인과세 신탁재산이 납부할 법인세 및 강제징수비를 충당하여도 부족한 경우에는 그 신탁의 **수익자가** 분배받은 재산가액 및 이익을 한도로 그 부족한 금액에 대하여 **제2차 납세의무**를 진다(법인세법 제75조의11 제2항).

16 이는 다음 요건을 모두 충족한 신탁을 말한다. 즉 (i) 위탁자가 신탁을 해지할 수 있는 권리, 수익자를 지정하거나 변경할 수 있는 권리, 신탁 종료 후 잔여재산을 귀속 받을 권리를 보유하는 등 신탁재산을 실질적으로 지배나 통제할 것 그리고 (ii) 신탁재산 원본을 받을 권리에 대한 수익자는 위탁자로, 수익을 받을 권리에 대한 수익자는 위탁자의 제43조 제7항에 따른 지배주주등의 배우자 또는 같은 주소 또는 거소에서 생계를 같이 하는 직계존비속(배우자의 직계존비속을 포함한다)으로 설정했을 것(법인세법 시행령 제3조의2 제2항). 참고로 여기 (ii)에서 말하는 위탁자의 제43조 제7항에 따른 지배주주등이란 법인의 발행주식총수 또는 출자총액의 100분의 1이상의 주식 또는 출자지분을 소유한 주주등으로서 그와 특수관계에 있는 자와의 소유 주식 또는 출자지분의 합계가 해당 법인의 주주등 중 가장 많은 경우의 해당 주주등을 말한다(법인세법 시행령 제43조 제7항).

다. 수탁자의 이익분배 단계에서의 과세

(ㄱ) 증여세

세법상 증여란 그 행위 또는 거래의 명칭, 형식, 목적 등과 관계없이 직접 또는 간접적인 방법으로 타인에게 무상으로 유형 · 무형의 재산 또는 이익을 이전(현저히 낮은 대가를 받고 이전하는 경우를 포함한다)하거나 타인의 재산가치를 증가시키는 것을 말한다(상속세 및 증여세법 제2조 제6호 본문). 여기서 수증자에게 귀속되는 유형 · 무형의 재산 또는 이익이라 함은 모든 물건, 권리 및 이익을 말하며 다음의 것들이 포함된다: (i) 금전으로 환산할 수 있는 경제적 가치가 있는 모든 물건; (ii) 재산적 가치가 있는 법률상 또는 사실상의 모든 권리; (iii) 금전으로 환산할 수 있는 모든 경제적 이익(상속세 및 증여세법 제2조 제7호).

신탁에 있어서 원본수익자이든 수익수익자이든 신탁재산으로부터 수령하는 이익이 여기에 모두 포함됨은 물론이다. 타익신탁의 수익자는 위탁자가 신탁을 통해서 무상으로 증여한 이익의 수증자라고 할 수 있다. 따라서 **수익자는 증여세를 납부할 의무를 부담한다.**[17] [18] 여기서 증여일 및 증여가액산정과 관련하여 유의할 부분이 있다. 즉 신탁계약[19]에 의하여 위탁자가 **타인을 신탁이익의**

17 한편 신탁재산에서 발생한 수익에 대해서는 수익자에게 소득세가 부과된다. 그런데 신탁상 수익수익자는 증여세도 부담한다. 그렇다면 수익수익자는 동일한 수익에 대하여 소득세와 증여세를 모두 부담하게 되어 혹시 이중과세에 해당하는 것은 아닌지 의문이다. 현 조세심판원의 전신인 국세심판원은 이에 대하여 이중과세에 해당하지 않는다고 하였다(국심1997서2952, 1998.06.22.).

18 한편 유언대용신탁 및 수익자연속신탁은 증여개념에서 제외되어 있다(상속세 및 증여세법 제2조 제6호 단서). 이들 경우 후술하는 상속세가 부과된다.

전부 또는 일부를 받을 수익자로 지정한 경우로서 (i) 원본을 받을 권리를 소유하게 한 경우에는 수익자에게 그 원본이 실제로 지급된 날, (ii) 수익을 받을 권리를 소유하게 한 경우에는 수익자에게 그 수익이 실제로 지급된 날, (iii) 기타 대통령령으로 정하는 날[20]을 증여일로 하여 해당 신탁의 이익을 받을 권리의 가액을 수익자의 증여재산가액으로 한다(상속세 및 증여세법 제33조 제1항 제1－2호). 다시 말해서 신탁의 효력발생과 함께 수익자는 **수익권을 취득하지만 이에 대한 증여일 및 증여가액의 산정은 당해 이익이 실제로 지급된 날 등을 기준**으로 한다는 것이다.

(ㄴ) 상속세

상속세란 자연인인 피상속인의 사망으로 남겨진 모든 재산을 대상으로 하여 이를 취득하는 자에게 부과하는 세금이다. 상속세 및 증여세에서 말하는 상속에는 민법 제5편에서 말하는 상속뿐만 아니라 유증, 사인증여, 유언대용신탁 그리고 수익자연속신탁을

19 법문(상속세 및 증여세법 제33조 제1항)에서는 신탁계약만을 언급하고 있으나 자기선언신탁의 경우도 수익자가 타인일 경우도 유추적용되는 것으로 해석해야 할 것이다. 양자 사이에 실질적 차이가 없기 때문이다.

20 즉 (i) 수익자로 지정된 자가 그 이익을 받기 전에 해당 신탁재산의 위탁자가 사망한 경우에는 위탁자가 사망한 날, (ii) 신탁계약에 의하여 원본 또는 수익을 지급하기로 약정한 날까지 원본 또는 수익이 수익자에 지급되지 아니한 경우에는 해당 원본 또는 수익을 지급하기로 약정한 날, 그리고 (iii) 원본 또는 수익을 여러 차례 나누어 지급하는 경우에는 해당 원본 또는 수익이 최초로 지급된 날이지만 신탁계약을 체결하는 날에 원본 또는 수익이 확정되지 않은 경우 또는 위탁자가 신탁을 해지할 수 있는 권리, 수익자를 지정하거나 변경할 수 있는 권리, 신탁 종료 후 잔여재산을 귀속 받을 권리를 보유하는 등 신탁재산을 실질적으로 지배·통제하는 경우에는 해당 원본 또는 수익이 실제로 지급된 날 (상속세 및 증여세법 시행령 제25조 제1항 제1－3호).

모두 포함한다(상속세 및 증여세법 제2조 제1호 가-마목). 나아가 유증을 받은 자는 물론, 사인증여에 의하여 재산을 취득하는 자, 유언대용신탁이나 수익자연속신탁에 의하여 신탁의 수익권을 취득한 자 모두를 수유자로 본다(상속세 및 증여세법 제2조 제5호 가-다목). 이들 수유자들은 상속인과 함께 상속세의 납부의무를 부담한다(상속세 및 증여세법 제3조의2 제1항). 요컨대 위탁자가 **유언신탁, 유언대용신탁 또는 수익자연속신탁을 설정한 경우, 이들 신탁의 수익자들은 수유자로서 상속세의 납부의무를 부담**한다.

상속세가 부과되는 시기는 상속개시일[21]이며(상속세 및 증여세법 제3조) 상속인 또는 수유자 각자가 받았거나 받을 재산을 기준으로 대통령령이 정하는 비율[22]에 따라 계산한 금액을 상속세로 납부할 의무가 있다(상속세 및 증여세법 제3조의2 제1항). 한편 선순위 수익권자(즉 직전 수익권자)의 사망을 조건으로 후순위 수익권자(즉 승계수익권자)가 수익권을 취득하는 **수익자연속신탁의 경우에는 유의할 점**이 있다. 이 경우에는 위탁자의 사망 시(즉 상속개시 시)에 후순위 수익권자에게 일단 상속세가 부과되지 않는다. 왜냐하면 후순위 수익자는 선순위 수익수익자가 사망하여야 수익권을 취득하기 때문이다. 따라서 후순위 수익권자가 취득한 수익권의 가액은 사망한 직전 선순위 수익권자의 상속재산에 포함되고(상속세 및 증여세법 제9조 제3항) 이를 승계하는 **후순위 수익권자는 자신의 선순위 수익권자가 사망할 때 상속세의 납부의무를 부담**한다.

21 상속은 피상속인의 사망으로 개시된다(민법 제997조).

22 이에 관하여는 상속세 및 증여세법 시행령 제3조 제1항 제1-2호 참조.

【소 결】 이 장을 통해서 우리는 다음 3가지 내용을 확인하였다. 즉 (i) 위탁자가 수탁자에게 자산을 양도했지만 소득세법에서는 수탁자에 대한 양도를 마치 없는 것처럼 다루고 있다. (ii) 신탁재산을 운용하는 단계에서 양도소득세와 부가가치세는 수탁자가 부담하지만, 재산세는 위탁자가, 소득세는 수익자 또는 위탁자가 부담함으로써 최소한 재산세와 소득세의 경우에는 마치 수탁자가 없는 것처럼 다루어지고 있다. (iii) 증여세와 달리 상속세는 신탁재산이 수탁자에게 귀속되어 있음에도 불구하고 상속개시 시에 수익자에게 부과되는데 이 한도에서 수탁자는 마치 없는 것처럼 다루어지고 있다. 이 세 단계를 통해 알 수 있는 것은, 세법의 세계에서 신탁상 수탁자는 그 존재가 인정되는 때가 있는가 하면 없는 것처럼 취급되는 경우도 있다는 것이다. 이처럼 신탁세제를 설계함에 있어서 **수탁자의 존재를 인정하는 전제에서 만들어진 세제규범은 신탁실체설**에 입각한 것이고 **수탁자의 존재를 마치 없는 것처럼 취급하는 전제에서 만들어진 세제규범은 신탁도관설**에 입각한 것이다. 즉 후자의 경우에는 수탁자를 단순히 신탁상의 이익이 통과하는 파이프(즉 도관)로만 파악하고 있는 것이다. 현행 신탁세제는 이처럼 구체적 상황에 따라 신탁실체설과 신탁도관설을 선택적으로 채택하고 있다. 요컨대 **세법 앞에서 수탁자는 '존재'와 '무' 사이에서 오가는 시계추**다.

십. 마치면서

사익재단을 원하는가 -
여기 「신탁」이 있다

본 장의 체계적 위치

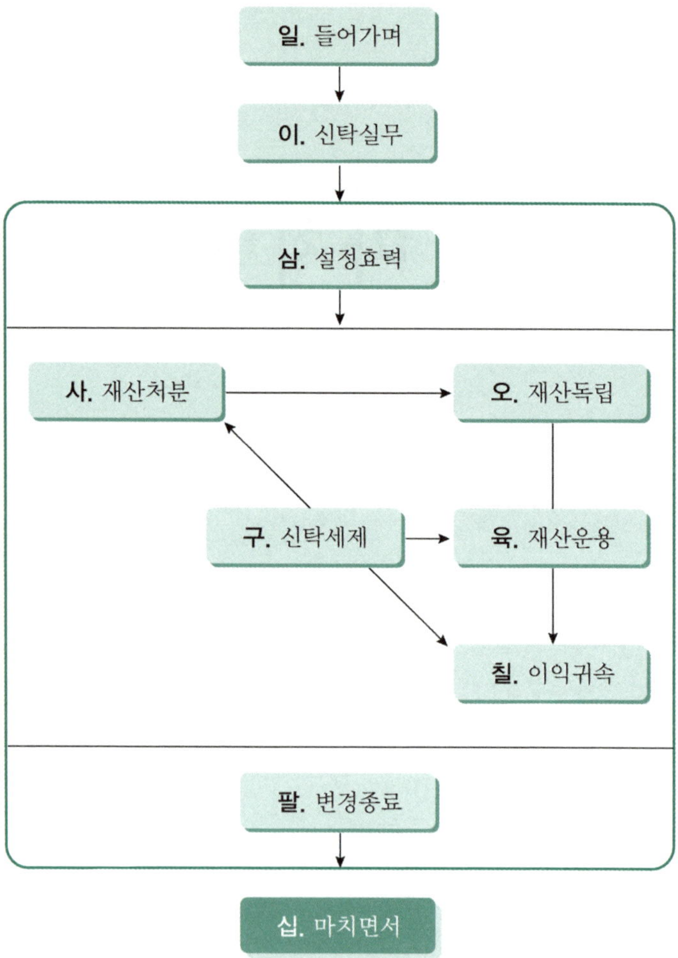

일. 들어가며
이. 신탁실무
삼. 설정효력
사. 재산처분
오. 재산독립
구. 신탁세제
육. 재산운용
칠. 이익귀속
팔. 변경종료
십. 마치면서

가. 종착역

이로써 신탁의 학습여정의 종착역에 다다랐다. 여행의 의미는 추억에 있다. 학습의 의미 또한 배운 내용을 돌이켜 보는 데 있다. 우선 제2장 '이. 신탁실무'에서는 신탁구조의 이해, 활용 그리고 기능을 중심으로 다음 3가지 내용을 다루었다: (i) 신탁의 구조; (ii) 다양한 목적을 위한 신탁구조의 이용; (iii) 신탁이 활용되는 공통적 이유 및 신탁분야의 모법. 제3장 '삼. 설정효력'에서는 신탁의 설정방법과 효력발생을 중심으로 다음 4가지 내용을 다루었다: (i) 계약신탁의 설정과 효력발생; (ii) 유언신탁의 설정과 효력발생; (iii) 자기신탁의 설정과 효력발생; (iv) 신탁의 무효와 취소 사유. 제4장 '사. 재산처분'에서는 재산을 처분하는 위탁자를 중심으로 다음 3가지 내용을 다루었다: (i) 신탁의 당사자로서의 위탁자; (ii) 위탁자의 권리; (iii) 위탁자 권리의 제한, 이전 및 승계. 제5장 '오. 재산독립'에서는 독립적인 신탁재산을 중심으로 다음 3가지 내용을 다루었다: (i) 신탁재산이 되기 위한 요건; (ii) 신탁재산의 공시; (iii) 신탁재산의 독립성원칙. 제6장 '육. 재산운용'에서는 신탁재산의 운용을 담당하는 수탁자를 중심으로 다음 3가지 내용을 다루었다: (i) 수탁자의 능력과 선임; (ii) 수탁자의 의무와 책임; (iii) 수탁자의 권리. 제7장 '칠. 이익귀속'에서는 신탁재산의 이익이 귀속되는 수익자를 중심으로 다음 4가지 내용을 다루었다: (i) 수익권의 취득과 포기; (ii) 수익권의 행사, 양도 그리고 신탁관리인; (iii) 신탁재산을 보호하기 위한 수익자의 권리; (iv) 수익증권발행신탁. 제8장 '팔. 변경종료'에서는 신탁내용의 변경과 신탁관계의 종료를 중심으로 다음 3가지 내용을 다루었다: (i) 신탁의 변경;

(ii) 신탁의 합병 및 분할 · 분할합병; (iii) 신탁의 종료. **제9장 '구. 신탁세제'**에서는 신탁과세의 문제를 중심으로 다음 3가지 내용을 다루었다: (i) 위탁자의 재산이전 단계에서의 과세; (ii) 수탁자의 재산운용 단계에서의 과세; (iii) 수탁자의 이익분배 단계에서의 과세. 신탁여정을 출발할 때 어두웠던 신탁조감도가 학습추억의 조명으로 조금 밝아졌으면 한다.

나. 신탁의 함의

신탁의 학습여정을 마무리하는 이 시점에서 우리는 신탁제도의 핵심 및 그 함의를 생각해 볼 필요가 있다 — 의미 있는 학습여정이 되기 위해서라도. 이 책에서 그동안 많은 내용을 다루었지만, 신탁의 **핵심**만을 추려낸다면 다음 **4가지**로 정리될 수 있다. 우선 위탁자와 관련하여서는 역시 그에 의해서 **재산출연**이 이루어진다는 것이다. 둘째, 수탁자와 관련하여서는 그에게 무거운 책임이 따르는 **신임의무**가 부과된다는 것이다. 셋째, 신탁재산과 관련하여서는 이 재산체가 (재단법인에 가까운) **독립성**을 갖는다는 것이다. 넷째, 이익수령의 대상과 관련하여서는 독립성을 갖는 신탁재산이 **사익 또는 공익**을 위해 창설된다는 것이다. 요컨대 신탁의 존재가 우리 사회에서 가지는 **함의**는 바로 **신탁이라는 이름으로 공 · 사익 목적을 위한 독립재산체를 창설할 수 있다**는 데 있다. 신탁제도를 이용함으로써 우리는 재산권을 기능면에서 마치 재단처럼 독립시켜 우리가 원하는 목적을 위해서 활용할 수 있게 되는 것이다. 신탁은 재단에 비하여 더욱 유연하고 탄력적인 설계가 가능하다. 나아가 신탁법은 수탁자에게 재단법인의 이사에 비하여 더욱 무거운 책임이 따르는 신임의무를 부과하고 있다. 무엇보다 신탁의 내용은 위탁자의 필요에 좇아 합법적 범위 내에서 언제든 변경이 가능하여 위탁자가 원하는 내용대로 꾸려갈 수 있는 자유가 있다. 이런 이유 때문일까? 신탁은, 비록 아직은 흙 속의 진주와 같지만, 옷감에 살포시 내려앉은 진한 물감처럼 지금 이 순간 우리사회 다양한 분야에 차분히 스며들고 있다.

다. 신탁에 대한 단상

마지막으로 신탁제도가 현실에서 가지는 실체적 기능과 효과에 관한 이야기 하나만 언급하고 신탁여정의 마침표를 찍고자 한다. 이는 위탁자가 사익을 위해서도 신탁을 창설할 수 있다는 점과 관련이 있다. 신탁에서 위탁자는 (i) 그의 재산출연행위를 통해서 기능상 재단법인에 가까운 독립적인 재산체를 창설하고, (ii) 이를 수탁자 밑에 둔 다음, (iii) 사적 이익을 위해서 통제 · 운영하며, (iv) 신탁재산의 원본과 그 원본으로부터 발생하는 수입을 창조적 · 지능적으로 설계할 수 있다. 이처럼 **사익을 위해서 신탁재산이라는 독립재산체를 창설할 수 있다는 점은 사실 (새삼스러울 수 있으나) 매우 특별한 것**이다.[1] 그 이유는 현행법 하에서 재단법인이라는 독

1 공익신탁은 기능면에서 공익재단과 같다. 물론 공익신탁의 경우에는 설립절차가 편리하고 소액규모로도 설립할 수 있다는 등의 장점이 있기는 하다. 그러나 공익신탁은 그 기능이 동일한 공익재단에 의해서 대체가 가능하다. 대체될 수 있는 순간 그 특별함은 감소된다. 무엇보다 우리 문화에서는 아직까지 공익신탁보다는 공익재

립재산체는 사익[2]을 위해서는 설립할 수 없기 때문이다. 다시 말해서 현재 우리법체계 하에서는 사익을 도모하기 위하여 재단법인이라는 독립재산체를 설립하거나 사용할 수 없다는 것이다. 그러나 우리는 사실상 사익을 위하여 재단법인에 버금가는 독립재산체를 1961년 12월 30일부터 창설할 자유가 있었다 — 신탁의 이름으로. **신탁재산의 독립성원칙 덕분에 신탁은 재단법인과 이름만 다를 뿐 기능적으로 동일하다.** 신탁재산의 독립성원칙 이면에는 이처럼 기능적으로 재단과 같은 독립재산체를 사익을 위해서도 임의로 창설할 수 있다는 (입법자가 예상하지 못한?) 효과가 숨바꼭질하고 있었던 것이다. **신탁제도는 사익재단을 품고 있다.** 신탁법이 그동안 대학에서 정규적으로 교육되지 않고 영미에서 온 이질적 제도라는 그늘 아래에서 상대적으로 주목을 받지 못하였기 때문에(?) 그러한 이면에 존재하는 효과가 오랜 세월 가려지거나 충분히 부각되지 못하였는지도 모른다. 시대가 바뀌었다. 이제 그 숨바꼭질을 멈출 때가 온 것 같다. 요컨대 내 뜻대로 움직이는 사익재단을 원하는가?

여기 「신탁」이 있다.

단에 더욱 친숙하기 때문에 공익신탁의 이용률은 현재 매우 낮은 편이다. 자세한 정보는 법무부 공익신탁공시시스템 홈페이지 참조: https://www.trust.go.kr/main.do.

2 여기서 사익이란 영리목적(즉 특정 구성원에게 이익이 돌아가는 목적)과 비영리·비공익 목적(즉 자신의 반려견 또는 조상묘의 관리나 보호의 목적)을 포괄하는 의미로 사용하였다. 양자 모두 사익에 치중되었기 때문이다.

부 록

신 탁 법

[시행 2018. 11. 1.]
[법률 제15022호, 2017. 10. 31., 타법개정]

제1장 총 칙

제1조(목적) 이 법은 신탁에 관한 사법적 법률관계를 규정함을 목적으로 한다.

제2조(신탁의 정의) 이 법에서 "신탁"이란 신탁을 설정하는 자(이하 "위탁자"라 한다)와 신탁을 인수하는 자(이하 "수탁자"라 한다) 간의 신임관계에 기하여 위탁자가 수탁자에게 특정의 재산(영업이나 저작재산권의 일부를 포함한다)을 이전하거나 담보권의 설정 또는 그 밖의 처분을 하고 수탁자로 하여금 일정한 자(이하 "수익자"라 한다)의 이익 또는 특정의 목적을 위하여 그 재산의 관리, 처분, 운용, 개발, 그 밖에 신탁 목적의 달성을 위하여 필요한 행위를 하게 하는 법률관계를 말한다.

제3조(신탁의 설정) ① 신탁은 다음 각 호의 어느 하나에 해당하는 방법으로 설정할 수 있다. 다만, 수익자가 없는 특정의 목적을 위한 신탁(이하 "목적신탁"이라 한다)은 「공익신탁법」에 따른 공익신탁을 제외하고는 제3호의 방법으로 설정할 수 없다. <개정 2014. 3. 18.>

1. 위탁자와 수탁자 간의 계약
2. 위탁자의 유언
3. 신탁의 목적, 신탁재산, 수익자(「공익신탁법」에 따른 공익신탁의 경우에는 제67조제1항의 신탁관리인을 말한다) 등을 특정하고 자신을 수탁자로 정한 위탁자의 선언

② 제1항제3호에 따른 신탁의 설정은 「공익신탁법」에 따른 공익신탁을 제외하고는 공정증서(公正證書)를 작성하는 방법으로 하여야 하며, 신탁을 해지할 수 있는 권한을 유보(留保)할 수 없다.
<개정 2014. 3. 18.>

③ 위탁자가 집행의 면탈이나 그 밖의 부정한 목적으로 제1항제3호에 따라 신탁을 설정한 경우 이해관계인은 법원에 신탁의 종료를 청구할 수 있다.

④ 위탁자는 신탁행위로 수탁자나 수익자에게 신탁재산을 지정할 수 있는 권한을 부여하는 방법으로 신탁재산을 특정할 수 있다.

⑤ 수탁자는 신탁행위로 달리 정한 바가 없으면 신탁 목적의 달성을 위하여 필요한 경우에는 수익자의 동의를 받아 타인에게 신탁재산에 대하여 신탁을 설정할 수 있다.

제4조(신탁의 공시와 대항) ① 등기 또는 등록할 수 있는 재산권에 관하여는 신탁의 등기 또는 등록을 함으로써 그 재산이 신탁재산에 속한 것임을 제3자에게 대항할 수 있다.

② 등기 또는 등록할 수 없는 재산권에 관하여는 다른 재산과 분별하여 관리하는 등의 방법으로 신탁재산임을 표시함으로써 그 재산이 신탁재산에 속한 것임

을 제3자에게 대항할 수 있다.

③ 제1항의 재산권에 대한 등기부 또는 등록부가 아직 없을 때에는 그 재산권은 등기 또는 등록할 수 없는 재산권으로 본다.

④ 제2항에 따라 신탁재산임을 표시할 때에는 대통령령으로 정하는 장부에 신탁재산임을 표시하는 방법으로도 할 수 있다.

제5조(목적의 제한) ① 선량한 풍속이나 그 밖의 사회질서에 위반하는 사항을 목적으로 하는 신탁은 무효로 한다.

② 목적이 위법하거나 불능인 신탁은 무효로 한다.

③ 신탁 목적의 일부가 제1항 또는 제2항에 해당하는 경우 그 신탁은 제1항 또는 제2항에 해당하지 아니한 나머지 목적을 위하여 유효하게 성립한다. 다만, 제1항 또는 제2항에 해당하는 목적과 그렇지 아니한 목적을 분리하는 것이 불가능하거나 분리할 수 있더라도 제1항 또는 제2항에 해당하지 아니한 나머지 목적만을 위하여 신탁을 유지하는 것이 위탁자의 의사에 명백히 반하는 경우에는 그 전부를 무효로 한다.

제6조(소송을 목적으로 하는 신탁의 금지) 수탁자로 하여금 소송행위를 하게 하는 것을 주된 목적으로 하는 신탁은 무효로 한다.

제7조(탈법을 목적으로 하는 신탁의 금지) 법령에 따라 일정한 재산권을 향유할 수 없는 자는 수익자로서 그 권리를 가지는 것과 동일한 이익을 누릴 수 없다.

제8조(사해신탁) ① 채무자가 채권자를 해함을 알면서 신탁을 설정한 경우 채권자는 수탁자가 선의일지라도 수탁자나 수익자에게 「민법」 제406조제1항의 취소 및 원상회복을 청구할 수 있다. 다만, 수익자가 수익권을 취득할 당시 채권자를 해함을 알지 못한 경우에는 그러하지 아니하다.

② 제1항 단서의 경우에 여러 명의 수익자 중 일부가 수익권을 취득할 당시 채권자를 해함을 알지 못한 경우에는 악의의 수익자만을 상대로 제1항 본문의 취소 및 원상회복을 청구할 수 있다.

③ 제1항 본문의 경우에 채권자는 선의의 수탁자에게 현존하는 신탁재산의 범위 내에서 원상회복을 청구할 수 있다.

④ 신탁이 취소되어 신탁재산이 원상회복된 경우 위탁자는 취소된 신탁과 관련하여 그 신탁의 수탁자와 거래한 선의의 제3자에 대하여 원상회복된 신탁재산의 한도 내에서 책임을 진다.

⑤ 채권자는 악의의 수익자에게 그가 취득한 수익권을 위탁자에게 양도할 것을 청구할 수 있다. 이때 「민법」 제406조제2항을 준용한다.

⑥ 제1항의 경우 위탁자와 사해신탁(詐害信託)의 설정을 공모하거나 위탁자에게 사해신탁의 설정을 교사·방조한 수익자 또는 수탁자는 위탁자와 연대하여 이로 인하여 채권자가 받은 손해를 배상할 책임을 진다.

제2장 신탁관계인

제9조(위탁자의 권리) ① 신탁행위로 위탁자의 전부 또는 일부가 이 법에 따른 위탁자의 권리의 전부 또는 일부를 갖지 아니한다는 뜻을 정할 수 있다.

② 제1항에도 불구하고 목적신탁의 경우에는 신탁행위로 이 법에 따른 위탁자의 권리를 제한할 수 없다.

제10조(위탁자 지위의 이전) ① 위탁자의 지위는 신탁행위로 정한 방법에 따라 제3자에게 이전할 수 있다.
② 제1항에 따른 이전 방법이 정하여지지 아니한 경우 위탁자의 지위는 수탁자와 수익자의 동의를 받아 제3자에게 이전할 수 있다. 이 경우 위탁자가 여럿일 때에는 다른 위탁자의 동의도 받아야 한다.
③ 제3조제1항제2호에 따라 신탁이 설정된 경우 위탁자의 상속인은 위탁자의 지위를 승계하지 아니한다. 다만, 신탁행위로 달리 정한 경우에는 그에 따른다.

제11조(수탁능력) 미성년자, 금치산자, 한정치산자 및 파산선고를 받은 자는 수탁자가 될 수 없다.

제12조(수탁자의 임무 종료) ① 다음 각 호의 어느 하나에 해당하는 경우 수탁자의 임무는 종료된다.
1. 수탁자가 사망한 경우
2. 수탁자가 금치산선고 또는 한정치산선고를 받은 경우
3. 수탁자가 파산선고를 받은 경우
4. 법인인 수탁자가 합병 외의 사유로 해산한 경우

② 제1항제1호, 제2호 또는 제4호에 따라 수탁자의 임무가 종료된 경우 수탁자의 상속인, 법정대리인 또는 청산인은 즉시 수익자에게 그 사실을 통지하여야 한다.
③ 제1항제3호에 따라 수탁자의 임무가 종료된 경우 수탁자는 다음 각 호의 구분에 따라 해당 사실을 통지하여야 한다.
1. 수익자에게 수탁자의 임무가 종료된 사실
2. 파산관재인에게 신탁재산에 관한 사항

④ 제1항제1호, 제2호 또는 제4호에 따라 수탁자의 임무가 종료된 경우 수탁자의 상속인, 법정대리인 또는 청산인은 신수탁자(新受託者)나 신탁재산관리인이 신탁사무를 처리할 수 있을 때까지 신탁재산을 보관하고 신탁사무 인계에 필요한 행위를 하여야 하며, 즉시 수익자에게 그 사실을 통지하여야 한다.
⑤ 수탁자인 법인이 합병하는 경우 합병으로 설립된 법인이나 합병 후 존속하는 법인은 계속 수탁자로서의 권리·의무를 가진다. 수탁자인 법인이 분할하는 경우 분할에 의하여 수탁자로 정하여진 법인도 또한 같다.

제13조(신탁행위로 정한 수탁자의 임무 종료) ① 신탁행위로 정한 수탁자의 임무 종료 사유가 발생하거나 수탁자가 신탁행위로 정한 특정한 자격을 상실한 경우 수탁자의 임무는 종료된다.
② 제1항에 따라 임무가 종료된 수탁자는 즉시 수익자에게 그 사실을 통지하여야 한다.

제14조(수탁자의 사임에 의한 임무 종료) ① 수탁자는 신탁행위로 달리 정한 바가 없으면 수익자와 위탁자의 승낙 없이 사임할 수 없다.
② 제1항에도 불구하고 수탁자는 정당한 이유가 있는 경우 법원의 허가를 받아 사임할 수 있다.
③ 사임한 수탁자는 즉시 수익자에게 그 사실을 통지하여야 한다.

제15조(임무가 종료된 수탁자의 지위) 제13조제1항 또는 제14조제1항에 따라 임무가 종료된 수탁자는 신수탁자나 신탁재산관리인이 신탁사무를 처리할 수 있을 때까지 수탁자의 권리·의무를 가진다.

제16조(수탁자의 해임에 의한 임무 종료) ① 위탁자와 수익자는 합의하여 또는 위탁

자가 없으면 수익자 단독으로 언제든지 수탁자를 해임할 수 있다. 다만, 신탁행위로 달리 정한 경우에는 그에 따른다.
② 정당한 이유 없이 수탁자에게 불리한 시기에 제1항에 따라 수탁자를 해임한 자는 그 손해를 배상하여야 한다.
③ 수탁자가 그 임무에 위반된 행위를 하거나 그 밖에 중요한 사유가 있는 경우 위탁자나 수익자는 법원에 수탁자의 해임을 청구할 수 있다.
④ 제3항의 청구에 의하여 해임된 수탁자는 즉시 수익자에게 그 사실을 통지하여야 한다.
⑤ 해임된 수탁자는 신수탁자나 신탁재산관리인이 신탁사무를 처리할 수 있을 때까지 신탁재산을 보관하고 신탁사무 인계에 필요한 행위를 하여야 한다. 다만, 임무 위반으로 해임된 수탁자는 그러하지 아니하다.

제17조(신탁재산관리인 선임 등의 처분) ① 수탁자의 임무가 종료되거나 수탁자와 수익자 간의 이해가 상반되어 수탁자가 신탁사무를 수행하는 것이 적절하지 아니한 경우 법원은 이해관계인의 청구에 의하여 신탁재산관리인의 선임이나 그 밖의 필요한 처분을 명할 수 있다. 다른 수탁자가 있는 경우에도 또한 같다.
② 제1항에 따라 신탁재산관리인을 선임하는 경우 법원은 신탁재산관리인이 법원의 허가를 받아야 하는 사항을 정할 수 있다.
③ 제1항에 따라 선임된 신탁재산관리인은 즉시 수익자에게 그 사실을 통지하여야 한다.
④ 신탁재산관리인은 선임된 목적범위 내에서 수탁자와 동일한 권리·의무가 있다. 다만, 제2항에 따라 법원의 허가를 받아야 하는 사항에 대하여는 그러하지 아니하다.
⑤ 제1항에 따라 신탁재산관리인이 선임된 경우 신탁재산에 관한 소송에서는 신탁재산관리인이 당사자가 된다.
⑥ 법원은 제1항에 따라 선임한 신탁재산관리인에게 필요한 경우 신탁재산에서 적당한 보수를 줄 수 있다.

제18조(필수적 신탁재산관리인의 선임) ① 법원은 다음 각 호의 어느 하나에 해당하는 경우로서 신수탁자가 선임되지 아니하거나 다른 수탁자가 존재하지 아니할 때에는 신탁재산을 보관하고 신탁사무 인계에 필요한 행위를 하여야 할 신탁재산관리인을 선임한다.
1. 수탁자가 사망하여 「민법」 제1053조 제1항에 따라 상속재산관리인이 선임되는 경우
2. 수탁자가 파산선고를 받은 경우
3. 수탁자가 법원의 허가를 받아 사임하거나 임무 위반으로 법원에 의하여 해임된 경우

② 법원은 제1항 각 호의 어느 하나에 해당하여 수탁자에 대하여 상속재산관리인의 선임결정, 파산선고, 수탁자의 사임허가결정 또는 해임결정을 하는 경우 그 결정과 동시에 신탁재산관리인을 선임하여야 한다.
③ 선임된 신탁재산관리인의 통지의무, 당사자 적격 및 보수에 관하여는 제17조 제3항, 제5항 및 제6항을 준용한다.

제19조(신탁재산관리인의 임무 종료) ① 신수탁자가 선임되거나 더 이상 수탁자와 수익자 간의 이해가 상반되지 아니하는 경우 신탁재산관리인의 임무는 종료된다.

② 신탁재산관리인은 법원의 허가를 받아 사임할 수 있다.
③ 법원은 이해관계인의 청구에 의하여 신탁재산관리인을 해임할 수 있다.
④ 법원은 제2항 또는 제3항의 결정을 함과 동시에 새로운 신탁재산관리인을 선임하여야 한다.

제20조(신탁재산관리인의 공고, 등기 또는 등록) ① 법원은 다음 각 호의 어느 하나에 해당하는 경우 그 취지를 공고하고, 등기 또는 등록된 신탁재산에 대하여 직권으로 지체 없이 그 취지의 등기 또는 등록을 촉탁하여야 한다.

1. 제17조제1항에 따라 신탁재산관리인을 선임하거나 그 밖의 필요한 처분을 명한 경우
2. 제18조제1항에 따라 신탁재산관리인을 선임한 경우
3. 제19조제2항에 따라 신탁재산관리인의 사임결정을 한 경우
4. 제19조제3항에 따라 신탁재산관리인의 해임결정을 한 경우

② 제19조제1항에 따라 신탁재산관리인의 임무가 종료된 경우 법원은 신수탁자 또는 이해가 상반되지 아니하게 된 수탁자의 신청에 의하여 제1항에 따른 등기 또는 등록의 말소를 촉탁하여야 한다.
③ 신탁재산관리인이나 수탁자는 고의나 과실로 제1항 또는 제2항에 따른 등기 또는 등록이 사실과 다르게 된 경우 그 등기 또는 등록과 다른 사실로써 선의의 제3자에게 대항하지 못한다.

제21조(신수탁자의 선임) ① 수탁자의 임무가 종료된 경우 위탁자와 수익자는 합의하여 또는 위탁자가 없으면 수익자 단독으로 신수탁자를 선임할 수 있다. 다만, 신탁행위로 달리 정한 경우에는 그에 따른다.
② 위탁자와 수익자 간에 신수탁자 선임에 대한 합의가 이루어지지 아니한 경우 이해관계인은 법원에 신수탁자의 선임을 청구할 수 있다.
③ 유언에 의하여 수탁자로 지정된 자가 신탁을 인수하지 아니하거나 인수할 수 없는 경우에는 제1항 및 제2항을 준용한다.
④ 법원은 제2항(제3항에 따라 준용되는 경우를 포함한다)에 따라 선임한 수탁자에게 필요한 경우 신탁재산에서 적당한 보수를 줄 수 있다.

제3장 신탁재산

제22조(강제집행 등의 금지) ① 신탁재산에 대하여는 강제집행, 담보권 실행 등을 위한 경매, 보전처분(이하 "강제집행등"이라 한다) 또는 국세 등 체납처분을 할 수 없다. 다만, 신탁 전의 원인으로 발생한 권리 또는 신탁사무의 처리상 발생한 권리에 기한 경우에는 그러하지 아니하다.
② 위탁자, 수익자나 수탁자는 제1항을 위반한 강제집행등에 대하여 이의를 제기할 수 있다. 이 경우 「민사집행법」 제48조를 준용한다.
③ 위탁자, 수익자나 수탁자는 제1항을 위반한 국세 등 체납처분에 대하여 이의를 제기할 수 있다. 이 경우 국세 등 체납처분에 대한 불복절차를 준용한다.

제23조(수탁자의 사망 등과 신탁재산) 신탁재산은 수탁자의 상속재산에 속하지 아니하며, 수탁자의 이혼에 따른 재산분할의 대상이 되지 아니한다.

제24조(수탁자의 파산 등과 신탁재산) 신탁재산은 수탁자의 파산재단, 회생절차의

관리인이 관리 및 처분 권한을 갖고 있는 채무자의 재산이나 개인회생재단을 구성하지 아니한다.

제25조(상계 금지) ① 신탁재산에 속하는 채권과 신탁재산에 속하지 아니하는 채무는 상계(相計)하지 못한다. 다만, 양 채권 · 채무가 동일한 재산에 속하지 아니함에 대하여 제3자가 선의이며 과실이 없을 때에는 그러하지 아니하다.

② 신탁재산에 속하는 채무에 대한 책임이 신탁재산만으로 한정되는 경우에는 신탁재산에 속하지 아니하는 채권과 신탁재산에 속하는 채무는 상계하지 못한다. 다만, 양 채권 · 채무가 동일한 재산에 속하지 아니함에 대하여 제3자가 선의이며 과실이 없을 때에는 그러하지 아니하다.

제26조(신탁재산에 대한 혼동의 특칙) 다음 각 호의 경우 혼동(混同)으로 인하여 권리가 소멸하지 아니한다.

1. 동일한 물건에 대한 소유권과 그 밖의 물권이 각각 신탁재산과 고유재산 또는 서로 다른 신탁재산에 귀속하는 경우
2. 소유권 외의 물권과 이를 목적으로 하는 권리가 각각 신탁재산과 고유재산 또는 서로 다른 신탁재산에 귀속하는 경우
3. 신탁재산에 대한 채무가 수탁자에게 귀속하거나 수탁자에 대한 채권이 신탁재산에 귀속하는 경우

제27조(신탁재산의 범위) 신탁재산의 관리, 처분, 운용, 개발, 멸실, 훼손, 그 밖의 사유로 수탁자가 얻은 재산은 신탁재산에 속한다.

제28조(신탁재산의 첨부) 신탁재산과 고유재산 또는 서로 다른 신탁재산에 속한 물건 간의 부합(附合), 혼화(混和) 또는 가공(加工)에 관하여는 각각 다른 소유자에게 속하는 것으로 보아 「민법」 제256조부터 제261조까지의 규정을 준용한다. 다만, 가공자가 악의인 경우에는 가공으로 인한 가액의 증가가 원재료의 가액보다 많을 때에도 법원은 가공으로 인하여 생긴 물건을 원재료 소유자에게 귀속시킬 수 있다.

제29조(신탁재산의 귀속 추정) ① 신탁재산과 고유재산 간에 귀속관계를 구분할 수 없는 경우 그 재산은 신탁재산에 속한 것으로 추정한다.

② 서로 다른 신탁재산 간에 귀속관계를 구분할 수 없는 경우 그 재산은 각 신탁재산 간에 균등하게 귀속된 것으로 추정한다.

제30조(점유하자의 승계) 수탁자는 신탁재산의 점유에 관하여 위탁자의 점유의 하자를 승계한다.

제4장 수탁자의 권리 · 의무

제31조(수탁자의 권한) 수탁자는 신탁재산에 대한 권리와 의무의 귀속주체로서 신탁재산의 관리, 처분 등을 하고 신탁 목적의 달성을 위하여 필요한 모든 행위를 할 권한이 있다. 다만, 신탁행위로 이를 제한할 수 있다.

제32조(수탁자의 선관의무) 수탁자는 선량한 관리자의 주의(注意)로 신탁사무를 처리하여야 한다. 다만, 신탁행위로 달리 정한 경우에는 그에 따른다.

제33조(충실의무) 수탁자는 수익자의 이익을 위하여 신탁사무를 처리하여야 한다.

제34조(이익에 반하는 행위의 금지) ① 수탁자는 누구의 명의(名義)로도 다음 각 호

의 행위를 하지 못한다.

1. 신탁재산을 고유재산으로 하거나 신탁재산에 관한 권리를 고유재산에 귀속시키는 행위
2. 고유재산을 신탁재산으로 하거나 고유재산에 관한 권리를 신탁재산에 귀속시키는 행위
3. 여러 개의 신탁을 인수한 경우 하나의 신탁재산 또는 그에 관한 권리를 다른 신탁의 신탁재산에 귀속시키는 행위
4. 제3자의 신탁재산에 대한 행위에서 제3자를 대리하는 행위
5. 그 밖에 수익자의 이익에 반하는 행위

② 제1항에도 불구하고 수탁자는 다음 각 호의 어느 하나에 해당하는 경우 제1항 각 호의 행위를 할 수 있다. 다만, 제3호의 경우 수탁자는 법원에 허가를 신청함과 동시에 수익자에게 그 사실을 통지하여야 한다.

1. 신탁행위로 허용한 경우
2. 수익자에게 그 행위에 관련된 사실을 고지하고 수익자의 승인을 받은 경우
3. 법원의 허가를 받은 경우

③ 제1항에도 불구하고 수탁자는 상속 등 수탁자의 의사에 기하지 아니한 경우에는 신탁재산에 관한 권리를 포괄적으로 승계할 수 있다. 이 경우 해당 재산의 혼동에 관하여는 제26조를 준용한다.

제35조(공평의무) 수익자가 여럿인 경우 수탁자는 각 수익자를 위하여 공평하게 신탁사무를 처리하여야 한다. 다만, 신탁행위로 달리 정한 경우에는 그에 따른다.

제36조(수탁자의 이익향수금지) 수탁자는 누구의 명의로도 신탁의 이익을 누리지 못한다. 다만, 수탁자가 공동수익자의 1인인 경우에는 그러하지 아니하다.

제37조(수탁자의 분별관리의무) ① 수탁자는 신탁재산을 수탁자의 고유재산과 분별하여 관리하고 신탁재산임을 표시하여야 한다.

② 여러 개의 신탁을 인수한 수탁자는 각 신탁재산을 분별하여 관리하고 서로 다른 신탁재산임을 표시하여야 한다.

③ 제1항 및 제2항의 신탁재산이 금전이나 그 밖의 대체물인 경우에는 그 계산을 명확히 하는 방법으로 분별하여 관리할 수 있다.

제38조(유한책임) 수탁자는 신탁행위로 인하여 수익자에게 부담하는 채무에 대하여는 신탁재산만으로 책임을 진다.

제39조(장부 등 서류의 작성 · 보존 및 비치 의무) ① 수탁자는 신탁사무와 관련된 장부 및 그 밖의 서류를 갖추어 두고 각 신탁에 관하여 그 사무의 처리와 계산을 명백히 하여야 한다.

② 수탁자는 신탁을 인수한 때와 매년 1회 일정한 시기에 각 신탁의 재산목록을 작성하여야 한다. 다만, 재산목록의 작성 시기에 관하여 신탁행위로 달리 정한 경우에는 그에 따른다.

③ 수탁자는 제1항 및 제2항의 장부, 재산목록 및 그 밖의 서류를 대통령령으로 정하는 기간 동안 보존하여야 한다.

④ 제3항에 따라 장부, 재산목록 및 그 밖의 서류를 보존하는 경우 그 보존방법과 그 밖에 필요한 사항은 대통령령으로 정한다.

제40조(서류의 열람 등) ① 위탁자나 수익자는 수탁자나 신탁재산관리인에게 신탁사무의 처리와 계산에 관한 장부 및 그 밖의 서류의 열람 또는 복사를 청구하거나 신탁사무의 처리와 계산에 관하여 설

명을 요구할 수 있다.

② 위탁자와 수익자를 제외한 이해관계인은 수탁자나 신탁재산관리인에게 신탁의 재산목록 등 신탁사무의 계산에 관한 장부 및 그 밖의 서류의 열람 또는 복사를 청구할 수 있다.

제41조(금전의 관리방법) 신탁재산에 속하는 금전의 관리는 신탁행위로 달리 정한 바가 없으면 다음 각 호의 방법으로 하여야 한다.

1. 국채, 지방채 및 특별법에 따라 설립된 법인의 사채의 응모 · 인수 또는 매입
2. 국채나 그 밖에 제1호의 유가증권을 담보로 하는 대부
3. 은행예금 또는 우체국예금

제42조(신탁사무의 위임) ① 수탁자는 정당한 사유가 있으면 수익자의 동의를 받아 타인으로 하여금 자기를 갈음하여 신탁사무를 처리하게 할 수 있다. 다만, 신탁행위로 달리 정한 경우에는 그에 따른다.

② 제1항 본문의 경우 수탁자는 그 선임 · 감독에 관하여만 책임을 진다. 신탁행위로 타인으로 하여금 신탁사무를 처리하게 한 경우에도 또한 같다.

③ 수탁자를 갈음하여 신탁사무를 처리하는 자는 수탁자와 동일한 책임을 진다.

제43조(수탁자의 원상회복의무 등) ① 수탁자가 그 의무를 위반하여 신탁재산에 손해가 생긴 경우 위탁자, 수익자 또는 수탁자가 여럿인 경우의 다른 수탁자는 그 수탁자에게 신탁재산의 원상회복을 청구할 수 있다. 다만, 원상회복이 불가능하거나 현저하게 곤란한 경우, 원상회복에 과다한 비용이 드는 경우, 그 밖에 원상회복이 적절하지 아니한 특별한 사정이 있는 경우에는 손해배상을 청구할 수 있다.

② 수탁자가 그 의무를 위반하여 신탁재산이 변경된 경우에도 제1항과 같다.

③ 수탁자가 제33조부터 제37조까지의 규정에서 정한 의무를 위반한 경우에는 신탁재산에 손해가 생기지 아니하였더라도 수탁자는 그로 인하여 수탁자나 제3자가 얻은 이득 전부를 신탁재산에 반환하여야 한다.

제44조(분별관리의무 위반에 관한 특례) 수탁자가 제37조에 따른 분별관리의무를 위반하여 신탁재산에 손실이 생긴 경우 수탁자는 분별하여 관리하였더라도 손실이 생겼으리라는 것을 증명하지 아니하면 그 책임을 면하지 못한다.

제45조(수탁법인의 이사의 책임) 수탁자인 법인이 제43조 및 제44조에 따라 책임을 지는 경우 그 책임의 원인이 된 의무위반행위에 관여한 이사와 그에 준하는 자는 법인과 연대하여 책임을 진다.

제46조(비용상환청구권) ① 수탁자는 신탁사무의 처리에 관하여 필요한 비용을 신탁재산에서 지출할 수 있다.

② 수탁자가 신탁사무의 처리에 관하여 필요한 비용을 고유재산에서 지출한 경우에는 지출한 비용과 지출한 날 이후의 이자를 신탁재산에서 상환(償還)받을 수 있다.

③ 수탁자가 신탁사무의 처리를 위하여 자기의 과실 없이 채무를 부담하거나 손해를 입은 경우에도 제1항 및 제2항과 같다.

④ 수탁자는 신탁재산이 신탁사무의 처리에 관하여 필요한 비용을 충당하기에 부족하게 될 우려가 있을 때에는 수익자에게 그가 얻은 이익의 범위에서 그 비용을 청구하거나 그에 상당하는 담보의 제공을 요구할 수 있다. 다만, 수익자가 특

정되어 있지 아니하거나 존재하지 아니하는 경우 또는 수익자가 수익권을 포기한 경우에는 그러하지 아니하다.

⑤ 수탁자가 신탁사무의 처리를 위하여 자기의 과실 없이 입은 손해를 전보(塡補)하기에 신탁재산이 부족할 때에도 제4항과 같다.

⑥ 제1항부터 제5항까지의 규정에서 정한 사항에 대하여 신탁행위로 달리 정한 사항이 있으면 그에 따른다.

제47조(보수청구권) ① 수탁자는 신탁행위에 정함이 있는 경우에만 보수를 받을 수 있다. 다만, 신탁을 영업으로 하는 수탁자의 경우에는 신탁행위에 정함이 없는 경우에도 보수를 받을 수 있다.

② 보수의 금액 또는 산정방법을 정하지 아니한 경우 수탁자는 신탁사무의 성질과 내용에 비추어 적당한 금액의 보수를 지급받을 수 있다.

③ 제1항의 보수가 사정의 변경으로 신탁사무의 성질 및 내용에 비추어 적당하지 아니하게 된 경우 법원은 위탁자, 수익자 또는 수탁자의 청구에 의하여 수탁자의 보수를 증액하거나 감액할 수 있다.

④ 수탁자의 보수에 관하여는 제46조제4항을 준용한다. 다만, 신탁행위로 달리 정한 사항이 있으면 그에 따른다.

제48조(비용상환청구권의 우선변제권 등) ① 수탁자는 신탁재산에 대한 민사집행절차 또는 「국세징수법」에 따른 공매절차에서 수익자나 그 밖의 채권자보다 우선하여 신탁의 목적에 따라 신탁재산의 보존, 개량을 위하여 지출한 필요비 또는 유익비(有益費)의 우선변제를 받을 권리가 있다.

② 수탁자는 신탁재산을 매각하여 제46조에 따른 비용상환청구권 또는 제47조에 따른 보수청구권에 기한 채권의 변제에 충당할 수 있다. 다만, 그 신탁재산의 매각으로 신탁의 목적을 달성할 수 없게 되거나 그 밖의 상당한 이유가 있는 경우에는 그러하지 아니하다.

제49조(권리행사요건) 수탁자는 제43조 및 제44조에 따른 원상회복의무 등을 이행한 후가 아니면 제46조 또는 제47조에 따른 권리를 행사할 수 없다.

제50조(공동수탁자) ① 수탁자가 여럿인 경우 신탁재산은 수탁자들의 합유(合有)로 한다.

② 제1항의 경우 수탁자 중 1인의 임무가 종료하면 신탁재산은 당연히 다른 수탁자에게 귀속된다.

③ 제1항의 경우 신탁행위로 달리 정한 바가 없으면 신탁사무의 처리는 수탁자가 공동으로 하여야 한다. 다만, 보존행위는 각자 할 수 있다.

④ 수탁자가 여럿인 경우 수탁자 1인에 대한 의사표시는 다른 수탁자에게도 효력이 있다.

⑤ 수탁자가 여럿인 경우 신탁행위로 다른 수탁자의 업무집행을 대리할 업무집행수탁자를 정할 수 있다.

제51조(공동수탁자의 연대책임) ① 수탁자가 여럿인 경우 수탁자들은 신탁사무의 처리에 관하여 제3자에게 부담한 채무에 대하여 연대하여 변제할 책임이 있다.

② 수탁자가 여럿인 경우 그 중 일부가 수탁자로서의 의무를 위반하여 부담한 채무에 대하여 그 행위에 관여하지 아니한 다른 수탁자는 책임이 없다. 다만, 다른 수탁자의 의무위반행위를 저지하기 위하여 합리적인 조치를 취하지 아니한

경우에는 그러하지 아니하다.

제52조(신수탁자 등의 원상회복청구권 등) 신수탁자나 신탁재산관리인도 제43조에 따른 권리를 행사할 수 있다.

제53조(신수탁자의 의무의 승계) ① 수탁자가 변경된 경우 신수탁자는 전수탁자(前受託者)가 신탁행위로 인하여 수익자에게 부담하는 채무를 승계한다. 수탁자가 여럿인 경우 일부의 수탁자가 변경된 경우에도 또한 같다.

② 신탁사무의 처리에 관하여 발생한 채권은 신탁재산의 한도 내에서 신수탁자에게도 행사할 수 있다.

③ 제22조제1항 단서에 따른 신탁재산에 대한 강제집행등의 절차 또는 국세 등 체납처분의 절차는 신수탁자에 대하여 속행(續行)할 수 있다.

제54조(전수탁자의 우선변제권 등) ① 전수탁자의 비용상환청구권에 관하여는 제48조제1항 및 제49조를 준용한다.

② 전수탁자는 제46조의 청구권에 기한 채권을 변제받을 때까지 신탁재산을 유치(留置)할 수 있다.

제55조(사무의 인계) ① 수탁자가 변경된 경우 전수탁자와 그 밖의 관계자는 신탁사무의 계산을 하고, 수익자의 입회하에 신수탁자에게 사무를 인계하여야 한다.

② 수익자가 제1항의 계산을 승인한 경우에는 전수탁자나 그 밖의 관계자의 수익자에 대한 인계에 관한 책임은 면제된 것으로 본다. 다만, 부정행위가 있었던 경우에는 그러하지 아니하다.

제5장 수익자의 권리 · 의무

제1절 수익권의 취득과 포기

제56조(수익권의 취득) ① 신탁행위로 정한 바에 따라 수익자로 지정된 자(제58조제1항 및 제2항에 따라 수익자로 지정된 자를 포함한다)는 당연히 수익권을 취득한다. 다만, 신탁행위로 달리 정한 경우에는 그에 따른다.

② 수탁자는 지체 없이 제1항에 따라 수익자로 지정된 자에게 그 사실을 통지하여야 한다. 다만, 수익권에 부담이 있는 경우를 제외하고는 신탁행위로 통지시기를 달리 정할 수 있다.

제57조(수익권의 포기) ① 수익자는 수탁자에게 수익권을 포기하는 취지의 의사표시를 할 수 있다.

② 수익자가 제1항에 따른 포기의 의사표시를 한 경우에는 처음부터 수익권을 가지지 아니하였던 것으로 본다. 다만, 제3자의 권리를 해치지 못한다.

제58조(수익자지정권등) ① 신탁행위로 수익자를 지정하거나 변경할 수 있는 권한(이하 "수익자지정권등"이라 한다)을 갖는 자를 정할 수 있다.

② 수익자지정권등을 갖는 자는 수탁자에 대한 의사표시 또는 유언으로 그 권한을 행사할 수 있다.

③ 수익자지정권등이 유언으로 행사되어 수탁자가 그 사실을 알지 못한 경우 이로 인하여 수익자로 된 자는 그 사실로써 수탁자에게 대항하지 못한다.

④ 수익자를 변경하는 권한이 행사되어 수익자가 그 수익권을 상실한 경우 수탁자는 지체 없이 수익권을 상실한 자에게 그 사실을 통지하여야 한다. 다만, 신탁행위로 달리 정한 경우에는 그에 따른다.

⑤ 수익자지정권등은 신탁행위로 달리 정한 바가 없으면 상속되지 아니한다.

제59조(유언대용신탁) ① 다음 각 호의 어

느 하나에 해당하는 신탁의 경우에는 위탁자가 수익자를 변경할 권리를 갖는다. 다만, 신탁행위로 달리 정한 경우에는 그에 따른다.

1. 수익자가 될 자로 지정된 자가 위탁자의 사망 시에 수익권을 취득하는 신탁
2. 수익자가 위탁자의 사망 이후에 신탁재산에 기한 급부를 받는 신탁

② 제1항제2호의 수익자는 위탁자가 사망할 때까지 수익자로서의 권리를 행사하지 못한다. 다만, 신탁행위로 달리 정한 경우에는 그에 따른다.

제60조(수익자연속신탁) 신탁행위로 수익자가 사망한 경우 그 수익자가 갖는 수익권이 소멸하고 타인이 새로 수익권을 취득하도록 하는 뜻을 정할 수 있다. 이 경우 수익자의 사망에 의하여 차례로 타인이 수익권을 취득하는 경우를 포함한다.

제2절 수익권의 행사

제61조(수익권의 제한 금지) 다음 각 호에 해당하는 수익자의 권리는 신탁행위로도 제한할 수 없다.

1. 이 법에 따라 법원에 청구할 수 있는 권리
2. 제22조제2항 또는 제3항에 따라 강제집행등 또는 국세 등 체납처분에 대하여 이의를 제기할 수 있는 권리
3. 제40조제1항에 따라 장부 등의 열람 또는 복사를 청구할 수 있는 권리
4. 제43조 및 제45조에 따라 원상회복 또는 손해배상 등을 청구할 수 있는 권리
5. 제57조제1항에 따라 수익권을 포기할 수 있는 권리
6. 제75조제1항에 따라 신탁위반의 법률행위를 취소할 수 있는 권리
7. 제77조에 따라 유지를 청구할 수 있는 권리
8. 제89조, 제91조제3항 및 제95조제3항에 따라 수익권의 매수를 청구할 수 있는 권리
9. 그 밖에 신탁의 본질에 비추어 수익자 보호를 위하여 필요하다고 대통령령으로 정하는 권리

제62조(수익채권과 신탁채권의 관계) 신탁채권은 수익자가 수탁자에게 신탁재산에 속한 재산의 인도와 그 밖에 신탁재산에 기한 급부를 요구하는 청구권(이하 "수익채권"이라 한다)보다 우선한다.

제63조(수익채권의 소멸시효) ① 수익채권의 소멸시효는 채권의 예에 따른다.

② 제1항에도 불구하고 수익채권의 소멸시효는 수익자가 수익자로 된 사실을 알게 된 때부터 진행한다.

③ 제1항에도 불구하고 신탁이 종료한 때부터 6개월 내에는 수익채권의 소멸시효가 완성되지 아니한다.

제3절 수익권의 양도

제64조(수익권의 양도성) ① 수익자는 수익권을 양도할 수 있다. 다만, 수익권의 성질이 양도를 허용하지 아니하는 경우에는 그러하지 아니하다.

② 제1항에도 불구하고 수익권의 양도에 대하여 신탁행위로 달리 정한 경우에는 그에 따른다. 다만, 그 정함으로써 선의의 제3자에게 대항하지 못한다.

제65조(수익권 양도의 대항요건과 수탁자의 항변) ① 수익권의 양도는 다음 각 호의 어느 하나에 해당하는 경우에만 수탁자와 제3자에게 대항할 수 있다.

1. 양도인이 수탁자에게 통지한 경우

2. 수탁자가 승낙한 경우
② 제1항 각 호의 통지 및 승낙은 확정일자가 있는 증서로 하지 아니하면 수탁자 외의 제3자에게 대항할 수 없다.
③ 수탁자는 제1항 각 호의 통지 또는 승낙이 있는 때까지 양도인에 대하여 발생한 사유로 양수인에게 대항할 수 있다.
④ 수탁자가 이의를 보류하지 아니하고 제1항제2호의 승낙을 한 경우에는 양도인에게 대항할 수 있는 사유로써 양수인에게 대항하지 못한다. 다만, 수탁자가 채무를 소멸하게 하기 위하여 양도인에게 급여한 것이 있으면 이를 회수할 수 있고, 양도인에 대하여 부담한 채무가 있으면 그 성립되지 아니함을 주장할 수 있다.

第66조(수익권에 대한 질권) ① 수익자는 수익권을 질권의 목적으로 할 수 있다. 다만, 수익권의 성질이 질권의 설정을 허용하지 아니하는 경우에는 그러하지 아니하다.
② 제1항에도 불구하고 수익권을 목적으로 하는 질권의 설정에 대하여 신탁행위로 달리 정한 경우에는 그에 따른다. 다만, 그 정함으로써 선의의 제3자에게 대항하지 못한다.
③ 수익권을 목적으로 하는 질권의 설정에 관하여는 수익권 양도의 대항요건과 수탁자의 항변사유에 관한 제65조를 준용한다. 이 경우 제65조 중 "양도인"은 "수익자"로, "양수인"은 "질권자"로 보고, 같은 조 제1항 중 "수익권의 양수 사실"은 "수익권에 대하여 질권이 설정된 사실"로 본다.
④ 수익권을 목적으로 하는 질권은 그 수익권에 기한 수익채권과 이 법 또는 신탁행위에 따라 그 수익권을 갈음하여 수익자가 받을 금전이나 그 밖의 재산에도 존재한다.
⑤ 수익권의 질권자는 직접 수탁자로부터 금전을 지급받아 다른 채권자에 우선하여 자기 채권의 변제에 충당할 수 있다.
⑥ 질권자의 채권이 변제기에 이르지 아니한 경우 질권자는 수탁자에게 그 변제금액의 공탁을 청구할 수 있다. 이 경우 질권은 그 공탁금에 존재한다.

제4절 신탁관리인

第67조(신탁관리인의 선임) ① 수익자가 특정되어 있지 아니하거나 존재하지 아니하는 경우 법원은 위탁자나 그 밖의 이해관계인의 청구에 의하여 또는 직권으로 신탁관리인을 선임할 수 있다. 다만, 신탁행위로 신탁관리인을 지정한 경우에는 그에 따른다.
② 수익자가 미성년자, 한정치산자 또는 금치산자이거나 그 밖의 사유로 수탁자에 대한 감독을 적절히 할 수 없는 경우 법원은 이해관계인의 청구에 의하여 또는 직권으로 신탁관리인을 선임할 수 있다. 다만, 신탁행위로 달리 정한 경우에는 그에 따른다.
③ 수익자가 여럿인 경우 수익자는 제71조의 방법에 따른 의사결정으로 신탁관리인을 선임할 수 있다. 수익권의 내용이 다른 여러 종류의 수익권이 있고 같은 종류의 수익권을 가진 수익자(이하 "종류수익자"라 한다)가 여럿인 경우에도 또한 같다.
④ 법원은 제1항 또는 제2항에 따라 선임한 신탁관리인에게 필요한 경우 신탁재산에서 적당한 보수를 줄 수 있다.

第68조(신탁관리인의 권한) ① 신탁관리인

은 수익자의 이익이나 목적신탁의 목적 달성을 위하여 자기의 명의로 수익자의 권리에 관한 재판상 또는 재판 외의 모든 행위를 할 권한이 있다. 다만, 신탁관리인의 선임을 수탁자에게 통지하지 아니한 경우에는 수탁자에게 대항하지 못한다.

② 신탁관리인은 신탁에 관하여 수익자와 동일한 지위를 가지는 것으로 본다.

③ 제67조제1항에 따라 선임된 신탁관리인이 여럿인 경우 신탁행위로 달리 정한 바가 없으면 공동으로 사무를 처리한다.

④ 신탁관리인이 개별 수익자를 위하여 제67조제2항에 따라 각각 선임된 경우에는 각 신탁관리인은 해당 수익자를 위하여 단독으로 사무를 처리한다. 이 경우 개별 수익자를 위하여 선임된 여럿의 신탁관리인들은 해당 수익자를 위하여 공동으로 사무를 처리한다.

⑤ 제67조제3항 전단에 따라 선임된 신탁관리인이 여럿인 경우에는 선임 시 달리 정하지 아니하면 공동으로 사무를 처리한다.

⑥ 제67조제3항 후단에 따라 선임된 신탁관리인은 자신을 선임한 종류수익자만을 위하여 단독으로 사무를 처리한다. 이 경우 하나의 종류수익자를 위하여 선임된 여럿의 신탁관리인들은 그 종류수익자를 위하여 공동으로 사무를 처리한다.

⑦ 제67조제3항에 따라 신탁관리인을 선임한 경우에도 수익자는 제71조의 방법에 따른 의사결정으로 사무를 처리할 수 있다.

제69조(신탁관리인의 임무 종료) ① 제67조제1항에 따라 선임된 신탁관리인은 수익자가 특정되거나 존재하게 되면 임무가 종료된다.

② 제67조제2항에 따라 선임된 신탁관리인은 다음 각 호의 어느 하나에 해당하는 경우 임무가 종료된다.

1. 미성년자인 수익자가 성년에 도달한 경우
2. 수익자가 한정치산선고 · 금치산선고의 취소심판을 받은 경우
3. 그 밖에 수익자가 수탁자에 대한 감독능력을 회복한 경우

③ 제1항 또는 제2항에 따라 신탁관리인의 임무가 종료된 경우 수익자 또는 신탁관리인은 수탁자에게 신탁관리인의 임무 종료 사실을 통지하지 아니하면 수탁자에게 대항하지 못한다.

제70조(신탁관리인의 사임 또는 해임에 의한 임무 종료) ① 신탁관리인은 선임 시에 달리 정하지 아니하면 신탁관리인을 선임한 법원 또는 수익자의 승낙 없이 사임하지 못한다.

② 제1항에도 불구하고 신탁관리인은 정당한 이유가 있는 경우 법원의 허가를 받아 사임할 수 있다.

③ 사임한 신탁관리인의 통지의무 및 계속적 사무의 관리에 관하여는 제14조제3항 및 제15조를 준용한다.

④ 신탁관리인을 선임한 법원 또는 수익자는 언제든지 그 신탁관리인을 해임할 수 있다. 다만, 수익자가 정당한 이유 없이 신탁관리인에게 불리한 시기에 해임한 경우 수익자는 그 손해를 배상하여야 한다.

⑤ 해임된 신탁관리인의 통지의무 및 계속적 사무의 관리에 관하여는 제16조제4항 및 제5항을 준용한다.

⑥ 법원은 신탁관리인의 사임허가결정이나 임무 위반을 이유로 해임결정을 함

과 동시에 새로운 신탁관리인을 선임하여야 한다. 이 경우 새로 선임된 신탁관리인은 즉시 수익자에게 그 사실을 통지하여야 한다.

⑦ 제1항, 제2항, 제4항 및 제6항의 경우 수익자, 신탁관리인, 그 밖의 이해관계인은 기존 신탁관리인의 사임 또는 해임, 새로운 신탁관리인의 선임 사실을 수탁자에게 통지하지 아니하면 그 사실로써 수탁자에게 대항하지 못한다.

제5절 수익자가 여럿인 경우 의사결정

제71조(수익자가 여럿인 경우 의사결정 방법) ① 수익자가 여럿인 신탁에서 수익자의 의사는 수익자 전원의 동의로 결정한다. 다만, 제61조 각 호의 권리는 각 수익자가 개별적으로 행사할 수 있다.

② 신탁행위로 수익자집회를 두기로 정한 경우에는 제72조부터 제74조까지의 규정에 따른다.

③ 제1항 본문 및 제2항에도 불구하고 신탁행위로 달리 정한 경우에는 그에 따른다.

제72조(수익자집회의 소집) ① 수익자집회는 필요가 있을 때 수시로 개최할 수 있다.

② 수익자집회는 수탁자가 소집한다.

③ 수익자는 수탁자에게 수익자집회의 목적사항과 소집이유를 적은 서면 또는 전자문서로 수익자집회의 소집을 청구할 수 있다.

④ 제3항의 청구를 받은 후 수탁자가 지체 없이 수익자집회의 소집절차를 밟지 아니하는 경우 수익자집회의 소집을 청구한 수익자는 법원의 허가를 받아 수익자집회를 소집할 수 있다.

⑤ 수익자집회를 소집하는 자(이하 "소집자"라 한다)는 집회일 2주 전에 알고 있는 수익자 및 수탁자에게 서면이나 전자문서(수익자의 경우 전자문서로 통지를 받는 것에 동의한 자만 해당한다)로 회의의 일시·장소 및 목적사항을 통지하여야 한다.

⑥ 소집자는 의결권 행사에 참고할 수 있도록 수익자에게 대통령령으로 정하는 서류를 서면이나 전자문서(전자문서로 제공받는 것에 동의한 수익자의 경우만 해당한다)로 제공하여야 한다.

제73조(수익자집회의 의결권 등) ① 수익자는 수익자집회에서 다음 각 호의 구분에 따른 의결권을 갖는다.

1. 각 수익권의 내용이 동일한 경우: 수익권의 수
2. 각 수익권의 내용이 동일하지 아니한 경우: 수익자집회의 소집이 결정된 때의 수익권 가액

② 수익권이 그 수익권에 관한 신탁의 신탁재산에 속한 경우 수탁자는 그 수익권에 대하여 의결권을 행사하지 못한다.

③ 수익자는 수익자집회에 출석하지 아니하고 서면이나 전자문서(소집자가 전자문서로 행사하는 것을 승낙한 경우만 해당한다)로 의결권을 행사할 수 있다. 이 경우 수익자 확인절차 등 전자문서에 의한 의결권행사의 절차와 그 밖에 필요한 사항은 대통령령으로 정한다.

④ 수익자가 둘 이상의 의결권을 가지고 있을 때에는 이를 통일하지 아니하고 행사할 수 있다. 이 경우 수익자집회일 3일 전에 소집자에게 서면 또는 전자문서로 그 뜻과 이유를 통지하여야 한다.

⑤ 의결권을 통일하지 아니하고 행사하는 수익자가 타인을 위하여 수익권을 가지고 있는 경우가 아니면 소집자는 수익자의 의결권 불통일행사를 거부할 수 있다.

⑥ 수익자는 대리인으로 하여금 의결권을 행사하게 할 수 있다. 이 경우 해당 수익자나 대리인은 대리권을 증명하는 서면을 소집자에게 제출하여야 한다.

⑦ 수탁자는 수익자집회에 출석하거나 서면으로 의견을 진술할 수 있고, 수익자집회는 필요하다고 인정하는 경우 수익자집회의 결의로 수탁자에게 출석을 요구할 수 있다.

⑧ 수익자집회의 의장은 수익자 중에서 수익자집회의 결의로 선임한다.

제74조(수익자집회의 결의) ① 수익자집회의 결의는 행사할 수 있는 의결권의 과반수에 해당하는 수익자가 출석하고 출석한 수익자의 의결권의 과반수로써 하여야 한다.

② 제1항에도 불구하고 다음 각 호의 사항에 관한 수익자집회의 결의는 의결권의 과반수에 해당하는 수익자가 출석하고 출석한 수익자의 의결권의 3분의 2 이상으로써 하여야 한다.

1. 제16조제1항에 따른 수탁자 해임의 합의
2. 제88조제1항에 따른 신탁의 변경 중 신탁목적의 변경, 수익채권 내용의 변경, 그 밖에 중요한 신탁의 변경의 합의
3. 제91조제2항 및 제95조제2항에 따른 신탁의 합병 · 분할 · 분할합병 계획서의 승인
4. 제99조제1항에 따른 신탁의 종료 합의
5. 제103조제1항에 따른 신탁의 종료 시 계산의 승인

③ 수익자집회의 소집자는 의사의 경과에 관한 주요한 내용과 그 결과를 적은 의사록을 작성하고 기명날인 또는 서명하여야 한다.

④ 수익자집회의 결의는 해당 신탁의 모든 수익자에 대하여 효력이 있다.

⑤ 수익자집회와 관련하여 필요한 비용을 지출한 자는 수탁자에게 상환을 청구할 수 있다. 이 경우 수탁자는 신탁재산만으로 책임을 진다.

제6절 수익자의 취소권 및 유지청구권

제75조(신탁위반 법률행위의 취소) ① 수탁자가 신탁의 목적을 위반하여 신탁재산에 관한 법률행위를 한 경우 수익자는 상대방이나 전득자(轉得者)가 그 법률행위 당시 수탁자의 신탁목적의 위반 사실을 알았거나 중대한 과실로 알지 못하였을 때에만 그 법률행위를 취소할 수 있다.

② 수익자가 여럿인 경우 그 1인이 제1항에 따라 한 취소는 다른 수익자를 위하여도 효력이 있다.

제76조(취소권의 제척기간) 제75조제1항에 따른 취소권은 수익자가 취소의 원인이 있음을 안 날부터 3개월, 법률행위가 있은 날부터 1년 내에 행사하여야 한다.

제77조(수탁자에 대한 유지청구권) ① 수탁자가 법령 또는 신탁행위로 정한 사항을 위반하거나 위반할 우려가 있고 해당 행위로 신탁재산에 회복할 수 없는 손해가 발생할 우려가 있는 경우 수익자는 그 수탁자에게 그 행위를 유지(留止)할 것을 청구할 수 있다.

② 수익자가 여럿인 신탁에서 수탁자가 법령 또는 신탁행위로 정한 사항을 위반하거

나 위반할 우려가 있고 해당 행위로 일부 수익자에게 회복할 수 없는 손해가 발생할 우려가 있는 경우에도 제1항과 같다.

제7절 수익증권

제78조(수익증권의 발행) ① 신탁행위로 수익권을 표시하는 수익증권을 발행하는 뜻을 정할 수 있다. 이 경우 각 수익권의 내용이 동일하지 아니할 때에는 특정 내용의 수익권에 대하여 수익증권을 발행하지 아니한다는 뜻을 정할 수 있다.

② 제1항의 정함이 있는 신탁(이하 "수익증권발행신탁"이라 한다)의 수탁자는 신탁행위로 정한 바에 따라 지체 없이 해당 수익권에 관한 수익증권을 발행하여야 한다.

③ 수익증권은 기명식(記名式) 또는 무기명식(無記名式)으로 한다. 다만, 담보권을 신탁재산으로 하여 설정된 신탁의 경우에는 기명식으로만 하여야 한다.

④ 신탁행위로 달리 정한 바가 없으면 수익증권이 발행된 수익권의 수익자는 수탁자에게 기명수익증권을 무기명식으로 하거나 무기명수익증권을 기명식으로 할 것을 청구할 수 있다.

⑤ 수익증권에는 다음 각 호의 사항과 번호를 적고 수탁자(수탁자가 법인인 경우에는 그 대표자를 말한다)가 기명날인 또는 서명하여야 한다.

1. 수익증권발행신탁의 수익증권이라는 뜻
2. 위탁자 및 수탁자의 성명 또는 명칭 및 주소
3. 기명수익증권의 경우에는 해당 수익자의 성명 또는 명칭
4. 각 수익권에 관한 수익채권의 내용 및 그 밖의 다른 수익권의 내용
5. 제46조제6항 및 제47조제4항에 따라 수익자의 수탁자에 대한 보수지급의무 또는 비용 등의 상환의무 및 손해배상의무에 관하여 신탁행위의 정함이 있는 경우에는 그 뜻 및 내용
6. 수익자의 권리행사에 관하여 신탁행위의 정함(신탁관리인에 관한 사항을 포함한다)이 있는 경우에는 그 뜻 및 내용
7. 제114조제1항에 따른 유한책임신탁인 경우에는 그 뜻 및 신탁의 명칭
8. 제87조에 따라 신탁사채 발행에 관하여 신탁행위의 정함이 있는 경우에는 그 뜻 및 내용
9. 그 밖에 수익권에 관한 중요한 사항으로서 대통령령으로 정하는 사항

⑥ 수탁자는 신탁행위로 정한 바에 따라 수익증권을 발행하는 대신 전자등록기관(유가증권 등의 전자등록 업무를 취급하는 것으로 지정된 기관을 말한다)의 전자등록부에 수익증권을 등록할 수 있다. 이 경우 전자등록의 절차 · 방법 및 효과, 전자등록기관의 지정 · 감독 등 수익증권의 전자등록 등에 관하여 필요한 사항은 따로 법률로 정한다.

⑦ 제88조제1항에도 불구하고 수익증권발행신탁에서 수익증권발행신탁이 아닌 신탁으로, 수익증권발행신탁이 아닌 신탁에서 수익증권발행신탁으로 변경할 수 없다.

제79조(수익자명부) ① 수익증권발행신탁의 수탁자는 지체 없이 수익자명부를 작성하고 다음 각 호의 사항을 적어야 한다.

1. 각 수익권에 관한 수익채권의 내용과 그 밖의 수익권의 내용

2. 각 수익권에 관한 수익증권의 번호 및 발행일
3. 각 수익권에 관한 수익증권이 기명식인지 무기명식인지의 구별
4. 기명수익증권의 경우에는 해당 수익자의 성명 또는 명칭 및 주소
5. 무기명수익증권의 경우에는 수익증권의 수
6. 기명수익증권의 수익자의 각 수익권 취득일
7. 그 밖에 대통령령으로 정하는 사항

② 수익증권발행신탁의 수탁자가 수익자나 질권자에게 하는 통지 또는 최고(催告)는 수익자명부에 적혀 있는 주소나 그 자로부터 수탁자에게 통지된 주소로 하면 된다. 다만, 무기명수익증권의 수익자나 그 질권자에게는 다음 각 호의 방법 모두를 이행하여 통지하거나 최고하여야 한다.

1. 「신문 등의 진흥에 관한 법률」에 따른 일반일간신문 중 전국을 보급지역으로 하는 신문(이하 "일반일간신문"이라 한다)에의 공고(수탁자가 법인인 경우에는 그 법인의 공고방법에 따른 공고를 말한다)
2. 수탁자가 알고 있는 자에 대한 개별적인 통지 또는 최고

③ 제2항 본문에 따른 통지 또는 최고는 보통 그 도달할 시기에 도달한 것으로 본다.

④ 수익증권발행신탁의 수탁자는 신탁행위로 정한 바에 따라 수익자명부관리인을 정하여 수익자명부의 작성, 비치 및 그 밖에 수익자명부에 관한 사무를 위탁할 수 있다.

⑤ 수익증권발행신탁의 수탁자는 수익자명부를 그 주된 사무소(제4항의 수익자명부관리인이 있는 경우에는 그 사무소를 말한다)에 갖추어 두어야 한다.

⑥ 수익증권발행신탁의 위탁자, 수익자 또는 그 밖의 이해관계인은 영업시간 내에 언제든지 수익자명부의 열람 또는 복사를 청구할 수 있다. 이 경우 수탁자나 수익자명부관리인은 정당한 사유가 없다면 청구에 따라야 한다.

제80조(수익증권의 불소지) ① 수익권에 대하여 기명수익증권을 발행하기로 한 경우 해당 수익자는 그 기명수익증권에 대하여 증권을 소지하지 아니하겠다는 뜻을 수탁자에게 신고할 수 있다. 다만, 신탁행위로 달리 정한 경우에는 그에 따른다.

② 제1항의 신고가 있는 경우 수탁자는 지체 없이 수익증권을 발행하지 아니한다는 뜻을 수익자명부에 적고, 수익자에게 그 사실을 통지하여야 한다. 이 경우 수탁자는 수익증권을 발행할 수 없다.

③ 제1항의 경우 이미 발행된 수익증권이 있으면 수탁자에게 제출하여야 하고, 수탁자에게 제출된 수익증권은 제2항의 기재를 한 때에 무효가 된다.

④ 제1항의 신고를 한 수익자라도 언제든지 수탁자에게 수익증권의 발행을 청구할 수 있다.

제81조(수익증권발행신탁 수익권의 양도) ① 수익증권발행신탁의 경우 수익권을 표시하는 수익증권을 발행하는 정함이 있는 수익권을 양도할 때에는 해당 수익권을 표시하는 수익증권을 교부하여야 한다.

② 기명수익증권으로 표시되는 수익권의 이전은 취득자의 성명 또는 명칭과 주소를 수익자명부에 적지 아니하면 수탁자

에게 대항하지 못한다.

③ 제78조제1항 후단에 따라 특정 수익권에 대하여 수익증권을 발행하지 아니한다는 뜻을 정한 수익증권발행신탁의 경우 해당 수익권의 이전은 취득자의 성명 또는 명칭과 주소를 수익자명부에 적지 아니하면 수탁자 및 제3자에게 대항하지 못한다.

④ 수익증권발행신탁에서 수익권을 표시하는 수익증권을 발행하는 정함이 있는 수익권의 경우 수익증권의 발행 전에 한 수익권의 양도는 수탁자에 대하여 효력이 없다. 다만, 수익증권을 발행하여야 하는 날부터 6개월이 경과한 경우에는 그러하지 아니하다.

제82조(수익증권의 권리추정력 및 선의취득) ① 수익증권의 점유자는 적법한 소지인으로 추정한다.

② 수익증권에 관하여는 「수표법」 제21조를 준용한다.

제83조(수익증권발행신탁 수익권에 대한 질권) ① 수익증권발행신탁의 경우 수익권을 질권의 목적으로 할 때에는 그 수익권을 표시하는 수익증권을 질권자에게 교부하여야 한다.

② 제1항에 따라 수익증권을 교부받은 질권자는 계속하여 수익증권을 점유하지 아니하면 그 질권으로써 수탁자 및 제3자에게 대항하지 못한다.

③ 제78조제1항 후단에 따라 특정 수익권에 대하여 수익증권을 발행하지 아니한다는 뜻을 정한 수익증권발행신탁의 경우 해당 수익권에 대한 질권은 그 질권자의 성명 또는 명칭과 주소를 수익자명부에 적지 아니하면 수탁자 및 제3자에게 대항하지 못한다.

④ 수익증권발행신탁에서 수익권을 표시하는 수익증권을 발행하는 정함이 있는 수익권의 경우 수익증권 발행 전에 한 수익권에 대한 질권의 설정은 수탁자에 대하여 효력이 없다. 다만, 수익증권을 발행하여야 하는 날부터 6개월이 경과한 경우에는 그러하지 아니하다.

제84조(기준일) ① 수익증권발행신탁의 수탁자는 기명수익증권에 대한 수익자로서 일정한 권리를 행사할 자를 정하기 위하여 일정한 날(이하 "기준일"이라 한다)에 수익자명부에 적혀 있는 수익자를 그 권리를 행사할 수익자로 볼 수 있다.

② 기준일은 수익자로서 권리를 행사할 날에 앞선 3개월 내의 날로 정하여야 한다.

③ 기준일을 정한 수탁자는 그 날의 2주 전에 이를 일반일간신문에 공고하여야 한다. 다만, 수탁자가 법인인 경우에는 그 법인의 공고방법에 따른다.

④ 신탁행위로 달리 정한 경우에는 제1항부터 제3항까지의 규정을 적용하지 아니한다.

제85조(수익증권 발행 시 권리행사 등) ① 무기명수익증권을 가진 자는 그 수익증권을 제시하지 아니하면 수탁자 및 제3자에게 수익자의 권리를 행사하지 못한다.

② 수익증권발행신탁의 수익권을 여러 명이 공유하는 경우 공유자는 그 수익권에 대하여 권리(수탁자로부터 통지 또는 최고를 받을 권한을 포함한다)를 행사할 1인을 정하여 수탁자에게 통지하여야 한다.

③ 제2항의 통지가 없는 경우 공유자는 수탁자가 동의하지 아니하면 해당 수익권에 대한 권리를 행사할 수 없고, 공유자에 대한 수탁자의 통지나 최고는 공유

자 중 1인에게 하면 된다.

④ 수익증권발행신탁의 수익자가 여럿인 경우 수익자의 의사결정(제61조 각 호에 따른 권리의 행사에 관한 사항은 제외한다)은 제72조부터 제74조까지의 규정에 따른 수익자집회에서 결정한다. 다만, 신탁행위로 달리 정한 경우에는 그에 따른다.

⑤ 수익증권발행신탁의 경우 위탁자는 다음 각 호의 권리를 행사할 수 없다.

1. 제16조제1항 및 제21조제1항에 따른 해임권 또는 선임권
2. 제16조제3항, 제67조제1항, 제88조제3항 및 제100조에 따른 청구권
3. 제40조제1항에 따른 열람 · 복사 청구권 또는 설명요구권
4. 제79조제6항에 따른 열람 또는 복사 청구권

⑥ 제71조제1항 단서에도 불구하고 수익증권발행신탁의 경우 신탁행위로 다음 각 호의 어느 하나에 해당하는 뜻을 정할 수 있다.

1. 다음 각 목의 권리의 전부 또는 일부에 대하여 총수익자 의결권의 100분의 3(신탁행위로 100분의 3보다 낮은 비율을 정한 경우에는 그 비율을 말한다) 이상 비율의 수익권을 가진 수익자만 해당 권리를 행사할 수 있다는 뜻
   가. 제40조제1항에 따른 열람 · 복사 청구권 또는 설명요구권
   나. 제75조제1항에 따른 취소권
   다. 제88조제3항에 따른 신탁의 변경 청구권
   라. 제100조에 따른 신탁의 종료명령 청구권
2. 6개월(신탁행위로 이보다 짧은 기간을 정한 경우에는 그 기간을 말한다) 전부터 계속하여 수익권을 가진 수익자만 제77조제1항에 따른 유지청구권을 행사할 수 있다는 뜻

⑦ 수익증권발행신탁의 경우 제46조제4항부터 제6항까지 및 제47조제4항을 적용하지 아니한다. 다만, 신탁행위로 달리 정한 경우에는 그에 따른다.

제86조(수익증권의 상실) ① 수익증권은 공시최고(公示催告)의 절차를 거쳐 무효로 할 수 있다.

② 수익증권을 상실한 자는 제권판결(除權判決)을 받지 아니하면 수탁자에게 수익증권의 재발행을 청구하지 못한다.

제6장 신탁사채

제87조(신탁사채) ① 다음 각 호의 요건을 모두 충족하는 경우 신탁행위로 수탁자가 신탁을 위하여 사채(社債)를 발행할 수 있도록 정할 수 있다.

1. 수익증권발행신탁일 것
2. 제114조제1항에 따른 유한책임신탁일 것
3. 수탁자가 「상법」상 주식회사나 그 밖의 법률에 따라 사채를 발행할 수 있는 자일 것

② 제1항에 따라 사채를 발행하는 수탁자는 사채청약서, 채권(債券) 및 사채원부에 다음 각 호의 사항을 적어야 한다.

1. 해당 사채가 신탁을 위하여 발행되는 것이라는 뜻
2. 제1호의 신탁을 특정하는 데에 필요한 사항
3. 해당 사채에 대하여는 신탁재산만으로 이행책임을 진다는 뜻

③ 사채 총액 한도에 관하여는 대통령령

으로 정한다.

④ 제1항에 따른 사채의 발행에 관하여 이 법에서 달리 정하지 아니하는 사항에 대하여는 「상법」 제396조 및 제3편제4장 제8절(「상법」 제469조는 제외한다)을 준용한다.

제7장 신탁의 변경

제88조(신탁당사자의 합의 등에 의한 신탁 변경) ① 신탁은 위탁자, 수탁자 및 수익자의 합의로 변경할 수 있다. 다만, 신탁행위로 달리 정한 경우에는 그에 따른다.

② 제1항에 따른 신탁의 변경은 제3자의 정당한 이익을 해치지 못한다.

③ 신탁행위 당시에 예견하지 못한 특별한 사정이 발생한 경우 위탁자, 수익자 또는 수탁자는 신탁의 변경을 법원에 청구할 수 있다.

④ 목적신탁에서 수익자의 이익을 위한 신탁으로, 수익자의 이익을 위한 신탁에서 목적신탁으로 변경할 수 없다.

제89조(반대수익자의 수익권매수청구권) ① 다음 각 호의 어느 하나에 해당하는 사항에 관한 변경에 반대하는 수익자는 신탁변경이 있은 날부터 20일 내에 수탁자에게 수익권의 매수를 서면으로 청구할 수 있다.

1. 신탁의 목적
2. 수익채권의 내용
3. 신탁행위로 수익권매수청구권을 인정한 사항

② 수탁자는 제1항의 청구를 받은 날부터 2개월 내에 매수한 수익권의 대금을 지급하여야 한다.

③ 제2항에 따른 수익권의 매수가액은 수탁자와 수익자 간의 협의로 결정한다.

④ 제1항의 청구를 받은 날부터 30일 내에 제3항에 따른 협의가 이루어지지 아니한 경우 수탁자나 수익권의 매수를 청구한 수익자는 법원에 매수가액의 결정을 청구할 수 있다.

⑤ 법원이 제4항에 따라 수익권의 매수가액을 결정하는 경우에는 신탁의 재산상태나 그 밖의 사정을 고려하여 공정한 가액으로 산정하여야 한다.

⑥ 수탁자는 법원이 결정한 매수가액에 대한 이자를 제2항의 기간만료일 다음 날부터 지급하여야 한다.

⑦ 수탁자는 수익권매수청구에 대한 채무의 경우 신탁재산만으로 책임을 진다. 다만, 신탁행위 또는 신탁변경의 합의로 달리 정한 경우에는 그에 따른다.

⑧ 제1항의 청구에 의하여 수탁자가 수익권을 취득한 경우 그 수익권은 소멸한다. 다만, 신탁행위 또는 신탁변경의 합의로 달리 정한 경우에는 그에 따른다.

제90조(신탁의 합병) 수탁자가 동일한 여러 개의 신탁은 1개의 신탁으로 할 수 있다.

제91조(신탁의 합병계획서) ① 신탁을 합병하려는 경우 수탁자는 다음 각 호의 사항을 적은 합병계획서를 작성하여야 한다.

1. 신탁합병의 취지
2. 신탁합병 후의 신탁행위의 내용
3. 신탁행위로 정한 수익권의 내용에 변경이 있는 경우에는 그 내용 및 변경이유
4. 신탁합병 시 수익자에게 금전과 그 밖의 재산을 교부하는 경우에는 그 재산의 내용과 가액
5. 신탁합병의 효력발생일
6. 그 밖에 대통령령으로 정하는 사항

② 수탁자는 각 신탁별로 위탁자와 수익

자로부터 제1항의 합병계획서의 승인을 받아야 한다. 다만, 신탁행위로 달리 정한 경우에는 그에 따른다.

③ 제1항의 합병계획서를 승인하지 아니하는 수익자는 합병계획서의 승인이 있은 날부터 20일 내에 수탁자에게 수익권의 매수를 서면으로 청구할 수 있다. 이 경우 제89조제2항부터 제8항까지의 규정을 준용한다.

제92조(합병계획서의 공고 및 채권자보호) ① 수탁자는 신탁의 합병계획서의 승인을 받은 날부터 2주 내에 다음 각 호의 사항을 일반일간신문에 공고하고(수탁자가 법인인 경우에는 해당 법인의 공고방법에 따른다) 알고 있는 신탁재산의 채권자에게는 개별적으로 이를 최고하여야 한다. 제2호의 경우 일정한 기간은 1개월 이상이어야 한다.

1. 합병계획서
2. 채권자가 일정한 기간 내에 이의를 제출할 수 있다는 취지
3. 그 밖에 대통령령으로 정하는 사항

② 채권자가 제1항의 기간 내에 이의를 제출하지 아니한 경우에는 합병을 승인한 것으로 본다.

③ 이의를 제출한 채권자가 있는 경우 수탁자는 그 채권자에게 변제하거나 적당한 담보를 제공하거나 이를 목적으로 하여 적당한 담보를 신탁회사에 신탁하여야 한다. 다만, 신탁의 합병으로 채권자를 해칠 우려가 없는 경우에는 그러하지 아니하다.

제93조(합병의 효과) 합병 전의 신탁재산에 속한 권리·의무는 합병 후의 신탁재산에 존속한다.

제94조(신탁의 분할 및 분할합병) ① 신탁재산 중 일부를 분할하여 수탁자가 동일한 새로운 신탁의 신탁재산으로 할 수 있다.

② 신탁재산 중 일부를 분할하여 수탁자가 동일한 다른 신탁과 합병(이하 "분할합병"이라 한다)할 수 있다.

제95조(신탁의 분할계획서 및 분할합병계획서) ① 제94조에 따라 신탁을 분할하거나 분할합병하려는 경우 수탁자는 다음 각 호의 사항을 적은 분할계획서 또는 분할합병계획서를 작성하여야 한다.

1. 신탁을 분할하거나 분할합병한다는 취지
2. 분할하거나 분할합병한 후의 신탁행위의 내용
3. 신탁행위로 정한 수익권의 내용에 변경이 있는 경우에는 그 내용 및 변경 이유
4. 분할하거나 분할합병할 때 수익자에게 금전과 그 밖의 재산을 교부하는 경우에는 그 재산의 내용과 가액
5. 분할 또는 분할합병의 효력발생일
6. 분할되는 신탁재산 및 신탁채무의 내용과 그 가액
7. 제123조에 따라 유한책임신탁의 채무를 승계하는 분할 후 신설신탁 또는 분할합병신탁이 있는 경우 그러한 취지와 특정된 채무의 내용
8. 그 밖에 대통령령으로 정하는 사항

② 수탁자는 각 신탁별로 위탁자와 수익자로부터 제1항의 분할계획서 또는 분할합병계획서의 승인을 받아야 한다. 다만, 신탁행위로 달리 정한 경우에는 그에 따른다.

③ 제1항의 분할계획서 또는 분할합병계획서를 승인하지 아니한 수익자는 분할계획서 또는 분할합병계획서의 승인이 있은

날부터 20일 내에 수탁자에게 수익권의 매수를 서면으로 청구할 수 있다. 이 경우 제89조제2항부터 제8항까지의 규정을 준용한다.

제96조(분할계획서 등의 공고 및 채권자보호) ① 수탁자는 신탁의 분할계획서 또는 분할합병계획서의 승인을 받은 날부터 2주 내에 다음 각 호의 사항을 일반일간신문에 공고하고(수탁자가 법인인 경우에는 그 법인의 공고방법에 따른다) 알고 있는 신탁재산의 채권자에게는 개별적으로 최고하여야 한다. 제2호의 경우 일정한 기간은 1개월 이상이어야 한다.

1. 분할계획서 또는 분할합병계획서
2. 채권자가 일정한 기간 내에 이의를 제출할 수 있다는 취지
3. 그 밖에 대통령령으로 정하는 사항

② 채권자가 제1항의 기간 내에 이의를 제출하지 아니한 경우에는 신탁의 분할 또는 분할합병을 승인한 것으로 본다.

③ 이의를 제출한 채권자가 있는 경우 수탁자는 그 채권자에게 변제하거나 적당한 담보를 제공하거나 이를 목적으로 하여 적당한 담보를 신탁회사에 신탁하여야 한다. 다만, 신탁을 분할하거나 분할합병하는 것이 채권자를 해칠 우려가 없는 경우에는 그러하지 아니하다.

제97조(분할의 효과) ① 제94조에 따라 분할되는 신탁재산에 속한 권리·의무는 분할계획서 또는 분할합병계획서가 정하는 바에 따라 분할 후 신설신탁 또는 분할합병신탁에 존속한다.

② 수탁자는 분할하는 신탁재산의 채권자에게 분할된 신탁과 분할 후의 신설신탁 또는 분할합병신탁의 신탁재산으로 변제할 책임이 있다.

제8장 신탁의 종료

제98조(신탁의 종료사유) 신탁은 다음 각 호의 어느 하나에 해당하는 경우 종료한다.

1. 신탁의 목적을 달성하였거나 달성할 수 없게 된 경우
2. 신탁이 합병된 경우
3. 제138조에 따라 유한책임신탁에서 신탁재산에 대한 파산선고가 있은 경우
4. 수탁자의 임무가 종료된 후 신수탁자가 취임하지 아니한 상태가 1년간 계속된 경우
5. 목적신탁에서 신탁관리인이 취임하지 아니한 상태가 1년간 계속된 경우
6. 신탁행위로 정한 종료사유가 발생한 경우

제99조(합의에 의한 신탁의 종료) ① 위탁자와 수익자는 합의하여 언제든지 신탁을 종료할 수 있다. 다만, 위탁자가 존재하지 아니하는 경우에는 그러하지 아니하다.

② 위탁자가 신탁이익의 전부를 누리는 신탁은 위탁자나 그 상속인이 언제든지 종료할 수 있다.

③ 위탁자, 수익자 또는 위탁자의 상속인이 정당한 이유 없이 수탁자에게 불리한 시기에 신탁을 종료한 경우 위탁자, 수익자 또는 위탁자의 상속인은 그 손해를 배상하여야 한다.

④ 제1항부터 제3항까지의 규정에도 불구하고 신탁행위로 달리 정한 경우에는 그에 따른다.

제100조(법원의 명령에 의한 신탁의 종료) 신탁행위 당시에 예측하지 못한 특별한 사정으로 신탁을 종료하는 것이 수익자의 이익에 적합함이 명백한 경우에는 위탁자, 수탁자 또는 수익자는 법원에 신탁

의 종료를 청구할 수 있다.

제101조(신탁종료 후의 신탁재산의 귀속) ① 제98조제1호, 제4호부터 제6호까지, 제99조 또는 제100조에 따라 신탁이 종료된 경우 신탁재산은 수익자(잔여재산수익자를 정한 경우에는 그 잔여재산수익자를 말한다)에게 귀속한다. 다만, 신탁행위로 신탁재산의 잔여재산이 귀속될 자(이하 "귀속권리자"라 한다)를 정한 경우에는 그 귀속권리자에게 귀속한다.

② 수익자와 귀속권리자로 지정된 자가 신탁의 잔여재산에 대한 권리를 포기한 경우 잔여재산은 위탁자와 그 상속인에게 귀속한다.

③ 제3조제3항에 따라 신탁이 종료된 경우 신탁재산은 위탁자에게 귀속한다.

④ 신탁이 종료된 경우 신탁재산이 제1항부터 제3항까지의 규정에 따라 귀속될 자에게 이전될 때까지 그 신탁은 존속하는 것으로 본다. 이 경우 신탁재산이 귀속될 자를 수익자로 본다.

⑤ 제1항 및 제2항에 따라 잔여재산의 귀속이 정하여지지 아니하는 경우 잔여재산은 국가에 귀속된다.

제102조(준용규정) 신탁의 종료로 인하여 신탁재산이 수익자나 그 밖의 자에게 귀속한 경우에는 제53조제3항 및 제54조를 준용한다.

제103조(신탁종료에 의한 계산) ① 신탁이 종료한 경우 수탁자는 지체 없이 신탁사무에 관한 최종의 계산을 하고, 수익자 및 귀속권리자의 승인을 받아야 한다.

② 수익자와 귀속권리자가 제1항의 계산을 승인한 경우 수탁자의 수익자와 귀속권리자에 대한 책임은 면제된 것으로 본다. 다만, 수탁자의 직무수행에 부정행위가 있었던 경우에는 그러하지 아니하다.

③ 수익자와 귀속권리자가 수탁자로부터 제1항의 계산승인을 요구받은 때부터 1개월 내에 이의를 제기하지 아니한 경우 수익자와 귀속권리자는 제1항의 계산을 승인한 것으로 본다.

제104조(신탁의 청산) 신탁행위 또는 위탁자와 수익자의 합의로 청산절차에 따라 신탁을 종료하기로 한 경우의 청산절차에 관하여는 제132조제2항, 제133조제1항부터 제6항까지 및 제134조부터 제137조까지의 규정을 준용한다.

제9장 신탁의 감독

제105조(법원의 감독) ① 신탁사무는 법원이 감독한다. 다만, 신탁의 인수를 업으로 하는 경우는 그러하지 아니하다.

② 법원은 이해관계인의 청구에 의하여 또는 직권으로 신탁사무 처리의 검사, 검사인의 선임, 그 밖에 필요한 처분을 명할 수 있다.

제10장 삭제 〈2014. 3. 18.〉

제106조 삭제 <2014. 3. 18.>

제107조 삭제 <2014. 3. 18.>

제108조 삭제 <2014. 3. 18.>

제109조 삭제 <2014. 3. 18.>

제110조 삭제 <2014. 3. 18.>

제111조 삭제 <2014. 3. 18.>

제112조 삭제 <2014. 3. 18.>

제113조 삭제 <2014. 3. 18.>

제11장 유한책임신탁

제1절 유한책임신탁의 설정

제114조(유한책임신탁의 설정) ① 신탁행위로 수탁자가 신탁재산에 속하는 채무에

대하여 신탁재산만으로 책임지는 신탁(이하 "유한책임신탁"이라 한다)을 설정할 수 있다. 이 경우 제126조에 따라 유한책임신탁의 등기를 하여야 그 효력이 발생한다.

② 유한책임신탁을 설정하려는 경우에는 신탁행위로 다음 각 호의 사항을 정하여야 한다.

1. 유한책임신탁의 목적
2. 유한책임신탁의 명칭
3. 위탁자 및 수탁자의 성명 또는 명칭 및 주소
4. 유한책임신탁의 신탁사무를 처리하는 주된 사무소(이하 "신탁사무처리지"라 한다)
5. 신탁재산의 관리 또는 처분 등의 방법
6. 그 밖에 필요한 사항으로서 대통령령으로 정하는 사항

제115조(유한책임신탁의 명칭) ① 유한책임신탁의 명칭에는 "유한책임신탁"이라는 문자를 사용하여야 한다.

② 유한책임신탁이 아닌 신탁은 명칭에 유한책임신탁 및 그 밖에 이와 유사한 문자를 사용하지 못한다.

③ 누구든지 부정한 목적으로 다른 유한책임신탁으로 오인(誤認)할 수 있는 명칭을 사용하지 못한다.

④ 제3항을 위반하여 명칭을 사용하는 자가 있는 경우 그로 인하여 이익이 침해되거나 침해될 우려가 있는 유한책임신탁의 수탁자는 그 명칭 사용의 정지 또는 예방을 청구할 수 있다.

제116조(명시 · 교부 의무) ① 수탁자는 거래상대방에게 유한책임신탁이라는 뜻을 명시하고 그 내용을 서면으로 교부하여야 한다.

② 수탁자가 제1항을 위반한 경우 거래상대방은 그 법률행위를 한 날부터 3개월 내에 이를 취소할 수 있다.

제117조(회계서류 작성의무) ① 유한책임신탁의 경우 수탁자는 다음 각 호의 서류를 작성하여야 한다.

1. 대차대조표
2. 손익계산서
3. 이익잉여금처분계산서나 결손금처리계산서
4. 그 밖에 대통령령으로 정하는 회계서류

② 다음 각 호의 요건을 모두 갖춘 유한책임신탁은 「주식회사 등의 외부감사에 관한 법률」의 예에 따라 감사를 받아야 한다. <개정 2017. 10. 31.>

1. 수익증권발행신탁일 것
2. 직전 사업연도 말의 신탁재산의 자산총액 또는 부채규모가 대통령령으로 정하는 기준 이상일 것

제118조(수탁자의 제3자에 대한 책임) ① 유한책임신탁의 수탁자가 다음 각 호의 어느 하나에 해당하는 행위를 한 경우 그 수탁자는 유한책임신탁임에도 불구하고 제3자에게 그로 인하여 입은 손해를 배상할 책임이 있다. 다만, 제3호 및 제4호의 경우 수탁자가 주의를 게을리하지 아니하였음을 증명하였을 때에는 그러하지 아니하다.

1. 고의 또는 중대한 과실로 그 임무를 게을리한 경우
2. 고의 또는 과실로 위법행위를 한 경우
3. 대차대조표 등 회계서류에 기재 또는 기록하여야 할 중요한 사항에 관한 사실과 다른 기재 또는 기록을 한 경우
4. 사실과 다른 등기 또는 공고를 한 경우

② 제1항에 따라 제3자에게 손해를 배상

할 책임이 있는 수탁자가 여럿인 경우 연대하여 그 책임을 진다.

제119조(고유재산에 대한 강제집행 등의 금지) ① 유한책임신탁의 경우 신탁채권에 기하여 수탁자의 고유재산에 대하여 강제집행등이나 국세 등 체납처분을 할 수 없다. 다만, 제118조에 따른 수탁자의 손해배상채무에 대하여는 그러하지 아니하다.

② 수탁자는 제1항을 위반한 강제집행등에 대하여 이의를 제기할 수 있다. 이 경우 「민사집행법」 제48조를 준용한다.

③ 수탁자는 제1항을 위반한 국세 등 체납처분에 대하여 이의를 제기할 수 있다. 이 경우 국세 등 체납처분에 대한 불복절차를 준용한다.

제120조(수익자에 대한 급부의 제한) ① 유한책임신탁의 수탁자는 수익자에게 신탁재산에서 급부가 가능한 한도를 초과하여 급부할 수 없다.

② 제1항에 따른 급부가 가능한 한도는 순자산액의 한도 내에서 대통령령으로 정하는 방법에 따라 산정한다.

제121조(초과급부에 대한 전보책임) ① 수탁자가 수익자에게 제120조제1항의 급부가 가능한 한도를 초과하여 급부한 경우 수탁자와 이를 받은 수익자는 연대하여 초과된 부분을 신탁재산에 전보할 책임이 있다. 다만, 수탁자가 주의를 게을리하지 아니하였음을 증명한 경우에는 그러하지 아니하다.

② 제1항의 초과부분을 전보한 수탁자는 선의의 수익자에게 구상권(求償權)을 행사할 수 없다.

제122조(합병의 효과에 대한 특칙) 유한책임신탁에 속하는 채무에 대하여는 합병 후에도 합병 후 신탁의 신탁재산만으로 책임을 진다.

제123조(분할의 효과에 대한 특칙) 유한책임신탁에 속하는 채무에 대하여 분할 후의 신설신탁 또는 분할합병신탁에 이전하는 것으로 정한 경우 그 채무에 대하여는 분할 후의 신설신탁 또는 분할합병신탁의 신탁재산만으로 책임을 진다.

제2절 유한책임신탁의 등기

제124조(관할 등기소) ① 유한책임신탁의 등기에 관한 사무는 신탁사무처리지를 관할하는 지방법원, 그 지원 또는 등기소를 관할 등기소로 한다.

② 등기소는 유한책임신탁등기부를 편성하여 관리한다.

제125조(등기의 신청) ① 등기는 법령에 다른 규정이 있는 경우를 제외하고는 수탁자의 신청 또는 관공서의 촉탁이 없으면 하지 못한다.

② 제17조제1항 및 제18조제1항에 따라 신탁재산관리인이 선임되면 법령에 다른 규정이 있는 경우를 제외하고는 신탁재산관리인이 등기를 신청하여야 한다.

제126조(유한책임신탁등기) ① 유한책임신탁등기는 다음 각 호의 사항을 등기하여야 한다.

1. 유한책임신탁의 목적
2. 유한책임신탁의 명칭
3. 수탁자의 성명 또는 명칭 및 주소
4. 신탁재산관리인이 있는 경우 신탁재산관리인의 성명 또는 명칭 및 주소
5. 신탁사무처리지
6. 그 밖에 대통령령으로 정하는 사항

② 제1항의 등기는 유한책임신탁을 설정한 때부터 2주 내에 하여야 한다.

③ 유한책임신탁의 등기를 신청하기 위

한 서면(전자문서를 포함한다. 이하 "신청서"라 한다)에는 다음 각 호의 서면을 첨부하여야 한다. <개정 2014. 5. 20.>

1. 유한책임신탁을 설정한 신탁행위를 증명하는 서면
2. 수탁자가 법인인 경우에는 그 법인의 「상업등기법」 제15조에 따른 등기사항증명서
3. 제117조제2항에 따라 외부의 감사인을 두어야 하는 경우에는 그 선임 및 취임승낙을 증명하는 서면
4. 제3호의 감사인이 법인인 경우에는 그 법인의 「상업등기법」 제15조에 따른 등기사항증명서

제127조(유한책임신탁의 변경등기) ① 제126조제1항 각 호의 사항(제5호는 제외한다)에 변경이 있는 경우에는 2주 내에 변경등기를 하여야 한다.

② 신탁사무처리지에 변경이 있는 경우에는 2주 내에 종전 신탁사무처리지에서는 변경등기를 하고 새로운 신탁사무처리지에서는 제126조제1항 각 호의 사항을 등기하여야 한다. 다만, 같은 등기소의 관할구역 내에서 신탁사무처리지를 변경한 경우에는 신탁사무처리지의 변경등기만 하면 된다.

③ 제126조제1항 각 호의 사항의 변경은 제1항 또는 제2항에 따라 등기하지 아니하면 선의의 제3자에게 대항하지 못한다. 등기한 후라도 제3자가 정당한 사유로 이를 알지 못한 경우에도 또한 같다.

④ 제1항 또는 제2항에 따라 변경등기를 신청할 때에는 신청서에 해당 등기사항의 변경을 증명하는 서면을 첨부하여야 한다.

제128조(유한책임신탁의 종료등기) ① 유한책임신탁이 종료되거나 제114조제1항의 취지를 폐지하는 변경이 있는 경우에는 2주 내에 종료등기를 하여야 한다.

② 제1항에 따라 유한책임신탁의 종료등기를 신청할 때에는 신청서에 종료 사유의 발생을 증명하는 서면을 첨부하여야 한다.

제129조(유한책임신탁의 합병등기 또는 분할등기) 유한책임신탁이 합병하거나 분할한 후에도 유한책임신탁을 유지하는 경우 그 등기에 관하여는 제126조부터 제128조까지의 규정을 준용한다.

제130조(부실의 등기) 수탁자는 고의나 과실로 유한책임신탁의 등기가 사실과 다르게 된 경우 그 등기와 다른 사실로 선의의 제3자에게 대항하지 못한다.

제131조(등기절차 및 사무) 이 장에 규정된 등기의 등기절차 및 사무에 관하여는 이 법 및 다른 법령에서 규정한 것을 제외하고 「상업등기법」의 예에 따른다.

제3절 유한책임신탁의 청산

제132조(유한책임신탁의 청산) ① 유한책임신탁이 종료한 경우에는 신탁을 청산하여야 한다. 다만, 제98조제2호 및 제3호의 사유로 종료한 경우에는 그러하지 아니하다.

② 제1항에 따른 청산이 완료될 때까지 유한책임신탁은 청산의 목적범위 내에서 존속하는 것으로 본다.

제133조(청산수탁자) ① 유한책임신탁이 종료된 경우에는 신탁행위로 달리 정한 바가 없으면 종료 당시의 수탁자 또는 신탁재산관리인이 청산인(이하 "청산수탁자"라 한다)이 된다. 다만, 제3조제3항에 따라 유한책임신탁이 종료된 경우에는 법

원이 수익자, 신탁채권자 또는 검사의 청구에 의하거나 직권으로 해당 신탁의 청산을 위하여 청산수탁자를 선임하여야 한다.

② 제1항 단서에 따라 청산수탁자가 선임된 경우 전수탁자의 임무는 종료한다.

③ 제1항 단서에 따라 선임된 청산수탁자에 대한 보수에 관하여는 제21조제4항을 준용한다.

④ 청산수탁자는 다음 각 호의 직무를 수행한다.

1. 현존사무의 종결
2. 신탁재산에 속한 채권의 추심 및 신탁채권에 대한 변제
3. 수익채권(잔여재산의 급부를 내용으로 한 것은 제외한다)에 대한 변제
4. 잔여재산의 급부
5. 재산의 환가처분(換價處分)

⑤ 청산수탁자는 제4항제2호 및 제3호의 채무를 변제하지 아니하면 제4항제4호의 직무를 수행할 수 없다.

⑥ 청산수탁자는 제4항 각 호의 직무를 수행하기 위하여 필요한 모든 행위를 할 수 있다. 다만, 신탁행위로 달리 정한 경우에는 그에 따른다.

⑦ 청산수탁자는 청산수탁자가 된 때부터 2주 내에 청산수탁자의 성명 또는 명칭 및 주소를 등기하여야 한다.

제134조(채권자의 보호) ① 청산수탁자는 취임한 후 지체 없이 신탁채권자에게 일정한 기간 내에 그 채권을 신고할 것과 그 기간 내에 신고하지 아니하면 청산에서 제외된다는 뜻을 일반일간신문에 공고하는 방법(수탁자가 법인인 경우에는 그 법인의 공고방법을 말한다)으로 최고하여야 한다. 이 경우 그 기간은 2개월 이상이어야 한다.

② 청산수탁자는 그가 알고 있는 채권자에게는 개별적으로 그 채권의 신고를 최고하여야 하며, 그 채권자가 신고하지 아니한 경우에도 청산에서 제외하지 못한다.

제135조(채권신고기간 내의 변제) ① 청산수탁자는 제134조제1항의 신고기간 내에는 신탁채권자에게 변제하지 못한다. 다만, 변제의 지연으로 인한 손해배상의 책임을 면하지 못한다.

② 청산수탁자는 제1항에도 불구하고 소액의 채권, 담보가 있는 신탁채권, 그 밖에 변제로 인하여 다른 채권자를 해칠 우려가 없는 채권의 경우 법원의 허가를 받아 변제할 수 있다.

③ 제2항에 따른 허가신청을 각하하는 재판에는 반드시 이유를 붙여야 한다.

④ 변제를 허가하는 재판에 대하여는 불복할 수 없다.

제136조(청산절차에서 채무의 변제) ① 청산수탁자는 변제기에 이르지 아니한 신탁채권에 대하여도 변제할 수 있다.

② 제1항에 따라 신탁채권에 대한 변제를 하는 경우 이자 없는 채권에 대하여는 변제기에 이르기까지의 법정이자를 가산하여 그 채권액이 될 금액을 변제하여야 한다.

③ 이자 있는 채권으로서 그 이율이 법정이율에 이르지 못하는 경우에는 제2항을 준용한다.

④ 제1항의 경우 조건부채권, 존속기간이 불확정한 채권, 그 밖에 가액이 불확정한 채권에 대하여는 법원이 선임한 감정인의 평가에 따라 변제하여야 한다.

제137조(제외된 채권자에 대한 변제) 청산 중인 유한책임신탁의 신탁채권자가 제

134조제1항의 신고기간 내에 그 채권을 신고하지 아니한 경우에는 그 채권은 청산에서 제외된다. 이 경우 청산에서 제외된 채권자는 분배되지 아니한 잔여재산에 대하여만 변제를 청구할 수 있다.

제138조(청산 중의 파산신청) 청산 중인 유한책임신탁의 신탁재산이 그 채무를 모두 변제하기에 부족한 것이 분명하게 된 경우 청산수탁자는 즉시 신탁재산에 대하여 파산신청을 하여야 한다.

제139조(청산종결의 등기) 유한책임신탁의 청산이 종결된 경우 청산수탁자는 제103조에 따라 최종의 계산을 하여 수익자 및 귀속권리자의 승인을 받아야 하며, 승인을 받은 때부터 2주 내에 종결의 등기를 하여야 한다.

제12장 벌 칙

제140조(신탁사채권자집회의 대표자 등의 특별배임죄) 신탁사채권자집회의 대표자 또는 그 결의를 집행하는 사람이 그 임무에 위배한 행위로써 재산상의 이익을 취하거나 제3자로 하여금 이를 취득하게 하여 신탁사채권자에게 손해를 가한 경우에는 7년 이하의 징역 또는 2천만원 이하의 벌금에 처한다.

제141조(특별배임죄의 미수) 제140조의 미수범은 처벌한다.

제142조(부실문서행사죄) ① 수익증권을 발행하는 자가 수익증권을 발행하거나 신탁사채의 모집의 위탁을 받은 자가 신탁사채를 모집할 때 중요한 사항에 관하여 부실한 기재가 있는 수익증권 또는 사채청약서, 수익증권 또는 신탁사채의 모집에 관한 광고, 그 밖의 문서를 행사한 경우에는 5년 이하의 징역 또는 1천500만원 이하의 벌금에 처한다.

② 수익증권 또는 신탁사채를 매출하는 자가 그 매출에 관한 문서로서 중요한 사항에 관하여 부실한 기재가 있는 것을 행사한 경우에도 제1항과 같다.

제143조(권리행사방해 등에 관한 증뢰·수뢰죄) ① 신탁사채권자집회에서의 발언 또는 의결권의 행사에 관하여 부정한 청탁을 받고 재산상의 이익을 수수(收受), 요구 또는 약속한 사람은 1년 이하의 징역 또는 1천만원 이하의 벌금에 처한다. <개정 2014. 1. 7.>

② 제1항의 이익을 약속, 공여 또는 공여의 의사를 표시한 사람도 제1항과 같다.

제144조(징역과 벌금의 병과) 제140조부터 제143조까지의 징역과 벌금은 병과할 수 있다.

제145조(몰수·추징) 제143조제1항의 경우 범인이 수수한 이익은 몰수한다. 그 전부 또는 일부를 몰수하기 불가능한 경우에는 그 가액을 추징한다.

제146조(과태료) ① 다음 각 호의 어느 하나에 해당하는 자 또는 그 대표자에게는 500만원 이하의 과태료를 부과한다.

1. 제12조제2항·제3항 및 제13조제2항을 위반하여 수익자에게 임무 종료 사실을 통지하지 아니한 수탁자, 수탁자의 상속인, 법정대리인 또는 청산인
2. 제12조제3항을 위반하여 파산관재인에게 신탁재산에 관한 사항을 통지하지 아니한 수탁자
3. 제12조제4항을 위반하여 수익자에게 신탁재산의 보관 및 신탁사무 인계에 관한 사실을 통지하지 아니한 수탁자의 상속인, 법정대리인 또는 청산인
4. 제14조제3항을 위반하여 수익자에게 사

임한 사실을 통지하지 아니한 수탁자
5. 제16조제4항을 위반하여 수익자에게 해임된 사실을 통지하지 아니한 수탁자
6. 제17조제3항 및 제18조제3항을 위반하여 수익자에게 선임된 사실을 통지하지 아니한 신탁재산관리인
7. 제34조제2항 단서를 위반하여 수익자에게 법원의 허가를 신청한 사실을 통지하지 아니한 수탁자
8. 제39조에 따른 장부, 재산목록, 그 밖의 서류의 작성 · 보존 및 비치 의무를 게을리한 수탁자
9. 이 법을 위반하여 정당한 사유 없이 장부 등 서류, 수익자명부, 신탁사채권자집회 의사록 또는 재무제표 등의 열람 · 복사를 거부한 수탁자, 수익자명부관리인 또는 신탁사채를 발행한 자
10. 제40조제1항에 따른 설명요구를 정당한 사유 없이 거부한 수탁자
11. 제78조제2항을 위반하여 정당한 사유 없이 수익증권 발행을 지체한 수탁자
12. 제78조제5항 또는 제87조제2항을 위반하여 수익증권 또는 채권에 적어야 할 사항을 적지 아니하거나 부실한 기재를 한 수탁자
13. 이 법에 따른 수익자명부 또는 신탁사채권자집회 의사록을 작성하지 아니하거나 이를 갖추어 두지 아니한 수익증권발행신탁의 수탁자, 수익자명부관리인 또는 신탁사채를 발행한 자
14. 제79조제5항을 위반하여 수익자명부를 갖추어 두지 아니한 수탁자
15. 제80조제2항을 위반하여 수익자에게 신고를 받은 사실을 통지하지 아니한 수탁자
16. 제81조제2항에 따른 수익자명부에 기명수익증권으로 표시된 수익권을 취득한 자의 성명 또는 명칭과 주소의 기재를 거부한 수탁자
17. 제87조제2항을 위반하여 사채청약서를 작성하지 아니하거나 이에 적어야 할 사항을 적지 아니하거나 또는 부실한 기재를 한 수탁자
18. 수익자명부 · 신탁사채원부 또는 그 복본, 이 법에 따라 작성하여야 하는 신탁사채권자집회 의사록, 재산목록, 대차대조표, 손익계산서, 이익잉여금처분계산서, 결손금처리계산서, 그 밖의 회계서류에 적어야 할 사항을 적지 아니하거나 또는 부실한 기재를 한 수탁자
19. 제87조제4항에서 준용하는 「상법」 제396조제1항을 위반하여 신탁사채원부를 갖추어 두지 아니한 수탁자
20. 제87조제4항에서 준용하는 「상법」 제478조제1항을 위반하여 사채전액의 납입이 완료하지 아니한 채 사채를 발행한 수탁자 또는 사채모집의 위탁을 받은 회사
21. 제87조제4항에서 준용하는 「상법」 제484조제2항을 위반하여 사채의 변제를 받고 지체 없이 그 뜻을 공고하지 아니한 사채모집의 위탁을 받은 회사
22. 제87조제4항에서 준용하는 「상법」 제499조를 위반하여 사채권자집회의 결의에 대하여 인가 또는 불인가의 결정이 있다는 사실을 지체 없이 공고하지 아니한 수탁자
23. 사채권자집회에 부실한 보고를 하거나 사실을 은폐한 수탁자 또는 사채모집의 위탁을 받은 회사
24. 제92조제1항을 위반하여 합병에 대한

이의를 제출할 수 있다는 사실을 공고하지 아니한 수탁자

25. 제92조 또는 제96조를 위반하여 신탁을 합병하거나 분할하거나 분할합병한 경우 수탁자
26. 이 법에 따른 유한책임신탁의 설정, 변경, 종결 또는 청산의 등기를 게을리한 수탁자
27. 제133조제5항을 위반하여(제104조에 따라 준용되는 경우를 포함한다) 잔여재산을 급부한 청산수탁자
28. 제138조를 위반하여 파산신청을 게을리한 청산수탁자

② 제115조제1항을 위반하여 유한책임신탁의 명칭 중에 "유한책임신탁"이라는 문자를 사용하지 아니한 자에게는 300만원 이하의 과태료를 부과한다.

③ 다음 각 호의 어느 하나에 해당하는 자에게는 100만원 이하의 과태료를 부과한다.

1. 제115조제2항을 위반하여 유한책임신탁 및 그 밖에 이와 유사한 명칭을 사용한 자
2. 제115조제3항을 위반하여 다른 유한책임신탁으로 오인할 수 있는 명칭을 사용한 자

④ 제1항부터 제3항까지의 규정에 따른 과태료(제1항제26호에 따른 과태료는 제외한다)는 대통령령으로 정하는 바에 따라 법무부장관이 부과 · 징수한다.

제147조(외부의 감사인 등의 의무위반행위) 제117조제2항에 따라 외부의 감사인을 선임한 경우 감사인 등의 의무위반행위에 대한 벌칙 및 과태료에 관하여는 「주식회사 등의 외부감사에 관한 법률」을 준용한다. 이 경우 "회사"는 "신탁"으로 본다. <개정 2017. 10. 31.>

부칙 〈제15022호, 2017. 10. 31.〉

제1조(시행일) 이 법은 공포 후 1년이 경과한 날부터 시행한다.

제2조부터 제13조까지 생략

제14조(다른 법률의 개정) ①부터 ㉒까지 생략

㉓ 신탁법 일부를 다음과 같이 개정한다.

제117조제2항 각 호 외의 부분 및 제147조 전단 중 "「주식회사의 외부감사에 관한 법률」"을 각각 "「주식회사 등의 외부감사에 관한 법률」"로 한다.

㉔부터 ㊲까지 생략

제15조 생략

신탁법 시행령

[시행 2018. 2. 9]
[대통령령 제28628호, 2018. 2. 9, 타법개정]

제1조(목적) 이 영은 「신탁법」에서 위임된 사항과 그 시행에 필요한 사항을 규정함을 목적으로 한다.

제2조(신탁재산의 표시 방법) 「신탁법」(이하 "법"이라 한다) 제4조제4항에서 "대통령령으로 정하는 장부"란 다음 각 호의 장부를 말한다. 이 경우 제2호의 건축물대장과 제4호의 토지대장 및 임야대장은 「공간정보의 구축 및 관리 등에 관한 법률」 제76조의3에 따른 부동산종합공부로 대체할 수 있다. <개정 2014. 1. 17., 2015. 6. 1., 2018. 2. 9.>

1. 법 제79조제1항에 따른 수익자명부
2. 「건축법」 제20조에 따른 가설건축물대장 및 같은 법 제38조에 따른 건축물대장
3. 「상법」 제352조에 따른 주주명부 및 같은 법 제352조의2에 따른 전자주주명부
4. 「공간정보의 구축 및 관리 등에 관한 법률」 제71조제1항에 따른 토지대장 및 임야대장
5. 「도시개발법」 제2조제1항제2호에 따른 도시개발사업, 「농어촌정비법」 제2조제5호, 제10호 및 제18호에 따른 농업생산기반 정비사업, 생활환경정비사업 및 한계농지등의 정비사업, 「도시 및 주거환경정비법」 제2조제2호가목 및 나목에 따른 주거환경개선사업 및 재개발사업 등 법령에 따른 환지(換地) 방식의 사업을 할 때 환지, 체비지(替費地) 및 보류지(保留地)의 관리를 위하여 작성·관리하는 장부

제3조(신탁사무와 관련된 서류의 보존기간 등) ① 법 제39조제3항에서 "대통령령으로 정하는 기간"이란 다음 각 호의 구분에 따른 기간을 말한다.

1. 신탁의 재산목록과 그 부속 명세서, 재무제표와 그 부속 명세서 및 신탁재산의 운용 내역서: 해당 신탁이 종료된 때부터 10년
2. 제1호에 규정되지 아니한 서류: 해당 신탁이 종료된 때부터 5년

② 법 제39조제4항에 따라 신탁사무와 관련된 장부, 재산목록 및 그 밖의 서류를 보존하는 경우에는 다음 각 호의 구분에 따른 방법으로 한다. 이 경우 마이크로필름의 형태로 보관하거나 전산정보처리조직에 의하여 보존할 수 있다.

1. 신탁의 재산목록과 그 부속 명세서, 재무제표와 그 부속 명세서 및 신탁재산의 운용 내역서: 수탁자의 사무소·영업소 또는 법 제114조에 따른 유한책임신탁(이하 "유한책임신탁"이라 한다)의 신탁사무를 처리하는 주된 사무소(이하 "신탁사무처리지"라 한다)에 비치·보관
2. 제1호에 규정되지 아니한 서류: 수탁

자의 사무소 · 영업소(수탁자를 위하여 해당 서류를 보관하는 자의 사무소 · 영업소를 포함한다) 또는 유한책임신탁의 신탁사무처리지에 보관

제4조(수익자집회 소집 시 제공할 서류) 법 제72조제6항에서 "대통령령으로 정하는 서류"란 다음 각 호의 구분에 따른 사항을 적은 서류를 말한다.

1. 수익자집회에서 수탁자, 신탁재산관리인 또는 신탁관리인을 선임하려는 경우에는 다음 각 목의 사항
   가. 수탁자, 신탁재산관리인 또는 신탁관리인 후보자의 성명 또는 명칭
   나. 수탁자, 신탁재산관리인 또는 신탁관리인 후보자의 경력
   다. 후보 추천 사유
   라. 신탁관리인 후보자가 수탁자 또는 수탁자 후보자와 공정한 업무 수행에 영향을 미칠 특별한 이해관계가 있는 경우에는 그 내용
2. 수익자집회에서 수탁자, 신탁재산관리인 또는 신탁관리인을 해임하려는 경우에는 다음 각 목의 사항
   가. 해임하려는 수탁자, 신탁재산관리인 또는 신탁관리인의 성명 또는 명칭
   나. 해임 사유
3. 법 제55조제2항 또는 제103조제1항에 따라 신탁사무에 관한 계산(이하 이 호에서 "신탁계산"이라 한다)을 승인하려는 경우에는 다음 각 목의 사항
   가. 신탁계산의 내용 및 결과
   나. 법 제117조제2항에 따라 외부감사를 받았을 때에는 감사인이 작성한 감사보고서
4. 법 제88조에 따라 신탁을 변경하려는 경우에는 다음 각 목의 사항
   가. 신탁변경의 이유 및 내용
   나. 신탁변경의 효력발생일
   다. 신탁변경으로 인하여 수익권 또는 수익채권의 내용에 변경이 있거나 그 가치에 중대한 영향을 줄 우려가 있을 때에는 그 내용 및 적절성에 관한 사항
5. 법 제90조에 따라 신탁을 합병하려는 경우에는 법 제91조제1항 각 호의 사항
6. 법 제94조제1항에 따라 신탁을 분할하거나 같은 조 제2항에 따라 신탁을 분할합병하려는 경우에는 법 제95조제1항 각 호의 사항
7. 법 제99조제1항에 따라 합의하여 신탁을 종료하려는 경우에는 다음 각 목의 사항
   가. 신탁 종료의 이유
   나. 신탁재산의 잔여재산이 있는 경우에는 그 내용 및 잔여재산수익자 또는 신탁재산의 잔여재산이 귀속될 자(이하 "귀속권리자"라 한다)
8. 제1호부터 제7호까지의 사항 외의 사항에 관한 안건을 목적으로 하려는 경우에는 해당 안건의 내용과 제안 이유에 대한 설명

제5조(전자문서에 의한 의결권의 행사) ① 법 제73조제3항에 따라 수익자가 전자문서로 의결권을 행사(이하 "전자투표"라 한다)하는 경우 수익자의 확인과 의결권의 행사는 「전자서명법」 제2조제3호에 따른 공인전자서명을 통하여 하여야 한다.
② 수익자의 전자투표를 승낙한 수익자집회 소집자(이하 "소집자"라 한다)는 소집의 통지나 공고에 다음 각 호의 사항을

적어야 한다.

1. 전자투표를 할 인터넷 주소
2. 전자투표를 할 기간(전자투표의 종료일은 수익자집회 전날까지로 한다)
3. 그 밖에 수익자의 전자투표에 필요한 기술적인 사항

③ 전자투표를 한 수익자는 해당 수익권에 대하여 그 의결권 행사를 철회하거나 변경하지 못한다.

④ 소집자는 전자투표의 효율성 및 공정성을 확보하기 위하여 전자투표를 관리하는 기관을 지정하여 수익자 확인절차 등 의결권 행사절차의 운영을 위탁할 수 있다.

⑤ 소집자, 제4항에 따라 지정된 전자투표를 관리하는 기관 및 전자투표의 운영을 담당하는 자는 수익자집회에서의 개표시까지 전자투표의 결과를 누설하거나 직무상 목적 외에 사용해서는 아니 된다.

제6조(수익증권의 기재사항) 법 제78조제5항제9호에서 "대통령령으로 정하는 사항"이란 다음 각 호의 사항을 말한다.

1. 신탁기간의 정함이 있는 경우에는 그 기간
2. 법 제47조제1항에 따라 수탁자에게 보수를 지급하는 경우에는 수탁자 보수의 계산방법, 지급방법 및 지급시기
3. 기명수익증권을 발행한 경우로서 수익권에 대한 양도의 제한이 있을 때에는 그 취지 및 내용
4. 법 제101조제1항에 따라 신탁이 종료되었을 때에 잔여재산수익자 또는 귀속권리자를 정한 경우에는 그 성명 또는 명칭
5. 유한책임신탁인 경우에는 신탁사무처리지

제7조(수익자명부의 기재사항) 법 제79조제1항제7호에서 "대통령령으로 정하는 사항"이란 다음 각 호의 사항을 말한다.

1. 위탁자의 성명 또는 명칭 및 주소
2. 수탁자의 성명 또는 명칭 및 주소
3. 법 제17조제1항 및 제18조제1항 · 제2항에 따라 신탁재산관리인을 선임한 경우에는 그 성명 또는 명칭 및 주소
4. 법 제67조제1항부터 제3항까지의 규정에 따라 신탁관리인을 선임한 경우에는 그 성명 또는 명칭 및 주소
5. 법 제78조제1항 후단에 따라 특정 내용의 수익권에 대하여 수익증권을 발행하지 아니한다는 뜻을 정한 경우에는 그 내용
6. 법 제79조제4항에 따라 수익자명부관리인을 정한 경우에는 그 성명 또는 명칭 및 주소
7. 법 제80조제1항 단서에 따라 수익증권의 불소지 신고를 허용하지 아니하기로 정한 경우에는 그 취지
8. 기명수익증권을 발행한 경우 수익권에 대한 양도의 제한이 있을 때에는 그 취지 및 내용
9. 법 제83조제3항에 따라 질권이 설정된 경우에는 질권자의 성명 또는 명칭 및 주소와 질권의 목적인 수익권
10. 수익권에 대하여 신탁이 설정된 경우에는 신탁재산이라는 뜻
11. 유한책임신탁인 경우에는 그 뜻과 신탁의 명칭

제8조(사채 총액의 한도) 법 제87조제3항에 따른 사채(社債) 총액의 한도는 최종의 대차대조표에 의하여 유한책임신탁에 현존하는 순자산액의 4배로 한다. 다만, 최종의 대차대조표가 없는 경우에는 사채

의 발행 시점에 유한책임신탁에 현존하는 순자산액의 4배로 한다.

제9조(합병계획서의 기재사항) 법 제91조제1항제6호에서 "대통령령으로 정하는 사항"이란 다음 각 호의 사항을 말한다.

1. 합병할 각 신탁의 위탁자의 성명 또는 명칭 및 주소
2. 합병할 각 신탁의 수탁자의 성명 또는 명칭 및 주소
3. 합병할 각 신탁의 신탁행위의 내용 및 설정일
4. 합병할 각 신탁의 신탁재산의 목록 및 내용
5. 합병할 각 신탁이 유한책임신탁인 경우에는 그 명칭 및 신탁사무처리지

제10조(합병의 공고 · 최고 사항) 법 제92조제1항제3호에서 "대통령령으로 정하는 사항"이란 합병 후 신탁채무의 이행 계획을 말한다.

제11조(분할계획서 · 분할합병계획서의 기재사항) 법 제95조제1항제8호에서 "대통령령으로 정하는 사항"이란 다음 각 호의 사항을 말한다.

1. 분할된 신탁과 분할 후 신설신탁 또는 분할합병신탁의 위탁자의 성명 또는 명칭 및 주소
2. 분할된 신탁과 분할 후 신설신탁 또는 분할합병신탁의 수탁자의 성명 또는 명칭 및 주소
3. 분할된 신탁과 분할 후 신설신탁 또는 분할합병신탁이 유한책임신탁인 경우에는 그 명칭 및 신탁사무처리지

제12조(분할 · 분할합병의 공고 · 최고 사항) 법 제96조제1항제3호에서 "대통령령으로 정하는 사항"이란 분할 또는 분할합병 후 신탁채무의 이행 계획을 말한다.

제13조(유한책임신탁의 신탁행위로 정할 사항) 법 제114조제2항제6호에서 "대통령령으로 정하는 사항"이란 신탁의 사업연도를 말한다.

제14조(유한책임신탁의 회계서류 등) ① 법 제117조제1항제4호에서 "대통령령으로 정하는 회계서류"란 다음 각 호의 서류를 말한다.

1. 자본변동표
2. 신탁의 재산목록과 그 부속 명세서
3. 법 제78조제1항에 따라 수익증권을 발행하는 경우에는 수익증권기준가격 계산서

② 법 제117조제2항제2호에서 "대통령령으로 정하는 기준 이상"이란 다음 각 호의 어느 하나에 해당하는 경우를 말한다.

1. 자산총액이 100억원 이상인 경우
2. 부채총액이 70억원 이상이고 자산총액이 70억원 이상인 경우

제15조(유한책임신탁의 수익자에 대한 급부가 가능한 한도) ① 법 제120조제2항에 따른 급부가 가능한 한도는 급부를 할 날이 속하는 사업연도의 직전 사업연도 말일의 순자산액에서 신탁행위로 정한 유보액과 급부를 할 날이 속하는 사업연도에 이미 급부한 신탁재산의 가액(價額)을 공제한 금액을 말한다.

② 제1항을 적용할 때 유한책임신탁의 수익권이 그 유한책임신탁의 신탁재산에 속하게 된 경우에는 그 수익권은 해당 유한책임신탁의 순자산으로 계산하지 아니한다.

제16조(유한책임신탁등기의 기재사항) 법 제126조제1항제6호에서 "대통령령으로 정하는 사항"이란 신탁행위로 정한 종료 사유가 있는 경우 그 종료 사유를 말한다.

제17조(과태료의 부과기준) 법무부장관은 법 제146조에 따른 과태료의 금액을 정하는 경우 해당 위반행위의 동기와 그 결과, 위반기간 및 위반 정도 등을 고려하여야 한다.

부칙 〈제28628호, 2018. 2. 9.〉

제1조(시행일) 이 영은 2018년 2월 9일부터 시행한다.

제2조부터 제15조까지 생략

제16조(다른 법령의 개정) ①부터 ⑲까지 생략

⑳ 신탁법 시행령 일부를 다음과 같이 개정한다.

제2조제5호 중 "「도시 및 주거환경정비법」 제2조제2호가목, 나목 및 라목에 따른 주거환경개선사업, 주택재개발사업 및 도시환경정비사업"을 "「도시 및 주거환경정비법」 제2조제2호가목 및 나목에 따른 주거환경개선사업 및 재개발사업"으로 한다.

㉑부터 ㉝까지 생략

제17조 생략

법령색인

[신탁법]

판례색인

용어색인

[저자 약력]

오 영 걸 (吳英傑)

고려대학교 법학사
고려대학교 법학석사
영국 옥스퍼드 대학교 법학석사
영국 옥스퍼드 대학교 법학박사
현 서울대학교 법학전문대학원 부교수

저자 오영걸 교수는 신탁법의 모국 영국의 옥스퍼드 대학교에서 신탁법 및 재산법(Trusts & Property)을 전공하였다. 2019년 재직하던 싱가포르 경영대학교를 떠나 서울대학교에 부임하였다. 주된 연구분야는 신탁법, 민법, 영미법이다.

신 탁 법 2판

2021년 1월 20일 제 1 판 발행
2023년 1월 10일 제 2 판 발행

저 자 오 영 걸
발행인 임 권 규
발행처 **홍 문 사**

05855 서울시 송파구 송파대로 167 테라타워 B동 802호
등록 1993. 6. 24. 제1-1543호
TEL. 712-5311(代) FAX. 716-5311

저자와 협의 하에 인지를 생략함

값 38,000원

ISBN 978-89-7770-735-1 93360